ROLF ULRICI

Der Landarzt und seine Patienten

Rolf Ulrici

Der Landarzt und seine Patienten

Neues von der Mattiesen-Familie

Herbig

Das Buch entstand nach der dritten Staffel
der ZDF-Serie »Der Landarzt« von Herbert Lichtenfeld.

Umschlaggestaltung: Christel Aumann, München,
unter Verwendung eines Fotos vom IFA Bilderteam
Lektorat: Ria Schulte
Satz: Filmsatz Schröter GmbH,München
Gesetzt aus: 10/12 Punkt Aldus auf Linotronic 300
Druck und Binden: Mohndruck Graph. Betriebe GmbH, Gütersloh
ISBN 3-7766-1535-4

Inhalt

Ein heißes Wochenende

Meteorologisch scheint es diesmal ein sonniges Wochenende zu geben. Doch für Frau Olga beginnt der Samstag mit schlagartiger Nachtschwärze und tanzenden Sternen. Sie tritt auf die Zinken eines Rechens, dessen Stiel ihr prompt an die Stirn knallt. Während sie ächzend am Torpfosten lehnt, entwischt ihr die Ziege Ilse durch den Hühnerhof auf die Weide. Ungerührt brabbelt der Rentner Hering, der das Austragspferd Frieda und das Pony Zwunsch versorgt: »Siehste, Olga, das kommt davon. 'ne Arztwitwe und Arztmutter gehört ins Herrenhaus, zu den Karbolmäusen. Aber nich' unter Schweine und Sensen.«

»Quatsch, Herrenhaus! Karbolmäuse!« stöhnt Olga. »Dich hat wohl Noah von der Arche springen lassen! Karbolmäuse und Herrenhäuser gibt's seit der Sintflut nicht mehr. Und Schweine halt' ich nicht. Oder siehst du welche? Mir ist auch keine Sense an den Kopf geschlagen, sondern ein Rechen.«

»Ich mein' das eher symbolisch«, erklärt Hering ernst. »Du bist hier immer noch die Frau Doktor, die Krankenschwester und die Hebamme. Was brauchst du ab 5 Uhr früh im Stall rumzukriechen? Warum betüterst du unnütze Viecher? Die Stute Frieda bringt dir keinen Preis mehr ein. Auf dem Pony Zwunsch kannst du nich' reiten. Und die Ziege –«

»Das laß meine Sorge sein«, unterbricht Olga, »sonst halt' ich dir mal einen Vortrag über das sachgemäße Abstellen von Arbeitsgeräten. Du weißt, daß ich Tiere um ihrer selbst willen mag. Die Hühner sind mir nützlich genug.«

Während sich der Rentner Hering auf den Rückweg ins Altenheim macht, läuft Olga in die Küche des Doktorhauses und hält sich die Klinge eines Messers an die Stirn. Sie könnte sich eine Salbe aus der Praxis holen, doch in solchen Fällen zieht sie die althergebrachten einfachen Mittel vor. Ein paar Minuten später stapft sie in ihren Gummistiefeln zum Koppelzaun, der die Grenze zum Besitz des Bauern Schintz markiert. Als sie die Ziege am Strick erwischt hat, ertönt es gleichsam aus den Lüften: »Moin, Frau Ratsherrin!«

Olga bindet die Ziege mit geübten Griffen an einen Pfahl und blinzelt durch den dünnen, schon freundlich durchsonnten Nebelschleier.

Sie sieht einen Elektrokarren mit grellfarbigen Behältern. Und auf einer Leiter steht Schintz am Stamm eines seiner zahlreichen Obstbäume, offenbar, um Insektizide zu verspritzen. »Wenn ich mich nicht irre«, erwidert Olga ungewohnt feindselig, »sind wir auf dem Weg ins dritte Jahrtausend – und nicht zurück in die Steinzeit. Heute scheinen's alle mit dem Herrentum zu haben. Mein Stallhelfer redet von unserem Herrenhaus, und du, Schintz, nennst mich Ratsherrin. Ich bin gewählte Bürgerschaftsrätin der Stadt Borsberg für den Dreekelser Busch, wo die Vormenschen noch auf den Bäumen hocken und nicht wissen, daß das Versprühen von chemischen Giften kriminell ist.«

Der Bauer Schintz läßt sich nicht stören. Er kennt Olga aus der Zeit, als die Leute sie die »schöne Olga« nannten – und das ist gar nicht so lange her. Sie ist noch immer eine höchst ansehnliche Person, auch mit Kopftuch, geflicktem Kittel und beschmutzten Gummistiefeln. Sie führt ein scharfes Mundwerk, doch das irritiert den Schintz nicht sonderlich. Die Nachbarschaft der beiden Familien besteht in der dritten Generation. Schon Olgas Vater war Arzt, so wie Schintz' Großvater Bauer war; Olga ist die Witwe eines Arztes, nun führt der Sohn, Doktor Karsten Mattiesen, die Praxis. Und wenn es hüben oder drüben irgendwas zu helfen gibt, sind sie wie eh und je füreinander da. »Ich spritze mit Restbeständen«, erklärt Schintz auf seiner Leiter. »Da wirst du mich doch nicht denunzieren?« Das trifft. Olga scheint es, als hätte sich an diesem Morgen alles gegen sie verschworen. Der Schlag vor die Stirn, das mufflige Geschwätz des Stallhelfers – und nun das böse Wort aus des

Nachbarn Mund! »Denunzieren?!« Olga faßt sich an die Beule. »Mann! Ich bin ein Verfassungsorgan!«
Schintz feixt unverschämt von seiner Leiter herab. »Was bist du?«
»Ein Sprachrohr der amtlichen Öffentlichkeit«, ruft Olga erbost. »Ich hab's nicht nötig, zu denunzieren. Wann geht es endlich in deinen Bauernschädel rein, daß das Giftzeug nicht nur Schädlinge vernichtet, sondern auch nützliche Insekten? Zum Beispiel Schlupfwespen und Marienkäfer? Du vernichtest die Feinde deiner Feinde! Ja, guck nicht so albern! Du solltest das Merkblatt lesen, das ich für den Naturschutz Borsberg-Umland herausgegeben habe!«
»Keine Zeit für so was«, brummt Schintz. »Aber ich weiß, du gehst deinen paar Obstbäumen und Rosenstöcken mit Brennesselbrühe, Wermuttee und ähnlichem Zeug zu Leibe. Auf meiner Plantage kann ich mir solchen Käse nicht leisten!«
»Käse...?« Olga schnappt nach Luft. »Mein lieber Freund, ich hab's im vorigen Jahr gnädig übersehen, daß du die Flora am Straßenrain gemäht hast, obwohl das laut Grundsatzurteil verboten ist.«
»Welche Flora?« fragt Schintz, von der Leiter steigend. »Mit einer Flora war ich mal in der Strandhalle tanzen. Aber das war lange vor meiner Heirat.«
»Du stellst dich dumm?« höhnt Olga. »Da mußt du früher aufstehen!«
»Und du solltest dich hinlegen«, rät der Bauer scheinheilig, als er ihr am Zaun gegenübersteht. »Dir ist, wie ich sehe, was an den Kopf geflogen. Das ist es wohl, was dich so fuchtig macht!«
Während Olga eifrig dabei ist, sich bereits in aller Frühe die Samstagslaune verderben zu lassen, sind auch die übrigen Bewohner des Doktorhauses wach geworden: Sohn Karsten Mattiesen, »Landarzt im Dreekelser Busch«, und seine Frau Annemarie, Lehrerin am Borsberger Gymnasium. Karsten hat heute weder Sprechstunde noch Notdienst; Annemarie braucht nicht zur Schule. Das hinter Bohlenbrücke, Holunder, Brennesselbusch

und Hecken weit zurückliegende Wohnhaus mit seiner geschweiften Treppe und der grün lackierten, weißgerandeten Tür strahlt Wohlbehagen aus. Es ähnelt eher einem Gartenschlößchen oder einem Heimatmuseum als einer Anlaufstelle jener, die oft genug den Tod schon unsichtbar mit sich führen. Obwohl heute keine Patienten zu erwarten sind, steht der Doktor vor der Lichtwand im Sprechzimmer, selbstvergessen in die Betrachtung zweier Röntgenbilder vertieft. Die Aufnahmen zeigen die Wirbelsäule des Fernfahrers Kolpe. Der Mann klagte über heftige Schmerzen und plötzlich auftretende, unerklärliche Gehbehinderung. Sturz, Stoß, Gewaltsamkeiten schloß er entschieden aus. Aber – Herr Kolpe wiegt drei Zentner. Drei! Und seine Gesamtorthopädie ist dem Körpergewicht nicht gewachsen. Montag wird er sich einen Überweisungsschein für das Spezialklinikum in Kiel abholen; dem Doktor kommt es darauf an, ihn mit der nötigen Prägnanz zu introduzieren. Karsten weiß, was manche Professoren von Landärzten halten. Da er mit der Abgabe des Falls keinen medizinischen Offenbarungseid leisten will, hat es ihn vor Tau und Tag aus dem Bett getrieben. Da steht er nun vor den Röntgenbildern, noch im Dressing gown (»Bademantel«, wie Mutter Olga das elegante Kleidungsstück abwertend nennt), und zerbricht sich den Kopf. Immer wieder taxiert er Körpergewicht und partielle Belastbarkeitsgrenze der Wirbelsäule des Fernfahrers Kolpe. Das Endresultat heißt Rollstuhl, darüber gibt es keinen Zweifel. Karsten seufzt.

»Na, du Träumer?« ertönt eine muntere Stimme hinter ihm. »He! Schlaf nicht im Stehen! Hast du unseren Ausflug vergessen? Oder willst du dich drücken?« Karsten schaltet die Lichtwand aus und wendet sich um. Der Anblick Annemaries bildet einen lebhaften Gegensatz zu den trostlosen Visionen, die ihn eben noch beherrschten. Sie ist die verkörperte Morgenfrische, schlank, unternehmungslustig in ihrem sportlichen Aufzug, der aus grüner Twillhose, violettem Pikeehemd und moosfarbenem Blazer besteht. »Willst du ungewaschen und im Schlafmantel losradeln?«

Karsten muß lachen. »Du redest wie Mutter. Wo ist die überhaupt?«
»Ich hab' sie mit Schintz zanken hören. Und auf dem Küchentisch liegt ein Messer.«
»Blutig?« grinst der Doktor.
»Vorläufig noch nicht. Geh ins Bad und zieh dich an. Ich mache Frühstück. Der Proviant ist schon verpackt.
»Auf Expedition will ich nicht, Annemie«, erwidert Karsten, die Treppe hochsteigend. »Es war nur von unserem Schleswig-Holstein die Rede. Von einem Picknick.«
»Ja, ja! Wir bleiben vor der Haustür! Beeil dich!«
Eine Viertelstunde später treffen sich alle drei Mattiesens in der Küche, die – im Kontrast zu den funktionellen Geräten – mit prächtigen alten Möbeln aus der Großelternzeit ausgestattet ist. Des Doktors Wangen glänzen frisch rasiert. Sein dunkles, widerspenstiges Haar ist noch feucht vom Duschen. Olga hat sich im Waschhaus aus einer Stallmagd in einen präsentablen Hausgeist verwandelt und widmet sich ihrer Portion Spiegeleier mit Speck.
»Ihr eßt mal wieder wie die Magenkranken«, sagt sie mißbilligend.
»Porridge und Toast«, erklärt Annemarie. »Vor einer Radfahrt schlägt man sich nicht den Wanst voll.«
»Danke für die Belehrung«, murmelt Olga. »Ich wußte nicht, daß ihr die Tour de France mitmacht.«
Karsten wirft ihr einen prüfenden Blick zu. »Sag mal, Mutter, was hast du denn da am Kopf? Bist du hingefallen?«
Olga neigt sich tiefer über ihren Teller, wodurch die Beule jedoch an Anschaulichkeit gewinnt.
»Du hast dich doch nicht mit dem Schintz in die Wolle gekriegt?« Karstens Frage klingt amüsiert. Aber sie zeitigt eine unerwartete Überreaktion. Olga wirft die Gabel auf den Tellerrand, daß es klirrt. Und sie blitzt ihn an.
»Es wär' euch beiden wohl recht, wenn mir jemand eine Latte über den Kopf ziehen würde, was? Mit der schönen Folge: Unzurech-

nungsfähigkeit und Abschub in die Kur! Dann wärt ihr endlich allein!«
Annemarie und Karsten tauschen einen verblüfften Blick. Der bringt Olga vollends in Schwung: »Ja, endlich allein! Dann brauchte mein Herr Sohn nicht vor Tau und Tag am Samstag aus den Federn und sich gegen seinen Willen auf dem Rad durch die Gegend zu quälen! Nur, weil die Frau Schwiegertochter meine Anwesenheit satt hat!«
»Mutter –«, versucht Karsten zu unterbrechen. Doch Olga muß ihrem Herzen Luft machen. »Meint ihr, ich wüßte nicht, was euch beschäftigt? Annemaries Arbeitsvertrag endet nach Pfingsten, dann sind von früh bis spät zwei Frauen im Haus – und ihr wollt mich zeitig dran gewöhnen, *wer* künftig das Programm macht!«
»Aber, aber, das ist doch an den Haaren herbeigezogen!« wehrt sich die Schwiegertochter entgeistert. »Das . . . das ist doch deine alte Leier, Olga. Schnee von gestern! Ich dachte, das Problem sei seit Monaten vom Tisch!«
»Das Problem ist mit dir hier eingezogen«, beharrt Olga lautstark. »Nur dein Schuldienst hat die Lage im Haus entspannt. Jetzt ändert sich alles wieder, und ich bin erst recht überflüssig! Ich hab' eine Beule am Kopf, ja! Aber weder Tomaten auf den Augen noch in den Ohren, und mein Gehirn tickt garantiert noch richtig! Ihr wollt nicht allein sein? Warum laßt ihr mich dann in der Küche hocken und flieht per Rad über alle Berge? Warum nehmt ihr mich nicht mit? Ich bin im Radfahren allemal besser in Form als ihr!«
Das letzte stimmt. Olga fühlt sich an der Lenkstange wohler als am Steuer ihres Mini-Rovers, was auch ihrem Leitsatz entspricht: »Ein Rad ist das umweltfreundlichste Fahrzeug.«
»Nun aber mal ruhig, Olga«, sagt Karsten gemütlich, während er sich zu seiner vollen Größe erhebt. »Daß du eine flotte Radlerin bist und kein kraftloses Muttchen, bestreitet niemand. Aber du kannst nicht Gärtnerin, Tierpflegerin, Köchin, Praxishilfe und Hobbysportlerin zugleich sein. Ein stilles Wochenende –«

»Ein stilles?« ruft Olga laut. »Mit Strickzeug im Korbstuhl unterm Apfelbaum? Oder vielleicht spinnen? Spinnen in der Hinterstube, ein Lied auf den Lippen? Ein Lied mit tausend Strophen, wie? Du hast Fieber, mein Junge!«
»Und du hast eine Beule, die ich mir ansehe, bevor wir fahren.«
»Du siehst dir gar nichts an!« verwahrt sich Olga. »Eher salbe ich dir dein wundes Hinterteil nach der Radtour!«
»Nun komm, Karsten«, drängt Annemarie. »Falls Olgas Vorwürfe uns nicht abhalten, tut's am Ende noch die Beule.«
Doch als sie mit den bepackten Rädern starten wollen, strahlt Olga, die dem Aufbruch der beiden auf der Außentreppe beiwohnt. Sie sieht das kleine Auto, das da zwischen Brennesselbusch und Holunder über die Bohlenbrücke vom Alten Damm her auf den heckengesäumten Vorplatz einbiegt. Der Fahrer ist der Sohn Eike des Doktorpaares. Aber zu allererst ist er natürlich ein Enkel, ein ganz besonderer, denn seine Oma ist ja Olga.
»Eike!« jubelt sie. Worauf die Schwiegertochter erleichtert seufzt: »Das ist die richtige Musik! Der Junge kommt wie gerufen. Jetzt ist der Tag gerettet!« So scheint es. Hat Eike sich in letzter Zeit auch eher für ein Studium in den Staaten interessiert, und besonders für ein gewisses Mädchen, so spielt er doch in Dreekels nur allzugern den heimgekehrten Sohn und Enkel. Eike ist ein drahtiger Durchschnittstyp, dem man nicht ansieht, daß er in seinen Kreisen als »Geistesbestie« und »mathematisches Wunder« gilt; hier hält man ihn jedenfalls für ganz normal.
»Hallo, Oma!« grinst er freudig. »He, Paps, he, Mami! Was wollt ihr denn mit den Rädern? Macht ihr 'ne Fitneßwerbung?«
»Sie spielen jungverheiratetes Turtelpärchen«, kommentiert Olga. »Laß sie. Laß sie fahren, wenn auch nicht gerade zum Teufel. Rein ins Haus mit dir!« Den Davonradelnden ruft sie nach: »Nehmt euch ruhig Zeit! Vor dem Abendessen erwarte ich euch nicht zurück!«
»Jetzt quatschen sich die beiden erst mal richtig aus«, sagt der Doktor, als er mit seiner Frau auf den Alten Damm hinausradelt.

»Ja«, meint Annemarie. »Und vor uns liegt der erste schöne Tag in diesem Jahr. Der erste freie Tag zu zweit!«
Daß diese Hoffnung trügt, ahnt sie nicht . . .
Olgas Unmut ist verflogen. »Nun sag mal, Junge, was verschafft mir deinen Auftritt als Überraschungsgast? Es ist nicht mal acht! Sonst bist du immer 'ne Schlafmaus. So wie dein Vater, der am liebsten beruflicher Siebenschläfer geworden wäre, hätt's so was bloß gegeben. Ist was im Busch?«
»Nichts, Omi. Gar nichts«, beruhigt Eike. »Aber ich wohn' jetzt mit einem Kumpel zusammen, der ist schon um 5 Uhr hoch, ab nach Stuttgart. Ich konnte nicht mehr einpennen. Und weil's so ein tierisch schöner Morgen war –«
»– wirst du auch tierischen Hunger haben!« unterbricht Olga, bereit zu einem Frühstücksgelage. Sie knallt die Pfanne auf den Herd, haut Butter, Speck und Eier hinein. »Übernimm du mal die Kaffeemaschine, Junge! Weißt du, deine Eltern hungern sich die Magersucht an mit ihrer albernen Diät, da wird man ja beim Zusehen krank. Ich brauche endlich mal wieder einen tüchtigen Mitesser!«
»Okay, okay«, grinst Eike. »Ich kann was vertragen, ohne Fett anzusetzen. Aber – was hast du denn da auf der Stirn, Omi? Ist das jetzt Mode? Ein Beautypoint? Ich meine: ein Schönheitsfleck?«
»Nenn es so«, erwidert Olga vergnügt. »Arbeitsbeulen schänden nicht. Seelenknicke sollen schlimmer sein.«
Als sie mit Eike am Tisch sitzt, hakt sie nach: »Wie steht's denn mit deiner Exfreundin? Der Hilke? Ist die noch in Sichtweite?«
Eike stopft sich eine tüchtige Portion in den Mund und schwenkt abwehrend die Gabel. »Ach, die hat jetzt Florida entdeckt, weil ihr Vater da investiert. Mit ihrem komischen Club, der sich Gefäß der Erleuchtung nennt, strebt sie höhere Daseinsstufen an. Da komm' ich nicht mit.«
»Sehr schön«, meint Olga befriedigt. »Bist also wieder runter von dem Affenfelsen. Freut mich. Deine Schwester hat sich Gott sei Dank auch eingekriegt.«

»Kerstin?« Eike blickt neugierig auf. »Hochzeit in Sicht?«
»Du solltest besser informiert sein als ich«, tadelt Olga sanft, indem sie dem Enkel ein Glas Himbeergelee und den Brötchenkorb zuschiebt. »Schließlich studiert ihr beide in Hamburg.«
Eike seufzt. »Genausogut könntest du sagen: in Rio. Ich hause mit einem Kumpel in Altona, während Schwesterchen in einem Fuhlsbütteler Studentenheim wohnt. Ich sehe sie selten. Alle naselang treibt sie sich ja bei euch herum.«
»Nicht bei uns, sondern bei Peter Detlefsen. Und da treibt sie sich nicht herum, da ist sie so gut wie zu Hause. Heute gehen sie segeln, einen Schlag auf die Ostsee raus. Willst du nicht mal anrufen, ob sie dich mitnehmen?«
»Nee, Omi, ich bleibe hier!« blinzelt Eike, ungeniert aus dem Himbeerglas löffelnd. »Bei dir kann ich prima relaxen.«
Na, das hört Olga gern. »Noch einen Kaffee, Eike?«
»Jede Menge!« übertreibt der Enkel. »Woanders kriegt man doch nur Muckefuck.«
»Das glaub' ich«, meint Olga überzeugt. »Guter Kaffee ist das einzige Laster, in dem ich Übung habe. Außer Tee, natürlich. Was gibt's Neues?«
Eike lacht. »Nichts. Nur 'n irre komisches Erlebnis beim Nackten Mann.« Der Nackte Mann ist ein legendärer Punkt am letzten Meilenstein der Gemarkung Deekelsen-Dreekels, der jetzt zu Borsberg gehört. Es heißt, dort sei einst ein Kaufmann bis auf die Haut von Räubern ausgeplündert worden. Kurz nach sieben ist Eike von der Autobahn her an dieser Stelle zum Alten Damm abgebogen. Und erst jetzt merkt er, daß sein Tank fast leer ist. Der Motor stottert beängstigend, und mit dem letzten Tropfen erreicht er gerade noch die Tankstelle Backhaus. Hier ist so früh nichts los. Noch von Nebelnässe überglänzt, stehen einige Gebrauchtwagen zum Verkauf auf der Wiese. Sie glotzen wie verzauberte Kühe. Auch Mofas, Mopeds und alte Motorräder warten hier auf Interessenten, während der Händler und Tankstellenpächter in seiner Kabine über einer Sportzeitung döst. Eike be-

dient sich selbst, nimmt den Bon aus der Automatikpumpe und geht zahlen. Der Pächter Backhaus blickt kaum auf. »Zwanzig Mark?« Ihn kümmert das Geschäft nicht mehr sonderlich, seit der Ausflugsverkehr über die neue Seestraße rauscht, wo eine Großtankstelle mit Waschanlage und allem Drum und Dran ihren Betrieb aufnehmen wird. »Wenn du's passend hast, leg's hin.« Herr Backhaus vertieft sich wieder in das Sportblatt.

»Okay«, murmelt Eike. Doch als er hinausgeht, stutzt er. »He, was ist das?« Da hoppelt ein rundköpfiger Mann in einer Nappaleder-Kombination zwischen den Gebrauchtfahrzeugen umher. Jetzt schnappt er sich ein Mofa und schiebt es wie ein Wilder auf den Alten Damm zu.

»Da ist ein Dieb!« meint Eike alarmiert. »Sehen Sie doch, der haut mit einem Mofa ab!«

Herr Backhaus gähnt. »Wenn schon, das Zeug hat kaum noch Schrottwert.« Er greift nach seinem Morgentrunk, einer Bierflasche, und vertieft sich aufs neue in den Sport der Woche. Eike besteigt kopfschüttelnd sein Auto. Ein Gemütsmensch, dieser Pächter, denkt er. Auf der Weiterfahrt hält er Schrittempo ein, denn er will den Dieb betrachten, der mühsam in die Pedale tritt; das Mofa springt nicht an. Der Kerl scheint ein Kauz zu sein, wenn auch ein ziemlich unverfrorener. Er ist nicht mehr ganz jung, und was er mit der Schrottmühle will, ist schleierhaft. Als Eike ihm freundlich grinsend zuwinkt, benimmt er sich, als hätte er ein Rassepferd gestohlen. Er versucht, sich mit dem Vehikel über den Straßengraben hinweg in ein Gebüsch zu retten. Eike hält an und ruft: »Sie haben den Pächter nur um Schrott erleichtert! Also: Noch mal Glück gehabt!«

»Ja, ja, Schrott!« erwidert der Stromer geistesgegenwärtig. »Schrott! Hab's gleich gesehen! Sperrmüll, wie?« Sein Gesicht drückt plötzlich die reinste Unschuld aus. Und Eike fährt lachend los, den Alten Damm entlang, dem Mattiesenhof entgegen.

Olga gefällt die Geschichte nicht. »Ich weiß nicht«, meint sie, »Schrott hin, Schrott her – das ist doch kein Standpunkt. Der

Bursche hätte den Backhaus wenigstens fragen können. Das ist ja reichlich naiv. Am Ende holt er mir die Frieda weg, weil sich kaum noch ein Abdecker nach ihr umsieht.«
»Ach, mit dem ollen Mofa kommt der nicht weit«, beschwichtigt Eike. »Das ist 'n Spinner. Ein richtiger Dieb hätte was anderes geklaut.«
»Dein Wort in Gottes Ohr!« entgegnet Olga. »Ich bin ein Stück älter als du. Ich hab' aus Spatzen Geier werden sehen. Aber Schluß damit! Fährst du mit auf den ökologischen Bauernhof?«
»Klar!« ruft Eike. »Mit denen liegst du noch immer voll im Trend?«
»Musterhaft«, sagt Olga stolz. »Da zieh' ich mal hin, wenn ich hier überflüssig sein sollte. Die mögen meine Regie!«
»Was soll denn das heißen?« Eike blickt irritiert.
»Näheres laß dir heute abend von deinen Eltern erzählen«, murmelt Olga.

Olga Mattiesen mag oft Gespenster sehen. Was aber den von Eike geschilderten Mofadieb betrifft, trügt sie ihr ungutes Gefühl nicht. Allerdings fiele es ihr nicht im Traume ein, diesen Mann als Straftäter im Doktorhaus zu sehen, und das schon in der kommenden Nacht. Der Kerl hat zunächst einmal ganz unverschämtes Glück, getragen von der Fehleinschätzung anderer – und beileibe nicht nur der des Tankstellenpächters und Eikes. In der gefährlichen Posse, die da über Umwege auf den Mattiesenhof zukommt, spielt ausgerechnet der »scharfe« Heitmann eine Rolle, Heitmann, seit Karlsens Versetzung Polizeichef von Borsberg und dem Umland Deekelsen-Dreekels. Heitmann hat einen dienstfreien Vormittag. Den will er auf dem Reiterfest in Haake verbringen, wenn auch nur als Zuschauer. Er ist eben dabei, mit seiner Frau ins Auto zu steigen, als zwei Radler sich auf der Gartenstraße nähern.
»Ist das nicht das Doktorpaar?« fragt Frau Heitmann.
Heitmann in voller Uniform reckt sich und späht. »Tatsächlich!

Strampeln auf Drahteseln im Gelände!« Launig bellt er: »He, Doktor! Ihr Auto ist wohl kaputt?«
»Sehr witzig«, feixt Karsten. »Jedenfalls tu' ich was für meine Gesundheit – und brauch' nicht in 'ner Uniform zu schwitzen.«
Der Polizeichef und der Landarzt leben auf »gespanntem Fuß«. Karsten Mattiesen hält unbeirrt an seinem Berufsethos fest, das die Schweigepflicht einschließt; dadurch kommt es zu gelegentlichen Kollisionen zwischen ihm und Heitmann, denn der will immer mit dem Kopf durch die Wand.
»Na, dann Hals- und Beinbruch!« ruft Heitmann den Mattiesens nach. Die Anspielung auf seine Uniform hat er wohl vernommen. »Dieser Doktor kann allerdings nicht im Arztkittel herumfahren«, murrt er beim Starten.
»Du hättest auch mal was Sportliches anziehen können«, meint seine Frau. »Zum Reiterfest in Uniform! Da halten sie dich für einen Aufpasser. Oder für 'nen Eintrittskartenkontrolleur.«
»Ich werd' schon wissen, was ich mir schuldig bin«, verteidigt sich der Mann. Er ärgert sich plötzlich. Er weiß ja, daß er bei den Leuten nicht so beliebt ist wie Karsten oder Pfarrer Eckholm, der olle Polterkopf. Aber seine eigene Frau brauchte ihn das nicht spüren zu lassen.
Als Heitmann in die neue Seestraße eingebogen ist, ärgert er sich gleich über die unvorschriftsmäßig abgestellten Campinganhänger und Ferienmobile. »Werd' mal aufräumen hier, gleich morgen! Wo sind wir denn? So 'n Hexenkessel laß ich mir nicht gefallen! Ich nicht!«
»Und ich«, sagt Frau Heitmann unerwartet energisch, »ich laß mir's auch nicht länger gefallen. Ich will nicht immer deine Polizeiposaune sein, in die du reinbläst! Kannst du denn nicht ein einziges Mal privat sein? Nicht ein einziges Mal?«
»Na, hör mal –«, beginnt Heitmann bestürzt. Doch seine Frau hat noch einen Pfeil im Köcher: »Seit du Polizeichef bist, spielst du den Macho, daß die Leute hinter uns her lachen! Jawohl! Ich erlebe es jedesmal auf dem Markt!«

»Quatsch! Was du dir einbildest!« knurrt Heitmann. Danach sagt er eine Weile nichts. Der Vorwurf kränkt ihn tief, denn er fühlt sich verkannt. Bei ihm muß eben alles immer in Ordnung sein, im Dienst, im Dienstbereich, im menschlichen Umfeld und im eigenen Selbstverständnis. Zum Selbstverständnis gehört, daß er sich im Einklang mit seiner Frau fühlt. »Ich bin gar nicht so«, murmelt er. Frau Heitmann lächelt bitter. Schweigend lenkt ihr Mann den Wagen über eine abkürzende Waldschneise, die, wie ein Schild verkündet »NUR FÜR DIENSTFAHRZEUGE« freigegeben ist. Aber Heitmann ist schließlich immer im Dienst. Auf einmal sehen die Eheleute vor sich einen Mann mit einem Mofa. Der macht offenbar verzweifelte Versuche, sein Maschinchen in Gang zu bringen. Als Heitmanns näher kommen, wendet er sich dem Waldrand zu. Daß er Grund hat, Begegnungen lieber »rücklings« abzutun, weiß nur er selber. Er, Egon Koppenkötter, der kauzig wirkende Rundkopf, der Kerl in Nappaleder, ist nämlich allgemein auf bessere Gelegenheiten aus, als auf schrottreife Vehikel. Heitmann bremst.
»Was willst du denn von dem?« seufzt seine Frau. »Nun laß ihn doch den Weg benutzen, Herrgott noch mal! Mußt du immer alle vermahnen?«
»Und du?« gibt Heitmann hitzig zurück. »Siehst mich nur als Bullen, wie? Vom Polizisten als Freund und Helfer hast du wohl noch nie etwas gehört?« Federnd springt er aus dem Wagen. In forschem Ton signalisiert er Hilfsbereitschaft. Blindlings. Seiner Frau zuliebe! Die soll mal sehen, daß er auch anders kann! »Na, will die Karre nicht?« wendet er sich schwungvoll an den Fremden.
»Kein ... kein Be-Benzin mehr«, stammelt Egon, wie gebannt von der uniformierten Erscheinung. Doch Heitmann denkt jetzt nur an seine Frau. »Machen Sie mal den Tankdeckel auf, ich hab' einen Kanister dabei«, ruft er in schönstem Eifer. »Bei mir geht so was ruck, zuck.«
Bevor Egon Koppenkötter aus Nirgendwo begreift, was geschehen

ist, hat er eine randvolle Tankfüllung. Der Wagen mit dem Polizisten und der Frau fährt weiter.

»So«, sagt Heitmann selbstzufrieden. »Da siehst du, meine Liebe, wie ich bin! Ich kann nicht nur ein Auge zudrücken – wegen verbotener Durchfahrt –, ich hab' auch einen Sinn für private Hilfeleistung.« Frau Heitmann lächelt wieder, diesmal nachsichtig. »Ist ja schon gut«, lenkt sie ein. »Ist ja schon gut.« Aber Heitmanns Demonstration war weniger gut, als gut gemeint. Er hat genau wie vorhin der Pächter und Eike die mangelnde Verkehrssicherheit des Mofas nicht in Rechnung gestellt. Ihm – als Polizisten – hätte sie auffallen müssen.

Der selten schöne Morgen ist eine Fahrt von Begegnung zu Begegnung. Auch das radelnde Doktorpaar wird bald wieder aufgehalten. Markus Bohm, Inhaber des Sporthotels und des Mühlenrestaurants, überholt die beiden mit seinem Kabrio. Er stoppt und winkt. »He, Doktor, ist dein Führerschein weg?«

»Ja«, erwidert Karsten, »den hat mir der Polizeichef abgenommen. Wegen respektlosen Grinsens auf offner Straße!«

Markus lacht. »Der bringt das fertig. Wann kommt ihr mal wieder zum Tennis?«

»Wenn unser Muskelkater nach dieser rasanten Nonstopfahrt ausgeheilt ist«, ruft Annemarie. »Schönen Gruß an Frau und Kind!« Die Frau des Hoteliers ist niemand anders als die Pfarrerstochter, deren Mutter bei ihrer Geburt gestorben ist. Bohms Schwiegervater, der rüstig-rustikale Kirchenrat Eckholm, lehnt über dem Zaun des Pfarrgartens in Hemdsärmeln und Hosenträgern. Der Rauch seiner Zigarre steigt neben dem Goldregen am Bethanienweg empor. »Sieh mal an«, spottet der Doktor. »Je früher der Tag, desto älter die Sünder. Hatte ich dir nicht geraten, das Qualmen auf den Abend zu beschränken?«

»Ich wußte ja nicht, daß du hier aufkreuzen würdest«, kontert der gewichtige Herr. Er hält es wie alle Einheimischen, die sich mal mit »Sie«, mal mit »Du« anreden, je nach Laune und Situa-

tion. »Aber was macht ihr da auf Fahrrädern? Ist das Auto kaputt?«
»Du bist schon der dritte, der uns dumme Fragen stellt«, sagt Karsten respektlos. »Vielleicht verrät dir mein Dreß, daß ich keine Patientenrunde mache.«
»Schon gut«, brummt Eckholm gemütlich. »Dafür hab' ich schon eine Stunde hart im Garten gearbeitet.« Er blinzelt verschmitzt. »Ein Gärtner des Herrn an den Küchenbeeten.« Daß die Arbeit wohl nicht so erschöpfend gewesen ist, entlarvt eine sanft mahnende Stimme aus einem Fenster des Pfarrhauses.
»Würdest du die Bittbriefe unterschreiben? Getippt habe ich sie, aber deinen Namen mußt du schon selbst druntersetzen!«
Eckholm fährt herum und verbirgt die Zigarre auf dem Rücken. »Ach ja, Ina«, hustet er sichtlich verlegen. »Die Spenden zur Behebung der Sturmschäden – – – äh – – – am Kirchendach! Ich komme. Ich komme!«
Die junge Frau, die den gestandenen Pastor da so liebevoll an seine Pflichten erinnert, heißt Ina. Eckholm hat sie nach langer Witwerzeit im vergangenen Jahr geheiratet – die junge Witwe mit ihrem Töchterchen Steffi. Die beiden sorgen nun dafür, daß der Herr Kirchenrat sich's nicht allzu bequem macht. Eine Person im Pfarrhaus sieht diese Seite des Ehestandes allerdings mit Schadenfreude: die Wirtschafterin Marga. Sie hätte ihn ihrerseits gern geheiratet – und, wie sie meint, viel aufmerksamer umsorgt.
»Also, dann – Tschüs und Gottes Segen!« verabschiedet sich der Pfarrer in einer Rauchwolke, nachdem Karsten und Annemarie mit Ina ein paar Worte über das Wetter gewechselt haben.
»Und da heißt es immer«, sagt Annemarie, »wenn man ganz früh fährt und die Küste flieht, kommt man schneller voran.«
Sie und Karsten treten kräftiger in die Pedale. Sie wollen aus des Doktors Wirkungskreis heraus – in den Naturpark Altenrede. Die Kastanien vom Reeperpfad haben ihre Kerzen aufgesteckt, und den Plötscher Grund hüllen die vielen blühenden Apfelbäume in

einen Brautschleier. Die Lücken, die die atlantischen Winter- und Frühjahrsstürme verursacht haben, sieht man aus der Ferne nicht. An Hinnerksens Hof, dem letzten Vorposten im Dreekelser Busch, werden die beiden Radler wiederum gestoppt.

»He, Doktor! Doktor!« Hinnerksen kommt gerannt, als sei der Geist seiner verblichenen Mutter hinter ihm her. »Doktor! Wollen Sie zu mir?«

Mit gespielter Verwunderung meint Karsten: »Wüßte nicht, warum! Der große Hakim Schleswig-Holsteins bist doch *du*!«

Hinnerksen macht einen komischen Kratzfuß vor Annemarie. »Ich habe im ersten Moment gedacht, es wär' Ihre Tochter. Ehrlich! So jung, wie Sie sind.«

»Wie ich aussehe«, verbessert Annemarie, halb ärgerlich, halb amüsiert. »Auch das wäre sehr geschmeichelt.«

Der Doktor grinst breit. »Du kannst doch zaubern, Hinnerksen! Schnipp mal schnell mit dem Finger, so, wie man ein Schnellfoto macht. Dann sind wir beide wieder achtzehn und kommen als Olgas Enkel nach Hause.«

»Ach«, winkt Hinnerksen ab. Frozzelei scheint das letzte, was er im Augenblick gebrauchen kann. »Ich bin im Streß, Doktor. Ich glaube, ich muß mich nach 'ner Hilfe umsehen.«

»Was denn?« Karsten blickt auf den leeren Vorplatz des alten Hauses. »Geht deine Kräuterpraxis so glänzend? Ich sehe kein Auto, keine Menschenseele! Früher sind die Patienten doch sogar in Bussen gekommen!«

Hinnerksen seufzt: »Ja, als mein Muttchen noch lebte. Muttchen war die größte Heilkrautkonifere.«

»Koryphäe, Hinnerksen, Koryphäe!«

Hinnerksen winkt wieder ab. »Egal. Sie hat gewußt, daß man Zahnschmerzen mit Petersilie behandelt, Migräne mit Minze und Husten mit Tausendschön. Das hat uns viel eingebracht. Aber nun...« Hinnerksen, der kräftige Mann mit dem Schnauzbart, blickt die beiden Mattiesens aus trauervollen Kinderaugen an. Dabei ist in der ganzen Großgemeinde von Borsberg-Deekelsen-

Dreekels bekannt, daß Hinnerksen sein »Muttchen« – eine von Aberglauben und Mißgunst wahrhaft besessene Person – nicht eben geliebt hat. Sie beherrschte den muskulösen Junggesellen (einen Mann in reifen Jahren) noch als über Neunzigjährige; und noch in diesem Alter hat sie ihm den Besen auf den Kopf gehauen. Aber auch er, der kindliche Gemütsmensch, war von ihren magischen Kräften und der Wirkung der Kräuter überzeugt, letzteres besonders in finanzieller Hinsicht.
»Ich hab' doch nun eine ... eine Lebensgefährtin«, berichtet Hinnerksen. Eine solche hatte ihm das gnadenlose Muttchen nie gegönnt. »Und nun erleb' ich, was Liebe ist ...«
»Wie schön für Sie«, lächelt Annemarie.
»Ja, aber«, Hinnerksen seufzt aus tiefster Seele, »meine Bärbel ist in diesem Punkt sehr... sehr... Also ich meine, sie kann ... sie kennt ... sie versteht nichts anderes.«
»Na, was willst du mehr?« Karsten feixt noch breiter. »Dein Leben lang Schläge – und jetzt endlich der heitere Teil. Deine Streicheleinheiten hast du dir redlich verdient.«
Die Stimme des Kräutermanns wird weinerlich: »Ja, ja. Bloß – meine Bärbel kommt überhaupt nich' raus aus dem Bett. Der Abwasch türmt sich zu Bergen, und in den Zimmern kann man vor Unordnung kaum treten. Liebe? Satt! Satt, sag' ich dir, Doktor! Nur, daß das Geschäft darunter leidet. Meine Bärbel kann Kamille nicht von Kapuzinerkresse unterscheiden. Bibernelle hält sie für 'ne Tierart, und vor Fencheltee ekelt sie sich. Schwarzen Tee will sie haben, starken Bohnenkaffee und Wein, beileibe aber keinen Waldmeisterwein. Wie soll ich das schaffen? Meine Bärbel verwöhnen, ihr den Haushalt führen – und die Kräuterpraxis nich' vernachlässigen!«
»Dicki! Mein Bärchen!« tönt eine Stimme vom Hause her. In der Tür steht eine überaus mollige Frauengestalt im Bademantel. »Kosemaul! Ich habe Hunger! Machst du mir was zu essen!«
Hinnerksen zuckt zusammen. »Ja, Liebste, ich komme schon,

bin schon da!« Noch einen letzten, weidwunden Blick auf Mattiesens, dann eilt der Kräuterdoktor dem Eingang zu.
»Kosemaul!« lacht Karsten, als sie weiterradeln. »Klingt wie 'ne Heilpflanze. Scheint aber auf die Dauer keine zu sein.«
»Soll er sehen, wie er zurechtkommt«, meint Annemarie, die nicht nur das Komische dieses Falles sieht. »Hinnerksen hat immer zugelassen, daß sein Muttchen dich zu den Menschenschindern, Giftmischern und Betrügern zählte.«
»Nicht nur mich«, korrigiert Karsten nachsichtig. »Alle Ärzte hat sein Muttchen verteufelt. Alle Ärzte und die gesamte Schulmedizin. Aber mit der Schlampe da, die ihn Kosemaul nennt, scheint er vom Regen in die Traufe gekommen zu sind.«
»Laß das seine Sache sein«, beharrt Annemarie. »Du bist keine Instanz für fremde Beziehungskisten und deren Probleme. Vergiß nicht: Dies ist *unser* Tag. Morgen sind wir zu Detlefsens eingeladen, und vormittags will Olga mit uns in die Kirche.«
»Du hast recht«, murmelt Karsten. »*Unser* Tag. Es ist doch verrückt, wie selten wir mal miteinander allein sind ...«
Auf abgelegenen Pfaden, zwischen Kuhweiden und Feldern, radeln die beiden dahin. Das teils brettflache, teils sanfthügelige Land bietet keine drastische Attraktion. Man muß ein Auge für die vielfachen Grünschattierungen haben, um seinen Reiz zu begreifen. Vor allem ist der hohe Himmel, der durch kein Hindernis, keine natürliche oder künstliche Erhebung den Blick verstellt, für Kenner ein fortwährendes Phänomen. Wolkenspiele, seltsame, rasch wechselnde unter- und übereinanderher ziehende Gebilde werfen flüchtige Schwärze auf eben noch lichthelle Wiesen und Weiher; Minuten später strahlt Sonne aus makellosem Blau, und ringsum erhalten Hecken und Bäume eine neue Kontur. Stille Unaufdringlichkeit ist das Besondere an diesem Land zwischen den Meeren.
Das ist es, was Karsten so liebt, das ihn, neben allen anderen Gründen, dazu bewogen hat, vor nicht allzulanger Zeit seine Hamburger Luxuspraxis zugunsten der väterlichen »Klitsche« in

Dreekels aufzugeben. Annemarie wollte nicht mit in das Kaff »voller Brennesseln, Backsteine, Rindviecher und menschlicher Querköpfe« (zu den letzteren rechnet sie auch Olga). Vor zwei Jahren kam es dann zur Scheidung. Karsten brachte mit Hilfe der Mutter die Landarztpraxis wieder in Gang, und Annemarie schien willens, einen Hamburger Rechtsanwalt zu heiraten. Aber dann verlief alles doch ganz anders. Bereits ein halbes Jahr später war Annemarie Karstens zweite Frau, und sie übersiedelte zu ihrem »neuen Mann« in den Dreekelser Busch. Die Kinder Eike und Kerstin, Schüler noch, alsbald aber flügge Studenten, waren dabei ein geringeres Problem als Olga, der die Scheidung eher zupaß gekommen war als die Wiederheirat. Olga argwöhnte damals recht erbittert, von der Schwiegertochter verdrängt zu werden. Erst als Annemarie einen Job im Schuldienst am Borsberger Gymnasium antrat und Olga ihren Platz als des Doktors Hauptstütze in der Praxis gesichert sah, glätteten sich die Wogen. Aber ob das so bleiben wird? Olgas Ausbruch am Morgen warf einen Schatten auf die Zukunft. Und diese Zukunft, ob sie nun wollen oder nicht, müssen die Eheleute Mattiesen an ihrem Ausflugstag besprechen.
Es ist Mittag, und sie haben das Vogelparadies Altenrede bereits umrundet, als der Doktor nahe der Straße Schleswig-Süderbarup ein buschiges Plätzchen auf einer Weide entdeckt; eine Stelle wie für ein Picknick geschaffen. Er behauptet, sein Magen knurre wie ein Hofhund.
»Du hast genug Reserven, Freundchen«, mahnt Annemarie. »Außerdem sind wir seit Stunden nur immer von Rastplatz zu Rastplatz geschlichen, wobei du eine halbe Tüte Malzbonbons gelutscht hast! Malzbonbons! Schiffbrüchige kommen damit wochenlang aus.«
»Bin ich ein Schiffbrüchiger?« fragt Karsten.
Sie legen ihre Räder ins Gras, breiten eine Decke aus und widmen sich dem mitgeführten Proviant: hartgekochte Eier, Räucherwurst, ofengebackenes Brot, Kräuterbutter, Käse, Saft und Obst.
»Wenigstens ein einziger Tag der versäumten Flitterwochen«,

bemerkt Annemarie. »Es ist jetzt zwei Jahre her, daß wir wieder geheiratet haben. In dieser Zeit haben wir uns weniger gesehen als während unserer Scheidung.«

»So lange sind wir nicht verheiratet«, widerspricht Karsten mit vollem Munde. »Vor zwei Jahren war unsere Scheidung, nicht unsere Trauung.«

»Na schön, sind wir also ein noch viel jüngeres Paar. Und was hatten wir davon? Und wie wird es sein, wenn ich nach Pfingsten wieder arbeitslos bin?«

Annemaries Schuldienst endet mit der Rückkehr der Studienassessorin, die ihr Mutterschaftsjahr wahrgenommen hat. Eine Weiterbeschäftigung ist für Annemarie nicht in Aussicht, weil aus administrativen Gründen nicht möglich.

»Wenn du nicht mehr unterrichtest«, meint Karsten, kräftig in ein Käsebrot beißend, »und wenn du keine Hefte korrigierst und nicht mehr alle naselang auf Schulausflüge und zu Elternabenden mußt, sind wir auch öfter zusammen. Ich begreife deine Logik nicht.«

»Ach!« Annemarie wirft ihrem Mann einen Seitenblick zu. »Nun weich nicht aus. Wir hatten heute früh eine Probe von Olgas Eifersucht. Das war ein Vulkanausbruch. Ihre Befürchtungen sind mir wie glühende Brocken um die Ohren geflogen. Sie sieht mich als Rivalin und sich einmal mehr als fünftes Rad am Wagen. Ich sage dir, sie dreht durch, wenn ich wieder ganztags im Hause bin. Und dabei soll unsere Ehe funktionieren!«

»Du bist eben noch zu jung und zu temperamentvoll, um gar nichts zu tun«, meint Karsten diplomatisch. »Du hast doch Hobbys. Und vielleicht findest du einen anderen Job, der dir Spaß macht.«

»Hm. Aber nur einen, der mir Zeit für uns beide läßt. Ich hab' gelesen, daß bei uns – im alten Bahnhof – 'ne Volkshochschule eröffnet werden soll.«

»Na also!« ruft Karsten erleichtert. »Wär' das nichts? Du wärst eine attraktive Dozentin, und ich würde mich als erster bei dir einschreiben!«

»Du?« Annemarie muß lachen. »Als ob du Lehre von mir annehmen würdest! Du – von mir . . .!«
Sie legt den Arm um ihn, will ihn küssen, fährt dann aber mit leisem Aufschrei herum. »Karsten! Eine Kuh! Sie hat geschnaubt!«
»Ach wo. Friedlich gemuht.« Der Doktor reicht Annemarie einen Becher Saft. »Kühe sind nur in Panik gefährlich. Ich hab' schon so manches Kälbchen zur Welt gebracht.«
»Kann es sein, daß sich das noch nicht herumgesprochen hat?« Annemarie lacht Tränen, denn der Doktor kriegt von der Kuh einen Nasenstüber in den Rücken, daß sein Orangensaft überschwappt. Gemächlich trollt sich die Kuh. Das alberne kleine Zwischenspiel könnte nun die Laune für den Rest des Tages beeinflussen.
Da zerreißt ein hektisches Hupen irgendwo hinter den Hecken die Stimmung. Gellende Töne, die in ein kurzes Bremskreischen übergehen und mit mörderischem Krachen enden. Ein Schwarm aufgeschreckter Vögel flattert durch die Luft, danach herrscht beängstigende Stille. Die beiden Mattiesens schnellen hoch. Sie lauschen. »Das war . . .«, Annemarie schluckt, ». . . das war auf der Straße nach Kappeln!«
»Oder am Bogelunder Damm!« Karsten blickt ostwärts. Doch ein weiter Graswall nimmt ihnen die Sicht. »Hörst du?« Annemarie lauscht. »Da schreit jemand! Es sind viele! Viele Stimmen!« Sie deutet nach Nordwesten. Beide laufen über die Weide, zwängen sich durch Hecken, kriechen unter einem Zaun hindurch und klettern außer Atem den Graswall hoch. Was sie sehen, läßt sie ihren Augen nicht trauen. Die Fahrbahn, die hier von unbebautem Grünland flankiert wird, ist voller Menschen, es sind ältere, teils gehbehinderte Männer und Frauen. Einige stehen reg- und ratlos hinter einem Bus, der scharf rechts in Richtung Kappeln am Straßenrand parkt. Auf der gegenüberliegenden Seite, jenseits des Grabens, liegen zwei ineinander verkeilte Autos. Karsten begreift: Hier hat es beim Überholen des Busses einen Frontalzu-

sammenstoß gegeben. Die mehr als zwei Dutzend Leute sind Fahrgäste, von denen sich bereits einige um die Opfer bemühen. Ein junger Mann lotst die aufgestaute Autokolonne an der Unfallstelle in Richtung Kappeln vorbei, ein anderer lenkt den Gegenverkehr über den Bogelunder Damm.

»Ich bin Arzt«, sagt Karsten. Er schiebt sich durch eine Gruppe an die Wracks heran. Er hört, daß der Busfahrer per Funk die Polizei verständigt hat. Zwei Personen stecken noch in den Trümmern. Hier ist keine Hilfe mehr möglich. Drei Verletzte werden auf Decken gebettet, die man aus dem Bus holt. Bei dem Jungen, der zwischen den Erwachsenen liegt, kann Karsten nur den Tod feststellen.

»Da ist noch ein Kind!« schreit Annemarie. »Ein kleines Mädchen!« Offenbar ist es bei dem Zusammenstoß aus einem der Autos herauskatapultiert worden. Es liegt auf der Wiese. Der Doktor untersucht den schmächtigen Körper, während neben ihm zwei Männer unterschiedliche Angaben machen. Der eine sagt: »Genickbruch. Sie war gleich tot.«

»Sie hat aber noch den Kopf hin und her bewegt«, behauptet der andere. Karsten tastet das Genick des Kindes ab. Er reißt ihm den Pulli am Hals auf, lauscht auf Herztöne. Er hört nichts; nur die gellenden Schreie einer Frau: »Mein Kind! Sie töten mein Kind!« Annemarie und die beiden Männer zerren sie weg. Inzwischen beginnt der Doktor mit Wiederbelebungsversuchen. Um sich herum vernimmt er überhaupt nichts mehr. Weder die Sirenen der Polizei, der Ambulanz und des Notarztwagens, noch die Fragen und Weisungen der Beamten und Sanitäter. Er weiß nicht, daß bald zwanzig Minuten vergangen sind, daß man die Verletzten abtransportiert hat, daß die Feuerwehr damit beschäftigt ist, die Toten aus den Wracks zu bergen. Ein zweiter Notarztwagen trifft ein, Polizisten versuchen mit Hilfe des Busfahrers den Hergang zu rekonstruieren. Und Karsten beschäftigt sich noch immer mit dem Kind. Mehr als eine halbe Stunde ist um. Neben ihm sagt ein Assistenzarzt aus Schleswig zu Annemarie: »Was

will er denn noch! Das Kind ist tot! Wahrscheinlich Herzstillstand!« Dieses Reizwort dringt in Karstens Hirn. Aber erst, als das Kind sich rührt, sich tatsächlich regt, die Lider bewegt, den Mund verzieht, die Finger zu Fäusten schließt, gibt er dem fremden Arzt die Antwort: »*Atem*stillstand, *Atem*, nicht Herz. Rasch, Sauerstoffmaske her!«
Der junge Mann spurt schnell, kommt mit den Sanitätern zurück, versorgt die Kleine transportgerecht. Während sie auf eine Trage gelegt wird, sagt er: »Ich glaube, ein anderer hätte kapituliert. Alle Achtung, Herr Kollege.«
»Kann mir nicht leisten, aufzugeben«, bringt Karsten mühsam heraus. Sein Versuch zu lachen erstickt in Keuchen. Ihm wird schwindlig. Er muß sich hinsetzen.
»Ist Ihnen schlecht?« fragt der junge Kollege besorgt. »Sollen wir Sie heimfahren lassen? Hier, nehmen Sie einen Schluck Tee!«
Er läßt sich eine Thermosflasche reichen und hält sie Karsten hin. Der Doktor trinkt gierig. »Nein«, wiederholt er. »Aufgeben ist bei mir nicht drin. Ich bin Landarzt. Das ist im Sommer wie im Busch. Und im Winter wie am Polarkreis.«
»Jedenfalls haben Sie das Kind gerettet«, sagt der Kollege. »Brauchen Sie jetzt wirklich keinen Wagen?«
»Danke. Ich hab' da irgendwo mein Fahrrad. Und meine Frau lotst mich nach Hause«, sagt Karsten, mit einem weiteren Versuch zu lächeln. Aber es gelingt ihm nicht. Als letzter verläßt er mit Annemarie den Schauplatz des Grauens. Die Kleine lebt, doch der Unfall hat drei Todesopfer gefordert, darunter ein Junge im Alter des geretteten Mädchens. Mechanisch hebt Karsten eine Puppe auf, die neben dem kleinen Körper liegt. Annemarie sagt nichts, während er mit ihr zum Rastplatz bei den Büschen taumelt, wo das vergnügte Picknick unterbrochen wurde. Wann war das? Gestern? Heute? Es ist lange, lange her. Annemarie schweigt – und das ist gut so.
Es ist später Nachmittag, als die beiden Ausflügler ihre Räder über den Dreekelsbach in den Mattiesenhof schieben. Ur-

sprünglich hatten sie irgendwo Kaffee trinken und erst am Abend wieder zu Hause sein wollen. Gerade ist die Tochter Kerstin mit Peter Detlefsen gekommen. Mit Olga und Eike schwatzen sie über ihre Erlebnisse beim Segeln – wer sich da wohl dümmer angestellt habe, Kerstin oder Peter. Die übliche unbeschwerte Alberei an einem sommerlich warmen Abend auf der Terrasse. »He, da kommen Mami und Paps!« ruft Kerstin. Sie will den Eltern entgegen, doch Olga hält sie zurück. Olga hat einen Blick von Annemarie aufgefangen. Auch erfaßt sie sofort, daß da was passiert sein muß. Karsten stellt sein Rad ab und verschwindet im Haus. Annemarie begrüßt die Tochter und den zukünftigen Schwiegersohn. »Tut mir leid«, sagt sie. »Wir sind in einen schrecklichen Unfall geraten.«
»Und Karsten hat Erste Hilfe geleistet«, schließt Olga folgerichtig. Sie reagiert gefaßt und überlegen, so, als hätte sie sich morgens nicht hysterisch aufgeführt. In Krisenfällen ist Olga der berühmte »Fels in der Brandung«. Als Annemarie berichtet hat, empfiehlt Olga: »Wir lassen Karsten in Ruhe. Immer wenn er aus dem Gleichgewicht ist, verkriecht er sich.«
Einer hält sich nicht an Olgas Rat, und das ist Eike. Eike hat eine besondere Beziehung zu seinem Vater, eine, die er in seiner Unerfahrenheit für »Philosophie« hält, die aber im Grunde nichts anderes ist als Anlehnungsbedürfnis. Er meint, den Doktor trösten zu müssen, dabei hat ihn der Unfallbericht tief betroffen gemacht.
Karsten sitzt im Sprechzimmer am Schreibtisch und ist dabei, das Geschehnis nüchtern zu protokollieren. Eine Flucht in die Routine. Er blickt kaum auf, als Eike eintritt: »Ja, was ist?«
Eike räuspert sich: »Hm ...«, beginnt er ratlos. »Ich wollte ...«
»Kann ich was für dich tun?« fragt Karsten knapp.
Eike stottert: »Nein. Im ... Gegenteil ... Ich dachte ... ich vielleicht! Für dich!«
Der Doktor lacht unfroh. »Setz dich. Deine Mutter hat dir alles erzählt? Tja, Junge, als Arzt muß man so was wegstecken können.

Kann man's nicht, hat man den Beruf verfehlt. Medizinische Hilfe im akuten Fall ist Profession, nicht Konfession.«
»Aber es geht an die Nieren, Paps.«
Mattiesen blickt auf: »Erst mal an die des Patienten, mein Junge, und zwar konkret. Was *du* dabei denkst, hat zurückzustehen.«
»Aber ...« Eike sucht nach Worten, »du hast ein Kind gerettet, das andere für tot hielten. Du hättest aufgeben können. Wenn das nun ... wenn das nun alles umsonst gewesen wäre?«
Der Doktor lehnt sich zurück und sieht den Sohn voll an.
»Die entscheidende Frage, mein Sohn – es hätte dann vier Tote gegeben, nicht nur drei, und das wär' für mich beileibe kein statistisches Phänomen. Der Erfolg des Arztes ist das Menschenleben. Hätte ich mich vergeblich bemüht, säße ich noch frustrierter hier. Man denkt ja immer an die, für die alle Hilfe zu spät kam.«
Eike nickt. »Du meinst, ein Arzt darf nicht verzweifeln, weil er so wenig tun kann?« Er greift nach der Puppe, die auf dem Schreibtisch liegt. »Stammt die ... von – von der Unfallstelle?«
»Sie gehört der Kleinen. Ich werde sie ihr irgendwann schicken, falls sie durchkommt. Vielleicht ruf' ich gleich mal in Schleswig an, wie's steht.«
Eike erfährt noch, daß die Patientin operiert wird. Innere Blutungen, Milzverletzung, soviel man bis jetzt weiß. Kein hoffnungsloser Fall. Der Doktor legt den Hörer auf, sichtlich erleichtert. Trotzdem: Ein »schönes Wochenende«? Der Sonntag steht noch bevor. Die ersten Schönwettertage sind allemal für viele Urlauber »schwarze Tage« – und damit auch für Unfallstationen, Ärzte, Klinikpersonal, für Feuerwehr und Polizei ...

Aber auch ein Mann, der weder zu den Urlaubern noch zu den Nothelfern gehört, erlebt an diesem Sonnabend seinen schwarzen Tag: Egon, der Stromer, jener Bursche in Nappaleder, der in der Frühe das Mofa geklaut hat und den ausgerechnet der Polizeichef mit Benzin versorgte. Egon war danach klug genug, belebte Straßen zu meiden, nicht zuletzt deshalb, weil der Motor dauernd aussetzte und schließlich sogar zu qualmen begann. So gegen 10 Uhr vormittags erreichte er den Ostseestrand beim »Windbogen«, der zum Ortsteil Dreekels gehört. Dr. Mattiesens Großvater kannte den Streifen noch als Schiffsfriedhof, als Tummelplatz herrenloser Hunde, Katzen und Ratten – er würde sich wundern, sähe er ihn heute. Heute erinnert nichts, aber auch gar nichts mehr an schmutzigen Sand und maritimen Sperrmüll. Im Gegenteil. Eine Siedlung moderner Ferienhäuser erstreckt sich über das Gelände, das ein gewitzter Agent »Schlaraffenland« getauft hat. Die säuberlich eingefaßten Wege sind nach Märchengestalten benannt: »Schneewittchenzeile«, »Dornröschenpromenade«, »Rotkäppchenpfad«, »Allee der Sieben Geißlein« und »König Drosselbarts Ritt«. Soweit die Ferienhäuser schon benutzt werden, tummeln sich die Mieter bereits am Strand und auf dem Wasser, denn die Bucht ist ein Paradies für Surfer. Egon schiebt sein Mofa zwischen den Hecken entlang und späht aufmerksam umher. Er weiß, daß Leute in einer Feriensiedlung einander weniger kennen, als die Nachbarn an festen Wohnorten. Die Ecke »Hänsel-und-Gretel-Kamp« und »Sindbadweg« scheint verwaist. Da steht ein Bungalow, wohl schon eingerichtet und bewohnt, denn das Schild an der Gartentür verkündet den Namen »Mahlbrock«. Aber nichts weist auf die Anwesenheit der Besitzer hin. Egon schiebt das Mofa in einen Busch und nähert sich der Pforte. Sie ist unverschlossen. Nun schleicht er um das Haus herum und überlegt, wie er sich ohne viel Aufwand Einlaß verschaffen kann. Einlaß – und Zugang zum Kühlschrank, denn die Erfahrung lehrte ihn, daß in verlassenen Häusern immer irgendwelche Vorräte lagern – Konserven, Bier, Schnaps. Als er seine Runde beendet hat und wieder auf dem Weg anlangt, wird er überraschend angesprochen: »Sind Sie Herr Mahlbrock?« Vor ihm steht ein Junge, dessen Rad am Zaun lehnt. »Herr Mahlbrock?« wiederholt der Knabe arglos.

»Äh . . . äh . . . ja«, stottert Egon. Er kann ja nicht antworten: »Nein, mein Junge. Ich bin Egon Langfinger, Vagabund und

Einbrecher. Schöner Tag heute, wie?« So behauptet er frech: »Ich wohne hier.«
»Mein Vater hat erst gestern den Lieferschein gekriegt. Ihr Vorschuß war überzahlt, sagt er. Ich hab' das Kuvert in den Briefkasten gesteckt.«
Egon begreift nichts, murmelt aber: »Okay, besten Dank!«
Der Junge, der es eilig hat, seine Freizeit zu nutzen, radelt davon, und Egon fischt einen Umschlag aus dem Kasten. Der Zettel der »Installationsfirma Ohlsen, Küche, Bad, WC und Heizung« interessiert ihn weniger als die dreihundertfünfzig Mark in Scheinen einer »Rückzahlung überzahlten Vorabbetrages«. Auch ohne das Kauderwelsch könnte Egon mit dem Zettel nichts anfangen. Aber mit dem Geld! Dem Geldregen, der ihn so unverhofft beglückt! Wirklich – dies ist eine Märchensiedlung! Überhaupt: Ein märchenhafter Vormittag! Heute scheint ihm alles nur so zuzufallen, hat ihm doch sogar ein Polizist in Uniform ein gutes Stückchen weitergeholfen. Ja, ohne das Benzin dieses Beamten wäre er dem Jungen nicht begegnet! Trotzdem beschließt Egon, sich aus Mahlbrocks Garten zu verziehen. Zweimal springt kein Zauberquell an der gleichen Stelle, das hat schon seine Oma immer gesagt. So baldowert er also in der Nachbarschaft. Dort fällt ihm ein ebenfalls verlassenes, offenbar aber auch schon eingerichtetes Ferienhaus auf. Das merkt sich Egon. Danach bringt er mit einiger Mühe das Mofa in Gang. Er hat Hunger und sehnt sich nach einer Würstchenbude, an der er sich unter das Laufpublikum mischen kann. Am Abend wird er wiederkommen.

Kurz nach Mitternacht summt in Mattiesens Schlafzimmer das Telefon. Der Apparat ist so angebracht, daß er über dem Kopfende des Ehebettes sowohl vom Doktor als auch von seiner Frau erreicht werden kann. Da sich Karsten nicht rührt, greift Annemarie nach dem Hörer. Verschlafen fragt sie: »Was ist?«
»Hier Olga«, kommt die Antwort. »Ich weiß, ich weiß, ich sollte die Gespräche abfangen, weil Karsten noch seine Ruhe braucht.«

»Und weil er keinen Dienst hat!« sagt Annemarie ärgerlich. »Glaubst du, ich wecke ihn grundlos? Die Polizei will ihn sprechen, dringend. Ich stelle um!«
Es knackt, und eine Stimme meldet sich: »Hallo, Doktor? Hier Heitmann!«
»Moment«, seufzt Annemarie. »Mein Mann ist ja noch gar nicht wach.« Sie rüttelt den Schlafenden.
»Karsten, Karsten! Der Heitmann will was. Ist wohl dringend.«
Dr. Mattiesen nimmt mit geschlossenen Augen den Hörer ans Ohr. Die Stimme des Polizeichefs von Borsberg-Deekelsen-Dreekels ist laut, seine Artikulation exakt; trotzdem ist es Karsten, als träume er. Da ist vom »Schlaraffenland« die Rede, von »Hänsel und Gretel«, vor allem von einem Einbrecher und mehrfach von einem großen Hund. Karsten stützt sich auf die Ellbogen. Er begreift schon, daß die Feriensiedlung gemeint ist. »Welcher Hund hat eingebrochen? Und wie heißt der? Mahlbrock?« Heitmann erklärt unwirsch, der Doktor solle erst einmal kommen. Dann werde er sehen. »Ich habe keinen Notdienst«, sagt Karsten. »Notdienst hat Frau Doktor med. Stracke, Borsberg!«
»Die ist im Einsatz!« ruft Heitmann in sein müdes Ohr. »Ich rechne mit Ihnen! Schnellstens! Ende!«
»Jetzt kann ich beinahe verstehen, weshalb die jungen Ärzte lieber arbeitslos in den Großstädten rumlaufen, statt mit 'ner Alarmglocke am Hals ins Bett zu gehen«, murmelt Karsten beim Anziehen. »In der Siedlung scheint ein großer Hund los zu sein!« Mit dieser Vermutung hat Karsten teilweise recht.
Im Ferienparadies »Schlaraffenland« ist kurz vor Mitternacht der Stromer Egon Koppenkötter planmäßig ans Werk gegangen. Im Bungalow jenes unbekannten Mahlbrock, auf dessen Kosten er sich einen schönen Tag gemacht hat, ist alles dunkel. Da scheint also noch niemand zu sein. Auch das ausbaldowerte Nachbarhaus, ein Massivbau mit Dachfenster, steht verlassen. Das ist ein aufwendiges Domizil, keine hölzerne Campinghütte mit ein paar lumpigen Möbeln. Die Eingangstür scheint durch ein raffiniertes

Riegelsystem gesichert zu sein. Die Parterre-Fenster sind mit schmiedeeisernen Ziergittern versehen. Bleibt nur die Dachluke. Eine Leiter aus Aluminium findet sich auf der Rückseite, leicht, handlich, wie bestellt. Einen Meißel, der als Brecheisen dienen soll, trägt Egon in der Brusttasche. Daß es keine Alarmanlage gibt, hat er schon am Vormittag erkundet. Der Rest, denkt Egon, ist ein Kinderspiel. Denkt er. Denn das Dunkel im Nachbarhaus täuscht. Herr Mahlbrock, der ohne sein Wissen um dreihundertfünfzig Mark erleichtert wurde, ist vor einer halben Stunde mit seiner Frau am »Sindbadweg« eingetroffen. Die beiden haben, von Bremen kommend, in Bohms Hotel zu Abend gespeist und sind nach einem Schlummertrunk ins Bett gesunken. Sie würden von Egon Koppenkötters Aktivitäten nichts hören, gar nichts – hätten sie nicht einen Hund. »Cäsar« ist ein ebenso großes wie großherziges Tier, eine Seele von Hund, ein zahnbewehrtes, liebes Ungeheuer. Eine Dogge, die für Herrchen und Frauchen durch Feuer und Wasser ginge, durch Gewitter und Sturm, durch Nebel und Nacht. Und eben das wird Egon zum Verhängnis. Cäsars Winseln weckt Frau Mahlbrock. Frau Mahlbrock weckt ihren Mann. Beide lauschen. Auf ihrem eigenen Grundstück kann niemand sein, denn dann käme aus Cäsars Rachen eine ganz andere Musik.
»Vielleicht ist einer an unserem Auto«, wispert die Frau.
»Ach, er wittert vielleicht nur 'ne Katze«, meint Herr Mahlbrock gähnend. Herr Mahlbrock ist kein Draufgänger, andererseits aber auch nicht der Mann, der sich etwas nehmen läßt. Der Hinweis auf sein Auto, zumal es neu ist, bringt ihn hoch. Er streift sich seinen Bademantel über und läßt den Hund hinaus. »Such, Cäsar, such!« befiehlt er dem Ungetüm. Der treue Hund ziert sich nicht lange.
So kommt es, daß der zum Einbruch entschlossene Egon auf der Leiter plötzlich von einem kompakten, wie rasend bellenden, fauchenden und knurrenden Schatten bedrängt wird, der wie ein Geschoß durch die Hecke brach. Dachwärts kann Egon nicht ausweichen, da findet er nirgends Halt. Der riesige Hund wirft sich mit vollem Gewicht gegen die Leiter. Egon fühlt sie zur Seite

rutschen, doch um sich an die Dachrinne zu klammern, muß er ein paar Sprossen tiefer – und schon hat er Cäsars Zähne im Hosenbein. Mit einer Bißwunde in der rechten Wade kracht Egon schließlich samt Leiter auf die betonierte Terrasse. Wie durch Watte hindurch hört er Schreie, bevor er das Bewußtsein verliert. Lange dauert die Ohnmacht nicht. Aber die Schmerzen nehmen Egon das Zeitgefühl. Die Wunde brennt wie Feuer. Zudem muß er sich etwas gebrochen haben, denn jede Bewegung schmerzt ihn. Er könnte sowieso nicht fliehen. Der Hund hockt wachsam an seiner Seite. Im Scheine starker Taschenlampen sieht Egon kurz die Mahlbrocks in ihren Bademänteln. Dann hört er Stimmengewirr. Verflixt! Das klingt nach Polizei! Heitmann tritt mit zwei Kollegen auf den Plan. Er läßt sich den Hergang berichten und fordert das Zurückpfeifen des Hundes. Polizeimeister Schließer und der junge Anwärter Harms beugen sich über den verletzten Egon. Sie betrachten die Bißwunde, mutmaßen darüber hinaus nur Simulation, halten jedoch Vorsicht für geraten. Heitmann telefoniert vom Einsatzwagen aus nach ärztlicher Hilfe und inspiziert den Tatort. »Klarer Fall«, meldet Schließer. »Der Bursche wollte über die Leiter ans Dachfenster ran. Hier liegt ein Meißel, wohl als Stemmeisen vorgesehen.« Heitmann leuchtet Egon ins Gesicht und zuckt zusammen. »Himmel Herrgott!« entfährt es ihm. »Diesem Kerl hab' ich heute vormittag mit Benzin ausgeholfen! Ich! Dazu noch in voller Uniform!« Polizeimeister Schließer und der junge Kollege stoßen sich grinsend hinter Heitmanns Rücken an. Schließer räumt behutsam den Tascheninhalt des Verletzten aus. Harms hält derweil die Stablampe. In deren Lichtstrahl glättet Schließer ein zerknittertes Kuvert.
»Ha!« triumphiert er. »›Mahlbrock‹ heißt er. Das steht hier drauf: Und im Umschlag ist Geld ... Moment. Zweihundertfünfzig Mark!«
»Wer heißt Mahlbrock!« ruft der Besitzer des Nachbarhauses. »Mahlbrock bin *ich*! Wie kommt der Gauner zu dem Brief? Zeigen Sie mal! Das ist meiner! *Mein* Geld!« Anhand der Einlage stellt er

fest, daß hundert Mark fehlen. »Ich bin bestohlen worden!« brüllt er.
»Halt, halt, das klären wir bei Tage«, greift Heitmann ein. »Das Geld muß ich einstweilen behalten. Also: Unberechtigte Aneignung und versuchter Einbruch in das Haus Ihres Nachbarn. Das reicht zur Festnahme.« Ein ungültiger, weil abgelaufener Personalausweis zeigt immerhin ein Foto des Erwischten und benennt ihn als »Egon Koppenkötter« aus Münster.
Endlich trifft Dr. Mattiesen mit seinem Arztkoffer ein.
»Für uns ist die Sache klar«, begrüßt ihn der Polizeichef. »Der Kerl wird in unsere Stationszelle gesteckt. Wenn Sie ihn bitte versorgen wollen. Ich nehme an, der täuscht uns den lebenden Leichnam vor.«
»Auch Diebe können sich was brechen«, meint Karsten. »Übrigens ist die Wunde kein Mückenstich.«
»Der Hund!« stöhnt Egon. »Ein Killerhund! Hätte mich glatt zerfleischt.«
»Unser Cäsar tut keinem ehrlichen Menschen was!« ertönt Frau Mahlbrocks Stimme aus dem Dunkel. »Keinem ehrlichen Menschen.«
Der Doktor erhebt sich. »Tja, Herr Heitmann, haftfähig ist der ... der ...«
»Koppenkötter, Egon!« schnarrt der Polizeichef.
»Schön. Also haftfähig ist er nicht.«
»Soll ich ihn hier liegen lassen?« fragt Heitmann ärgerlich. »Die Klinik nimmt so einen nur in schweren Fällen. Sehen Sie! Er kann sogar stehen!«
Ja, stehen kann er. Karsten hat Egon hochgeholfen. Aber die Stablampen beleuchten ein schmerzverzerrtes, stoppelbärtiges Bleichgesicht. »Rippen-, Schulter- und Hüftprellungen«, erklärt der Doktor. »Und mit der Bißwunde ist nicht zu spaßen. Die muß ich in der Praxis behandeln.«
»Hm.« Heitmann gibt widerwillig nach. »Aber um 8 Uhr früh holen wir ihn ab!«

»Wozu ich Ihnen einen schönen Sonntag wünsche!« grinst der Doktor. Polizeimeister Schließer und sein Kollege Harms stützen den ächzenden Egon bis zum Arztwagen.
Auf dem Mattiesenhof sind Olga und Annemarie wenig erfreut über die Einquartierung. Als sie, gehüllt in Nachtgewänder, den Unglücksraben betrachten, kommt eben auch Eike aus der Disco nach Hause. Er sieht den Vagabunden und ruft lachend: »Wen habt ihr denn da aufgegabelt? Das ist doch der, der das Mofa beim Tankstellenpächter geklaut hat!«
»Was hat er geklaut? Wo? Wo denn noch?« fragt Annemarie irritiert. Olga kennt die Geschichte ja. »Ich hatte gleich so 'n dummes Gefühl«, murmelt sie. »Aber euch kann's ja nicht spaßig genug kommen. Rein mit ihm in den Behandlungsraum!«
Der Doktor verpaßt Egon eine Tetanus- und eine schmerzstillende Spritze und versorgt die Bißwunde. Olga geht ihm wortlos zur Hand. Für den Brustkorb muß zuvörderst ein Dreipunktkorsett genügen. Wegen der kurzen Bewußtlosigkeit merkt Karsten ein EEG vor. Dann verwandelt Olga die Pritsche in eine provisorische Bettstatt mit Kissen und Decke. »Wenn Sie was brauchen, drücken Sie auf den Klingelknopf neben sich«, schärft Karsten dem Patienten ein. »Aber nach der Schmerzspritze werden Sie sowieso gut schlafen.«
»Versuchen Sie nicht zu fliehen«, mahnt Olga. »Ich bin so wachsam wie der Hund, der Sie gebissen hat!«
Sie schließt den Behandlungsraum ab und nimmt den Schlüssel mit sich.
Für ein paar Stunden hat das Doktorhaus Ruhe.
Um 6 Uhr ist Olga wieder auf den Beinen. Sie braucht von Natur aus wenig Schlaf – im Gegensatz zu ihrem Sohn. Der frühe Morgen ist für sie die schönste Tageszeit, da schöpft sie Kraft, da fühlt sie sich wie ein Fisch im frischen, unverschmutzten Wasser. Eike kommt die Treppe herunter, längst nicht so munter wie seine Großmutter.

»Ich wollte dir beim Tierfüttern helfen«, sagt er, einen Gähnkrampf unterdrückend.
»Gut. Aber mach keinen Lärm. Unser Gast schläft zwar nicht den Schlaf des Gerechten, aber wenigstens den der Pharmazie. Und dein Vater braucht seine Ruhe.«
Beide gehen zum Stall hinüber. Als sie um 7 Uhr zurückkommen, stutzt Olga auf dem Weg zum Wohnhaus.
»An der Seite steht das Fenster offen!« bemerkt sie. Schneller als Eike läuft sie die Außentreppe hoch, nimmt den Schlüssel vom Haken und öffnet die Tür zum Behandlungsraum.
»Was ist?« wundert sich Eike.
»Frag lieber, was nicht ist«, erwidert Olga. »Der Egon ist nicht mehr da.«
»Ach«, zweifelt Eike, »der ist vielleicht nur zur Toilette.«
»Wie denn? Durch die geschlossene Tür? Durch die Wand? Deine müden Augen sehen das offene Fenster nicht!«
»Aber –« Eike beugt sich hinaus. Das Untergeschoß des Hauses liegt immerhin im Hochparterre. Der Verletzte konnte also nicht so einfach aussteigen, er mußte gesprungen sein. In seinem Zustand eine riskante Sache.
»Sagtest du nicht, er hat ein Schlafmittel gekriegt, Oma?«
»Ich sprach von Pharmazie. Ich meinte eine Schmerzspritze.«
Trotzdem. Egon ist wohl zäher, als sie alle gedacht haben. Eike läuft hinaus, um Spuren zu suchen. Seine einzige Entdeckung ist, daß Karstens Fahrrad fehlt.
»Heiter!« meint Olga. »Ausgerechnet das teure, neue Rad. Und da sagt der Pfarrer immer: Wohltun bringt Zinsen. Ja – aber nicht für den Wohltäter.«
Als Großmutter und Enkel ratlos auf der Eingangstreppe stehen, taucht ein Polizeiauto zwischen Holunder und Brennesselbusch auf und poltert über die Bohlenbrücke des Dreekelsbaches in den Mattiesenhof.
Der Herr Sheriff persönlich, erkennt Olga. Der will sich auf sein Opfer stürzen! Plötzlich scheint sie die Situation zu genießen.

Heitmann, wieder ganz in der Rolle des zupackenden Ordnungshüters, eilt zielstrebig auf die Treppe zu.
»Moin, Frau Mattiesen.« Er gibt sich knapp und amtlich. »Ist der Verwahrte überführungsbereit?« Hinter ihm steigt der Polizeimeister Schließer aus dem Wagen.
»Welcher Verwahrte?« fragt Olga provokant. »Meinen Sie den Patienten, den Sie uns in unser ehrbares Haus gelegt haben?«
»Ich meine den ertappten Straftäter«, erwidert Heitmann. »Ich habe keine Zeit für Späße. Wir sind dienstlich hier. Also, wo ist der Kerl?«
In diesem Augenblick erscheint, verschlafen und nur mit Hose, Hemd und Hausschuhen bekleidet, Dr. Mattiesen in der Tür. »Ach, da sind Sie schon, Heitmann. Moment noch, ich muß den Patienten transportfähig machen.«
»Daraus wird wohl nichts!« ruft ihm Olga nach. »Der hat sich schon transportiert. Mit deinem Rad!«
»Was heißt das?« forscht Heitmann.
»Das heißt, daß euer Egon abgehauen ist«, erklärt Olga seelenruhig.
»Waaas? Und das sagen Sie mir erst jetzt?« Der Polizeichef, den Eikes Grinsen zusätzlich verwirrt, starrt auf das Pflaster über Olgas Stirnbeule. »Hat der Kerl Sie niedergeschlagen?«
»Nein, das war ich selber!«
»Ihr wollt mich wohl alle verarschen?« fällt Heitmann aus der Rolle. Gefolgt von Olga, Eike und Schließer stürmt er ins Behandlungszimmer. Dort steht der Doktor am Fenster und blickt verdutzt in die Gegend. »Schauen Sie nach dem Wetter?« ruft Heitmann wütend. »Die Prognose kann ich Ihnen geben: Sturm! Himmel und ... und Wolkenbruch! Ist der Festgenommene durchs Fenster getürmt?«
»Eine andere Möglichkeit hatte er nicht«, sagt Eike. »Er muß sich ans Fensterbrett geklammert und fallen gelassen haben!«
Karsten meint: »Das kann ihn teuer zu stehen kommen. In seinem Zustand!« Er schüttelt den Kopf. »Armer Teufel!«

»Wer ist hier ein armer Teufel?« erregt sich Heitmann. »Und für wen wird das teuer? Die Zeche bezahle ich! Ich! Weil *Sie* Ihre Aufsichtspflicht versäumt haben!«
»Wie?« fährt Olga dazwischen. »Aufsichtspflicht? Ich höre wohl nicht recht? Sie hängen meinem Sohn einen Kriminalfall ans Bein, der für ihn erst mal eine ärztliche Aufgabe ist. Ich sage: eine ärztliche! Dieses Haus ist keine Strafanstalt, sondern eine Praxis.«
»Trotzdem ist es eine grobe Fahrlässigkeit«, beharrt Heitmann. Gegen Olga zieht er den kürzeren.
»An Ihrer Stelle würde ich den ausgeflogenen Vogel fangen! Aber nicht mit dem Mund! Und bringen Sie Karsten das Fahrrad zurück, wenn ich bitten darf!«
»Was ist denn das für ein Geschrei?« tönt Annemaries Stimme aus dem Obergeschoß. »Spielt der Gauner unten verrückt?«
»Nein!« ruft Olga. »Das ist Herr Heitmann. Der Gauner ist schon weg!«
»Diese Weiber!« zischt Heitmann dem Kollegen Schließer zu, als beide wieder im Wagen sitzen. »Damit meine ich auch meine eigene Frau! Um ihr zu zeigen, daß ein Polizist kein Unmensch ist, hab' ich dem Dieb mit Benzin ausgeholfen. Sonst wär' alles vielleicht ganz anders gekommen. Na, die kann was erleben!« Bevor die ahnungslose Frau Heitmann »was erleben kann«, muß er allerdings die Fahndung nach dem Geflüchteten einleiten.

Zwischen Olga und Annemarie herrscht Harmonie: Den Rest des Sonntags soll ihnen keiner verderben. Alle Mattiesens sind bei Detlefsens zum Spargelessen eingeladen. Darauf freut sich Olga – nicht zuletzt deshalb, weil durch Kerstin Mattiesens Verbindung mit Peter Detlefsen eine lange Geduldsprobe ihren familiären Abschluß finden soll. Die Einladung bietet Gelegenheit, wegen der Heirat auf den Busch zu klopfen. Sowohl Olga als auch Annemarie können ganze Lieder davon singen, was für Nerven sie die Romanze ihrer Enkelin und Tochter im vergangenen Jahr gekostet hat. Der jetzt 36jährige Peter Detlefsen (Witwer mit einem fünfjährigen Jungen namens Robert) war in Kerstins Schule Oberstudienrat, gleichzeitig Kollege der Lehrkraft Annemarie Mattiesen. Daß das zur »Beinahe-Katastrophe« führen mußte, liegt auf der Hand. Peter ließ sich nach Kiel versetzen, Kerstin machte ihr Abitur, die Gefahr für beider Karrieren löste sich in Wohlgefallen auf. Das junge Mädchen begann ihr Studium in Hamburg. Peter kehrte an das Gymnasium der Großgemeinde Borsberg-Deekelsen-Dreekels zurück, mithin auch in das Haus der Mutter, die den kleinen Robert zu erziehen hatte.

»Ich meine«, sagt Olga unterwegs im Auto, »Kerstin sollte ihr Studium aufgeben.«

»Einfach sausen lassen?« zweifelt Eike. »Nee! Die reitet auf der Quotenwelle. Ich kenn' doch mein Schwesterchen! Wenn die der Ehrgeiz packt, kannst du nur noch zur Seite springen.«

»Quotenwelle?« fragt Olga. »Du meinst einen Posten in 'ner Männerdomäne?«

»Klaro. Die wird Staatssekretärin im Umweltministerium, Oma. Das wäre dir doch nur recht!«

»Nicht, solange sie bei Detlefsen Hausmütterchen spielt und dort ihre Nächte verbringt«, widerspricht Olga. »Sie muß sich entscheiden. Erst wollte sie da dauernd kochen und Knöpfe annähen und den kleinen Robert auf den Topf setzen – den Herd auf den Topf, äh, Töpfe auf den Herd ... Jedenfalls muß sie wissen: Ehe – oder Beruf!«

»Was sind denn das für Töne?« feixt Karsten am Lenkrad. »Hat sich dir die Frage je gestellt? Da warst du doch schon vor vierzig Jahren weiter, Olga! Ehe *und* Beruf! Du kennst ja gar nichts anderes! Und seit Vaters Tod heißt es: Wirtschaft, Viecher, Praxis, Kommunalpolitik!«

»Seelentrösterin und Blitzableiter hast du vergessen«, murrt Olga. »Ja, lach nur, Annemarie. Ich bin nicht auf den Kopf gefallen. Aber Peter Detlefsen ist über fünfzehn Jahre älter als Kerstin. Wie lange soll Peter noch auf sie warten? Und der kleine Robert! Erst hat sie sich um ihn gerissen, und nun ...?«

»Hör auf zu meckern«, sagt Karsten gemütlich, »sonst vergeht mir der Appetit auf den Spargel.«
Frau Detlefsen wohnt mit Sohn und Enkel – und dem Hirtenhund Schubiak – im Dreekelser Busch auf einer Lichtung, die man den »Malergrund« nennt. Dort blüht jetzt der weiße Flieder in unwahrscheinlicher Pracht – und der blaue in allen nur möglichen Schattierungen. Im Windschutz hoher Hecken liegt das geräumige, in seiner Unauffälligkeit der Landschaft angepaßte Haus, heute unter einer Decke dichter grauer, unaufhörlich von Meer zu Meer ziehender Wolken.
Kerstin Mattiesen, der kleine Robert und der riesige Hund begrüßen die Ankömmlinge stürmisch, wobei Robert und Schubiak auf ihre Kosten kommen, denn Olga hat für den einen Schokolade, für den anderen ein Paket Knochen.
»Na, Schwesterherz, noch in *love*?« frozzelt Eike. »Wie geht das: Halb in der Waschmaschine, halb in der Uni?«
»Und du?« kontert die Schwester. »Bist du Junggeselle? Kein flottes Girl im Gefolge? Keine neue Traumfrau in Sicht?«
»Eike hat mal wieder seine asketische Phase«, grinst der Doktor.
Annemarie überreicht Frau Detlefsen die Torte, die der Bäcker noch eben rechtzeitig geliefert hat.
Das Spargelessen auf der Veranda wird mit vielen »Aaahs« und »Ooohs« begonnen, aber auch mit Roberts Weigerung: »Die ollen Schlangen eß ich nicht!«
»Warte!« sagt Karsten. »Ich schneide ihnen die Köpfe ab, dann beißen sie nicht!« Das leuchtet dem Kleinen ein. Er behauptet jauchzend, nun schmeckten sie ihm.
»*Deine* Erziehungsmethoden!« kommentiert Annemarie. »Mir wird immer klarer, warum unsere Kinder so eigensinnig sind!«
»Den Eigensinn haben sie von mir«, meint Olga. »Und das ist ihr bestes Erbe! Duckmäuser hab' ich nie gemocht.«
Mutter Detlefsen, etwas jünger als Olga, gefällt dieser Ton. Als Witwe mit Sohn und Enkel muß sie sich einer Fülle von Problemen stellen. Sie billigt Peters und Kerstins Verbindung, denn

Peter ist ein schüchterner, introvertierter Mensch, der Anstöße braucht. Für den kleinen Robert ist sie eher die Mutter als die Oma. Trotzdem sähe sie es lieber, wenn Peter und Kerstin bald heiraten würden, damit der Kleine ein Elternpaar bekäme. Und ausgerechnet diese Hoffnung scheint aufgeschoben; gerade heute hat Kerstin ihrem Peter endgültig klargemacht, daß sie ihr kaum begonnenes Studium in Hamburg fortführen wolle. Das würde einen Schwebezustand von Jahren zur Folge haben. Peter Detlefsen steht diesem Sinneswandel ratlos gegenüber. Nach dem Kaffeetrinken gibt es eine Reihe von ernsten Gesprächen: Olga redet mit Frau Detlefsen, der Doktor mit Peter, und Annemarie nimmt sich ihre Tochter Kerstin vor. Eike tollt inzwischen mit Robert und Schubiak im Garten umher. Eike will sich nicht in die Angelegenheiten seiner Schwester einmischen. Er kennt ihren »Querkopf«. Er ist der einzige, der nicht glaubt, daß der Fall durch gutgemeintes Zureden so rasch zu klären ist. Und er behält recht. Zwar gibt es keine Entzweiung, denn daß Peter und Kerstin sich lieben, ist keine Frage. Nur beharrt sie auf ihrem Plan, alltags in Hamburg zu studieren und nur das Wochenende im Hause Detlefsen zu verbringen. Mit dieser Entscheidung bleibt sie am Abend dort zurück. Die übrige Familie Mattiesen fährt mit gemischten Gefühlen heim.

»Das ist kein Zustand«, ärgert sich Olga.

»Nun mal sachte, sachte«, beschwichtigt der Doktor. »Ich bin ja noch gar nicht nach meiner Meinung gefragt worden. Kerstin wird sich schon wieder einkriegen. Was glaubst du, Eike?«

»Ich glaube, daß Peter eine Pflaume ist«, sagt Eike. »Er ist zu weich. Viel zu weich.«

Auf dem Mattiesenhof angelangt, seufzt Annemarie: »Wenn wir uns über die Konsistenz von Peters Charakter verbreiten, wird es eine lange Nacht. Kümmern wir uns lieber um einen kleinen Imbiß und gehen dann zu Bett. Dieses Wochenende hat mir gereicht.«

Post aus Kanada

Am folgenden Morgen hat Dr. Mattiesen keine Zeit, sich den Kopf über Familienangelegenheiten zu zerbrechen. Er nimmt zur Kenntnis, daß Kerstin wieder nach Hamburg gefahren ist, daß aber Eike noch ein paar Tage in Dreekels verbummeln will. Olga kann das nur recht sein. Annemarie hat Schuldienst, heute gleich zu Unterrichtsbeginn; sie ist schon unterwegs, als der Doktor in der Küche frühstückt. Draußen, auf dem geräumigen Platz vor dem Haus, parken Fahrzeuge der ersten Patienten. Karsten stellt die Kaffeetasse ab und blickt auf die Uhr. Es ist 9, die Vormittagssprechzeit beginnt. Er zieht sich den weißen Kittel über, gibt sich einen Ruck und eilt mit betont munterem Morgengruß durch den Warteraum in die Praxis hinüber.

»Ja, dann wollen wir mal.« Das Wort bleibt ihm im Halse stecken. »Was . . . was ist denn hier los!« Frau Jürgens (die neue Putzfrau), Olga und die Arzthelferinnen Britta und Doris knien um den Staubsauger herum auf dem Boden.

»Ist das Ding kaputt?«

»Der Staubsauger? Nee«, erwidert Olga trocken. »Aber Frau Jürgens' Arm. Der ist kaputt.«

»Ich hab' gedacht, ich schaff' es auch mit dem linken Arm«, ächzt Frau Jürgens. Sie berichtet, sie sei mit dem Rad gestürzt. Karsten stellt eine Schulterprellung und eine Verstauchung des Handgelenks fest. Nachdem er sie versorgt hat, empfiehlt er ihr ein paar Tage Ruhe.

»Und wer soll hier saubermachen?« ruft Frau Jürgens widerstrebend.

»Jedenfalls niemand, der so leichtsinnig ist, mit solchen Verletzungen an die Arbeit zu gehen. Doris, fahren Sie Frau Jürgens heim!«

Nach diesem Vorspiel hat der Doktor die schwierige Aufgabe, sein

»Sorgenkind«, den Dreizentner-Spediteur, von einer Spezialbehandlung in Kiel und einer anschließenden Abspeckkur zu überzeugen.
Wider Erwarten zeigt sich der gefährdete Schwerstgewichtler einsichtig. Der nächste Fall liegt extrem anders. Frau Korte erscheint mit ihrer 17jährigen Tochter Hilda. Hilda ist so mager, daß sie fast nur noch aus Knochen besteht. Die Mutter sieht das von der »genierlichen« Seite.
»Die Leute behaupten, ich lasse sie verhungern«, schwatzt Frau Korte drauflos. »Dabei ißt sie manchmal richtige Seemannsportionen, wissen Sie. Oft leert sie den halben Kühlschrank –«
»Und gibt dann alles wieder von sich«, sagt der Doktor. »Das nennt man Bulimie, zu deutsch: Ochsenhunger. Krankhaftes Eßverhalten. Anfälle von Heißhunger – gefolgt von heftigem Erbrechen.« Auch hier ist eine Überweisung nötig.
Frau Korte meint: »Ist das alles? Da hätten wir ja gar nicht zu kommen brauchen, da hätt' ein Telefongespräch genügt!«
»Gewiß«, erwidert Karsten. »Aber vielleicht wird auch ein Spezialist noch eine andere Kapazität konsultieren müssen. So, hier! Und merken Sie sich: Was Sie jetzt als Wichtigstes brauchen, ist Geduld!«
Nach dem unerfreulichen Intermezzo gibt es eine Reihe weniger dramatischer Untersuchungen, die der üblichen Routine entsprechen. Doris ist wieder da und geht Britta zur Hand. Olga überwacht die Bestrahlungsfälle. Das Wartezimmer beginnt sich zu leeren.
»Na, nun ist der Vormittag mal wieder rum«, meint Karsten schließlich. Aber da wird ihm der Postbote Sebastian Bittke gemeldet. »Dringend!« erklärt Doris.
»Ein Einschreiben?« fragt der Doktor.
»Es sei privat, sagt er.«
»Na, wo fehlt's denn?« begrüßt Mattiesen den Mann, in der Meinung, Bittke komme als Patient.
»Bei mir? Nein, da fehlt nichts«, erwidert der Postbote. Seine

grauen Augen scheinen in die Ferne zu blicken, das gibt ihm etwas Nachdenkliches. Und um seine Mundwinkel zeichnen Fältchen so etwas wie ein ständiges Lächeln. Bittke gilt bei allen, die ihn in der Großgemeinde Borsberg-Deekelsen-Dreekels kennen, als »ehrliche Haut«, als Inbegriff der Vertrauenswürdigkeit. Diese Einschätzung sollte sich als wichtig erweisen.

»Ich wär' schon früher gekommen«, erklärt er, »aber ich mußte ja meine Tour machen. Es geht um Frau Kuhn –«

»Kuhn?« mischt Olga sich ein. »Die Muhme, die mit Hinnerksens Mutter als Gesundbeterin durch den Busch zog? Danke! Karsten, da halt dich raus!«

»Vielleicht darf ich mal Näheres erfahren«, sagt der Doktor. »Was ist mit der Muhme Kuhn?«

Bittke berichtet: »Wenn ich ihr die Post bringe, schau ich immer 'n Augenblick zu ihr rein. Sie hat ja nun niemanden mehr, und die Gemeindeschwester kommt meist nachmittags. Heute fand ich Frau Kuhn angezogen auf dem Bett. Sie sprach sehr leise, und das Aufstehen fiel ihr schwer. Ich glaube, sie braucht einen Arzt.«

»Wer sagt das?« ruft Olga, Zorn und Zweifel in der Stimme. »Die Muhme Kuhn – und ein Arzt? Das wär' ja das Allerneueste! Sie hat schon Karstens Vater verflucht, weil er ihrem Mann nicht helfen konnte! Noch heute macht sie Ärzte für die Kriegstauglichkeit ihrer Söhne verantwortlich. Ein Mediziner durfte nie über ihre Schwelle! Sie hat sich nur immer von Hinnerksens Mutter behandeln lassen! Soll doch der Kräuterdoktor zu ihr gehen!«

»Hinnerksens Mutter ist tot, und von dem Sohn hält sie nichts«, erwidert der Briefträger ruhig. »Ich hab' ihr zugeredet. Sie möchte, daß der Doktor kommt.«

»Und sie ist tatsächlich bei keinem Kollegen in Behandlung?« forscht Karsten.

»Das könnt' ich beschwören«, sagt Bittke mit Nachdruck.

»Gut. Dann schau ich gleich mal nach ihr. Das ist die Hütte am Hauberg, zwischen Hinnerksens Hof und dem staatlichen Gestüt?«

»Genau!« nickt der Postbote.
Als er die Praxis verlassen hat, meint Olga düster: »Die Sache gefällt mir nicht, Karsten. Da läufst du in eine Falle. Sie bestellt dich durch einen Mittelsmann, und wenn's ihr dann dreckig geht, verklagt sie dich wegen unverlangter Behandlung. Woher kriegt die überhaupt Post? Bittke hat immer gesagt, sie hat keine Angehörigen außer dem Nichtsnutz, ihrem Jüngsten, der seit zwanzig Jahren in der Welt rumgammelt. Ha, der Jüngste – der nun auch schon in den Fünfzigern ist.«
»Wenn Bittke sagt, die Muhme ist in Not, setz' ich mich ins Auto und sehe nach ihr. Unterlassene Hilfeleistung ist keine Alternative.« Mattiesen nimmt seinen Arztkoffer. Auf der Außentreppe prallt er mit Annemarie zusammen. Sie ist erhitzt und aufgeregt, sie strahlt ihn überglücklich an.
»Karsten, Karsten! Rate mal, was ich für Neuigkeiten habe!«
»Keine Zeit«, ruft der Doktor. »Keine Zeit für Ratespiele!«
»Und ich wollte ihm sagen, daß ich am Gymnasium bleiben kann«, wendet sich Annemarie enttäuscht an Olga. »Die Kollegin kommt nach ihrem Babyjahr nicht zurück. Ich kriege sogar noch ein Fach dazu. Ist das nicht prima? Dann sitze ich euch nicht nutzlos auf der Pelle!«
»Nutzlos wär' ja wohl nur *ich*!« behauptet Olga, der man jedoch ansieht, daß diese Lösung sie befriedigt.

In ihrer Hütte, inmitten des bunten Wildwuchsgartens, trifft der Doktor die Muhme Kuhn auf dem Sofa an. Eine zähe, kleine Frau mit pfiffigem Blick, die ihm freundlich entgegenlächelt. »Bittke schickt mich«, sagt Mattiesen. »Ist es wahr, daß ich kommen soll? Wissen Sie denn noch, wer ich bin?«
»I, wie werd' ich das nicht wissen. Kenn' ich dich doch als Jung'! Du bist ein ganzer Mann. Den verdient die Olga nich'. Und wenn der Bittke dich holt, is' es recht. Von dir lass' ich mir schon mal den Puls fühlen. Dem Hinnerksen trau ich nich'. Nu' schon gar nich', wo er 'n Weibsbild im Haus hat.«

Die Muhme ist friedfertig und redselig. Als Karsten sie abgehorcht und ihren Blutdruck gemessen hat, weist sie auf die Kommode, auf der die Bilder ihrer Söhne stehen. Zwei sind im Krieg gefallen, einer in Indochina als Fremdenlegionär. Der vierte, der Heinz, fuhr zur See und lebt seit vielen Jahren in Kanada. Dieser einzige, der ihr verblieb, ist ihre ganze Hoffnung.
Mit geheimnisvoller Stimme erklärt sie dem Doktor: »Für meinen Heinz muß ich durchhalten, verstehst du? Deshalb hab' ich Bittke nachgegeben, daß er dich holt. Wenn die Kräuter nicht helfen, kann ein Arzt nichts verderben. Ich muß gesund sein, wenn der Heinz im Herbst kommt.«
»Der Heinz? Dein Sohn aus Kanada?« vergewissert sich der Doktor.
»Ja«, flüstert die Muhme. »Aber ich hör' Stimmen, die sagen, ich soll's für mich behalten, sonst kommt er nich'. Nur Bittke weiß es. Und du darfst es wissen, weil der Bittke dir traut. Nimm mal den Brief von der Kommode. Lies vor!«
Es ist ein Luftpost-Faltbrief, getippt auf einer Schreibmaschine: »Beco, Outpoint, Box 23/6. Canada. Absender: Henry Coon (Heinz Kuhn).«
»Liebe Mutter, ich bin immer noch auf der Bohrstation im hohen Norden. Die Arbeit ist hart und eintönig, aber als Lagerverwalter habe ich einen verantwortungsvollen Posten, der mir zusagt. Mehr kann man nicht verlangen. Endlich, endlich bin ich auch finanziell soweit, an einen Urlaub zu denken, den ich mir in all den Jahren nicht leisten konnte. Wie freue ich mich auf ein Wiedersehen, liebe Mutter. Vielleicht komme ich schon im Herbst auf ein paar Wochen zu dir.«
Karsten blickt auf: »Also daher weht der Wind. Sie wollen fit sein, wenn der Herr Lagermeister hier anschwirrt. Ich verstehe. Deshalb lassen Sie sogar einen Mediziner an sich ran. Na, ich will alles tun, was in meiner Macht steht. Krank sind Sie nicht, Frau Kuhn. Nur schwach. Ich werde Ihnen doch etwas verschreiben müssen.«
»Keine weißen Pillen, keine Tabletten!« begehrt die Muhme auf.

»Es gibt auch rote und grüne Kapseln. Und Sie werden staunen, auch solche auf Kräuterbasis. Ich vergifte Sie schon nicht.«
Karsten läßt für die Gemeindeschwester ein Rezept zurück und legt den Brief auf Bitten Frau Kuhns in das obere Schubfach der Kommode. Er sieht mehrere solcher Luftpostbögen darin. »Der Herr Sohn scheint ja recht schreibfreudig zu sein«, bemerkt er, bevor er sich von der alten Frau verabschiedet.
Am folgenden Nachmittag ist die Muhme tot. Der Doktor erfährt es unterwegs, als er nach Frau Jürgens geschaut hat und eben seinen Routinebesuch im Altersheim machen will. Über Funk meldet sich Olga: »Hallo Karsten, wo bist du?«
»Kurz vor dem Dreekelser Rondell.«
»Fahr gleich weiter – zum Hauberg. Frau Kuhn ist gestorben. Eingeschlafen, ganz friedlich, sagt die Gemeindeschwester. Sie rief vom Gestüt aus an.«
»Was denn?« fragt Karsten. »Die Muhme ist tot? Da hatte der Briefträger offenbar den sechsten Sinn! Aber auch, wenn ich früher gekommen wäre: Die Uhr war abgelaufen.«
»Zum Philosophieren hast du später Zeit«, hört er Olga sagen. »Du sollst den Totenschein ausstellen. Die Polizei ist schon da.«
»Wieso denn die Polizei?«
»Wirst du ja sehen. Ende.«
Vor Frau Kuhns Hütte steht ein Streifenwagen. Am Zaun lehnt das Rad der Gemeindeschwester. Bürgermeister Schultes ist ebenfalls da.
»Tag, Doktor. Kein schöner Treffpunkt hier.«
Der Polizeichef, der aus der Küche kommt, sagt: »Lassen Sie sich nicht stören, Doktor.«
Karsten geht in die kleine Schlafkammer, in der die Tote in ihrem Bett liegt. Frau Starke, die Gemeindeschwester, die ihn hier erwartet hat, berichtet leise: »Ich habe ihr gestern das Essen gemacht, und sie hat mir erzählt, daß Sie hiergewesen seien. Ich war erleichtert, denn sie wollte doch von Ärzten nie etwas hören. Auch vom Pfarrer nicht. Sie war ja abergläubisch. Als ich ihr

heute das verordnete Mittel bringen wollte, fand ich sie leblos. Ja . . .«

Karsten untersucht die Tote, die nun kindlich klein und friedlich wirkt. Er stellt der Gemeindeschwester noch einige Fragen, schreibt auf dem Nachtschränkchen den Totenschein aus und geht ins Wohnzimmer zurück.

»Herzstillstand durch Altersschwäche – Fremdeinwirkung auszuschließen.« Er stutzt, denn er sieht den Bürgermeister und den Polizeichef in der Kommode kramen.

»Hört mal«, sagt er. »Was ihr da macht – ist das nicht reichlich pietätlos?«

»Ach, Doktor«, erwidert Heitmann kalt. »Tun Sie Ihre Pflicht. Wir tun die unsere.«

»Wir müssen den Nachlaß sichern und das Haus versiegeln«, erklärt Schultes.

»Versiegeln? Wenn die Tote noch im Zimmer liegt?«

»Es geht um die Briefe«, sagt Schultes, dem die Sache äußerst peinlich zu sein scheint.

»Die Briefe?« fragt Karsten verständnislos. »Wegen der Adresse des Sohnes? Ihr wollt ihm telegrafieren?«

Heitmann wendet sich um: »Der Sohn ist längst tot, Doktor. Frau Kuhn hat alle ihre Söhne verloren. Auch den letzten, der sich seit vielen Jahren in Kanada herumtrieb. Jawohl, auch den, ihren Heinz, alias Henry Coon.«

»Ja, was denn?« Mattiesen versteht noch immer nicht.

»Aber da sind doch die Briefe.«

»Die hat ihr der Bittke geschrieben«, sagt Heitmann.

»Der Briefträger?« vergewissert sich Karsten.

»Ja! Luftpost mit dem blauen Aufdruck und dem Vermerk *official*, um das Fehlen der Marke glaubhaft zu machen. So was Primitives! Und dann die verwirrenden Bezeichnungen der Absendestelle! Direkt kindisch!«

»Augenblick mal«, bremst der Doktor. »Kindisch kann ich dabei überhaupt nichts finden. Aus welchem Grund hat ihr der Postbote die vorgetäuschten Lebenszeichen überbracht? Wenn ihr wißt, daß Heinz Kuhn längst tot ist, müßte es die Mutter doch auch gewußt haben.«

»Hat sie, hat sie«, seufzt Schultes. »Uns wurde durch die Deutsche Botschaft in Kanada von Amts wegen mitgeteilt, daß Heinz Kuhn im Gefängnis einer Lungenentzündung erlag.«

»Und?«

Der Polizeichef zuckt die Schultern. »Und! Das hat die Muhme nicht geglaubt! Sie dachte an eine Verschwörung. An ein Komplott irgendwelcher dunklen Mächte. Weil sie wie verrückt war, hat der Briefträger den Sohn wieder auferstehen lassen.«

»Aus Nächstenliebe«, fügt die Gemeindeschwester hinzu.

»Und die Mutter wollte die Auferstehung allzugern wahrhaben«, begreift der Doktor. »So ist das also! Aber das ist doch nicht strafbar?«

»Das allein nicht«, murmelt Heitmann zweideutig . . .

Mattiesen denkt auf der Rückfahrt über Heitmanns Bemerkung nach. Der menschenfreundliche Einfall, den der Briefträger gehabt hat, geht ihm nahe. Es kommt – weiß Gott – nicht oft vor, daß jemand die Phantasie aufbringt und sich die Mühe macht, einer verzweifelten alten Frau den Lebensmut zurückzugeben – und sei's mit einer gutgemeinten Lüge. Er muß ja selber das letzte Fünkchen Hoffnung im Willen eines Patienten entfachen, damit der Betreffende nicht aufgibt. Besonders bei den Alten hier im Dreekelser Busch erfordert das nicht selten ausgefallene Taktiken. Wer sollte also mehr Verständnis für den Landbriefträger haben als er, der Landarzt? Dem Bittke gebührt Anerkennung, nicht Verachtung. Er hat »aus Nächstenliebe« gehandelt: Die Gemeindeschwester brachte es auf den Punkt. Weshalb dann Schultes' bedenkliche Miene und Heitmanns Einschränkung: »Das allein nicht!« Gibt es da noch andere Aspekte?

Karsten fährt über die Dreekelsbrücke in den Mattiesenhof ein, steigt aus und wandert nachdenklich an der Hecke auf und ab. Bis zur Abendsprechstunde für Berufstätige bleibt noch Zeit. Der Fall Bittke will ihm nicht aus dem Sinn. Plötzlich hört er die gedämpfte Stimme seines Sohnes.

»He, Vater!« Eike steht aufgeregt winkend zwischen Stall und Fliederbusch. »Komm her! Schnell!«

»Was ist jetzt wieder los?« fragt Karsten, auf die nächste unangenehme Überraschung gefaßt. »Wie siehst du denn aus?«

»Ich hab' nur die Pferde geputzt. Aber hier ist jemand, der dich sprechen will. Der Mofadieb, der in der Siedlung einbrechen wollte und der mit deinem Rad ausgerissen ist!«

Hinter dem Busch humpelt Egon Koppenkötter hervor, dessen Wangen inzwischen noch bärtiger geworden sind. Mit kraftlosen Händen schiebt er Karstens Fahrrad.

»Ich ... ich wollte es wiederbringen«, krächzt er. »Ich hab' mir gedacht, den Doktor kann ich nich' beklauen. Jeden anderen, ja. Aber den nich'. Und nu' ...« Egon schwankt, und Eike ergreift das Rad, bevor der Mann es fallen läßt.

»Sind Sie noch zu retten?« herrscht Karsten Egon an. »In Ihrem Zustand in der Gegend herumzustrolchen?« Koppenkötter bleibt ihm die Antwort schuldig. Er geht in die Knie und sackt bewußtlos zu Boden.

»Ruf die Rettungsstelle an!« befiehlt Karsten dem Sohn. »Kreislaufkollaps. Jetzt gehört er ins Krankenhaus.« Er hebt Egon auf und zieht ihn auf eine Bank an der Hecke. Dann holt er seinen Arztkoffer aus dem Auto, nimmt eine Spritze heraus und gibt dem Bewußtlosen eine Injektion. Und schon ist auch Olga da.

»Mein Gott, das Häufchen Elend! Schau mal nach der Bißwunde, Karsten! So ein Blödmann! Hier hätt' er sich erholen können, und den Kopf hätt's ihn nicht gekostet. Statt dessen hat er sich in irgendeiner Scheune verkrochen!«

»Ja, ja. Die Polizei muß verständigt werden!«

»Man sollte die Polizeistation gleich auf den Mattiesenhof verlegen«, brabbelt Olga. »Zwecks vereinfachter Kooperation.«

»Du weißt ja nicht, wie wahr du sprichst«, sagt Karsten düster.

Als die Ambulanz den arg gerupften Egon abtransportiert hat, beginnt die Sprechstunde für Berufstätige.
»Im Warteraum sitzt die Pfarrfamilie«, meldet Britta.
»Der Himmel bewahre mich!« lacht Karsten, und er ist froh, daß er wenigstens ein einziges Mal an diesem Tage lachen kann. »Weißt du, wie groß eine Pfarr*familie* ist? Da könntest du mir auch gleich die ganze Gemeinde ankündigen! Du meinst die Pfarrerfamilie!«
»Ja! Den Pfarrer mit Frau und Kind! Mehr nicht!« sagt Britta, ebenfalls lachend.
Kirchenrat Eckholm, der stattliche ältere Herr, bricht mit der üblichen Lautstärke ins Sprechzimmer ein. Um so stiller folgt ihm seine junge Frau Ina mit der neunjährigen Steffi. »Du, Doktor«, dröhnt Eckholm erregt. »Sieh dir das Kind mal an! Sind das die Masern? Ich streite mich da mit Ina herum – aber diese jungen Mütter nehmen alles auf die leichte Schulter ...«
Karsten untersucht die Kleine. »Lieber Pfarrer«, sagt er dann. »Du hast zwei erwachsene Töchter, aber du mußt wohl erst noch lernen, Vater zu sein. Die Rötung um den Mund herum erkennt selbst der Unkundige als Allergie.«
»Erdbeeren!« bestätigt Ina. »Ich weiß das schon längst; Steffi sollte auch keine essen, aber die Wirtschafterin hat ihr heimlich welche gegeben.«
Eckholm sinkt erleichtert auf einen Stuhl. Ina nimmt mit Steffi auf dem Sofa Platz, während der Doktor ein Rezept ausschreibt. »Übrigens – die Gemeindeschwester sagte mir, daß die Muhme Kuhn gestorben ist«, beginnt der Pfarrer. Karsten blickt auf: »Ja. Ich komme gerade vom Haubergweg.«
Eckholm schnauft. »Sie hat ihr Leben lang nur an Dämonen geglaubt und mich für den leibhaftigen Gottseibeiuns gehalten. Trotzdem werd' ich sie gut christlich unter die Erde bringen.«
Der Doktor nickt. »Ich war ja auch bei ihr, obwohl sie Ärzte verachtete.«
»Ärzte verachtete!« wiederholt Eckholm grollend. »Genau wie die

alte Hinnerksen. Aber der Sohn, der Kräuterdoktor, der ist mir eine Leuchte! Lebt in Sünde – mit einem faulen Frauenzimmer.«
»Nun fang nicht hier damit an!« mahnt Ina.
»Es ist jeder Ort passend, auf Unpassendes hinzuweisen«, beharrt Eckholm. »Es gibt noch mehr Schafe, die unter meinen Augen in wilder Ehe leben. Ich verdamme nicht, ich erwähne nur.«
»Und ich, ich habe schon verstanden«, nickt Karsten. »Du meinst meine Tochter Kerstin und ihren Peter. Nun, die werden heiraten – und du wirst sie trauen, Pfarrer.«
»Was ist wilde Ehe?« mischt sich Steffi ein. »Sind sie dann wild und hauen sich im Bett?«
Eckholms Kopf beginnt sich zu röten. »Nein, mein Kind. Das verstehst du noch nicht. Das ist ... da hast du nicht richtig zugehört.«
»Aber mir hörst du zu, ja?« grinst Karsten. »Also, du bist ganz gesund, darfst dir aber das Gesicht erst dann waschen, wenn der Ausschlag weg ist. Inzwischen wirkt die Salbe. Die nimmt dir auch das Jucken. Vielleicht schickt dich Mutti morgen ausnahmsweise nicht zur Schule. Fein, wie?«
Eckholm erhebt sich: »Fein? Du bist mir ein Psychologe, Doktor! Hoffentlich hältst du deine Patienten nicht auch von meiner Kirche fern!«
»Schönen Gruß an Annemarie!« verabschiedet sich Ina. »Und vielen Dank. Sie haben meinem Mann sehr geholfen. Er war ganz außer sich vor Angst um Steffi.«
»Ich?« ruft Eckholm. »Ein Pfarrer gerät nicht außer sich!«
»Der Herr Kirchenrat«, meint Olga später, »sieht sich doch lieber als Grobian. Dabei ist sein Herz wie flüssige Butter.« Beim Abendessen werden die Ereignisse des Tages besprochen. Der Tod Frau Kuhns, den Olga ja als erste erfahren hat, nimmt sie wegen des hohen Alters der Verstorbenen ohne Nachfrage hin. Karsten erwähnt die Briefe des Postboten zunächst nicht. Aktueller ist das Elendsbündel Egon. Annemarie steht unter dem Eindruck ihres Triumphes am Borsberger Gymnasium, und Eike hat schlicht und

einfach Hunger. Er tut sich an Omas Frühlingsquark, am Katenschinken und am knusprigen Landbrot besonders gütlich. Olga berichtet von einem Erfolgserlebnis eigner Art: Sie hat sich wohl oder übel mit dem Bauern Schintz wieder versöhnen müssen. »Der Schintz wendet nur noch biologische Spritzmittel an. Dafür hat er den Spieß umgedreht und mir vorgehalten, daß wir – die Leute vom Mattiesenhof – zur Vergrößerung des Ozonlochs beitragen.«

»Was weiß denn Schintz vom Ozonloch?« fragt Karsten uninteressiert, während er sich Tee eingießt.

»Jedenfalls so viel, daß Annemarie ihre Schuhe mit Treibgasspray behandelt«, bemerkt Olga anzüglich. »So was tut sie vor aller Augen am Fenster, während ich mich im Stadtrat für mehr Umweltbewußtsein einsetze.«

»Schon bin ich wieder der Sündenbock«, sagt Annemarie gereizt.

»Von einem Bock kann keine Rede sein«, kontert Olga wenig freundlich.

»Aber von einer *Ziege*, einer Sünden*ziege*, das meinst du doch!« steigert sich Annemarie. »Du brauchst ja immer mich als Prügelknaben.«

Karsten muß lachen. »Daß du kein Knabe bist, Annemie, kann ich dir attestieren.«

»Blöde Witze!« ruft Annemarie. Ihre Augen füllen sich mit Tränen. »Aber keine Gedanken für meine Neuigkeiten. Ich freue mich, an der Schule bleiben zu können. Ich behalte meinen Job, kriege sogar noch das Fach Geschichte hinzu – und ihr haltet mir eine Spraydose vor und macht mich vor Eike lächerlich. Mahlzeit! Guten Appetit weiterhin! Ich muß sowieso zu einer Abendkonferenz!«

Kurz darauf hört man das abfahrende Auto.

»Tja.« Eike räuspert sich verlegen. »Ich wollte auch noch mal nach Borsberg in die Disco.«

»Wobei mich deine neuartige Studienauffassung interessieren würde«, brummt Karsten.

»Laß ihn mal ein paar Tage blaumachen«, setzt sich Olga für den Enkel ein. »Nimm dir ein Bier, Karsten, und leiste mir beim Spülen Gesellschaft. Ich möchte wissen, warum deine Stirn seit Stunden aus lauter Falten besteht. Du hast etwas!« Mattiesen erzählt von den Briefen, mit denen der Postbote Bittke die Muhme Kuhn in ihrer Selbsttäuschung bestätigt hat. Olga setzt sich wieder hin. Eine Weile verschlägt es ihr die Sprache. Dann sagt sie langsam: »Wie war das? Heinz Kuhn stirbt in einem kanadischen Gefängnis. Die alte Kuhn kriegt die Nachricht, dreht durch, will den Tod ihres Sohnes nicht glauben. Da läßt ihn der Briefträger wieder auferstehen, indem er ihr selbstgetippte Luftpostbögen zustellt und sie als Lebenszeichen von Heinz-Henry ausgibt?«
»So ist es.«
Olga lacht schallend. »Das ist die tollste Geschichte, die ich je aus dem Dreekelser Busch gehört habe! Ein Briefträger als leibhaftiger Engel! Ein Postbote, der eine steinalte Frau durch Frohbotschaften am Leben erhält! Das muß in die Zeitung!«
»Mir scheint, es geht erst einmal in die Akten. Schultes und Heitmann fassen die Sache offenbar anders auf.«
»Mich wundert am meisten«, fährt Olga nachdenklich fort, »daß der Ortsklatsch nicht funktioniert hat. Ich habe nie was vom Tode Heinz Kuhns gehört. Auch die Sabbeltanten Thea Knohl und ihre Freundin Grete wußten nichts. Von meinen Freunden im Rathaus ganz zu schweigen. Na ja. Ein kanadischer Gefängnistoter ist für seine Heimat kein Ruhmesblatt. Aber der Briefträger kriegt morgen ein ordentliches Trinkgeld von mir.«
Am nächsten Tag kommt jedoch nicht Bittke, sondern ein Hilfspostbote. Neben der Zeitung und den mehr oder weniger üblichen Sendungen bringt er die Nachricht, daß der Kollege Bittke vom Dienst suspendiert sei, und zwar »aus wichtigem Grunde«.
Gerade hat sich der Kräuterheiler Hinnerksen durch den Hintereingang in die Praxis einschleusen lassen. Hinnerksen fürchtet, als Patient eines Schulmediziners das Vertrauen seiner Klientel einzubüßen. Deshalb die Heimlichkeit.

»Doktor«, seufzt er, »gegen mein Leiden is' nu' wirklich kein Kraut mehr gewachsen. Ich fürchte, ich geh' zugrunde. Diagnose: Streß, Doktor. Liebesstreß.«
Karsten ist ungehalten. Für »Komik von der Bauernbühne«, wie sein Vater kuriose Probleme nannte, hat er heute keinen Humor.
»Potenzsteigernde Mittel verschreibe ich nicht. Aphrodisiaka sind schwer gesundheitsgefährdend, das solltest du doch wissen.«
»Bewahre!« Hinnerksen winkt müde ab. Mit seinen runden Augen und dem Schnauzbart blickt er wie ein verirrter Seelöwe. »Ich brauch' was gegen Depression. Meine ... meine Freundin, die Bärbel, die wächst mir über den Kopf. Ich geb' ja zu, ich häng' an ihr wie 'ne Klette. Und sie hängt genauso an mir. Aber das is' es ja! Der Haushalt, die Küche – wie ein Trümmerhaufen. Doktor, wie ein Trümmerhaufen! Meine Bärbel versteht was von Erotik. Von der Wirtschaft versteht sie nix. Gar nix!«
»Dann schmeiß sie raus!«
Wieder seufzt Hinnerksen. »Das sagst du so einfach, Doktor. Wenn das 'ne Lösung wär', hätt' ich keine Depressionen. Depressionen hat man nur, wenn man keinen Ausweg sieht. Ich liebe die Bärbel doch! Aber sie kümmert sich nich' um meine Kräuter, sie will alle naselang in die Strandhalle, Kaffee trinken, Kuchen essen. Und ich kann sehen, wo meine Kunden bleiben!«
»Das ist doch mit Antidepressiva nicht zu ändern«, sagt Karsten geduldig. »Wenn die Kräuterpraxis pleite geht, stehst du sowieso mit leeren Händen da. Im vorigen Jahr sind deine Patienten noch von weit her gekommen. Und jetzt? Jetzt trinkst du deinen Sauerklee allein.«
»Spotte nicht«, jammert Hinnerksen. »Wenn mein Muttchen noch leben würde, hätt' ich mich nie so gehenlassen. Mein Muttchen war mein großer Halt. Sie hat mich von früh bis spät in die Kräuter gejagt. Sie hat mir beigebracht, was man mit Farnkraut- und Faulbaumtee, mit gepulverten Eicheln und Eibischsirup behandelt. Mein Muttchen war mir eine Lehre!«
»Dein Muttchen hat dir noch mit dem Besen auf den Kopf

geschlagen, als du ein reifer Mann warst. Hör auf, das ewige Baby zu spielen. Von Kräuterkunde verstand sie was, ja, und das hat sie dir hinterlassen. Sammle weiter Blasentang und Bitterklee und zeig deiner Bärbel, wer der Chef ist. Einen besseren Rat kann ich dir nicht geben.«

Hinnerksen erhebt sich. »Wenigstens hab' ich mich mal ausgesprochen. Ich dank' dir, Doktor. Vielleicht nimmt Bärbel doch noch Vernunft an. Nicht alle sind mit einem Kräuterblick geboren. Das braucht Geduld.«

»Übrigens...« Karsten fällt etwas anderes ein. »Du hast wohl gehört, daß die Muhme Kuhn tot ist?«

»Klar. Sie war ja unsere Nachbarin. Mich konnte sie nich' riechen. Aber mit meinem Muttchen stand sie gut. Sie hielt es mit Schafgarbe, Quecke und Rainfarn.«

»Ja, ja. Mich interessiert eher, wie sie's mit dem Briefträger Bittke hielt. Wußtest du, daß Frau Kuhns Sohn – ihr letzter – auch längst tot ist?«

»Nein!« Hinnerksens Seelöwengesicht drückt Erstaunen und Verständnislosigkeit aus. »Da bin ich überfordert, Doktor. Die Muhme Kuhn hat nur für ihren Heinz gelebt. Und der Bittke, der so 'n gutmütiger Trottel is', der kam sogar in seiner Freizeit, um das Dach zu decken, Sturmschäden zu beseitigen – und so. Sie wollt' ihrem Sohn doch keine Bruchbude vererben!«

»Weißt du, ob Bittke von Frau Kuhn was dafür gekriegt oder verlangt hat!« fragt Karsten gespannt. Hinnerksen schüttelt den Kopf. »Das hätte mir mein Muttchen doch gesteckt. Die hätte das gerochen. Nee, nee, Doktor! Nich' der Bittke. Auch meinem Muttchen hat er säckeweise Birkenrinde, Wasserkresse oder Ginster geschleppt. Bittke is' ein Kavalier.«

»Hinnerksen«, grinst der Doktor. »Du scheinst mir das Kräutlein Wahrheit mitgebracht zu haben. Und ich glaube, ich werd's gebrauchen können. Ein Honorar für deinen Besuch will ich nicht.«

Nach dem Mittagessen unternimmt Karsten seine Patiententour.

Zuletzt fährt er nach Borsberg-Mole in die Alsterstraße, wo der Briefträger Bittke seine Junggesellenwohnung hat. Bittke öffnet selber. Er macht einen verstörten Eindruck.
»Bei mir geht's zu wie in einem Taubenschlag, dauernd kommt jemand. Wollen Sie mir auch was anhängen, Doktor?«
»Ich möchte erst einmal wissen, wer Ihnen überhaupt was anhängen will«, sagt Karsten. »Weshalb hat man Sie suspendiert? Mit welcher Begründung? Bringen Sie das möglichst auf die kürzeste Formel.«
»Verdacht auf Betrug mit Erschleichungsabsichten«, erwidert Bittke mürrisch. »Außerdem hat man Briefe bei mir gefunden, die mir Frau Kuhn an ihren Sohn diktierte. Die konnte ich doch nich' an einen Toten senden. Jetzt prüft man, ob das nich' Unterschlagung im Amt is' – oder so was.«
»Moment«, sagt der Doktor nachdrücklich. »Was hätten Sie sich bei der Muhme erschleichen sollen?«
»Na, die Erbschaft!« ruft Bittke. »Ihr Haus, Ihren Garten!«
»Das ist der Hauptvorwurf?« vergewissert sich Karsten. »Sie hätten die alte Frau betreut, um sie zur Abfassung eines Testaments zu Ihren Gunsten zu veranlassen?«
»Ja! So denken die.«
»Denkt die Gemeindeschwester auch so?«
»Ach wo«, erwidert Bittke. »Im Gegenteil. Die hat nie dran gezweifelt, daß die Muhme das Haus nur ihrem Sohn vererben wollte. Sie mußte natürlich aussagen, was sie wußte. Die Muhme hatte schlechte Augen, und als sie mir mal einen Brief diktierte, kam die Gemeindeschwester dazu.«
»Und sie duldete den frommen Betrug?«
Bittke nickt. Mattiesen stellt ihm noch einige gezielte Fragen. Dann sagt er: »Hören Sie gut zu, Herr Bittke. Setzen Sie ein kurzes Protokoll in eigener Sache auf. Vor allem: Lassen Sie keinen Zeitungsreporter ein.«
»Einer war schon da!« sagt Bittke.
»Etwa der Dröge?«

»Ja, genau der!«
»Und der hat Sie so richtig eingeseift?«
Bittke hebt die Arme. »Weiß ich denn, was mir jetzt noch nützt? Der Amtsvorsteher sagt, ich werd' wahrscheinlich ganz entlassen!«
»Wenn wir uns nicht wehren, gewiß!« erwidert Karsten. »Ich spreche mit Ihrem Chef. Und Sie sagen keinem Unbefugten auch nur ein einziges Wort!«
Herr Schollwer, der Postamtsleiter, ist nicht gerade entzückt, als der Landarzt vom Mattiesenhof ihn so überraschend zur Rede stellt. Er kommt erst gar nicht dazu, ihm in seinem Büro einen Platz anzubieten.
»Ich höre, man wirft dem Bittke Bereicherungsabsichten vor, weil er die heilsame Selbsttäuschung der armen Frau Kuhn unterstützt hat«, legt der Doktor los. »Ist hier irgendein Mißbrauch postalischer Formulare, Stempel, Schreibmaschinen oder Unterschriften feststellbar? Hat Bittke Wertzeichen entwendet oder Zugriff auf das Sparbuch gehabt?«
»Nnnein . . .«, erwidert Herr Schollwer zögernd. Dann versteift er sich. »Ich habe meine Konsequenzen aus den Berichten des Herrn Ersten Bürgermeisters und der Polizei gezogen. Es wird noch ermittelt. Verehrter Herr Doktor, ich begreife Ihre Einmischung nicht. Da Sie meinen Vater so erfolgreich behandelt haben, möchte ich Ihnen diesen . . . diesen blitzartigen Überfall nachsehen. Mehr kann ich nicht für Sie tun.«
»Sie können für Herrn Bittke etwas tun!« sagt Karsten aufgebracht. »Der Mann ist nämlich auch mein Patient, und ich bin in der Lage, seine Mentalität zu beurteilen. Im übrigen habe ich einen seiner Briefe bei Frau Kuhn gelesen, andere sah ich flüchtig in der Schublade. Und wie mir Bittke eben versicherte, hat er sogar die Unterschrift nicht ausgeschrieben, sondern getippt. Auf seiner eigenen Schreibmaschine – und auf gekauftem Luftpostpapier. Das Ganze war eine menschliche Hilfsaktion!«
»Wo kämen wir hin, Herr Doktor, wenn alle Postboten selbstge-

tippte Briefe zustellen würden. Und jetzt entschuldigen Sie mich. Ich sagte ja, es wird noch ermittelt . . .«

Das ist ein glatter Hinauswurf. Dr. Mattiesen stürmt über den Marktplatz, ins Rathaus.

»Der Herr Bürgermeister hat eine Besprechung mit Herrn Heitmann«, versucht ihn die Vorzimmerdame aufzuhalten. »Auch Herr Dröge ist gerade da.«

»Der Reporter? Um so besser!« Karsten öffnet schwungvoll die Tür und geht auf den Schreibtisch zu. Alle drei Herren erheben sich verblüfft. »Also dem Bittke wollt ihr einen Strick drehen, weil ihr niedrige Motive vermutet? Und, wie ich höre, gleich die allerniedrigsten! Er hat sich bei der Muhme eingeschmeichelt, um ihr Häuschen zu erben?«

»Na, das liegt doch auf der Hand!« meint Heitmann, der sich als erster faßt.

»Bei Ihnen liegt gleich immer alles auf der Hand!« sagt der Doktor aggressiv. »Wo sind die Beweise? Selbst Bittkes Chef hat nichts Greifbares anzubieten. Die Muhme ist in Frieden gestorben, weil Bittke ihr die Hoffnung zurückgab. Ohne die Lebenshilfe dieses einfachen Mannes hätte sie sich vor Jahr und Tag schon fallenlassen.«

»Das sagst du so«, greift Bürgermeister Schultes ein. »Aber hier gibt's doch auch 'ne juristische Perspektive. Der Postbote hat wider besseres Wissen gehandelt und die von ihr diktierten Briefe mit nach Hause genommen. Um Kummer zu vermeiden, könnte er ja x-beliebige Todesnachrichten zurückhalten. Wo soll so was hinführen?«

»Ich spreche nicht von x-beliebigen Nachrichten, ich spreche von dem speziellen Fall Bittke-Kuhn«, sagt der Doktor scharf. »Und dieser Fall ist eine *Privatsache*. Ich sprach von Lebenshilfe, falls das in eure Köpfe reingeht! Außerdem sind Postboten auf dem Lande angewiesen, auf alleinstehende alte Leute zu achten. Soviel ich weiß, wird das durch Initiative meiner Mutter auch hier praktiziert.«

»Hm.« Schulte reibt sich das Kinn. »Jetzt kommst du uns mit Olga, Doktor. Das ist ein schweres Geschütz. Aber Bittkes Verhalten ist so ungewöhnlich –«

»– daß ihr vom Verdacht der Vorteilserschleichung nicht loskommt«, fällt ihm Karsten ins Wort. »Aber außer dem Verdacht habt ihr nichts in der Hand, gar nichts. Die Gemeindeschwester sprach auch nur von Mitleid. Sogar von *Nächstenliebe*. Es ist lachhaft, daß Bittke ausgerechnet auf die Erbschaft scharf sein soll, wo er den Erben doch hat auferstehen lassen! Der Erbe war Frau Kuhns Sohn! Ich habe einen Zeugen dafür, daß die Muhme nur ihm den Besitz vermachen wollte – und keinem anderen. Und für diesen Erben, einen Schatten, hat Bittke das Anwesen sogar instandgehalten! Der wahre Erbe ist jetzt die Gemeinde! Ja, Schultes! Die Großgemeinde Borsberg-Deekelsen-Dreekels! Bedankt euch bei Bittke für den guten Zustand des Hauses.«

»Wenn das stimmt...« Schultes blickt ratlos. »Der Bittke ist ja allgemein als zuverlässig bekannt. Er ist... hm... beliebt bei den Bürgern. Und du hast einen Zeugen, Doktor?«

»Den Hinnerksen. Ich denke, es werden sich noch weitere finden.«

Heitmann beißt sich schweigend auf die Lippen.

Der Lokalreporter Dröge seufzt: »Ich hatte schon eine so tolle Schlagzeile!«

»Briefträger geht über Leichen?« fragt Karsten höhnisch.

»Nee. Einfach: *Geisterpost*. Und dann die Story.«

»Das lassen wir lieber«, meint Schultes. »Da rühren Sie besser nichts mehr auf.« Er unterbricht sich, denn das Telefon summt. Er greift nach dem Hörer, nimmt eine Nachricht entgegen und beendet das Gespräch mit einem knappen »Ich komme!« Dann sagt er: »Im Hafen ist ein Kran umgekippt. Keine Verletzten. Brauchst ausnahmsweise nicht mit, Doktor. Ich fahre mit Heitmann raus. Und mit Dröge. Der hat dann seine neue Schlagzeile.«

Karsten setzt sich noch mit der Gemeindeschwester in Verbindung, die dabei bleibt: »Es war Nächstenliebe. Wenn Herr Bittke etwas verlangt hätte, hätt' ich's als erste gewußt. Alle Geldvollmachten hatte ich, also konnte er sich auch nicht in anderer Form bereichern. Ein Schnäpschen hat er gern genommen. Oder auch mal zwei und drei. Daß er mal so schlimm verdächtigt werden könnte, ist mir nicht im Traum eingefallen. Ich hätte ihn sonst gewarnt.«

»Sprechen Sie zur Sicherheit mit Pfarrer Eckholm«, rät ihr Karsten. »Falls da noch was nachkommt. Diese alberne Geschichte muß so schnell wie möglich aus der Welt.«

Als der Doktor an diesem Abend heimkommt, findet er außer den Pferden, der Ziege, den Hühnern und den Katzen keine Seele auf dem Mattiesenhof vor. Olga hält im Borsberger Vereinssaal einen Vortrag über Abfallvermeidung, Annemarie ist dienstlich beim Kollegen Detlefsen. Wo Eike steckt, melden die auf dem Eßtisch zurückgelassenen Zettel nicht. Karsten ißt mit Appetit Olgas Spezialität: Sahnecreme mit geraspelten Möhren, gehackten Zwiebeln, Senf und Zitronensaft. Ein großes Stück Räucherwurst auf Dreekelser Schrotbrot hat er sich an diesem Tag verdient. Dazu einen heißen, starken Tee. Draußen rauscht der Wind in Hecken und Büschen und Bäumen. Der ewig rastlose Wolkenhimmel färbt sich grau und schwärzlich, als fiele schon die Nacht ein.

»Doktor... Doktor...«, kräht eine Stimme auf der Außentreppe. Mattiesen öffnet die Haustür. Da steht ein kleiner, blondhaariger Junge. Sein Fahrrad lehnt am Geländer. Er hält Karsten seinen rechten Daumen hin und stellt sich vor: »Ich bin der Brückenbauer.«

»Baust du 'ne Brücke über die Schlei?«

»Nein, ich heiße so. Uwe – vom Brückenbauer.«

»Ach so, vom Bauern an der Dreekelsbrücke im Swartenbusch? Was bringst du denn da?«

»Stacheln. Die sind da drin und woll'n nich' raus.«

Der Doktor schiebt Uwe in den Behandlungsraum und betrachtet den Daumen durch die Lichtlupe. »Ja, sag mal, was sind denn das

für komische Stacheln? Von welchem Kraut? Von welcher Pflanze?«
»Von einem Kaktus«, schluckt Uwe. »Und die tun ganz scheußlich weh.«
»Kaktus?« fragt Karsten. »Baut man neuerdings Kakteen bei uns an?«
»Nein, ich sammle welche. Weil ich keine Schlange halten darf.«
»Na, da habe ich noch mal Glück gehabt«, grinst der Doktor. »Aber paß mal auf. Mit der Pinzette kriege ich die Stacheln nicht raus. Ich presse dir jetzt ein Klebepflaster ganz fest auf den Daumen, und das reiße ich dann mit einem Ruck wieder ab. Das tut etwas weh, und vielleicht geht ein Stück Haut mit. Wirst du schreien?«
Uwe schreit nicht. Karsten vergewissert sich mit einem Blick durch die Lichtlupe, daß kein Stachel mehr im Daumen steckt. »So, Salbe drauf und 'ne Schutzhülle drüber. Das hätten wir. Sieh dich aber vor, Uwe, daß du solche Piekstückchen nicht etwa einatmest. Die würde ich nicht so schnell rauskriegen.«
Da der Wind zugenommen hat, packt der Doktor das Fahrrad in den Kofferraum seines Wagens, den Jungen in den Fond – und fährt Roß und Reiter heim in den Dreekelser Busch.
Bei seiner Rückkehr findet er Eike vor. Eike sitzt mit düsterem Gesicht am Tisch und verzehrt ein Schinkenbrot. Der Doktor setzt sich mit einem Bier dazu.
»Dein Studienurlaub begeistert dich wohl nicht allzusehr?«
Eike zuckt die Schultern.
»Hm.« Der Vater nickt. »Ich kenne das. Mehrfacher Ortswechsel macht heimatlos. Hamburg, Tübingen, Hamburg, das Hin- und Herdüsen auf den Spuren deiner Saisongirls. Und im Moment hast du keine auf der Hitliste?«
Eike nimmt sich ebenfalls ein Bier aus dem Kühlschrank. »Weißt du, Vater«, seufzt er, »in der Uni komm' ich mir klüger vor als 'n Professor. Mathe fliegt mir zu. Philosophie begreif' ich theoretisch ohne Sperre. Aber praktisch kann ich nicht 2 und 2 zusam-

menrechnen, und da nützt mir keine Philosophie. Ich meine, ich bin immer zu schnell verknallt. Das muß wohl Debilität sein. Mami sagt, das hab' ich von dir.«

»Sehr freundlich von Mami«, feixt Karsten. »Darin ist sie sich übrigens wohl mit Olga einig. Nimm's nicht so tragisch, mein Sohn. Trink noch einen Schluck. Prost!«

Der Doktor hütet sich, die Ursache der Bedrücktheit zu hinterfragen. Als Annemarie im Duschbad rumort (um sich, wie Olga bissig zu bemerken pflegt, in »eine Königin der Nacht« zu verwandeln), liegt Karsten bereits im Bett.

»Ich hatte noch eine Überschneidung im Stundenplan zu regeln«, berichtet sie, während sie es sich neben ihm bequem macht.

»Hm«, brummt der Doktor. »Ganz lustig, den künftigen Schwiegersohn zum Kollegen zu haben, wie?«

»So sehe ich das nicht«, sagt Annemarie. »Ich bin ja nicht viel älter als er. Außerdem nimmt ihm sein Starrsinn manchmal das Jugendliche.«

Karsten hustet. »Dir nicht?«

»Was soll der Spott? Ich weiß, wovon ich rede. Unsere Tochter hat ihn regelrecht im Netz, und da kommt er nicht raus. Jetzt hat er die Kateridee, sich ihretwegen nach Hamburg versetzen zu lassen. Schlimmer noch: Er will Haus und Grundstück verkaufen und sich für seine Mutter, Robby und Kerstin eine große Wohnung in Hamburg suchen.«

Der Doktor lacht in sein Kissen hinein. »So was Verrücktes. Kerstin zieht die halbe Gegend nach Hamburg, und Eike springt aus Hamburg in den Dreekelser Busch zurück. Ich muß schon sagen: Du hast deine Kinder zur Stetigkeit erzogen.«

»Und du hast sie überhaupt nicht erzogen«, protestiert Annemarie. »Jetzt ist es zu spät. Auch Kerstin ist mittlerweile volljährig. Wenn du bisher nicht eingegriffen hast, was willst du da nun noch tun?«

»Abwarten«, brummt Karsten im Halbschlaf. »Abwarten ...«

Verzwickte Partnerschaften

Was ist mit Eike los? Eike hat am Dienstag seinen alten Clubkollegen Björn besucht. Im Yachthafen sahen sie zwei Mädchen, eine erregte die Aufmerksamkeit der beiden.
»Die Dunkle hätte alle Chancen, Miß Beauty vom Strand zu werden«, meinte Björn hingerissen. »Wahnsinn! Ich sage dir, Eike, ein Blick von der wirft dich um. Garantiert! Da ist Feuer drin. Die kann von hier aus einen Tanker hochgehen lassen. Aber sie selber ist kalt. Kalt wie 'n Fisch aus der Tiefkühltruhe.«
Am Abend sah Eike das Mädchen in der Disco. Wieder mit Freundin, wohl interessiert am Tanzen, aber gänzlich uninteressiert an den Tänzern. Ihr »Feuerblick«, den Björn so überschwenglich pries, geht Eike durch und durch. Aber eben nur *durch*, für das tolle Mädchen scheint er aus Glas zu sein, und das kränkt ihn und versetzt seiner Eitelkeit einen empfindlichen Stoß. Hatte er nicht schon mehrere Freundinnen? Und ist er nicht gewohnt, von Mädchen schnell bemerkt und angeflirtet zu werden? Doch hier kommt er sich vor wie eine Null. Björns »künftige Strandkönigin« scheint eine geübte »Abwimmlerin« zu sein. Da sich Eike keinen nassen Korb holen will, spielt er den Gelangweilten und widmet sich seinen diversen Colas. Dabei gefällt ihm das Mädchen nur immer mehr, denn Wegsehen – das müßte er eigentlich wissen – beflügelt die Phantasie.
Daheim, in der Nacht, steigerte sich das fremde Wesen zu einem Traumgirl. Und am Mittwoch morgen – bei Olga in der Küche – ist es, als erhielte er einen Schlag auf den Kopf. Längst ist Annemarie in der Schule, der Doktor praktiziert bereits, da geht die fremde Beauty in Jeans und Arbeitsbluse mit Eimer, Wischlappen und Schrubber an der offenen Tür des angrenzenden Waschhauses vorbei. Kein Zweifel, Eike kann sich nicht geirrt haben. Das Profil ist ihm zu gut im Gedächtnis ... Als er noch mit offenem Mund

vor seiner Kaffeetasse sitzt, schaut Olga – schon im weißen Kittel – vom Flur aus herein: »Sag mal, du Faulpelz, wolltest du nicht die Tiere versorgen? Heute hab' ich mich mal ganz auf dich verlassen!«

»Ja, Oma, ent- entschuldige Oma, bin – bin schon unterwegs . . .!« Eike springt auf und läuft in den Stall hinüber. Nur zu gern entflieht er dem Rätsel. »Ich muß mich erst mal wieder einkriegen«, brabbelt er in den Boxen, als ob ihn die Pferde verstehen könnten.

Den Doktor kümmert nichts, was außerhalb der Praxis vorgeht. Annemarie überläßt alle Wirtschaftsdispositionen Olga. Also muß sich Eike an Oma halten, um zu erfahren, warum sein Traumgirl plötzlich im Waschhaus des Mattiesenhofs auftauchte. Als er später zur Stalltür hinauslugt, sieht er das Mädchen in sportlichem Schritt der Ausfahrt zustreben. Das ist sie, Björns kalte Schönheit mit dem »umwerfenden Blick«. Eike verliert keine Zeit, Olga auszuforschen. Natürlich muß er das beiläufig tun, indirekt, nur eben so.

»Übrigens, Oma, wer war denn die . . . äh . . . das Mädchen, das heute –«

»Das war Vroni«, unterbricht ihn Olga robust. »Ein patentes, junges Ding. Noch was?«

»Ich meine . . .« Eike sucht nach Worten. »Was macht sie denn hier?«

»Sauber«, entgegnet Olga lapidar. »Sie ersetzt uns ein paar Tage die Putzfrau. Vroni ist Frau Jürgens' Nichte, zur Zeit auf Urlaub hier.«

»Urlaub?«

»Ja, aus Bayern. Und warum soll sie sich nicht ein paar Mark verdienen? Du kriegst ja auch für deinen Stalldienst was.«

»Na, ja . . .« Eike starrt zur Hofbrücke, über die das Mädchen zum Alten Damm gegangen ist.

»He, was stehst du da wie so 'n Säulenheiliger? Hast du was?«

»Nein, nein, Oma«, behauptet Eike. »Nichts, gar nichts.«

»Wollte ich mir ausgebeten haben!« sagt Olga augenzwinkernd. »Vergiß deine gute Erziehung nicht, mein Junge!«
Eike muß Olgas Mahnung zwangsläufig befolgen, denn Vroni übersieht ihn an diesem Abend in der Disco wieder. Da ihm Björn mit den unglaublichen Vorzügen des Mädchens in den Ohren liegt, sackt er in Minderwertigkeitsgefühle ab, und dieses »Tief« führte zu dem pessimistischen Gespräch mit seinem Vater.
Am folgenden Morgen ist Eike sehr zeitig auf. Er will sich nun doch nicht mit gebrochenen Flügeln vom Schauplatz schleichen. Erst versorgt er die Tiere, dann duscht er sich den Stalldreck ab. Mit dem ersten Bus aus Borsberg, der vorm Gehölz »Olscher Bock« am Alten Damm hält, kommt Vroni.
Eike öffnet ihr die Haustür. »Moin«, sagt er lässig.
»Grüß di«, erwidert sie.
»Ach ja, du bist aus Bayern«, fällt ihm ein. »Dann versteh' ich aber nicht, warum du hier Urlaub machst. Ich fahr' im Winter immer in die Berge.«
»Jetzt haben wir Mai«, lächelt sie. Eike kommt sich vor wie ein Depp.
»Klar . . .«, stammelt er. »Mai. Mai. Ich meinte ja nur, bei euch ist mehr los. Ihr habt zweimal Saison.«
Vroni beachtet ihn nicht weiter. Sie öffnet den Wandschrank im Flur, bindet sich ein Kopftuch um, streift einen Kittel über und hievt den Staubsauger heraus.
»Laß mal«, sagt er beflissen. »Ich helfe dir.«
Vroni wirft ihm einen schrägen Blick zu. »Meine Tante, die Frau Jürgens, ist mit dem Radl gestürzt, nicht ich«, betont sie. Sie nimmt ihm den Staubsauger wieder aus der Hand. Er schleppt ihr das entrollte Kabel in die Praxis nach.
In der Küche versammeln sich die übrigen Hausbewohner um den Frühstückstisch. Annemarie hat ein Erdkundebuch neben ihrem Gedeck und liest darin, während sie mit ihrer Kaffeetasse jongliert.

»Schmier dir nicht aus Versehen die Butter auf das Buch«, sagt Olga.
»Sehr witzig«, erwidert die Schwiegertochter. »Es wär' dir wohl lieber, ich gäbe den Schuldienst auf? Oder vielleicht übernimmst du den Unterricht, und ich verbleibe hier in der Praxis?«
»Mach nich' aus einem Knallbonbon 'ne ganze Kanone«, brummt Olga.
»Wo ist eigentlich Eike?« fragt Karsten. »Im Stall?«
»Ja, und auf der Balz«, sagt Olga prompt. »Blind wie 'n Auerhahn. Der Stall ist sein Sprechzimmer, und das Objekt seiner Frühlingsgefühle heißt Vroni.«
»Was denn?« Annemarie horcht auf. »Muß er immer gleich an jedem Mädchen kleben? Ich denke, er ist erwachsen.«
»Ein Tor ist immer willig, wenn eine Törin *will*«, betont Karsten. »Übrigens, warum sollen Jugendliche nicht miteinander quatschen? Darin sehe ich nichts.«
»Du! Du mit deiner labilen Einstellung! Du findest ja auch nichts daran, anderen Frauen Bonbonaugen zu machen!« sagt Annemarie unnötig aggressiv. »Mir paßt deine altmodische Wilderei jedenfalls nicht. Außerdem seid ihr als Playboys ein paar Nummern zu klein. So. Ich muß jetzt los.«
»Na, da hast du dein Fett«, lacht Olga, als sie mit Karsten allein ist. »In einem Punkt hat sie recht: Du bist kein Macho, höchstens ein schlechter Verlierer. Und Eike ist nicht viel anders. Der holt sich bei der Vroni ein blaues Auge und ein Hühnerauge. Symbolisch.«
Der Doktor steht auf. »Aber meine Sprechstunde kann ich leider nicht symbolisch abhalten. Und meine Praxis ist kein Partnerschaftsinstitut. Also dann!«
Eike begleitet die schweigsame Vroni, der er während ihrer Arbeit keineswegs nähergekommen ist, zur Bushaltestelle. Für sie scheint er nicht mehr als ein Schatten zu sein. Ein sprechender Schatten. Sie setzt sich auf die Wartebank und zieht ihr Strickzeug aus der Umhängetasche. »Wird das ein Handschuh?« fragt Eike.
»Ja. Zum Skilaufen – im Mai.«

Ein alter Herr, der das hört, muß lachen: »Ja, gib's ihm, junges Frollein. Gib's ihm.«
Der Bus kommt, und Vroni steigt ein, nachdem sie Eike mit einem Kopfnicken verabschiedet hat. Olga hat recht: Eike ist ein schlechter Verlierer. Aber das ist in diesem Fall nichts Blamables, weil Vroni tatsächlich etwas ganz Besonderes an sich hat. Er schämt sich also nicht, dem Bus mit dem Fahrrad hinterher zu spurten. Mit dem Auto ginge es zwar schneller, doch Eike – nicht auf seine Rolle als Verfolger vorbereitet – hätte erst den schadhaften Keilriemen auswechseln müssen. Der Bus macht neuerdings einen Abstecher zur Feriensiedlung und biegt bei Asmussens Kneipe wieder in die Zufahrtsstraße ein. Eike kann ihm – heftig strampelnd – den Weg abschneiden. Auf dem Borsberger Rathausplatz ist Endstation. Vroni steigt aus, und Eike springt keuchend vom Sattel.
»Ich glaube«, japst er, »ich bin dir 'ne Erklärung schuldig.«
»*Du – mir?*« Vroni lacht. Ihr Lachen fasziniert den jungen Mann nur noch mehr.
»Na ja...«, sagt er verlegen. »Ich ... ich ...« Er könnte sich ohrfeigen, so blöde kommt er sich vor. »Ich hätte dich mit dem Auto hergefahren. Das ist aber nich' fahrbereit – im Moment.«
»Meine Füße tragen mich vorläufig noch«, amüsiert sich das Mädchen. »Und nu' muß i für mei Tanten in d' Apotheken, weil's a Salben nötig hat.«
Vroni verfällt gelegentlich in ihre Mundart, die Eike wie Musik in den Ohren klingt. Gemeinsam wandern sie ins Molenviertel, zum Kai, wo die Jürgens ihr Häuschen haben. Auf dem Wasser schweben knallbunte und schwanenweiße Segel seewärts, von kreischenden Möwen umkurvt. Ein Meteor-Cruiser, goldglanzlakkiert, dreht sich millimetergenau im überfüllten Yachthafen.
»Der hat eine Bugschraube«, sagt Eike fachmännisch. Er weiß was »Fluchtluke«, »Sprayrail«, »Umleimer« und »Deckslayout« bedeuten. Vom »Starkwindsegeln« hält er nur etwas, wenn die Besatzung aus »Seahands« besteht.

»So, so«, sagt Vroni immer nur. »So, so.« Und dann sind sie vor Jürgens' Garten angelangt.
»Ja, Eike!« ruft Frau Jürgens erstaunt. Sie trägt den Arm in der Schlinge. Die Nachbarin ist eben dabei, ihr die Wäsche aufzuhängen.
»Moin, Frau Jürgens«, erwidert Eike. »Ich habe Ihre Nichte begleitet. Äh... So 'n bißchen den Fremdenführer gespielt. Wie geht's der Schulter?«
»Danke, Eike. Danke!« Frau Jürgens lacht den Doktorsprößling an. »Hast du schon Semesterferien?«
»Nein, aber –« Eike könnte vor Wut auf sich selber kopfstehen. Täppischer ist er sich seit Jahren nicht vorgekommen, und es scheint, als sei jede seiner Bemerkungen das »Hinterletzte« – und jede Antwort auf sein Gestammel eine Anzüglichkeit. Vroni ist ins Haus gegangen. Nun steht er da und tauscht mit Frau Jürgens belanglose Worte aus. Smalltalk vor spießigen Wäschestücken! Da schwankt Fiete Jürgens mit einem Fischkorb auf dem Buckel herbei. Eilig lehnt Eike sein Rad an die Wand und springt hinzu: »Warten Sie, ich helfen Ihnen, Herr Jürgens!« Der Fischkorb droht zu kippen.
»Laß! 'n oller Seemann braucht keine Landratte«, grinst Fiete. Er stellt den Korb auf eine Rampe und blinzelt Eike an: »Wat machste eigentlich hier?«
»Er hat nur die Vroni nach Hause gebracht«, versichert Frau Jürgens in ihrem freundlichsten Ton. Der Mann nimmt die Schiffermütze ab, kratzt sich den Kopf und blickt einer Möwe nach. »So, so. Die Vroni nach Hause gebracht«, brummt er. »Ich denke, du studierst?«
»Das sowieso«, erwidert Eike. »Aber ich bin für ein paar Tage...« Doch Fiete ist mit seinen Fischen schon im Schuppen. Und seine Frau spricht eifrig mit der Nachbarin. Das Mädchen Vroni scheint die Erde verschlungen zu haben. Eike nimmt sein Rad und schleicht still vom Schauplatz seines neuerlichen Versagens. Irgendwie hab' ich das so dußlig wie möglich angefangen, denkt er.

Abgeblitzt und begrinst! Jawohl. Jedenfalls konnte er dem Fischer nichts vormachen. Und alle sagten immer: »So, so!« – Wie zu einem Irren.

Auf dem Mattiesenhof darf sein Vater inzwischen ein Erfolgserlebnis verzeichnen. Der entlastete, in Ehren wieder tätige Briefträger Bittke stattet dem Doktor seinen Dank ab. Zwischen zwei Patienten läßt Olga ihn rasch ins Sprechzimmer. Als sie ihn verabschiedet, versichert sie ihm: »Ich wäre ja auch noch dagewesen, mein Lieber! Was meinen Sie, was für einen Rabatz ich bei der nächsten Ratssitzung gemacht hätte!«
Da Mattiesen heute den Amtsarzt vertreten muß – es handelt sich um die Gesundheitskontrolle in der Kindertagesstätte –, nimmt er sein Mittagessen zeitiger ein. Eine Altersheimvisite steht auch noch auf dem Plan. Danach macht er die Runde bei Einzelpatienten. Als er in zügigem Tempo die Neue Seestraße entlang fährt, kommt von links ein Wagen, der offenbar über die Kreuzung zur Küste will. Es ist dem Doktor sofort klar: Der verwechselt seine Zielvorstellung mit der Vorfahrtspriorität. Ein Fehlverhalten, das oft psychologische Gründe hat. Er tritt auf die Bremse, muß aber das Lenkrad verreißen, denn der andere hält mit quietschenden Reifen auf der Straßenmitte. So stehen die Fahrzeuge nebeneinander. Das andere Auto ist ein starkes, hochkarätiges Sportmodell, dazu noch mit einem Trailer samt Segelboot im Schlepp. Der Anhänger ist ins Schlingern geraten und steht quer. Die junge Beifahrerin lächelt wie um Nachsicht bittend. Aber der Mann am Steuer fuchtelt wutentbrannt mit den Armen, er glaubt sich das wohl schuldig zu sein; er zieht eine regelrechte Schau ab. Das paßt ganz und gar nicht zu seinem sportiven Outfit.
»Haben Sie keine Augen im Kopf?« brüllt er. »Blödmann!«
»Sehr angenehm, Mattiesen«, erwidert der Doktor grinsend.
»Es ist immer dasselbe mit den Provinzlern!« erbost sich der Sportliche. »Die denken, die Welt gehört ihnen, nur ihnen. Und wenn mal ein Fremder kommt –«

»– muß er die Verkehrsregeln einhalten«, sagt Karsten ruhig. »Auch wenn kein Schild dasteht. Rechts hat Vorfahrt.«

»Ich habe nicht die Absicht, mich von Ihnen belehren zu lassen!« schreit der Segelyachttransporteur. »Ich habe –«

»Sie haben zu hohen Blutdruck«, unterbricht der Doktor. »Das ist ganz offensichtlich. Keine Aufregung, lieber Freund! Ein paarmal tief durchatmen und froh sein, daß nichts passiert ist.«

Der Mann scheint die Fassung vollends verlieren zu wollen. Doch seine Begleiterin dämpft: »Nun sei still, Sigi, der Herr hat ja recht.«

Mattiesen fährt kopfschüttelnd weiter.

Über Funk meldet sich Olga: »Karsten! Karsten, hörst du mich?«

»Mehr als deutlich, Mutter«, sagt der Doktor ins Mikrophon. »Was ist? Hat deine Ziege die Windpocken?«

»Das wär' mal was Reelles«, erwidert Olga mürrisch. »Nein, es geht um Hinnerksen. Seine Bärbel hat angerufen. Angeblich hat der Kräuterdoktor einen Schwächeanfall.«

»Ist gut, ich fahre vorbei.«

»Soll ich dir mal was sagen?« kommentiert Olga. »Wenn ich die Bärbel sehe, kriege ich direkt Mitleid mit Hinnerksen.«

»Wo die Liebe hinfällt, Mutter. Wo die Liebe hinfällt ...«

»Genau das habe ich eben zu Eike gesagt.«

»Wieso? Hat der auch einen Schwächeanfall?«

»Na, schließlich ist er dein Sohn. Bei Annemarie ging's dir nicht anders. Du und die Frauen –«

»Für solche Gespräche hab' ich das Funkgerät nicht angeschafft«, unterbricht Karsten. »Bis später. Ende.«

Der Doktor fährt an Hanuschs Baumaschinenlager vorbei, zwischen den weiten Wiesen hindurch, auf denen die Kühe wiederkäuend ihre Köpfe heben. Am Molchteich putzen Enten ihr Gefieder. Ein Hund trottet einsam und wie gedankenverloren am Wegrand dahin, und vor dem Wagen fliegt ein Vogelschwarm in alle Winde. Hier ist Karstens Welt noch wie einst, als er ein kleiner Junge war. Ohne Streß, ohne Frust, ohne Familienprobleme. Mit ihrer spöttischen Bemerkung hat Olga einen empfindlichen Nerv getroffen. Er liebt Annemarie, aber ihm ist unklar, ob ihr Lehrberuf nicht etwa nur die Flucht aus der Hektik des Arzthauses ist. Die Trennung von Privatleben und Rund-um-die-Uhr-Praxis erfordert den soliden Gleichmut früherer Generationen, der nun aber wegen der gestiegenen Anforderungen nicht mehr aufzubringen ist. Das ist heute die Klemme *aller* Landärzte und ihrer Familien. Bietet das Prinzip »Jeder macht seins!« einen Ausweg? Oder reden sie sich das nur ein – Olga, Annemarie und er (von den »Kindern« ganz zu schweigen)? »Jeder *redet* seins« träfe wohl eher zu. Wenn sie dann ein paar Stunden zusammen sind, tauschen sie ihre Erfahrungen nicht aus, wie theoretisch erhofft, sondern führen Selbstgespräche, ob zu fünft, zu dritt oder zu zweit. Wie eine Ehe dabei bestehen soll, das ist die bedrückende Frage . . .

Karsten steuert auf den Hinnerksenhof zu. Der von Buschbäumen gerahmte Flachbau mit den Giebelfenstern hat etwas Nostalgisches. Ein Tourist könnte meinen, da sei altväterliche Behaglichkeit zu Hause. Im offenen Schuppen hängen Kräuter, Wurzeln und Blättergirlanden zum Trocknen: für Tees, Bäder, Tinkturen, Salbenbereitung, heilende Zusätze bei feuchten Umschlägen. Bewährtes und Fragwürdiges, das nichts als die Einbildung fördert. Die Pappkartons und Kunststoffsäcke, in denen Hinnerksen sich mediterrane, orientalische oder südamerikanische Pflanzen durch den »Phytotherapeutischen Weltservice« ordern ließ, liegen wild durcheinander. Die Beete sind verwahrlost, die Fensterscheiben stumpf. Vor einigen Monaten hatte der Kräuterdoktor willige Patienten, die sich darum rissen, ihm Haus, Hof und Garten zu besorgen. Seit sich aber seine geliebte Bärbel bei ihm eingenistet hat, herrscht hier gespenstische Stille. Vorbotin des Verfalls.

Die schlampige Frau, nicht unfreundlich, eher ratlos wie ein großes, mäßig intelligentes Kind, führt den Doktor in des verstorbenen Muttchens einstmals »gute Stube«. Karsten ist manches gewohnt als Landarzt. Während winterlicher Schneeverwehungen sind Wohnhäuser mit Stallanbauten zwangsläufig keine musealen Musterhöfe. Aber was er hier sieht, im Wonnemonat Mai, das haut ihn beinahe rückwärts raus. Auf dem Tisch türmt sich das »feine« Geschirr aus der Vitrine, ein Zeichen dafür, daß die Küche wohl schon einer Sperrmüllkammer gleicht. »Sind das Ausgrabungen?« fragt Karsten – mit Blick auf das verkrustete Porzellan. Dann wendet er sich dem Patienten zu, der auf dem grünen, samtbezogenen Sofa liegt. Bärbel schiebt mit dem Fuß einen Stuhl herbei, damit Mattiesen sich setzen kann.

»Jetzt geht's ja wieder, Herr Doktor«, lispelt sie. »Aber vorhin sah er aus wie Hafergrütze.«

»Was?« jammert Hinnerksen schwach. »Woher kennst du denn Hafergrütze?« Der Kräutermann, dessen linker Arm schlapp herabhängt, öffnet waidwund die Augen. »Hab' ich einen Herzinfarkt?« fragt er angstvoll.

Der Doktor horcht ihn ab, fühlt ihm den Puls, prüft den Blutdruck.

»Tja, Hinnerksen, organisch ist soweit alles in Ordnung. Scheint nur was Vegetatives zu sein.«

»Was Wegestatives?« erkundigt sich die Frau.

»Nervlich Bedingtes«, sagt Karsten geduldig. »Dafür wirst du doch selbst ein Mittelchen wissen?«

»Hm. Versuch' ich's mal mit Majorantee.« Der Patient läßt sich wieder auf das Sofa fallen.

»Bärbel, setzt du mal Teewasser auf?«

Die Frau latscht in die Küche. Kaum ist sie draußen, drängt Hinnerksen: »Doktor, sag mir die Wahrheit. Was fehlt mir wirklich?«

»Fehlen? Fehlen tut dir nichts. Dir schadet ein *Zuviel.*«

»Ich weiß«, seufzt Hinnerksen. »Du meinst Bärbel. Nie kriegt sie genug. Gestern waren wir zum Tanzen. Danach gab sie im Bett keine Ruhe. Das schlaucht, Doktor, das schlaucht.«

»Sie ist eine Nymphomanin«, sagt Karsten. »Und du bist im Begriff, dich in Satyriasis hineinzusteigern.«

Hinnerksen hebt den Kopf. »Was is' Bärbel? Und wo soll ich rein?«
»In einen Zustand von Sexualtollheit, Hinnerksen. Davon mußt du los.«
Wieder seufzt der Kräutermann. »Ich weiß, diese Frau ist mein Untergang. Rate mir aber nicht noch mal, sie rauszuschmeißen. Ich bring's nicht fertig. Bärbel ist mein ganzes Glück.«
Mattiesen erhebt sich. »Die Frage ist, ob du es dir nicht zu teuer erkaufst, dieses Glück.«
Hinnerksen jammert: »Schau, für ihre Vergnügungssucht kann sie nichts. Und ihre Faulheit, die ist irgendwie ... angeboren. Was Arbeit ist, weiß sie nicht. Ich will sie nicht verlieren. Lieber stelle ich 'ne Hilfe für den Haushalt ein. Ich hab' ja noch heimliche Rücklagen.«
»Aber nicht mehr lange die nervlichen und körperlichen Reserven.« Mattiesen wendet sich zur Tür.
»Ich finde den Tee nicht!« schreit Bärbel aus der Küche.
»Du findest nie was!« ruft Hinnerksen. Er rafft sich auf und begleitet den Doktor hinaus.
»Jedenfalls dank' ich dir für deinen Besuch, Kollege.«
»Wenn er nicht nutzlos war, Hinnerksen, wenn er nur nicht nutzlos war ...«
Daheim ist es für Karsten unnötig, sich hinter seiner Schweigepflicht verschanzen zu wollen. Olga weiß, wie es um Hinnerksen und Bärbel steht. Das ist ja bereits in Borsberg und in allen eingemeindeten Ortsteilen bekannt. Besonders in Deekelsen-Dreekels.
»Ich weiß nicht«, überlegt Olga, als sie abends das Kompott aufträgt, »ob man die Hexenvertreibung so streng beurteilen soll, die hier früher üblich war.«
»Was du unter Hexen verstehst!« lacht Annemarie. Eike beugt sich tief über den Teller. »Hexen«, fährt Annemarie fort, »sind für Olga alle schönen Frauen, die den eingeborenen Müttern die Söhne wegnehmen.«

»Dann faß dich mal an deine eigene Nase, und zwar in doppelter Beziehung«, erwidert Olga mit amüsiertem Seitenblick. »Du bist Opfer und Leidtragende zugleich.«
Eike steht auf. »Ich hab' was gegen quatschige Andeutungen. Wenn ich hier in der Gegend ein Mädchen sehe, komm' ich nicht auf die Idee, daß es meiner Mutter den Sohn wegnehmen könnte! Eure Ansichten aus der Steinzeit, nee, da geh' ich lieber in den Stall!«
»Die Tiere werden es dir danken!« ruft ihm Olga fröhlich nach. »Der ist ja mal wieder bis zu den Ohren in *love*!« sagt sie wie zu sich selbst. »Aber mit dem Hinnerksen ...«, sie wird ernst, »ist das eine wüste Sache. Wie nanntest du das, Karsten? Satyriasis?«
»Krankhafter Sexualtrieb«, murmelt der Doktor. »Wahrscheinlich ist er zu lange von seinem strengen Muttchen unterdrückt worden.«
»Ha!« ruft Annemarie. »Ha!« Sie verschluckt sich an ihrem Fruchtsaft.
»Du meinst, ich hätte Karsten auch zu lange unterdrückt?« forscht Olga mit Gewittergrollen in der Stimme.
»Was *das* betrifft, nicht«, erwidert Annemarie anzüglich. »Da gebe ich dir Brief und Siegel, Olga. Im Gegenteil. Im Gegenteil. Wir schlafen zwar zusammen, aber es könnte ebensogut eine Stoffpuppe neben ihm liegen. Karsten bemerkt mich neuerdings kaum noch.«
»Na, hör mal!« protestiert der Doktor. »Ich verbitte mir übrigens, daß in diesem Haus irgendein Vergleich mit der Situation meiner Patienten angestellt wird. Hinnerksen und seine Bärbel sind das Gespött der ganzen Gegend. Das kann ich nicht ändern. Aber wenn ich sage, daß die Frau Nymphomanin ist, meine ich das sachlich.«
»Vielleicht hätte sie Lehrerin werden sollen«, bemerkt Annemarie spitz. »Ein Job, der auch der männlichen Abstinenz günstig zu sein scheint. Entschuldigt mich, ich habe noch zu arbeiten.«
»Nimm's nicht tragisch«, tröstet Olga den Doktor. »Ihr seid beide

im Streß. Und wie ich euch kenne, turtelt ihr bald wieder. Ihr seid ja auch noch längst nicht erwachsen, trotz eurer großen Kinder. Hier hast du 'n Bier. Was gibt's sonst Neues?«
Karsten muß lachen. »Ach, da bin ich heute mit einem komischen Playboy und seinem Girl fast zusammengerasselt. In einem tollen Sportwagen mit Segelboottrailer. Der Bursche hat die Vorfahrt mißachtet und kekste sich mächtig auf. Wollte wohl seiner Freundin imponieren, die mindestens zwanzig Jahre jünger war. Sicher auch so eine . . . Beziehungskiste.«
Olga schüttelt den Kopf. »Zur Zeit fallen alle mit dem Rüssel in die Maiglöckchen. Aber die sind giftig.«
»Und du bist in Form – mit deinen Sprüchen!« grinst Karsten. »Prost!« Er gönnt sich einen großen Schluck Bier.

Der »Altplayboy«, der den Doktorwagen fast gerammt hätte, heißt Siegmund Grindel. Er ist Konsul eines weithin unbekannten Kleinstaates, leitet ein obskures, wenn auch florierendes »Bremer Frachtkontor von 1893« und bemüht sich, auf flottem Fuß zu leben. Mit Fitneßtraining, Sauna, Solarium, Massagen und Aufbaumitteln täuscht er sich (und anderen) die dazu nötige Jugendlichkeit vor. Dieser Status erfordert natürlich auch eine Freundin. Er brauchte sie nicht lange zu suchen. Es ist seine Sekretärin Gundula, und sie ist nicht nur zwanzig, sondern satte fünfundzwanzig Jahre jünger als er. Ein Liebesnest, das den späten Frühling komplett macht, fand er in der Borsberger Südbucht, und zwar an deren Binnenseite, wo sich nur einzelne, landschaftsangepaßte Luxusbungalows befinden.
Sein Segelboot ließ Grindel im Borsberger Yachthafen zu Wasser bringen. Ein Clubmitglied überführt es noch am gleichen Abend in die Südbucht, während Grindel und sein »Prinzeßchen« sich im Bungalow einrichten. Das raffiniert geschnittene Haus bietet jeden Komfort, vor allem ein prächtig eingerichtetes Schlafzimmer und ein großzügiges Bad. Das alles wird von einer gar nicht so billigen Aufwärterin »auf Vertrauensbasis« in Ordnung gehalten:

der berühmt-berüchtigten, als Melsen-Grete bekannten Weibsperson, die zu den Problempatienten Dr. Mattiesens gehört. Geld stopft Klatschmäuler und dämpft die Neugier. Vor der Melsen-Grete kann Grindel sicher sein. Sie hat für einen gefüllten Kühlschrank gesorgt, für komplettes Geschirr, für Wäsche, und sie ließ sogar Feuerholz für den Kamin anfahren. Während sich das »Prinzeßchen« des Herrn Konsul ausgiebig duscht, schreitet Grindel im Joggingdreß auf den Bootssteg hinaus. Das Segelboot hat er »Prinzessin« genannt – dem Objekt seiner Eitelkeit und seiner Großmannssucht entsprechend. Er blickt über die schilf- und buschgesäumte Bucht, den Spiegel seiner Romanze, und erhofft sich gutes, wenn auch nicht zu gutes Segelwetter für den Rest der Woche. Ein Sturmskipper ist er nämlich nicht. Aber so ein paar Gutwetterschläge auf die Ostsee hinaus, lustige, luftige Kurztörns mit Gundula, das Ruder fest in der Hand, das wünscht er sich, das wird sein Image in ihren Augen heben, soweit das überhaupt noch möglich ist. Aus dem Bungalow tönt mittlerweile flotte Kassettenmusi, und er geht munter pfeifend hinein.
Im Seidenpyjama, eingehüllt in einen flauschigen Kapuzenbademantel, sitzt Gundula anmutig auf einem Kissen und facht das Kaminfeuer an. Sie sieht zu ihm auf wie ein Kind. Das gefällt ihm. Und er gefällt sich selber in der Rolle des Unwiderstehlichen.
»*Toujours en vedette*«, ist seine Devise. Und: »Glück hat auf die Dauer nur der Tüchtige.« Mit federnden Schritten geht er zur Hausbar. »Heut woll'n wir mal ein bißchen unsolide sein«, beschließt er augenzwinkernd. Er mixt zwei Drinks.
»Du solltest aber erst etwas essen«, sagt Gundula. »Deine Tabletten hast du auch noch nicht genommen. Trink lieber einen Schluck Mineralwasser.«
»Aber Kindchen«, schmunzelt der Konsul. »Bist du meine Krankenschwester oder meine Geliebte?« Er ist mit dem jungen Ding nicht in dieses Liebesnest gefahren, um Gesundheitsfragen zu erörtern. Dabei ist er ein kranker Mann. Ein körperlich und nervlich angeschlagener, so sehr er auch den smarten Big Boß

hervorheben mag. Das zeigt sich am nächsten Morgen. Herr Grindel hat geduscht, gefrühstückt, sich in schicken Segeldreß geworfen. Seine Gundula, im maritimen Partnerlook, packt den Seebüdel und den Picknickkoffer. Von der Terrasse aus sieht man wohl das Schilf, die Trauerweide mit den silbrig flirrenden Blättern, doch nicht den Steg. So kann der Konsul im Brustton der Ahnungslosigkeit rufen: »Das ist ein Bilderbuchwetter! Auf, auf, mein Prinzeßchen! An Bord! An Bord!«
»An Bord?« Gundula hat um die Hecke gespäht. Sie stellt das Gepäck ab. Irgend etwas scheint sie nicht zu begreifen. Launig sagt Grindel: »An Bord heißt: Aufs Boot!« Er singt aus »La Paloma«: »Es rief mich an Bord, es wehte ein frischer Wind . . .«
»Das Boot ist weg!« stellt Gundula fest.
»Mach keine Späßchen!« Grindel eilt um die Hecke und sieht einen verlassenen Steg, vor dem sich Wasservögel tummeln. Seine Yacht, die »Prinzessin«, erblickt er nicht. »Das . . . das ist doch wohl eine . . . Sinnestäuschung!« murmelt er. Wie im Traum geht er auf die Holzbrücke, starrt offenen Mundes über die Bucht, starrt nach links, nach rechts, ja, er schaut sogar in die Wolken. Er will es einfach nicht glauben.
»Es ist nicht mehr da, Sigi!« ruft Gundula. »Das siehst du doch!« Aus ihrer Stimme klingt Besorgnis, und nicht ohne Grund. Ein Tobsuchtsanfall ist die Folge. So was kennt sie schon. Der kranke Mann speit Blitz und Donner zugleich: »Der Dämlack vom Club hat das Boot nicht gesichert! Eine Schlamperei, die Schlüssel zum Niedergang steckenzulassen! Wo hat man je so eine Übergabe erlebt? Den Dieben in die Hand zu spielen! Bodenlos! Bo – den – los . . .!«
Daran, daß *er* die Yacht hätte sichern können, denkt er nicht. Mit zitternden Fingern hebt er sein Fernglas und späht über die Bucht.
»Wir müssen zur Schleuse! Los! Laß alles stehen und liegen! Der Schleusenwärter wird sie gesehen haben!« Er rennt zum Auto, stolpert, rafft sich auf, läuft weiter.
»Warte doch!« ruft Gundula. »Einer der Nachbarn hat doch

Telefon! Ruf die Wasserpolizei an!« Grindel will nichts hören. Die Bucht verengt sich beim Übergang zur Ostsee, sie bildet einen »Flaschenhals«. Der krankhaft erregte Mann glaubt, er könne das Boot von dort aus irgendwo orten. Gundula steigt zu ihm in den Wagen.

»Sigi!« bittet sie, als sie sein blasses Gesicht sieht. »Es ist besser, *ich* fahre!«

»Wem ist damit gedient?« Und schon schlingert das Auto über die Sandwege, springt über Bodenwellen und Wurzeln, schleift durch Buschwerk, kurvt am Schilfgürtel entlang durch geschütztes Gelände, das ausdrücklich »Nur für Anlieger« freigegeben ist.

»Sei doch vernünftig!« fleht Gundula. »Was du machst, ist planlos, hat keinen Zweck, kostet nur Zeit . . .«

Er stammelt vor sich hin, beachtet sie gar nicht mehr. Ruckhaft schnellt sein Kopf zur Seite, sobald eine Schneise den Blick auf die Bucht freigibt. Plötzlich bremst er scharf, stößt den Wagen zurück und biegt in die Zufahrt eines Seegrundstücks ein.

»Da!« schreit er. »Mein Boot! Da liegt es!« Er meint, die Yacht »Prinzessin« am Steg bei der Badehütte zu erkennen. Und schon springt er aus dem Auto. Sein Boot ist eine »Belt II« aus der dänischen Bauserie »B 2000«. Es hat einen mattschimmernden Alumast, rot-weiß-rote Rumpfstreifen und einen zitronengelben Rawling-Flautenschieber. Was Grindel da vor Augen tanzt, entspricht der »Prinzessin«, seinem Eigentum, der ihm gestohlenen Yacht.

»Gundula!« brüllt er. »Was sagst du jetzt?« Gundula steht sprachlos. Auf dem Boot verstauen zwei junge Männer seelenruhig Proviant. Ein dritter Bursche reicht ihnen vom Steg einen Bierkasten zu. Die drei scheinen sich sehr sicher zu fühlen.

»Na, wartet!« Grindel bebt am ganzen Leibe. Blindlings ergreift er den an der Hütte lehnenden Bootshaken und läuft zum Ufer. »Runter von meinem Schiff!« keucht er. »Sofort runter! Runter da, ihr Diebe!« Mit erhobenem Bootshaken stürmt er auf den

Steg. Die Männer wenden sich um, doch keineswegs hastig und schuldbewußt, sondern eher erstaunt.

»Das würde euch so passen«, japst Grindel, »mit meiner Yacht ... mit meiner Yacht ...«

Jetzt hat sich der Bursche auf dem Steg gefaßt. Er richtet sich auf und packt Grindel am Arm.

»He, Opa«, sagt er lachend. »Wer hat dich denn losgelassen? Und wen oder was willst du hier jagen?«

»Mein Schiff!« ächzt Grindel. Er schlägt mit dem Bootshaken zu. Der junge Mann, an der Schulter getroffen, tritt einen Schritt zurück.

»Der Alte hat sie nicht alle!« ruft er verblüfft. Seine Freunde hangeln sich von Bord und kommen gemächlich auf Grindel zu. Sie halten den Fremden offenbar für übergeschnappt und begegnen ihm auf die friedliche Tour.

»Werter Herr«, sagt der zweite der jungen Männer, »wenn Sie ein Boot haben möchten, kaufen Sie sich eins. Am besten, Sie machen eine Kaffeefahrt mit Musik und Tanz!«

Grindel fühlt sich übertölpelt und gedemütigt. Er verkennt die Lage immer mehr.

»Ihr Diebe!« schreit er – und es klingt wie ein Aufheulen. »Ich bring' euch in den Knast! Zum letzten Mal: Runter von meinem Schiff!«

»He, he, he!« mischt sich jetzt der dritte ein. »Sir! Wir haben Humor. Aber Ihre Nummer geht haarscharf zu weit. Nehmen wir an, Sie haben zu lange in der Sonne gelegen oder 'n Faß über den Durst getrunken. Hau'n Sie ab – und vergessen wir's!«

Der erste, den Grindel mit dem Bootshaken an der Schulter getroffen hat, will ihn sanft vom Steg schieben. Doch Grindel haut noch einmal zu. Das überzieht die Geduld der drei Männer. Sie reagieren ebenso lässig wie schnell. Einer entwindet ihm das Gerät, der zweite gibt ihm einen Gesäßtritt, der dritte will ihm einen Kinnhaken versetzen, trifft aber versehentlich Lippen und Nase. »Au, das ging in die Fresse!« sagt er fast mitleidig. Flach wie

eine Vogelscheuche, wie ein Ballon, der Luft verloren hat, liegt Grindel mit ausgebreiteten Armen auf den Brettern.
Nun kommt Gundula gelaufen. »Hören Sie denn nicht?« ruft sie verzweifelt. »Ich schrei' mir die Seele aus dem Leib! Sie sollen ihn loslassen! Er ist herzkrank!«
»Nicht besoffen?« fragt einer der drei. Der, den sie »Thomas« nennen, läuft los, um einen Arzt herbeizutelefonieren. Die beiden anderen betten den Benommenen, dessen Mund und Nase blutverschmiert sind, auf eine Liege am Ufer.
»Diebstahl und brutale Gewalt«, jammert Gundula, die neben Grindel kniet, »das kommt Sie teuer zu stehen!«
Hans und Gerd – so heißen die beiden anderen – wechseln Blicke.
»Fräulein«, sagt Hans, »wenn Ihr Herr Vater verrückt spielt ...«
»Er ist mein ... mein Bekannter.«
»Gut. Also, wenn Ihr Bekannter nicht richtig tickt, sollten Sie nicht auch noch ausflippen. Das Boot gehört mir, Hans Heidemann. Wollen Sie das Zertifikat sehen?«
Gundula muß sich sagen lassen, daß ihr Freund den Namen der Yacht wohl im Wutrausch oder wegen einer Persenning nicht erkannt hat. Das Boot heißt nämlich »Hannelore« und nicht »Prinzessin«. Übrigens sind »Belt II«-Konstruktionen aus der dänischen Bauserie keine Einzelmodelle, worauf allein schon das Wörtchen »Serie« hinweist. Der Herr Konsul ist das Opfer seiner mangelnden Selbstkontrolle geworden – milde gesagt. Der Crew-Kamerad Thomas hat den Borsberger Yachtclub (BYC) angerufen; dieser alarmierte Dr. Karsten Mattiesen. Als der Doktor eintrifft, ist Grindel wieder klar.
»Ach, sieh an!« sagt Karsten. »Wir hatten ja schon das Vergnügen. Na – jetzt hat Ihre Gesundheit Vorfahrt.«
Die Segler Thomas, Hans und Gerd sprechen auf den Doktor ein, während er den Blessierten untersucht.
»Der kam wie ein Irrer auf den Steg gerannt«, berichtet Thomas. »Er glaubte, wir hätten sein Boot geklaut.«
»Ja!« sagt Gerd. »Er tobte wie ein ganzer Wald voller Affen.«

»Fragt sich, ob er Tomaten auf den Augen hatte«, meint Hans.
»Sein Boot ist mir samt Trailer in die Quere gekommen«, murmelt Karsten. »Er besitzt wirklich eins.«
»Und das hat jemand gestohlen«, jammert Gundula.
»Aber nicht wir!« beteuern die drei Segler im Chor.
»Das ist jetzt unwichtig«, mahnt der Doktor. »Es wird sich klären lassen. Ich bin wegen der Verletzungen hier.« Er reinigt Grindels blutiges Gesicht. »Ihr Zahnersatz ist beschädigt«, stellt er fest. »Aber Sie haben Glück. Die Oberlippe braucht nicht genäht zu werden. Das Nasenbein ist heil. Versuchen Sie mal aufzustehen.«
Von Gundula gestützt, erhebt sich Grindel. »Sie sind mit den Burschen im Bunde«, bezichtigt er den Doktor. »Ich habe ein Recht, mein Boot zu suchen!«
»Aber nicht auf meinem Grund und Boden«, erwidert Hans. »Noch ein Wort, und Sie kriegen eine Anzeige wegen Hausfriedensbruch. Wir haben in Notwehr gehandelt.«
»Keine Anzeige!« bittet Gundula rasch. »Er entschuldigt sich bei Ihnen. Nicht wahr, Sigi?«
»Hm ... ja«, murmelt der Verletzte, die Hand an der Wange. »Aber mein Boot suche ich weiter. Die Diebe –«
»Die Diebe überlassen Sie der Polizei«, unterbricht Karsten. »So, und nun Schluß. Man hat mich Ihretwegen aus meiner Sprechstunde geholt. Ich muß zurück.« Er wendet sich an Gundula. »Bringen Sie ihn in sein Quartier. Achten Sie darauf, daß er sich ruhig hält. Sein Kreislauf scheint nicht sehr stabil zu sein.«
Gundula gibt Karsten einen Zettel mit der Adresse des Bungalows am Borsberger Südufer: »Für die Rechnung, Herr Doktor.«
»Danke. Und hier ist meine Visitenkarte. Aber hoffentlich – *kein* Wiedersehen!« Karsten nimmt seinen Arztkoffer und steigt ins Auto.

Auch Karstens Sohn Eike ist heute an der Küste, und auch er hat mit einem Boot zu tun, allerdings nur indirekt. Zwar ist er

Hochseesportler, doch im Augenblick dient ihm die Windsbraut zu intimeren Zwecken – und nicht nur im sprichwörtlichen Sinn. Die »Windsbraut« ist ein alter, mehrfach umgebauter Motorsegler, mit dem Fiete Jürgens Ausflügler auf der Ostsee herumschippert. Mit geschulten Urlaubern unternimmt er auch gelegentlich Langtörns zu den dänischen Inseln. Das ist nicht billig, dafür ist die »Windsbraut« aber auch ein legendäres Prachtstück. Seine Innenausstattung ist museal. Eigentlich wollte Eike an diesem Vormittag nur die Vroni mit seinem Wagen (dessen Keilriemen ausgewechselt ist) nach Hause bringen. Er hoffte, dem Mädchen »etwas näherzukommen« und sie zu einer Mitfahrt auf seiner eigenen Segeljolle überreden zu können. Doch sie sagte: »Tut mir leid. Ich arbeite auf der ›Windsbraut‹, und wenn du mir unbedingt auf den Geist gehen willst, kannst du mir helfen.«

In alten Jeans und vergammeltem T-Shirt balanciert Vroni über die Laufplanke an Bord der »Windsbraut«. Sehr verwundert folgt ihr Eike. »Was willst du denn da?«

»Tischlern«, erwidert Vroni, sich eine Schürze umbindend. »Die Halbtür vom Salon hat sich verzogen. Siehst du das?« Zwischen Klemmböcke ist der geschweifte Flügel fest eingespannt.

»Was denn?« fragt Eike ungläubig. »Und das machst *du* . . . ?«

»Warum nicht?« fragt Vroni sachlich zurück. »Ich bin Tischlerin. Hab' meine Lehre mit Auszeichnung bestanden. Bitte lös die Klemmen. I muß das Stück umdrahn!«

»Umdrehen, ja. Klar!« stottert Eike. Aber er scheint plötzlich zwei linke Hände und einen wirren Verstand zu haben. Vroni korrigiert ihn ernsthaft. Sie ist ganz bei der Sache. »Senkrecht, so gut's geht, Eike. Senkrecht. Weißt net, was dös is'?«

»Doch, aber ich habe Angst, daß du dich schneidest!« Er starrt auf die Hobelklinge.

»Ich schneid' mich nur bei dummen Sprüchen«, fertigt Vroni ihn ab. »Überhaupt: Seit wann müssen Männer Angst haben, daß Frauen sich schneiden? In der Küche gibt's schon ewig Gelegenheit dazu, das hat noch keinen gekümmert.«

»Da hast du recht«, meint Eike nachdenklich. »Du bist 'n Grundsatztyp, wie?«
Vroni arbeitet schweigend. Ihre behutsame Kraft, ihre Anmut, ihre Konzentration bezaubern ihn. Es ist so viel Sicherheit, so viel Überlegenheit dabei, so viel Eleganz, daß er sich wie ein Tölpel, wie ein dummer Hosenmatz fühlt. Ein solches Mädchen – so glaubt er – ist ihm noch nie begegnet.
«So«, sagt sie, »das langt. Hilfst du mir beim Nuntertragn? Gut. Pack mer's!« Ab und zu verfällt sie in ihre heimische Mundart, die sie ihm noch entzückender erscheinen läßt. Beide tragen den Türflügel den Niedergang hinab und hängen ihn ein. »Paßt«, stellt Vroni fest. Eike schaut in den Salon. »Da legst di nieder, was?« lacht das Mädchen, als sie sein Gesicht sieht.
»Ist der olle Kahn auf einmal 'ne Luxusyacht?« staunt Eike. Die holzgetäfelten Wände schimmern in wechselnden Brauntönen, die Bänke sind schwarz, wie mit einem Goldhauch überzogen. Und der Tisch changiert gelb und weinrot. Eike, der es ja wissen müßte, weil er in Küstennähe aufgewachsen ist, muß sich von Vroni ein Privatissimum über Schiffshölzer gefallen lassen. Der Salon der »Windsbraut« war vernachlässigt worden, Vorbesitzer hatten Nägel in die Wände geschlagen, die Tischplatte sogar mit einer Auflage aus Kunststoff überklebt. Zu Vronis Beruf gehört auch das »Abschichten« und »Freilegen« wertvoller Holzsubstanzen sowie das Restaurieren. Dazu kommt aber in diesem Fall die spezielle Kenntnis exotischer Hölzer, wie »Oregon-Pine«, »Indian Wood« oder »Cuban«. Alte Schiffe widerspiegeln die Welt in der Nußschale.
»Dein Onkel hat sich mit dir 'ne Goldmarie an Land gezogen«, meint Eike. »Mit *dem* Salon kriegt er zahlkräftige Kunden!«
Der Skipper und Fischer Fiete Jürgens steht in der Tür seines Hauses und strahlt keineswegs. »Der Eike vom Doktor is' mit der Vroni auf dem Schiff«, sagt er zu seiner Frau, die noch immer den Arm in der Schlinge trägt. »Der stellt ihr nach. Läßt nich' locker!«
»Das sieh mal nich' so eng«, meint Frau Jürgens. »Die jungen

Leute heutzutage, die nehmen's nich' tragisch. Die finden sich 'n bißchen nett – und fertig.«
»Und fertig?« grollt Fiete. »Der schnürt ihr nach wie 'n Fuchs. Der will mehr als rumschnacken. Wat der hat? Der hat heiße Hosen an. Nachher sitzt sie da mit 'nem Kind.«
»Na, na, na«, dämpft Frau Jürgens. »Der Eike ist doch nicht der Typ für so was.«
»Nee, aber 'n Typ für seine Millionärstochter in Hamburg«, kontert Fiete. »Der weiß, wohin er gehört. Hier wildert der nur. Und wenn er der Vroni den Kopp verdreht hat, haut er ab in seine Schickeria.«
»Mit der Millionärstochter ist's wohl aus«, sagt Frau Jürgens. »Die ist nach Amerika. Was ist denn dabei, wenn Eike mit Vroni segeln geht? Das hatte er vor, und Vroni wird schon wissen, was sie tut. Die jungen Dinger sind keine Lämmer mehr, Fiete.«
»Hm, ja. Ist ja auch *deine* Nichte«, brabbelt er. »Hat sie ihm gesagt oder weiß er's von dir, daß sie einen Freund hat?«
Eben erscheint Eike auf der Laufplanke. Er ruft über die Schulter zurück: »Abgemacht! Um 3 im Segelhafen!«
Als er zu seinem Auto spurtet, sieht er Frau Jürgens. »War 'ne tolle Idee von Ihnen, vom Rad zu fallen«, ruft er lachend. »Dadurch hab' ich Vroni kennengelernt. Pardon, ich meine das natürlich nicht ernst.« Während Fiete ins Haus geht, teilt er Frau Jürgens begeistert mit: »Sie hat zugesagt. Wir wollen heute nachmittag segeln!«
»Na, prima«, erwidert die Tante. »Aber ... nun, ja ... ich sprach gerade mit Fiete darüber. Weißt du, daß ... daß Vroni einen festen Freund hat?«
Eikes Freude ist wie weggeblasen. »Einen Freund?« fragt er ernüchtert. »Hier?«
»Ach was. Nein. Da, wo sie zu Hause ist. Im Landkreis Traunstein. Aber fürs Wochenende hat er sich hier angesagt.«
»So, so.« Eike trägt es mit Würde. Wenigstens mimt er den

Gleichmütigen. »Ich wollte ja mit Vroni nur 'n bißchen rausfahren.«
Eifrig erklärt Frau Jürgens: »Ich will dir nicht die Laune verderben. Ich dachte nur, es kann nichts schaden, wenn du's weißt.«
»Ja. Ist gut, Frau Jürgens. Danke. Und – ja dann: Tschüs!« Er klettert in sein Auto. Als er abfährt, ist ihm zumute, als lachten sämtliche Schiffskobolde des alten Hafens hinter ihm her.

Nach dem Zwischenfall an der Südbucht hat Dr. Mattiesen als letzten Patienten in der Praxis einen Mann zu beraten, der nicht nur ihm ein Rätsel ist. Seine Arzthelferin Doris meldet ihm den »Riesen Pomack«. Aber dieser »Riese« ist kein märchenhafter Geselle, im Gegenteil. Wenn er überhaupt etwas ausstrahlt, so nur triste Alltäglichkeit. Pomack ist nach Meinung der Stammtischrunde ein stumpfer Klotz. Nur vor Olga hat er Respekt, und nur Olgas wegen hegt er ein widerwilliges Vertrauen zu Karsten. Seine Frau kränkelt, von seinen vier Kindern geht die 13jährige Svenja in Annemaries Schulklasse, da für sie ein Stipendium erwirkt werden konnte. Diese Tochter ist nach Annemaries Erfahrung begabt, aber scheu, fast verhaltensgestört. Von der Familie weiß man im übrigen nur, daß sie sich sehr zurückhält.
Schweigend steht der Riese vor Karstens Schreibtisch. Viele Patienten überschütten den Doktor mit einer Flut von Klagen, sie breiten ihre »Innereien« vor ihm aus, wahllos, unkundig. Da ist, wie beim Metzger, von »Lunge, Leber, Niere« die Rede. Oder es wird ein Sack voll Seelenschmerzen geöffnet. Pomack aber sagt überhaupt nichts.
»Sie sind als Betriebsmeister bei der Firma Baumaterial-Hanusch?« eröffnet Karsten das Gespräch.
»Nein. Nur in der Filiale. In der alten Eisfabrik. Als Schrottsortierer.«
»Ja, aber die Filiale gehört Hanusch«, sagt der Doktor geduldig. »Und meine Mutter hat dafür gesorgt, daß Ihre Familie auch dort unterkam. Ist alles in Ordnung?«

»Warum nich'?« fragt der Riese.
»Nun setzen Sie sich erst einmal, Herr Pomack«, fordert Karsten ihn auf.
»Ich kann stehen.«
»Das sehe ich«, sagt der Doktor. »Aber Sie sind sehr groß, und ich will mir nicht das Genick verrenken. Also?«
Der Riese nimmt Platz. Der Stuhl ächzt unter seinem Gewicht. Da Pomack noch immer nicht mit der Sprache rausrückt, spricht Karsten weiter.
»Wie mir Herr Hanusch sagte, schätzt und achtet er Sie als eine zuverlässige, selbständige Kraft. Sie sind dafür bekannt, daß Sie sich nie beklagen. Wie man hört, rühmen Sie sich Ihrer robusten Gesundheit.«
Das stimmt. Es stimmt aber auch, daß Pomack ein Säufer ist. Er hat es – wie solche Leute oft – lange mit Erfolg zu kaschieren versucht. In Asmussens Kneipe trinkt er neuerdings öffentlich. Da scheint sich ein »Dressat« zu lockern. Und vielleicht ist Pomack deshalb hier. Karsten hütet sich, ihn darauf anzusprechen. Er wartet.
»Ich war im Knast«, sagt Pomack unvermittelt.
»Das interessiert mich nicht«, erklärt der Doktor. »Sie haben sich vor Jahren Ihr Patent als Kümo-Kapitän verscherzt. Aber das darf Ihnen nach verbüßter Strafe niemand vorwerfen. Trotzdem leiden Sie darunter, ja? Ist es das, was sie zu mir führt?«
Der Riese erhebt sich. »Es war eigentlich . . . nichts.« Es scheint ihn zu reuen, daß er hergekommen ist. Es scheint ihn sogar mächtig zu reuen. Er meidet Mattiesens Blick.
»Um so besser«, sagt Karsten mit gespielter Munterkeit. »Auch Gesunde sollen ab und zu den Arzt aufsuchen. Also dann: Ein schönes Wochenende, Herr Pomack. Grüßen Sie Ihre Familie.«
Der Riese stapft schweigend hinaus. Gleich darauf platzen Olga und Annemarie ins Sprechzimmer. Annemarie ist schon aus der Schule zurück, da sie in der letzten Stunde keinen Unterricht zu

geben hatte. Beide Frauen fragen wie aus einem Munde: »Was wollte denn der?«
»Wer weiß«, sagt Karsten. »Irgendwo hat ihn der Schuh gedrückt. Er behauptete, ihm fehle nichts.«
»Das klingt nicht gut«, meint Olga.
Ärgerlich mischt sich Annemarie ein: »Ich hätte ihn mir gern mal vorgenommen wegen seiner Svenja. Dem Mädchen fehlt die Nestwärme.«
»Die fehlt mir manchmal auch«, sagt Karsten gereizt. »Es wäre das denkbar Verkehrteste, dem Mann mit deinem Schulkram zu kommen. Dies ist eine Praxis und kein Elternsprechzimmer.«
»Das Umfeld deiner Patienten kümmert dich nicht?« fragt Annemarie übermäßig laut. »Gut, sehr gut! Hier wäre Kooperation geboten. Und du? Du schmetterst mich ab. Aber mit Olga wirst du das Problem wiederkäuen, bis es sauer wird.«
»Nun fang dich mal wieder«, versucht Olga zu beschwichtigen.
»Ich fange mich gar nicht. In diesem Hause kommt man zu keinem Konsens. Um so leichter werdet ihr mich entbehren können, wenn ich schon heute fahre.«
»Gute Reise!« brabbelt Olga. Annemaries Absicht, von Freitag bis Sonntag an einem Treff mit Hamburger Studienkolleginnen teilzunehmen, ist natürlich seit Wochen geplant. In ihrer Verärgerung macht sie eine »Flucht« daraus. Karsten kann ihr kein versöhnliches Wort mitgeben, denn Doris meldet: »Telefon! Südbucht. Ein Herr Grindel ist tot.«
»Grindel.« Der Doktor wirft sich ins Auto und startet eilig, als sei nach dieser Nachricht noch irgend etwas zu retten. Aber was mag da passiert sein – und unter welchen Umständen? Hat der Mann seinen Rat nicht befolgt, sich ruhig zu verhalten? Wahrscheinlich ist er weiter von der Idee besessen gewesen, das Boot zu suchen . . .
Als Karsten vor Grindels Bungalow aus dem Wagen springt, sieht er als erstes eine Segelyacht am Steg. Nicht Gundula kommt ihm entgegen, sondern ein junger Mann mit einer verstörten Begleiterin.

»Ich bin Torsten Grindel, der Sohn«, sagt er mit bebender Stimme. »Und das ist meine Schwester Ute. Wir waren mit dem Boot weg, haben in der Kajüte übernachtet und sind bei Sanderkrug nicht aus dem Schilf rausgekommen.

»*Sie* haben das Boot?« fragt Karsten mechanisch. »Ja, und was ist mit Ihrem Vater?« Er geht mit seinem Koffer in den Bungalow. Im Vorraum liegt der Altplayboy auf einer Lederbank. Tot ist er nicht, stellt der Doktor fest. Während er Grindel untersucht, huscht dessen Freundin Gundula wie ein Schatten an ihm vorbei. Offenbar sucht sie mit ihrer Reisetasche das Weite. Daß Sohn und Tochter ihr wenig freundlich nachsehen, bemerkt Karsten nicht. Auch Torstens Erklärung hört er kaum: ». . . ja, und da ist er zusammengebrochen. Ein Nachbar hat Sie angerufen, weil es hier noch kein Telefon gibt.«

Karsten gibt dem Patienten eine Injektion. Dann richtet er sich auf: »Laufen Sie noch mal zum Nachbarn. Er soll die Klinik anrufen. Wir brauchen den Rettungswagen!« Die Tochter eilt los. Der Sohn fragt: »Besteht Lebensgefahr?«

»Ja«, sagt der Doktor. »Ihr Vater braucht Intensivbehandlung. Was löste den Zusammenbruch aus? Und – was zum Teufel – ist das für eine blödsinnige Geschichte? Ihr Vater suchte wie ein Wilder sein Boot, und *Sie* hatten es? Sie, seine eigenen Kinder?«

»Na ja«, erwidert Torsten verlegen. »Meine Schwester und ich wollten mal seine sogenannte Badehütte sehen. Er nannte es Refugium. Hm! Als wir sahen, daß das ein Liebesnest war – ein Blick durchs Fenster sagte uns alles –, da sind wir aufs Boot . . . und steckten dann heute hoffnungslos im Schilf . . .«

Der Doktor beugt sich wieder über den Kranken. Dann erklärt er: »Die Intimitäten kümmern mich weniger. Sie wollten Ihren Vater nicht in Verlegenheit bringen, und dazu fiel Ihnen nichts Besseres ein, als mit seinem Boot abzuhauen! Das ist doch eine kindische Reaktion! Vor allem, weil Sie ihm und seiner Freundin ja doch begegnen mußten.«

Torstens Schwester Ute erscheint außer Atem: »Der Rettungswa-

gen kommt gleich.« Sie wendet sich an ihren Bruder: »Hast du dem Doktor alles erzählt? Auch, daß Mutter ihn hier überraschen wollte?«
»Das hat ihn umgeworfen«, sagt Torsten. »Und deshalb ist auch seine Sekretärin Gundula so schnell weg. Wir möchten Sie bitten, unserer Mutter gegenüber nicht zu erwähnen –«
»Ihre Familienangelegenheiten interessieren mich nicht«, unterbricht Karsten. »Für mich ist das ein medizinischer Fall, verstehen Sie?«
Er beugt sich wieder über den Patienten, horcht ihn ab, fühlt ihm den Puls, prüft die Lidreflexe.
»Auch, daß die angebliche Badehütte ein Bungalow ist, wußten wir alle nicht. Wenn man unserer Mutter verheimlichen könnte, daß diese Gundula mit ihm hier war...«, murmelt Torsten ratlos.
Endlich fährt der Rettungswagen vor. Zwei Sanitäter kommen mit der Trage herein. Der Doktor kritzelt den Befund auf ein Blatt seines Rezeptblocks und überwacht den Abtransport. Dann verabschiedet er sich von Torsten und Ute: »Ihr Taktgefühl in Ehren. Hoffentlich entfliehen Sie Ihrer Mutter nicht auch mit dem Boot. Aber trösten Sie sich, Ihren Vater hätte es schlimmer erwischen können, zum Beispiel auf See. Da wäre er nicht so schnell versorgt worden.«
Auf der Rückfahrt läßt sich der Doktor die ganze Sache noch einmal durch den Kopf gehen. Es ist ja ein Unterschied, ob jemand durch Anlage und Lebensumstände krank wird, oder ob er auf unsinnige Weise den Zusammenbruch selbst herbeiführt. Und das ohne jede Not! Dazu die »Familienangelegenheiten«. Ein Arzt ist kein Moralist. Persönliche Dinge haben ihn nur im direkten Zusammenhang mit der Krankheit zu kümmern. Das stimmt. Aber wo ist die Grenze? Wo war sie im Fall der Muhme Kuhn und des Briefträgers? Wo ist sie bei Hinnerksen und der Schlampe Bärbel? Wo – bei Pomack?
Als Landarzt gerät man schnell in den Dschungel absonderlicher

Verhältnisse. Dabei hat man es nicht einmal im eigenen Haus mit berechenbaren Faktoren zu tun. Das wird dem Doktor klar, als er auf dem Alten Damm seiner Tochter Kerstin begegnet; er sieht sie nur ganz flüchtig in einem Kleinwagen an sich vorbeiflitzen. Also ist sie aus Hamburg da und fährt zu ihrem Verlobten, dem Oberstudienrat Detlefsen. Auch so eine »Beziehungskiste«, die lauter Probleme aufwirft.

Inzwischen hoppelt Kerstins Auto über die Schäperriede zwischen den Hecken hindurch auf Detlefsens Garten zu. Sie ist in Hochstimmung. Einerseits will sie den Studienbetrieb, die Arbeit, die Diskussionen und den intellektuellen Aufwind in der Großstadt nicht missen, andererseits sehnt sie sich die ganze Woche über nach ihrem Peter, aber auch nach seiner Mutter und dem Söhnchen Robby. Der Familie Detlefsen fühlt sie sich so zugehörig wie der eigenen. Haus und Garten ziehen sie noch mehr an als der Mattiesenhof. *Ihr* Zuhause, darüber gibt es keinen Zweifel für Kerstin, ist hier – bei den Detlefsens. Freudig bellend begrüßt sie der Hirtenhund Schubiak. Peters Mutter erscheint auf der Terrasse.
»Hallo, Kerstin! Peter und Robby sind in Borsberg. Einkaufen und Eis essen.«
»Na, die werden ja irgendwann mal wiederkommen«, sagt Kerstin lachend. »Tag, Anna.« Sie sieht sich um. »Super, wie der Garten geworden ist – in den paar Tagen! Der Goldlack blüht! Die Maßliebchen hast du umgepflanzt? Ach, und das Wasserbecken, die Seerosen!« Kerstin schwelgt in Begeisterung. »Die reinste Gartenschau! Weißt du, Anna, im nächsten Jahr mach ich mich auch mal ein bißchen nützlich hier. Nee, schon früher, bei der Herbstbepflanzung!«
Über das Gesicht der künftigen Schwiegermutter gleitet ein Schatten. »Wenn das noch Sinn hat«, sagt sie leise.
Kerstin spricht munter weiter. »So, aber jetzt werd' ich mein Gepäck holen. Erst mal duschen und mich umziehen. Und dann –«

Sie unterbricht sich und starrt Frau Detlefsen an. »Was hast du eben gesagt?«
»Ach, nichts. Es ist mir nur so rausgerutscht.« Anna lächelt und bemüht sich um Unbefangenheit. »Hol nur deine Sachen. Ich mache uns einen Kaffee.«
»Nein, nein!« Kerstin ist aufmerksam geworden. »Du hast etwas, Anna. Komm, setzen wir uns auf die Terrasse. Ich möchte wissen, was los ist.«
Frau Detlefsen seufzt. »Ich kann mich schlecht verstellen. Das ist richtig. Aber Peter wollte alles mit dir besprechen.«
»Was – alles?« bohrt Kerstin. Sie ist ernst und aufmerksam.
Frau Detlefsen zögert. »Peter hat eine Entscheidung getroffen.« Beide sitzen eine Weile stumm in den Gartensesseln.
»Eine ... eine Entscheidung?« fragt Kerstin. »Wie soll ich das verstehen?«
»Wir werden nächstes Jahr nicht mehr hier wohnen«, erklärt Frau Detlefsen langsam, als koste es sie Mühe, das zu sagen.
»Nicht mehr hier? Ja, wo dann? Etwa in der Schlaraffenland-Siedlung?«
»Ganz woanders«, erwidert Anna. »Peter will ganz weg aus Dreekels. Er will nach Hamburg.«
»Weg aus Dreekels?« Kerstin begreift nicht. »Aber er ist doch gerade aus Kiel zurück nach Borsberg versetzt worden! Die neue Schulleitung hat ihn mit Kußhand genommen! Und am Borsberger Gymnasium ist Mami seine Kollegin. War da was, Anna? Haben Mami und Peter Zoff miteinander?«
»Du meinst Ärger? Ach wo.« Frau Detlefsen lächelt. »Peter will deinetwegen nach Hamburg. Er hat sich dort um einen Posten beworben. So lange Zeit ohne dich, das geht nicht.«
»Aber ...« Kerstin muß die Nachricht erst verarbeiten. »Wieso willst du dann nicht mehr hier wohnen?«
»Weil es für immer ist«, erwidert Anna bedrückt. »Haus und Garten werden verkauft, Peter will in Hamburg eine Wohnung für uns alle finden. Für euch beide und für mich und Robby.«

Kerstin springt auf. »Der Peter . . . der hat sie wohl nicht alle . . .? Dieses Haus . . . diesen Garten . . . verkaufen . . .? Sag mal, Anna, spinnt der . . .? Dem hat der große Orkan das Gehirn weggeblasen . . .!«
»Aber Kind!« versucht Frau Detlefsen zu beschwichtigen. »Er hat doch irgendwie recht. Ist das ein Leben für euch – nur immer am Wochenende zusammenzusein?«
»Ist das andere ein Leben für dich?« ruft Kerstin. »Du bist hier verwurzelt, der Kleine kann es gar nicht besser haben, er ist an dich gewöhnt, so lieb er mich auch hat! Und den Garten – *deine* Welt – willst du aufgeben, um in der Großstadt ein paar jämmerliche Balkonblumen zu pflanzen? Nein, nein, das machen wir nicht. Da hab' ich auch noch ein Wörtchen mitzureden!«
Dem Temperamentsausbruch steht Anna hilflos gegenüber. Fast verzweifelt meint sie: »Peter wird denken, ich hätte mich bei dir beklagt.«
»Das wird er nicht denken«, sagt Kerstin energisch. »Ihr bleibt hier, alle drei. Sieh mich nicht so an! Ich liebe Peter, daran ändert sich nichts. Aber deshalb muß nicht gleich der Himmel einstürzen. Peter weiß nicht, was er will. Erst hat er Skrupel gehabt, weil ich jünger bin, dann hat er meine Studienabsichten unterstützt – und jetzt will er mir mit Kind und Kegel nach. Entschuldige . . . Aber so einfach über dich und Robby hinweg . . . Nee! Nicht mit mir! Ich will *hier* zu Hause sein, hier in Dreekels, in *dieser* Umgebung! Ich will mich freuen können, von Hamburg herzufahren, verstehst du? In 'ner Stadtwohnung wird womöglich jeder jedem zur Last. Danke! Danke mit Backobst! Ich werde Peter die Nase zurechtrücken!«
Frau Detlefsen muß nun wieder lachen. »Na, hoffentlich gelingt dir das«, sagt sie.

Die Sprechstunde am Spätnachmittag ist eigentlich nur für »Berufstätige«. Aber wie läßt sich das regeln? Fast jede Oma und jeder Opa hat eine »Tätigkeit« tagsüber – als Hilfe im Haus, auf dem

Feld, als Babysitter, als Heimwerker. Und die Feriengäste? Die sind »Berufstätige im Urlaub«.
Freitags, kaum daß sie sich auf den Campingplätzen etabliert haben, stehen sie schon an. Was wollen solche Patienten zumeist? Rezepte. Rezepte für Medikamente, die sie daheim vergessen haben. Auch das gehört zu den Routine-Ärgernissen der landärztlichen Praxis. Viele Patienten zweifeln an der Qualifikation des Doktors, wenn er sie nach der Untersuchung ohne Rezept entlassen will.
»Sie brauchen kein Abführmittel, liebe Frau Bühler. Mehr Bewegung, mehr Bewegung!« – »Ein Spray gegen Mücken im Campingwagen? Dafür ist der Arzt nicht zuständig.« – »Schlafmittel für Zeltbewohner verschreibe ich nicht. Wenn Sie die Kassettenmusik stört, nehmen Sie Ohropax!«
Diese Leute begreifen nur schwer, daß ihre Konsultationen honorarpflichtig sind, auch wenn ihnen der Arzt kein Rezept ausstellt.
Uff! Das wäre wieder mal geschafft, denkt Karsten, nachdem er Frau Freese einen Fremdkörper aus dem Auge entfernt hat. Sie war für heute »die letzte«.
Der Doktor geht in die Küche, wo ihm Olga eine Tasse Kaffee einschenkt.
»Sag mal, Olga«, fragt er, durchs Fenster spähend, »ist das da draußen nicht schon wieder der Riese Pomack?«
»Ja. Aber diesmal hab' ich ihn bestellt. Mir kam heute vormittag die Idee, ihn über Hanusch anzurufen, nachdem er bei uns reingeschaut hat. Jetzt macht er sich nützlich, wie du siehst. Er lädt die vergammelte Dachrinne auf seinen Pritschenwagen.«
»Schon gut. Da – das kleine Mädchen, gehört das zu ihm?«
»Ja, das ist die Kati. Pomack ist ein fleißiger Kindermacher. Er hat vier, darunter noch 'n Baby. Thea Knohl behauptet, die sind alle im Suff gezeugt.«
»Die alte Klatschliese muß es ja wissen«, erwidert der Doktor. »Saufen tut er, das stimmt. Und seine Frau hat es schwer mit ihm. Habe ich sie nicht mal behandelt?«

»Ja. Kreislaufschwäche«, murmelt Olga. »Kein Wunder. Sie hat's nicht leicht. Sie schindet sich. Aber sie klagt nicht.«
Der Doktor wird durch den Anblick des Autos seiner Tochter Kerstin abgelenkt, das an der Hecke parkt. »Nanu, ist Kerstin da?«
»Sie kam, als du Sprechstunde hattest«, erklärt Olga. »Sie will hier übernachten.«
»War das geplant? Ich denke, sie wohnt übers Wochenende immer bei den Detlefsens?«
»Sie hat spitzgekriegt, daß Peter nach Hamburg will, um in einer Stadtwohnung 'ne Großfamilie zu installieren, mit Kerstin, Anna, Robert und womöglich auch mit dem Hund. Und daß Haus und Garten hier in Dreekels verkauft werden sollen. Alles ihretwegen. Da ist sie stinksauer.«
»Mutter, du hast heute eine Ausdrucksweise –«
»Eine passende, mein Sohn, eine passende. Eike ist übrigens wieder high; nachmittags hat er seiner Vroni telefonisch abgesagt, weil ihm Frau Jürgens was von einem festen Freund erzählt hat. Dann aber rief sie an, und eben ist er losgezischt wie eine Rakete. Sie wollen zum Tanzen in die Strandhalle. Tja, so ist das. Eike kriegt vor lauter Wonne Flügel. Und Kerstin legt ihren Peter auf Eis und läßt ihn schmoren.«
»Auf Eis schmoren?« grinst der Doktor.
»So, wie deine Frau es auch mit dir macht ... Unter allerlei Vorwänden, mein Junge.«
»Hör damit auf, Mutter.« Karsten reagiert leicht gereizt. »Ich meine deine Vergleiche. Auf Eis schmoren lassen! Das ist doch Unsinn!«
»Kein Unsinn«, wehrt sich Olga. »Es geht hier schlicht um Partnerschaftsprobleme, falls du das lieber hörst.«
»Lieber? Du hast Nerven, Mutter. Von Partnerschaftsproblemen hab' ich diese Woche die Nase voll!«
Der Doktor ahnt nicht, was ihm da noch alles bevorsteht.

Der Tod eines Vaters

Kerstin hat Zeit gehabt, sich für die Auseinandersetzung mit ihrem Peter zu wappnen. Am Morgen ruft sie ihn an und schlägt ihm einen kleinen Bummel am Strand vor. Typisch für Peter, daß er sich nicht wundert. Denn eigentlich hatte er sie ja schon gestern erwartet. Arglos meint er am Telefon: »Ich verstehe. Du wolltest dich mal wieder auf eurem Hof sehen lassen. Also treffen wir uns beim Kiosk. Ich freue mich! Du, ich habe eine Neuigkeit für dich! Eine echte Überraschung! Du wirst Augen machen!«

Und du erst, denkt Kerstin, als sie den Hörer auflegt. Unterwegs, im Auto, sagt sie sich, daß Frau Detlefsen ihm nichts von ihrem Gespräch verraten hat. Er weiß nicht, wie sie, Kerstin, zu seinen Umzugsplänen steht. Er will sie mit der »Neuigkeit« überraschen, glaubt im Ernst, sie würde vor Freude in die Luft springen. Mit seinen sechsunddreißig Jahren ist dieser Mann, dieser Oberstudienrat, *ihr* Peter – ja, was ist er? – ein Kind. Naiv, gewiß. Aber auch auf seine sanfte Weise tyrannisch. Doch sie, die noch im vergangenen Jahr seine Schülerin war, der er Nachhilfeunterricht erteilt hat, sie wird es ihm zeigen. Jetzt wird sie ihm Nachhilfe geben!

An der Strandpromenade stellt sie ihr Auto ab. Es ist ein wolkenverhangener, schwüler Tag. Viel zu warm für den Mai hierzulande. Badende sieht man noch nicht, dafür ganze Schwärme von Surfern, die wie riesige bunte Wasservögel auf der Ostsee kreuzen. Segel- und Motoryachten streben seewärts, als hätte die Saison schon begonnen. Der Campingplatz ist dicht belegt. Am Kiosk drängen sich die Kinder um die Eisbox.

Und da, auf dem Borsberger Wappenstein, hockt Peter mit baumelnden Beinen. Als er Kerstin sieht, springt er herab und kommt ihr ungewöhnlich lebhaft entgegen. Er strahlt. Er kann es offenbar kaum erwarten, sie mit seiner verrückten Idee zu konfrontieren.

Kerstin bemüht sich, »liebreizend« zu lächeln. Um so wirkungsvoller wird ihn die kalte Dusche treffen. Geschickt vermeidet sie den Begrüßungskuß und schlendert, stilles Glück mimend, Hand in Hand mit ihm dahin. Sie lauert. Wie wird er ihr den Brocken schmackhaft machen?

Peter kennt keine Taktik. Er fängt es so täppisch wie möglich an. Das heißt, er platzt ohne Vorbereitung damit heraus. »Ich hab' mich um eine Position in Hamburg beworben. Die Chancen sind hundertprozentig. Haus und Garten in Dreekels werden verkauft, sobald die Sache perfekt ist.« Er sieht Kerstin erwartungsvoll an. »Na, was sagst du?«

Kerstin tut, als verstehe sie nicht. »Welche Chancen? Was für ein Haus? Hast du geerbt?«

»Unser Haus meine ich!« In seinem Überschwang durchschaut Peter ihre Taktik nicht. Mit fast albernem Eifer wiederholt er die ganze Geschichte. »Es ist doch deinetwegen! Ich gehe als Oberstudienrat an ein Hamburger Gymnasium. Und von dem Erlös unseres Anwesens kaufen wir uns eine geräumige Stadtwohnung. Dann sind wir zusammen – meine Mutter, Robby, du und ich.«

»Ich und du – Müllers Kuh«, zitiert Kerstin einen Kinderreim. »Und was sagt euer Hund dazu?«

Peter bleibt stehen. Sein Gesicht drückt maßlose Verblüffung aus. »Ich dachte ... ich dachte ... du würdest dich freuen!«

»Freuen? Ja worüber denn? Daß du dir und deiner Familie den Boden unter den Füßen wegziehst? Chancen, sagst du! Ja, hast du die hier nicht? Und vergißt du alle übrigen Vorteile? Du bist hier im Club, hast ein Boot in der Marina, kannst mit dem Wagen nach Hamburg, Kiel, Kopenhagen und sonstwohin, ohne dich festzulegen ... Versauern tut man hier doch längst nicht mehr.«

»Ich sagte, es ist deinetwegen«, fällt Peter ihr ins Wort. »Du kannst mir nicht vorwerfen, daß ich mit dir zusammenleben möchte!«

»Und deine Mutter? Und Robby? An die denkst du nicht! Anna liebt ihren Garten, Robby hat hier seine Freiheit, um die ihn

Großstadtkinder beneiden würden. Wie kannst du einfach so über uns verfügen!«
»Verfügen?« Peters Stimmung schlägt in Bitterkeit um. »Darf ich nicht voraussetzen, daß du zu mir gehörst?«
»Darfst du! Ich wünsche nichts sehnlicher, als so oft wie möglich zu euch nach Dreekels zu kommen. Daß ich in Hamburg studiere, hatten wir abgemacht. Aber nicht, daß du deshalb hier alles hochfliegen läßt.«
»So!« Peter steigert sich in Zweifel hinein. »Es paßt dir nicht, weil du vorziehst, frei zu sein! Wenn das so ist, dann entschuldige. Ich war so dumm zu glauben, ich sei dir am wichtigsten.«
»Bist du auch! Und ich bin jedes Wochenende bei dir. Im übrigen gibt's Semesterferien. Jedenfalls Gelegenheiten genug, mit dir zusammenzusein und dir zu zeigen, wie sehr ich dich liebe. Deshalb besteht kein Grund, deine Mutter und Robby in die Stadt zu verfrachten. Begreifst du denn nicht, was ich meine?«
»Ich begreife nur, daß ich meine Pläne aufgeben soll. Du willst mich nicht in Hamburg haben. Gut. Wahrscheinlich wäre es dir recht, wenn ich dich auch aufgeben würde!«
Kerstin faßt sich an den Kopf. »Mein Gott, Peter«, seufzt sie. »Mit dir ist ja nicht zu reden.« Sie läßt ihn einfach stehen, wendet sich um und läuft zurück zum Auto. Ihr ist zum Heulen zumute.

Kerstins Bruder Eike, der nach Olgas Meinung »vor Wonne Flügel gekriegt hat«, macht beim Frühstück alles andere als einen wonnigen oder beflügelten Eindruck. Die Großmutter bemerkt den Stimmungsumschwung, hütet sich aber, ein Wort zu sagen. Statt dessen richtet sie ihre Aufmerksamkeit auf den Sohn.
»Was lächelst du so debil vor dich hin?«
»Oooch...«, brummt der Doktor behaglich. »Nur so...« Er schenkt sich eine Tasse Kaffee ein.
»Nur so?« hakt Olga nach. »Ist es, weil Annemarie angerufen

hat? Sie ist hier grußlos abgeschwirrt, amüsiert sich in Hamburg – und du darfst Trübsal blasen. Aber kaum telefonierst du mit ihr, kriegst du 'n Blick wie ein Auerhahn. Du bist ihr hörig.«
»Oma!« Selbst Eike muß jetzt lachen. »Was verstehst *du* von Hörigkeit?«
»Mehr als du denkst«, erklärt Olga. »Ich will das Thema nicht vertiefen. Ich habe ein reichhaltiges Programm vor mir.«
»Das hat Annemarie in Hamburg auch«, sagt Karsten ruhig. »Sie geht heute abend mit ihren Freundinnen ins Konzert, und morgen –«
»Sprachst du von Freundinnen?« unterbricht Olga. »Seit wann bevorzugt Annemarie spinösen Umgang?«
Der Doktor grinst. »Ich kenne deine geistige Morgengymnastik, mich aus der Ruhe zu bringen, Muttchen!«
»Muttchen? Ich bin kein Muttchen!« protestiert Olga. »Eike, hast du das gehört? Dein Vater nennt mich Muttchen! Bin ich ein altes Mütterchen?«
»Das nun doch nicht!« springt Eike ihr feixend bei.
»Eben. Sonst könnte ich meine Pläne nicht durchführen. Ich muß heute mit Hugo Cornelsen und seiner Frau nach Breckheide. Wir wollen da sozusagen den biotopischen Urzustand wiederherstellen.«
»Aber doch nicht an einem Tag?« erkundigt sich Karsten gekünstelt naiv.
»Wenn uns Faulpelze wie Eike und du dabei helfen würden, vielleicht«, kontert Olga. »Nein. Es geht sozusagen um eine Ortsbesichtigung. Hugo Cornelsen hat die Schirmherrschaft über das Projekt. Denn billig ist es nicht, und er will gehörig was zuschießen!«
»Da werden sich die Frösche freuen«, meint der Doktor.
Wenn Olga bisher ihre derben Späße gemacht hat, so wird sie jetzt ernst: »Komm mir nicht mit meinem angeblichen Umwelttick! Du weißt, wie die Gegend zersiedelt, zubetoniert und – wie's so schön heißt – für Touristen erschlossen wird. Punkt! So, zu

Mittag hab' ich euch eine Suppe gemacht. Die braucht ihr euch nur aufzuwärmen. Und im Kühlschrank ist rote Grütze.«
Olga geht, um ihr Rad aus dem Schuppen zu holen. Im Vorraum hört man sie plötzlich lebhaft sprechen. Es ist jemand gekommen.
»He, Eike, da ist deine Vroni!« sagt der Doktor. Da Eike sich nicht rührt, geht er selber hinaus.
»Sie will nur ihren Pullover holen!« ruft Olga über die Schulter. »Er liegt im Sprechzimmer auf einem Stuhl!«
»Haben wir gleich«, sagt Karsten. Er begrüßt das Mädchen freundlich. »Na, geht Ihre Tante auch fleißig zur Massage? Nimmt sie die verordneten Bäder? Mit der Schulter ist das eine langwierige Sache.«
»Ja. Sie hält sich an Ihre Verordnung. Aber in einer Woche kommt sie wieder her.«
Dem Doktor entgeht nicht, daß sie Eike mit keinem Wort erwähnt. Eike sitzt, offenbar verbockt, nach wie vor in der Küche.
»So, hier ist Ihr Pullover.«
Vronis Blick fällt auf die Intarsienkommode in der Halle. »Ein kostbares Stück, das wollte ich schon immer mal sagen.«
»Aber leider kaputt. Die Schubladen lassen sich nur von einem Holzhacker öffnen.«
»Oder von einem Tischler«, lächelt Vroni.
»Entschuldigen Sie ...«
»Ich bin doch Tischlerin«, amüsiert sich Vroni. »Wußten Sie das nicht? Ich bring' Ihnen die Kommode in Ordnung, am Montag, wenn Sie wollen. Dazu brauch' ich natürlich mein Werkzeug ...«
Der Doktor geleitet Vroni zur Außentreppe. Unwillkürlich legt er seinen Arm um ihre Schultern. Nur so. Ganz väterlich. Er denkt sich wirklich nichts dabei. Aber vor dem Haus wartet ein Auto. Und davor steht ein junger Mann, dessen an sich schon unfrohes Gesicht noch eine Schattierung düsterer wird, als er den Arzt und das Mädchen so eng beieinander sieht.
»Was is'?« ruft er ärgerlich. »Willst du mit mir fahren? Oder schlägst lieber Wurzeln da?«

»Ich komm' schon, Felix!« erwidert Vroni mit leiser Schärfe. Etwas verlegen erklärt sie dem Doktor: »Mein ... mein Bekannter. Er ist übers Wochenende hier!«

Also daher weht der Wind, der Eike so abgekühlt hat! Na ja. Auf dem Programm steht die gemeinsame Fahrt von Vater und Sohn an den Dreekelssee, zum Angeln. Eike hat kein Desinteresse bekundet, demnach kann's jetzt losgehen. Der Doktor ist gespannt, was der Sohn ihm eröffnen wird. Diese Vroni – das begreift nun auch der Vater – ist ein tolles Mädchen! Wie die Gräfin Bea sagen würde: »Etwas ganz und gar Apartes.«

Für »Befugte« gibt es am Dreekelssee eine lauschige Bucht, in der das Angeln einer historischen »Gerechtsame« unterliegt. Als Passionierter in der bereits dritten Generation hat der Doktor hier ein verbrieftes Recht.

Eine Weile sitzen Vater und Sohn vor den ausgeworfenen Schnüren auf dem Pfostenbrett. Schweigend beobachten sie die wassertretenden Bleßhühner. Endlich sagt Karsten: »Du hast mir nicht erzählt, daß Vroni Tischlerin ist!«

»Und?« fragt Eike abweisend. »Was ist das schon! Alle Mädchen haben einen Beruf.«

»Stimmt. Vielleicht bin ich schon ein bißchen bemoost. Aber eine Tischlerin hätt' ich mir robuster vorgestellt.«

»Die? Die *ist* robust«, behauptet Eike mißmutig. »Gestern abend dachte ich, sie wollte mit mir tanzen. Ja, und da ...« Er unterbricht sich, um die Angelschnur neu auszuwerfen.

»Und beim Tanzen ist sie dir dann auf die Füße getreten? Robust?« forscht Karsten.

»Ach! Weißt du, was der Grund war, sich mit mir zu verabreden? Sie wollte mir ihren Freund Felix vorstellen, der gerade gekommen war. Ihren Verlobten, von dem Frau Jürgens schon was angedeutet hatte. Um mich abzuschmettern, braucht sie nicht mit mir in die Strandhalle zu gehen.«

»Frau Jürgens?«

»Vater! Wenn du mich veräppeln willst...«
»Bewahre!« lenkt Karsten schleunigst ein.
»Sie ist kalt«, fährt Eike mürrisch fort. »Das hat Björn gleich gemerkt. Eiskalt!«
»Dich hat sie aber erhitzt!«
»Das ist eben ihre Masche, Vater! Sie macht sich schwierig. Genießt es, angeschmachtet zu werden. Es gibt ja viele solche Weiber.«
»Du mußt es wissen.« Karsten verbeißt sich ein Grinsen. »Aber vielleicht hat sie Charakter. Wirft sich nicht jedem an den Hals.«
»Charakter!« Eike kämpft mit widersprüchlichen Gefühlen. »Was hab' ich davon? Ihr Charakter heißt Felix. Und ich bin der Dumme. Andererseits ist sie so... wie soll ich sagen... so...«
»So!« wiederholt der Doktor mit Nachdruck. »Dann laß die Hoffnung nicht einfach sausen. Du gibst zu schnell auf, mein Sohn. Diese Vroni ist kein Persönchen, sie ist eine Persönlichkeit. An deiner Stelle würde ich ihr am Montag wieder mal die Tür öffnen.«

Der Himmel ist noch immer bedeckt, doch es sieht nicht nach Regen aus, und die Sicht über die Heide mit ihren malerischen Krüppelbäumen und Kriechbüschen, mit ihren Buckeln und Mulden ist ungewöhnlich klar. Olga erläutert dem Ehepaar Cornelsen – Hugo und Bea, ihren Freunden seit Jugendtagen – die geplante biotopische Rückverwandlung der Großen Brecke. Der Pensionär Hugo hat die verarmte Gräfin Bea Curschheim erst im vergangenen Jahr geheiratet. In der Nähe ihres verkauften Ahnensitzes lebt sie nun mit ihm in einem respektablen Haus. Ihr Boheme-Dasein gehört der Vergangenheit an, nicht aber ihr unbekümmertes Temperament, das Hugo so fasziniert – und dem er manches Opfer bringt.
So unterstützt er auch den Plan, für den Olga Mattiesen seine Frau gewonnen hat. Am Ende des Feldwegs steht Hugos Auto, und während sie auf einer Bank ihr Picknick halten – Krabbensalat,

Spargelsuppe aus der Thermosflasche, danach Obst –, erläutert Olga die Lage.
»Seht ihr das Rinnsal, das sich schnurgerade durch die Gegend zieht? Es ist zur Trockenhaltung der Westernbrecke einbetoniert worden. Das Stück Land blieb aber ohne Funktion. Dafür fehlt jetzt der Tümpel in der Mulde mitsamt den Binsen, Wasserpflanzen und dem typischen Randbewuchs. Es gibt keine Mücken, keine Frösche mehr, keine Laichplätze, keine Stelle zum Überwintern für Kaulquappen.« Olga schweigt und blickt prüfend von Hugo zu Bea: »Lacht ihr etwa über meinen Spleen?«
»Nee, nee«, sagt Hugo ruhig. »Ich bin ja vom Fach. Außerdem lacht man längst nicht mehr über deine Kaulquappen, Olga. Mit Kleinigkeiten beginnt das Problem. Kein Feuchtraum, keine wuchernde Vegetation, keine Insekten, keine Raupen, keine Schmetterlinge, keine Vögel. Letztendliches Resultat: kaputte Landschaft.«
»Eben!« Olga fährt eifrig fort: »Das Rinnsal muß wieder in ein natürliches Bett. Dann kann sich durch Frühjahrsüberschwemmungen nach und nach ein neues Biotop bilden.«
»Ja, aber dazu brauchen wir Arbeitskräfte«, meint Bea. »Und Maschinen, um den Beton zu beseitigen.«
»Geräte leiht uns der Baumaschinen-Hanusch«, erklärt Olga. »Die Leute vom Öko-Bauernhof sind hilfsbereit, der Borsberger Sportclub hat ebenfalls zugesagt. Den Rest trommle ich zusammen, worauf ihr euch verlassen könnt.«
»Da kommt ein Auto«, bemerkt Hugo, den Feldweg entlang spähend. »Das sind wohl nicht die ersten Helfer, wie?«
»Schön wär's!« murrt Olga. »Aber an Wunder glaube ich nicht!« Sie blickt mißtrauisch in die angegebene Richtung: »Karsten und Eike! Was hab' ich gesagt? Wahrscheinlich können die sich nicht mal eine Suppe aufwärmen!«
Aber Vater und Sohn sind nach dem Essen hergekommen, um sich Olgas künftigen Kriegsschauplatz anzusehen.
»Seid gegrüßt, Pioniere!« grinst Karsten. »Ich dachte, hier wälzen

sich bereits Krokodile im Schlamm. Und noch nicht mal Reiher und Störche sind da.«
»Nur Faultiere«, entgegnet Olga. »Wenn Eike schon seine Vorlesungen schwänzt, könnte er hier mit zupacken.«
»Alles zu seiner Zeit, Oma, alles zu seiner Zeit!« Eike reckt den Hals. »Gehört das Kind da zu euch?«
»Welches Kind?« fragt Hugo.
Hinter einer zerborstenen Holzhütte kommt ein etwa fünfjähriges Mädchen hervor. Es nähert sich scheu, aber neugierig.
»Das ist doch die Kati Pomack!« sagt Olga. »Was macht die denn hier?«
»Pomack...?« Bea kneift die Augen. »Dann ist der Unmensch nicht fern. Der soll ja seine Kinder furchtbar schlagen.«
»Woher weißt du das?« fragt Olga schnell. »Gesehen hat's noch niemand! Es würde mich interessieren –«
»Na, sieh doch, sie hinkt!« unterbricht Bea.
Die kleine Kati trägt ein rotes Kleidchen mit weißen Punkten und wirkt wie ein wandernder Fliegenpilz. Vor der Gruppe bleibt sie stehen. »Sucht ihr Schäfchen?« fragt sie.
»Schäfchen? Nein«, erwidert Hugo freundlich. »Hier gibt's auch keine. Wo ist denn dein Papa?«
Kati beißt sich auf die Finger und schweigt. Olga blickt ihren Sohn an.
»Lassen wir den Papa aus dem Spiel«, sagt der Doktor leise. Laut fragt er das Kind: »Und deine Mama? Wo ist die?« Das Kind wendet sich halb und zeigt zurück, quer über die Breckheide.
Dort liegt die alte Eisfabrik, wo sie wohnt, denkt Olga. »Sag mal, Kati, tut dir was weh? Weil du so komisch gehst?«
Mit Verzögerung erwidert die Kleine: »Gefallen. Bin gefallen.«
»Da muß sie aber eigenartig gefallen sein«, murmelt Eike. »Sie hinkt auf der rechten Seite – und der linke Ellbogen ist blutig.«
»Karsten, du untersuchst sie in der Praxis«, entscheidet Olga. »Ich komme mit. Eike kann mich ja wieder herfahren.«

»Das wär' wohl das beste«, stimmt Bea erleichtert zu. »Alles, was mit Pomack zusammenhängt, ist mir unheimlich . . .«
Da Olga dem Kind Vertrauen einflößt, scheut es sich nicht, sich im Doktorwagen mitnehmen zu lassen. Kati hat offenbar Schmerzen. Doch muß sie gewohnt oder darauf gedrillt sein, sich zu beherrschen?«
»Hast du auch Kinder?« fragt Kati unterwegs.
»Ja«, lächelt Olga. »Den da, am Lenkrad. Das ist mein Sohn.«
»Aber den haust du nicht?« forscht die Kleine weiter. »Ich weiß, weil er so groß und stark ist!«
»Na, das ist wohl deutlich«, brummt Eike.
Auf dem Mattiesenhof übernimmt Olga wiederum die psychologische Initiative. Sie führt Kati in die Praxis und spricht mit ihr, während der Doktor mit der Untersuchung beginnt.
»Da bist du ja ganz doll gefallen«, stellt Karsten fest. Auch er bemüht sich um einen beiläufigen Plauderton. »Da, überm Po, da muß Salbe rauf, damit's nicht mehr weh tut. Und ein Pflaster.«
»Wo ist denn das passiert?« fragt Olga. »Im Freien?«
»In der Küche. Ich bin gegen die Bank . . . gegen die Küchenbank. Wegen der Bierflasche . . .«
Karsten wirft Olga einen Blick zu. Weitere Fragen könnten eine Sperre bewirken. Eine Vertrotzung. Die Erwähnung der Bierflasche weist natürlich auf den Vater hin. Kati hat dem Riesen womöglich vor dem Kühlschrank im Wege gestanden.
»So. Nun noch der Ellbogen«, sagt der Doktor. Olga holt eine Schale mit Keksen. Sie meint, die Patientin genügend gelockert zu haben, um noch mehr zu erfahren. Doch der Doktor schüttelt den Kopf. »Zwecklos. Sie ist auf der Hut. Instinktiv. Das ist nicht atypisch in solchen Fällen. Ich fahre sie heim.«
Als er das Gesicht seiner Mutter sieht, fügt er leise hinzu: »Ich weiß, was du sagen willst. Aber die Verletzungen geben keinen eindeutigen Hinweis auf Mißhandlung. Striemen sind nicht vorhanden. Ich will sehen, wie sich ihre Familie verhält.«
»Soll ich mitfahren?« fragt Olga.

»Nee. Ein Großaufgebot wäre fehl am Platze.«
Karsten setzt Kati in den Fond des Doktorwagens. Eike bringt Olga mit seinem Auto zu Hugo und Bea zurück. Kerstin ist längst wieder auf dem Mattiesenhof. Olga ruft ihr lauthals zu: »Hast du zu Mittag gegessen?«
»Mir ist der Appetit für heute vergangen«, erwidert Kerstin. Sie geht zu den Pferden, während die beiden Autos in Gegenrichtung davonfahren.
Der nachmittägliche Himmel hat sich mit dunklen Wolken bedeckt, und so gleicht die alte Fabrik, in der die Pomacks wohnen, um so weniger einem anheimelnden Zuhause. Es ist Sonnabend, trotzdem arbeitet der Riese Pomack in der offenen Halle. Er bedient einen alten Balkenkran, mit dem er den angefahrenen Schrott sortiert. Martin, sein vierzehnjähriger Sohn, hilft ihm, unbrauchbaren Schamott auszusondern. Als der Doktor vor dem aufgeschobenen Rolltor hält, unterbrechen die beiden ihre Arbeit nicht. Die dreizehnjährige Svenja, Annemaries Schülerin, schiebt das Baby durch den jammervollen Garten. Die Mutter, Ilse Pomack, lugt mißtrauisch aus dem Waschhaus, aber beim Anblick Katis, die der Doktor aus dem Auto hebt, gleitet ein Schimmer über ihr sonst fast stoisches Gesicht.
»Kind!« ruft sie erleichtert. »Wo bist du gewesen?« Ihre Augen weiten sich, als sie Mattiesen erkennt. »O Gott. Sie sind doch der Doktor?«
»Und was ist daran so schlimm?« fragt Karsten freundlich.
Ilse Pomack wendet den Kopf rasch hin und her. Daß sie einen unheilvollen Auftritt ihres Mannes erwartet, scheint klar. Sie geht auf die Frage des Arztes nicht ein. Sie spricht nur mit Kati, die sich jetzt an ihre Schürze klammert.
»Du sollst nicht weglaufen, das weißt du doch. Hat dich jemand zum Doktor gebracht?«
»Schäfchen suchen«, sagt die Kleine. »Habe Schäfchen gesucht. Hab' keine gesehen ...«
»Ihre Kati mußte ärztlich versorgt werden«, sagt Mattiesen. »Ist

Ihnen entgangen, daß sie . . . daß sie sich verletzt hat? Sie ist mir zufällig begegnet.«
Frau Pomack zieht die Kleine dichter an sich. Schweigend, fast starr, sieht sie an Karsten vorbei. Inzwischen hat sich Svenja mit dem Kinderwagen genähert. Auch sie blickt ausdruckslos.
»Haben Sie eine Erklärung für die Verletzungen, Frau Pomack?« forscht Karsten. »Läuft Kati öfter weg?«
»Ja, öfter!« erwidert die Mutter. »Das ist es ja. Kind, was hast du dem Doktor gesagt?«
»Daß sie gefallen ist, hat sie gesagt«, erklärt Mattiesen mit Nachdruck. »Aber daraus kann ich mir kein Bild machen. Deshalb frage ich Sie: Haben Sie den . . . den Sturz gesehen?«
Bevor Frau Pomack antworten kann, erscheint ihr Mann auf der Bildfläche. An seiner Seite nähert sich Sohn Martin. Auch er hat den ausdruckslosen »Pomack-Blick«.
»Was gafft ihr so?« herrscht Pomack seine Familie an. »Troll dich, Martin!«
Er scheucht den Jungen wie einen Hund wieder in die Halle hinein. Svenja zieht sich mit dem Kinderwagen zurück. Und die Mutter dreht Kati so, als wolle sie sie schützen.
Dem Arzt gegenüber wird der Riese spürbar unsicher.
»Haben Sie die Kati hergebracht?« fragt er, um einen respektvollen Ton bemüht.
»Ja«, erwidert Karsten, der erst einmal wissen will, wie der Vater reagiert.
»So, so.« Pomack sucht nach Worten. »War schon in Sorge, wissen Sie? Kati streunt immer herum. Dann kann man sie suchen. Überall suchen.«
»Ja«, bestätigt Ilse Pomack allzu schnell. »Sie ist weg, und man schreit sich die Stimme aus dem Hals.«
Der Mann fixiert sie schweigend.
»Kati hat dem Doktor gesagt, daß sie hingefallen ist«, erklärt Ilse hastig. »Das ist kein Grund zur Aufregung. Kein Grund –«
Mattiesen unterbricht scharf: »*Was* ist kein Grund zur Aufre-

gung? *Worüber* sollte sich jemand aufregen? Darüber, daß ein Kind hinfällt? Daß ein Arzt sie ordnungsgemäß versorgt? Und, bitte, *wer* sollte sich aufregen?«
»Ich nicht«, murrt Pomack. »Ich rege mich nicht auf.«
»Nein, das meine ich auch nicht«, versichert Ilse Pomack.
»Na, also.« Der Riese wendet sich an Karsten. »Es ist alles in Ordnung, wie Sie sehen. Vielen Dank für Ihre Mühe, Doktor.« Dann ruft er: »Kati, komm her! Komm zu Papa! Wir gehen zur Wiese, wo die Ponys sind. Die sehen wir uns an!« Kati nimmt die Hand des Vaters, und beide wandern der Koppel zu.
Der Doktor blickt dem Mann und dem Kind eine Weile nach, ehe er die wie angewurzelt stehende Frau leise und eindringlich fragt: »Haben Sie mir nichts zu sagen? Haben Sie mir wirklich nichts zu sagen?«
»Nein«, erwidert Ilse Pomack und es klingt beinahe erstaunt. »Was sollte ich Ihnen sagen?«
»Schön. Hier ist eine Salbe für Kati. Ich hoffe sehr, Sie werden keine zweite Tube brauchen, Frau Pomack.«
Der Doktor geht zum Auto. Er hat das Gefühl, einer Schmierenkomödie aufgesessen zu sein. Oder vielleicht doch nicht! Diese Leute haben eine Frostschicht über ihre Ausweglosigkeit gelegt, eine Schicht, die niemand durchbrechen kann. Sie »mauern«. Sie mauern aus Scham oder aus Trotz. Sogar die betroffenen Kinder tun das schon. Nachdenklich, keineswegs zufrieden mit sich, fährt Karsten ab.

Auf dem Rückweg macht der Doktor seine Visite im Altenheim. Er läßt sich Zeit damit, so daß er ziemlich spät auf dem Mattiesenhof anlangt. Olga überschüttet ihn mit begeisterten Details ihres biotopischen Vorhabens, während sie ihm und sich Omeletts bereitet. Das Abendessen nehmen sie und Karsten allein miteinander ein. Kerstin ist wieder bei Detlefsen, wie er hört. Peters Mutter hat sie telefonisch gebeten, sich mit dem Sohn noch einmal auszusprechen.

Eike ist überstürzt nach Hamburg gefahren, er will Abstand von seiner Verliebtheitsblamage gewinnen.
Karsten verbrennt sich den Mund am heißen Omelett. »*Was* will er? Himmel, könnte er seinen Fahrplan nicht mal umkehren? In der Woche zur Uni – und über Sonntag her? Statt dessen absolviert er alltags bei uns seine Studien in Herz und Schmerz, und zum Weekend saust er nach Hamburg.«
»Trink Tee, das beruhigt«, meint Olga gelassen. »Übrigens hat Annemarie angerufen. Sie wollte wissen, ob du sie vermißt.«
»Ach, ja?«
»Ich habe wahrheitsgemäß geantwortet, daß du noch nicht in Tränen schwimmst. Sie kommt morgen abend zurück. Bis dahin wirst du's ja wohl aushalten können. Wo sind eigentlich deine Fische?«
»Welche Fische?«
»Die du mit Eike geangelt hast? Ach, ich weiß. Ihr angelt nur Erkenntnisse.«
»Es geht mir nicht um die Beute, Mutter. Ich werde auch morgen zum See fahren.«
»Wenn es dem Seelenfrieden dient ...« Olga schenkt ihm noch eine Tasse Tee ein. Dann fragt sie unvermittelt: »Was hast du bei Pomacks erreicht?«
»Nichts. Einerseits macht die Frau den Eindruck, als stände sie unter Terror. Alle machen diesen Eindruck. Andererseits ... Kati ist ohne Scheu an der Hand ihres Vaters wegspaziert. Und die Mutter war erleichtert, als ich abfuhr.«
»Du willst damit sagen«, meint Olga aufmerksam, »daß es schwer ist, dort einzugreifen? Hm. Hanusch wird Pomack bescheinigen, er sei eine gute Arbeitskraft. Frau Pomack gilt als eine Art Sklavin, die sich für ihre Brut aufopfert. Die 13jährige Svenja, sagt Annemarie, ist in der Schule unkonzentriert. Die Leute sagen –«
»Die Leute sagen!« unterbricht Karsten unwillig. »Der Alte säuft. Ja. Aber ist die Familie ein Sozialfall? Offiziell?«
»Offiziell nicht«, erwidert Olga gedehnt. »Aber –«

Wieder unterbricht der Doktor: »Aber! Das ist der springende Punkt. Und weiter sind da die mutmaßlichen Kindesmißhandlungen. Lägen Anzeigen aus der Bevölkerung vor, wüßtest du das. Behauptungen sind keine Beweise.«
»Kati muß sehr eigenartig gestürzt sein. Und was sie erzählte – ich meine, was aus ihr rauszukriegen war, genügt mir«, meint Olga.
»Dir. Aber für die Polizei reicht es nicht«, sagt Karsten. »Zu einer Überführung gehören mehrere Faktoren: Sichtzeugen, Ohrenzeugen, sowie eindeutige Verletzungen am Körper des mißhandelten Kindes. Kati wies zum Beispiel keine Striemen auf. Nimm an, Pomack hat sich nicht mehr in der Gewalt und schlägt unkontrolliert zu. Die Kinder hätten dann wohl auch Verletzungen im Gesicht. Ich habe bei keinem der Kinder auch nur eine Schramme bemerkt.«
»So einer teilt Tritte aus«, murmelt Olga. »Tritte. Und wenn dann eins mal unglücklich in die Ecke fliegt, gibt's einen Genickbruch.« Sie erhebt sich. »Ich werde mit der Pfarrersfrau darüber sprechen. Ich habe ein ganz dummes Gefühl.«
»Meinst du, ich nicht?« fragt der Doktor.

Wenigstens eine Person aus der Mattiesenfamilie sieht am Sonntag einen helleren Horizont: Kerstin. Die Situation im Hause Detlefsen hat sich geklärt. Peter ist zur Vernunft gelangt. Er spinnt nicht länger vom Verkauf des Hauses und der Bildung einer Großfamilie in Hamburg. Nach dem Frühstück wandert er mit Kerstin hinter Bohms Reitbahn durch die Rapsfelder. Der Tag ist kühl und windig, doch das kümmert die beiden nicht. »Ich war wirklich ein Knallkopf«, gibt Peter zu.
»Ja«, meint Kerstin. »Eine reife Leistung, sich so was auszutüfteln. Typisch auch, daß du nicht an deine Mutter gedacht hast.«
»Sie hat ja nichts gesagt.«
»Ist das ein Argument? Peter, sie ist nicht deine Schülerin. Du bist so supergescheit in Bio und in Mathe, steckst vieles locker

weg, daß man staunt. Aber in Psychologie, nimm's mir nicht übel, bist du 'ne Niete.«
Detlefsen lacht. »Kann sein. Als ich meiner Mutter sagte, der Plan ist vom Tisch, da hab' ich erst gemerkt, was ihr an Dreekels liegt. An dem Haus, an ihrem Garten ...«
»Du bist ein Spätmerker – wie auch in meinem Fall«, sagt Kerstin. »Zum Beispiel, was das Küssen betrifft. Aber, he, du mußt mich nicht gleich ... nicht gleich ... umwerfen ...«
Peter ist gründlich, auch beim Küssen. Beide stolpern in den Raps und kommen erst zu sich, als sie einen Spaziergänger sagen hören: »Diese schamlosen jungen Leute heutzutage. Aber was sollen sie in den Discos anderes lernen?«
Kerstin quietscht vor Lachen. Im Weitergehen schwärmt Peter: »Du hast recht, es ist zehnmal schöner, wenn du zu uns rauskommst. Wir haben hier die ganze Welt für uns, die Heide, den Strand, die See, das Boot in der Marina ... Und wer weiß, wie ich's an einem Hamburger Gymnasium getroffen hätte.«
Kerstin bleibt stehen: »Ach! Ist es das? Hast du deswegen deine Pläne geändert? Ich meine, spielte das eine wesentliche Rolle?«
»Keine wesentliche ...« Peter merkt, daß er wieder einmal ungeschickt argumentiert hat. »Ich habe nicht nur an mich gedacht.«
»Nicht nur?«
»Ach, Kerstin. Du weißt, ich richte mich nach dir. Was soll's? Alles bleibt, wie's war. Auch mit uns beiden. Okay?«
Kerstin schüttelt den Kopf. »Peter, du bist manchmal wie ein Vierzehnjähriger. Dagegen komme ich mir vor wie deine Tante.«
»Gib mir einen Tantenkuß. Vergessen wir den Blödsinn!«
Auf dem Rückweg wandern sie wieder an Bohms Reitbahn vorbei. »Sieh mal da, die geduldigen Pferde!« sagt Kerstin lachend. »Wie die warten, bis sich Reiter und Reiterin abgeknutscht haben!«
Peter blickt irritiert. Das Bild des Mannes und der Frau, die eng umschlungen bei ihren gesattelten Pferden stehen, erheitert ihn nicht.

»Schau nicht hin, komm weiter!« murmelt er. »Die Frau ist mit einem Kollegen verheiratet.«
»Einem Lehrer?« fragt Kerstin neugierig. Sie gönnt sich einen raschen Blick auf die attraktive junge Person. »Einem Kollegen von Mami und dir?«
»Ja, ja.« Peter ist die Sache peinlich.
»Und der Kerl im Reitdreß ist nicht ihr Mann?« forscht Kerstin.
»Nein«, entgegnet Peter widerwillig. »Wenn sie sich wenigstens heimlich treffen würden. Aber sie laufen ja auch Arm in Arm über den Markt!«
»Und der Kollege? Schmeißt er sie nicht raus?«
»Der Schneider? Der schleicht wie ein geprügelter Hund herum, zum Hohn der ganzen Schule. Man nennt ihn das gehörnte Schneiderlein. Schüler sind nicht gerade taktvoll. Du weißt ja, wie das mit uns beiden war.«
»Ja. Aber das hier, das ist nicht mehr unser Problem«, meint Kerstin. »Soll sich jeder um seine eigenen Sorgen kümmern ...«
Kerstin hat leicht reden, was ihre und anderer Leute Probleme betrifft. Ihr Vater, Dr. Karsten Mattiesen, ist schlechter dran. Er kann das Krankheitsbild seiner Patienten nicht einfach aus dem Umfeld herauslösen, es sei denn, es handelt sich um schiere Albernheiten. Am Sonntagabend besucht er nach längerer Zeit wieder einmal die Kneipe von Asmussen. Sie liegt am Dorfplatz des jetzt zu Borsberg gehörenden Ortsteils Deekelsen-Dreekels. Das historische Wirtshaus ist Treffpunkt einheimischer Gäste. Hier sitzen so honorige Personen wie der Bürgermeister, der Apotheker, der regionale Zeitungskönig und andere Ortsgrößen. Heute thront auch der Kräuter-Hinnerksen am Stammtisch. Die Männer reißen Witze, wiehern vor Lachen und handeln lauthals Themen ab, die sie in der Strandhalle oder in Bohms Golfhotel nicht einmal flüsternd erwähnen würden.
»Der Pastor verdurstet zu Hause«, weiß Hinnerksen zu berichten. »Das kommt davon, daß er wieder geheiratet hat. Seine Ina hält ihn an der Leine!«

»Und du?« feixt Baumschulen-Bruß. »Du bist deiner Bärbel mal eben aus dem Bett gesprungen! Paß auf, daß sie dich nicht holt!«
Der Scherz gefällt Hinnerksen nicht. »Lieber hol' mich der Teufel«, murrt er. Und eilig bestellt er einen Klaren und ein Bier. Asmussen nähert sich mit dem Bestellten.
»Nanu, Hinnerksen? Ist dir der Kräutertee ausgegangen?«
Bevor Hinnerksen antworten kann, tritt Dr. Karsten Mattiesen an den Stammtisch. Er wird mit großem Hallo begrüßt.
»Brauchst nicht den Kopf einzuziehen, Hinnerksen«, sagt er. »Du erinnerst dich – ich hatte dir Ruhe verordnet!«
Eilfertig erwidert der Kräutermann: »Ich bin nicht zu meinem Vergnügen hier. Ich suche 'ne Haushälterin. Da hatte ich an Thea Knohl oder an die Melsen-Grete gedacht.«
Die Genannten, zwei weithin bekannte Klatschtanten, hocken kichernd in einer Nische. Thea ist eine ansehnliche Frührentnerin, Grete eine aufgedonnerte »Person mit Vergangenheit«. Beide sind Nachbarinnen, beide haben sich des öfteren aus Eifersucht in den Haaren gehabt. Auf der Suche nach Jobs sind sie immer. Thea aus reiner Neugier, Grete, weil sie Geld verdienen muß.
»He, Hinnerksen«, lacht der Baumaschinen-Hanusch. »Eine Haushälterin suchst du? Eine Hofdame für deine Bärbel? Vornehm, vornehm. Wann ist denn die Krönung? Heil ihr – im Kräuterkranz! Du alter Wikinger, du!«
»Hast du ihm 'ne Zofe verschrieben, Doktor?« fragt Bürgermeister Schultes.
»Höchstens einen eisernen Besen«, grinst Karsten, während Hinnerksen auf Thea und Grete zusteuert.
»Der ist nicht mehr zu retten«, meint der Apotheker Janssen.
»Wie man hört, sorgt Olga für die Gesundung der Umwelt?« erkundigt sich der Druckereibesitzer und Zeitungsverleger Fletsch. »Ihr Mattiesens, ihr seid ja 'ne rührige Familie.«
»Nicht möglich!« ruft Baumschulen-Bruß. »Da kommt Pfarrer Eckholm! Der gibt uns seinen Abendsegen.«
»Lästert nicht«, schnauft der stattliche Mann mit dem Bauernge-

sicht. Er setzt sich neben Karsten. »Mein Platz ist allemal unter den Sündern!« wobei er zu Hinnerksen und den Klatschtanten hinübersieht.
»Was macht dein junges Glück, Pastor?« feixt Schultes. »Die Ina soll dir neulich die Schnapsflasche weggenommen haben.«
»Verleumdung«, grollt Eckholm. »Und überhaupt: Wenn mich eine Frau in persönlicher Weise maßregelt, ist es meine *Ehe*frau. Die Betonung liegt auf Ehe, was sich so manche unserer Bürger zu Herzen nehmen sollten.«
»Kerstin wird ihren Peter heiraten«, sagt der Doktor. »Für Hinnerksen und seine Bärbel kann ich nicht garantieren.«
Die Frozzeleien gehen hin und her, her und hin. Karsten hält sich mit dem Trinken zurück. Das kennt man schon. Gnädig übersieht man sein Mineralwasser. Aber man läßt ihn nicht gehen; wenn er einmal da ist, soll er auch bleiben. Längst sind Hinnerksen und die Klatschtanten fort. Wer von den beiden ihm den Haushalt führen wird, bleibt offen und bildet willkommenen Stoff für weitere Witze. Plötzlich taucht der Riese Pomack im Schankraum auf. Er hat schwere Schlagseite, aber er ist geistesgegenwärtig genug, sich den Blicken der Stammtischzecher zu entziehen und sich in einen Winkel zu hocken.
»Schnaps und Bier!« bestellt er laut.
»Hör mal, Pfarrer«, sagt Karsten zu Eckholm. »Olga wollte mit deiner Frau über Pomack sprechen. Da ist doch irgendwas im Busch. Vielleicht kümmern wir beide uns mal um die Familie.«
Eckholm seufzt. »Ich bin nicht auf den Kopf gefallen, Doktor. Aber an die Leute komm' ich nicht ran. Die Frau besucht meinen Sonntagsgottesdienst, auch heute war sie da. Sie läßt sich nicht ansprechen. Von mir nicht, von meiner Ina nicht. Er selber ist total verhärtet. Er lästert Gott. Er sagt, Gott habe ihm übel mitgespielt.«
»Bei dem lockert sich eine Schraube«, mischt sich Janssen ein. »Unaufhaltsam. Seine Vergangenheit macht ihn kaputt. Die Familie kann's nicht sein. Das sind doch alles Lämmer!«

In der Ecke entspinnt sich eine Auseinandersetzung zwischen Pomack und Asmussen, die rasch zum Krawall eskaliert.
»Mit Schnaps ist jetzt Schluß«, sagt der Wirt. »Nee, auch kein Bier mehr. Du hast genug, Pomack. Schmeißt ja nur noch die Gläser um.«
»Ich schlag' den Laden kurz und klein!« droht der Riese. »Ich will meinen Schnaps.«
Jetzt sieht man die beiden vor der Theke. Pomack versetzt Asmussen einen Stoß, der den Wirt taumeln läßt. »Ich polier' dir die Fresse!« brüllt er.
Einige der Männer am Stammtisch springen auf. Der Doktor versucht Pomack zu beruhigen. Doch der erkennt ihn nicht. Indessen lösen sich zwei junge Burschen vom Spielautomaten. Pomack ist bärenstark, aber er ist besoffen. So fällt es den beiden nicht schwer, ihn mit gezielten Schlägen und geschickten Griffen zu überwältigen. Sie schleifen ihn zum Ausgang und katapultieren ihn mit Tritten vor die Tür.
»Das war leider fällig«, entschuldigt sich der Wirt. »Kommt nicht wieder vor, meine Herren. Der kriegt Hausverbot.«
»Möcht' ich gehofft haben«, sagt Fletsch zu Schultes, als sie wieder Platz nehmen. »Ich bezahl' hier nicht für Radaunummern.«
»Na, Herr Kirchenrat« fragt Bruß, »bleiben dir die frommen Worte im Halse stecken?«
»Fäuste sind keine Argumente, Bruß«, erwidert Eckholm ruhig. »Und meinen Kommentar hierzu hörst du nächsten Sonntag.«
Hanusch schüttelt den Kopf. »Ich weiß nicht, was mit Pomack ist. Er arbeitet wie ein Ochse. Wie ein Ochse. Sonst hätt' ich ihn ja längst entlassen.«
Asmussen nähert sich mit einem Tablett. »Kleine Entschädigung für den Vorfall.«
»Na also!« ruft Janssen. »Hoch die Tassen! Lassen wir uns die Laune nicht verderben!«
Die Stammtischbrüder gewinnen ihre gute Laune rasch zurück –

außer Mattiesen und Eckholm. Arzt und Pfarrer gehen still hinaus. Vor der Tür sagt Eckholm: »Ich nehme mir den Pomack morgen mal vor. Und Olga soll sich mit meiner Ina in Verbindung setzen, das ist 'ne gute Idee, Doktor! Tschüs, also . . .«
»Gute Nacht, Pfarrer«, erwidert der Doktor.
»Danke. Wenn das was bringt, war unser Frust da drinnen nicht umsonst . . .«
Karsten steigt ins Auto und fährt um das Rondell auf den Alten Damm. Trotz der späten Stunde sind noch etliche Urlauber unterwegs, Rückkehrer von der Küste, die zur Autobahn wollen. Es regnet. Die Wischer auf der Windschutzscheibe schmieren, graue Nebelschwaden fliegen in Fetzen dicht über die Straße. Es ist eine unbehagliche Nacht. Mattiesen hofft, daß Annemarie inzwischen heimgekehrt ist. Er sehnt sich nach ihr. Immer wenn sie nicht da ist, und seien es nur zwei oder drei Tage, spürt er, wie sehr er sie liebt, wie wichtig es ihm ist, mit ihr zu sprechen, ihre Stimme zu hören. Sicher wird sie zurück sein, erfüllt von den Begegnungen in Hamburg, den Diskussionen, dem Konzertbesuch und all den Eindrücken. Müde wird sie bestimmt nicht sein, wenn sie etwas mitzuteilen hat.
Der Doktor lächelt vor sich hin . . .
Noch hat er den Mattiesenhof nicht erreicht, als der Autofunk anschlägt. Karsten nimmt das Mikrophon aus der Halterung und meldet sich. »Was gibt's?«
»Hier Olga«, ertönt die seltsam verzerrte Stimme seiner Mutter. »Hör mal, da ist was passiert . . .«
»Wo?« fragt der Doktor. »He, zur Sache, Olga!«
»Ich bin noch ziemlich durcheinander. Heitmann hat angerufen. Du sollst sofort kommen.«
»Ja, wohin denn?«
»Zur alten Eisfabrik. Pomack . . . Pomack hat seine Frau ermordet.«
Ein paar Sekunden hält Karsten sprachlos das Mikrophon in der Hand. Dann sagt er kurz: »Bin schon unterwegs. Ende.«

Ende! Es ist nicht zu fassen. Da sieht man einen Mann auf einen Abgrund zuschwanken, weiß nicht, warum ... Man glaubt seine Familie, seine Frau und seine Kinder in Gefahr, wartet jedoch unschlüssig und tatenlos, beschließt halbherzig, irgend etwas zu unternehmen, mit Worten in ein diffuses Geschehen einzugreifen. Und während man meint, das Mögliche getan zu haben, geschieht die Katastrophe. Der volltrunkene Pomack ermordet seine Frau!

Karsten wendet am Waldweg und fährt über den Alten Damm zurück. Als der Wagen an den Krüppelweiden vorbei die holprige Werkstraße entlang schaukelt, sieht der Doktor die Blaulichter zweier Polizeiautos. Im Wohntrakt der alten Fabrik sind zwei Parterrefenster erhellt. Die Konturen verschwimmen geisterhaft in der trüben Nacht. Karsten hält hinter den beiden Dienstwagen. Die Beamten müssen eben eingetroffen sein, denn man hört durch das eine Fenster, das offensteht, Heitmanns Stimme: »Wie konnte denn das passieren?«

Polizeiobermeister Schließer tritt auf Karsten zu. »Doktor?«

»Ja. Wie Sie sehen.«

»Die Leiche liegt an der Hauswand. Da, unter dem rechten Parterrefenster.«

Es regnet nicht mehr, die Feuchtigkeit hängt wie Nebelnässe in der Luft. Im verschwimmenden Autolicht sieht der Doktor nur Schatten. »Wieso hier?« fragt er. »Hat Pomack die Tote aus dem Fenster geworfen?«

»Welche Tote? Das ist Pomacks Leiche!« entgegnet Schließer. »Hat man Sie falsch informiert? Frau Pomack hat ihren Mann erschossen! Der *Mann* ist tot, nicht die Frau.«

Karsten kniet neben dem reglosen Körper. Er bemüht sich, seine Bestürzung zu verbergen. Über ihm, am offenen Fenster, das fast so weit herunterreicht wie die Tür, spricht Heitmann streitsüchtig auf Frau Pomack ein.

»Wie konnten Sie denken, das sei 'n Einbrecher? Sagen Sie mal, kennen Sie Ihren eigenen Mann nicht? Ach was – Dunkelheit! Die

Umrisse! Der Kerl ist – äh – war groß wie 'n Baum und breit wie 'n Schrank!«
»Er kam sonst nie durchs Fenster!« hört man Frau Pomacks tonlose Stimme.
Der Doktor hat den Toten umgedreht und sieht im Schein von Schließers Stablampe das verletzte Gesicht. Von Gesicht kann allerdings kaum noch die Rede sein. Pomack ist aus geringer Entfernung von einer Ladung Schrot getroffen worden. Hier erübrigt sich jeder eingehende Kommentar über »Ein- und Austritt« der tödlichen Projektile. Was man sieht – oder nicht mehr sieht –, spricht für sich.
»Der braucht 'n neues Paßbild«, brummt Schließer.
Karsten steigt über das niedrige Fensterbrett in das Schlafzimmer. Frau Pomack steht zitternd unter der Deckenlampe. Sie scheint stark zu frieren, obwohl sie einen Mantel trägt. Sie hält Kati an sich gepreßt. Die 13jährige Svenja hat das Baby in den Armen. Der 14jährige Martin lehnt mit ausdruckslosem Blick an der Flurtür. Ein junger Polizist und der Kriminalassistent Asdorn untersuchen die Waffe, eine Schrotflinte.
»Ihr Mann hat Wildkaninchen damit gejagt?« fragt Heitmann. »Und wieso hatten Sie das Gewehr zur Hand?«
»Weil Vater in der Werkzeugkammer schlief, wenn er besoffen heimkam«, antwortet Martin. »Mutter hatte Angst vor Einbrechern. Er war ja meist weg.«
»So. Angst vor Einbrechern!« Heitmann wird zusehends ungeduldiger. »Und warum ließen Sie das Fenster auf? Was sollte ein Einbrecher bei ihnen stehlen? Weshalb sollte Ihr Mann hier einsteigen, statt in die Kammer zu gehen?«
»Er hatte wohl den Schlüssel vergessen«, erwidert Frau Pomack leise. »Das Fenster war angelehnt wegen der frischen Luft. Ich schlafe mit Kati und dem Baby hier. Svenja schläft im Wohnzimmer und Martin nebenan in der Küche.«
»Ja«, bestätigt der Junge. »Ich hab' als erster gehört, daß draußen einer war. Durchs Fenster kam Vater sonst nie.«

»Die Waffe war geladen?« fragt der Kriminalassistent. »Und sie lag unter Ihrem Bett? Das soll Ihr Mann zugelassen haben? Na, und außerdem wird er doch wohl öfter durchs Fenster gestiegen sein, nicht wahr?«

Frau Pomack schweigt.

»Gute Frau«, Heitmann versucht es suggestiv-verständnisvoll, »war es nicht doch so, daß Sie ahnten, er käme durchs Fenster, weil es spät war – und weil Sie mit seiner Trunkenheit rechneten? Es ist ja zu begreifen, daß 'ne Frau so was nervt. Ja sogar kaputtmacht. Und da legten Sie sich mit der Flinte auf die Lauer –« Er unterbricht sich, denn draußen fahren zwei weitere Autos vor. Das eine gehört dem Vertragsfotografen, der die Tatortaufnahmen zu machen hat. Das andere ist ein Ambulanzwagen. Bevor die Leiche abtransportiert wird, gibt der Doktor seinen Befund zu Protokoll: Nach dem tödlichen Schuß muß der Körper mit großer Wucht auf das Kopfsteinpflaster an der Hauswand geschlagen sein, wie der Zustand der rechten Schläfe zeigt.

Als Heitmann mit dem Doktor wieder ins Zimmer zurückkehrt, herrscht er Frau Pomack an: »Sie haben also gewartet, bis Ihr Mann auf dem Fensterbrett kniete? Schließlich hätten Sie doch nur einen Warnschuß abzugeben brauchen! Aber Sie wollten ganz sichergehen. Ist es nicht so?«

»Ich bin aus dem Schlaf ... Ich habe ...«, stammelt die Frau.

»Moment«, mischt sich der Doktor ein. »So kommen Sie nicht weiter, Herr Heitmann. Die Frau ist völlig fertig, sehen Sie das nicht? Sie hat einen Blackout. Eine Bewußtseinstrübung, falls Ihnen das was sagt.«

»Halten Sie sich da raus, Doktor«, knurrt der Polizeichef. »Sie sind hier als Polizeiarzt, nicht als Rechtsbeistand. Der Fall ist doch klar! Die Frau hat eine Gelegenheit gesehen, den Mann loszuwerden. Trotz der Nachtkälte hat sie das Fenster aufgemacht, damit er ihr wie ein Elefant ins Visier tappt. Sie wußte, daß er hereinklettern würde.«

»Er kam nie durchs Fenster«, meldet sich der Junge wieder.

»Nie!« bestätigt Svenja, die das Baby ins Bettchen gelegt hat.
»Wo ist Papa?« fragt Kati weinerlich.
»In der Kammer«, tröstet Svenja sie schnell. »Wie immer, Kati.«
»Aber was wollen denn die vielen Männer?«
»Lassen wir die Kinder jetzt in Ruhe«, sagt Asdorn zu Heitmann. Der Polizeichef nickt mißmutig. »Die sind sowieso vergattert. Völlig verstockt. Aus denen kriegen wir nichts raus. Na ja. So, Frau Pomack. Sie halten sich zur Verfügung. Morgen werden wir sehen, ob der Haftrichter Ihre Geschichte glaubt. Würde mich freuen. Für *Sie*!«
»Es dürfte Sie interessieren«, sagt der Doktor zu Heitmann, als sie sich draußen verabschieden, »daß es eine Menge Zeugen für Pomacks Zustand gibt, bevor das Unglück geschah. Der Mann hat bei Asmussen total durchgedreht, wollte dem Wirt die Fresse polieren, wie er sich ausdrückte. Er wurde gewaltsam aus dem Lokal entfernt. Pfarrer Eckholm, Bürgermeister Schultes, Zeitungsboß Fletscher, ich selber – und andere – haben das miterlebt. Danach hätte man Pomack alles zutrauen können. Auch, daß er hier durch ein *geschlossenes* Fenster gegangen wäre.«
»Und warum haben Sie da nicht eingegriffen, in der Kneipe?« fragt Heitmann. »Wenn Sie ihm das zutrauten?«
Das trifft genau den Punkt. Mit dem Gefühl elenden Versagens fährt Karsten über den Alten Damm nach Hause. Als er zwischen Holunder und Brennesselbusch die Holzbrücke passiert hat, sieht er Licht in der Küche. Olga ist noch wach.
»Wie siehst du denn aus?« ruft sie erschrocken.
»Ach, nur abgespannt. Ist Annemarie da?«
»Noch nicht. Aber sie hat vorhin angerufen. Sie müßte schon hier sein.«
Karsten geht in die Bibliothek und wirft sich in einen Sessel. »Nicht Pomack hat seine Frau ermordet, die Frau hat ihn erschossen«, sagt er.
»Augenblick. Ich muß mich erst setzen«, stammelt Olga. »Frau Pomack hat –«

»Ja, Mutter! Da hat einer Salat übermittelt – oder du hattest Tomaten auf den Ohren.«
»Die sanfte, stille Frau ...« Olga kann es nicht fassen.
»Die sanfte, stille Frau steht im Verdacht, eine besonders kaltblütige Mörderin zu sein. Nicht er hat sie, sondern sie hat ihn tyrannisiert. Sie war es, die ihn in den Suff trieb, weil sie für sich und die Kinder ein besseres Leben gefordert hat. Der Junge und das ältere Mädchen decken die Tat. Eisern!«
»Ich brauch' einen Kognak«, murmelt Olga. Sie holt die Flasche und zwei Gläser. »Karsten ... Was du da sagst, das glaubst du nicht im Ernst!«
»Nein, Mutter.« Der Doktor nimmt einen Schluck. »Natürlich glaube ich das nicht. Aber die Sache ist so mysteriös ... mit dem angeblichen Einbrecher, dem offenen Fenster bei kaltem Wetter – wo doch ein Säugling im Zimmer schlief –, dem geladenen Gewehr unterm Bett –«
»Da kommt Annemarie«, unterbricht Olga.
Angeregt, in bester Laune, erfüllt von den Hamburger Begegnungen, wirbelt Annemarie in die Halle.
»Wo seid ihr denn?« ruft sie munter. »Hier ist noch Licht, die Türen stehen auf ...« Sie erscheint als schlanker Schatten vor der Bibliothek: »Hallo, ist da jemand? Hockt ihr etwa im Dunkeln?«
»Setz dich«, sagt Olga. »Gleich wirst du nicht mehr trällern. Hör dir an, was los ist.«
Karsten erlebt wieder einmal, wie überlegen seine Frau sein kann. Sie läßt sich berichten, und es zeigt sich, daß ihr dabei kein Detail entgeht. Auch kein Aspekt des schrecklichen Falles.
»Wir hätten beizeiten schalten sollen«, sagt sie ruhig. »Ich mache mir Vorwürfe, daß ich wegen Svenjas Schulversagen nicht zu den Eltern gegangen bin. Ich hätte womöglich was bemerkt.«
»Sie hat recht«, pflichtet Olga ausnahmsweise einmal der Schwiegertochter bei. »Jetzt gehen wir zu Bett. Und morgen sehe ich nach Pomacks Kindern.«

Das Angebot

Der Fall Pomack wird Stadt und Umland noch lange Zeit beschäftigen. Bevor sich die Patienten im Warteraum der Praxis die Mäuler zerreißen können, beginnt der Montag nach der Tat bei Mattiesens wie immer. Nicht nur Annemarie ist wieder im Haus, auch Eike ist in der Nacht zurückgekommen. Er behauptet, dringend erforderliche Literatur vergessen zu haben.

Lapidar meint Olga: »Du hast gar nichts vergessen. Vor allem deine Vroni nicht!«

Eike bestreitet das, aber er steht bereit, als das Mädchen eintrifft.

»Moin«, begrüßt er sie betont desinteressiert. »Wollte dir nur sagen, ich hab' mich blöd benommen. Ich kann dir nicht in deine Liebschaften reinfunken.«

Vroni verbeißt sich ein Lächeln, fragt aber scheinbar verständnislos: »Was moanst?«

Eike weiß, daß sie eine längere Diskussion in ihrer Mundart führen würde, was zu absichtlichen Mißdeutungen Anlaß gäbe. So schweigt er erst einmal. Statt dessen bemüht er sich, ihr zu helfen. Eifrig schleppt er den Staubsauger in die Praxis, ein älteres Modell, das viel Krach macht.

»Hast du dich gut amüsiert mit deinem Freund?« erkundigt er sich anzüglich.

»Mit welchem Freund?« fragt Vroni. Sie schaltet den Staubsauer an.

»Na, mit Felix.«

»Was ist?«

Das veraltete Gerät macht wirklich einen fürchterlichen Lärm.

»Ich meine«, sagt Eike mit erhobener Stimme, »ob dein Felix mit dir auf seine Kosten gekommen ist?«

»Ach der?« erwidert Vroni. »Der ist weg.«

»Waaas?«

»Weg ist er. Eifersüchtig. Mein Onkel hat's ihm gesteckt.«
»Dein Onkel? Was hat er? Und warum war Felix eifersüchtig?»
Eike schreit fast. So laut ist der Staubsauger nun auch wieder nicht, daß sie ihn nicht verstehen könnte. Doch sie stellt sich taub.
»Mach das Ding einen Moment aus!« ruft Eike fast flehentlich. Da Vroni nicht reagiert, zieht er den Netzstecker aus der Wand. »Was hat dein Onkel ihm gesagt? Und auf wen ist Felix eifersüchtig?«
»Himmel, bist du schwer von Begriff«, seufzt Vroni. Sie entwendet ihm das Kabel und setzt den Staubsauger wieder in Gang. Eike würgt das Gerät aufs neue ab.
»Ich möchte wissen, was los war!«
»Mein Onkel glaubt, ich bin in einen anderen verliebt«, sagt Vroni. »Das hat er dem Felix gesteckt. Und wahrscheinlich wird's der Felix selber gemerkt haben! Verstehst? Also ist er abgefahren.«
Sie stellt den Staubsauger wieder an, und nun unterbricht Eike sie nicht mehr. Schwankend zwischen tollkühner Hoffnung und schwärzestem Zweifel wandert er in der Halle hin und her, bis Vroni mit Putzen fertig ist. Er hilft ihr, den Staubsauger wieder zu verstauen. »Hat dein Onkel recht?« fragt er. »Ich meine – und was hat der Felix gemerkt?«
»Das, was du jedenfalls nicht merkst«, lacht sie. »Frag mich nur noch, wer der andere ist ...!«
Als der erste Patient in die Halle tritt, sieht er den Sohn des Doktors und ein Mädchen mit Kopftuch und Schürze in inniger Umarmung.
»Macht ihr das auf Krankenschein?« fragt er trocken. »Küssen als Therapie?«
Atemlos – und mit hochroten Köpfen – fahren die beiden auseinander.

Olga hilft an diesem Vormittag nicht in der Praxis. Es drängt sie, nach Frau Pomack und ihren Kindern zu sehen. Ausnahmsweise benutzt sie statt des Fahrrads ihren kleinen alten Rover.

In der Fabrikwohnung der Pomacks erfährt sie, daß Frau Pomack nach Kiel verbracht worden ist. Die Pfarrersfrau und die Gemeindeschwester versorgen Kati und den winzigen Ernsti. Svenja und Martin kommen erstaunlich gut allein zurecht. Das Mädchen kennt jeden Handgriff in der Küche, der Junge macht sich in der Halle zu schaffen. Ina, Eckholms Frau, berichtet, daß die dreizehnjährige und der ältere Bruder keinerlei Reaktion zeigen, was den Tod des Vaters betrifft.

»Und was sagen sie dazu, daß man ihre Mutter abgeführt hat?« fragt Olga.

»Es hieß, sie käme nach der Vernehmung wieder«, erklärt Ina. »Ob sie es glauben, weiß ich nicht. Auch hier: keine Reaktion.«

»Stupidität?« forscht Olga.

»Nein«, sagt Ina entschieden. »Ich würde eher meinen: Disziplin. Sie sind wie Erwachsene. Da sie nicht wissen, wie sie sich zugunsten der Mutter verhalten sollen, lassen sie lieber gar kein Gefühl erkennen.«

»Worauf weist das hin?« überlegt Olga Mattiesen. »Es ging das Gerücht, Pomack sei 'ne Art Ungeheuer, der die Familie in Angst und Schrecken hielt. Er soll völlig unberechenbar gewesen sein.«

»Ich gebe nichts auf Klatsch«, sagt die Gemeindeschwester zögernd. »Aber die Thea Knohl erzählte, daß Frau Pomack bei Hinnerksen gewesen sei. Angeblich hat sie einen bestimmten Kräutertee verlangt, ein Mittel gegen ihren Mann. *Gegen*, behauptet Thea.«

»Diese Mistschleuder!« ruft Olga. »Da muß ich gleich mal nachhaken, sonst steht morgen auch noch darüber was in der Zeitung. Das verwirrt ja den Fall noch mehr!«

Mutter Mattiesen eilt zu ihrem Rover und fährt unverzüglich zum Kräuter-Hinnerksen hinaus. Sie weiß, wie gut – und übel – die Gerüchteküche im »Busch« funktioniert. Natürlich glaubt sie nicht, daß der Kräuterdoktor Frau Pomack etwa eine »Giftmischung« zusammengestellt haben könnte. Hinnerksen mag sein, wie er will, aber zu gefährlichen Dosierungen gibt er sich nicht her. Bleibt die Frage, ob Frau Pomack ihn tatsächlich aufgesucht hat – und warum. Olgas Erscheinen kommt dem Kräuterdoktor höchst ungelegen. Hätte ihr Besuch nicht einen so ernsten Grund, müßte sie lachen.

Der Kräuterdoktor ist nämlich dabei, Küche und gute Stube einer Generalreinigung zu unterziehen. Einige Möbelstücke liegen und stehen übereinander. Im Wohnzimmer kriecht Hinnerksen auf allen vieren mit Lappen und Bürste über den Fußboden. Seine Bärbel macht sich lustlos an der Kommode zu schaffen. Offenbar soll sie Staub wischen.

»Was ist denn hier los?« fragt Olga. Da alle Türen offenstehen, konnte sie ungehindert ins Haus. Hinnerksen hält in der Arbeit inne und blickt verzweifelt zu ihr auf. Mit seinen kugelrunden Augen und dem Schnauzbart wirkt er wie ein Seehund auf dem Trockenen.

»Ich sage immer«, keucht er, »seit mein Muttchen tot ist, wächst mir alles über den Kopf. Einfach alles.«

»Das sehe ich«, entgegnet Olga mit Blick auf Bärbel. Sie beschließt, nicht gleich mit der Hauptfrage rauszurücken. Es gibt ja auch noch einen harmloseren Anlaß. »Ich bilde eine Umwelt-Aktionsgruppe für die Breckheide«, sagt sie. »Es geht um ein Feuchtbiotop. Dazu brauche ich jede Hand. Ich rechne auf deine Mitwirkung, Hinnerksen.«

Ächzend erhebt sich der Kräuterdoktor.

»Frau Mattiesen«, raunt er, »Sie sehen doch, was hier los ist. Ich muß das Haus in Ordnung bringen. Meine Bärbel –«, er blickt zu ihr hin, »– meine Bärbel ist . . . ist so ungeschickt. So verwöhnt. Saubermachen und Abwaschen ist nicht ihre Stärke. Sie denkt – äh, wie 'n Kind, das regelt sich alles von selber. Dafür kann sie nichts. Sie ist so erzogen.«

»Erzogen?« fragt Olga höhnisch. Sie würde am liebsten hinzufügen: »Deine Bärbel ist debil, stinkefaul und genußsüchtig.« Aber das verkneift sie sich.

»Nun hatte ich da eine Idee«, fährt Hinnerksen flüsternd fort.

»Um mein Geschäft wieder in Schwung zu bringen, engagiere ich'ne Tageshilfe, die alles in Schuß hält. Eine Wirtschafterin. Ich habe gestern bei Asmussen schon Kontakte geknüpft. Da ist eine, die sich erst mal hier umsehen will, bevor sie zusagt.«
»Aha!« Olga begreift. »Und damit diese . . . künftige Hilfe nicht gleich wieder rückwärts rausfällt, beseitigt ihr den gröbsten Dreck? Wer ist denn die Ausersehene?«
»Die Thea Knohl«, erwidert Hinnerksen.
»Die Klatschtante?« Na, das paßt. Das paßt in doppeltem Sinn.
»Es heißt aber, sie ist tüchtig, wenn sie ihr Geld kriegt«, verteidigt der Kräuterdoktor seine Wahl. »Und es ist doch nur vernünftig, daß ich von Bärbel nichts Unzumutbares verlange.«
»Da magst du recht haben«, murmelt Olga – mit Blick auf Hinnerksens Bärbel, die in schweigendem Groll einen Schrank bearbeitet. Der Kräuterdoktor schaut irritiert über die Schulter und stößt einen Schrei aus.
»Nicht doch mit Scheuerpulver an das Mahagoniholz. Oh, Schatz, du bist ja ganz durcheinander!« Er entreißt ihr den Lappen. »Am besten, du machst 'ne Pause. In der Küche ist noch Kaffee in der Wärmekanne. Geh und ruh dich aus.«
»Ja, mein Bärchen«, säuselt Bärbel. Sie geniert sich nicht im geringsten. Bevor sie mit wiegenden Hüften entschwindet, schenkt sie Olga einen huldvollen Abschiedsblick.
»Man darf ihr nichts übelnehmen«, erklärt der Kräuterdoktor belämmert. »Sie hat ihre Qualitäten. Menschlich, meine ich.«
»Menschlich!« wiederholt Olga. »Schön. Mich interessiert aber was ganz anderes. Du hat von dem Fall Pomack gehört?«
»Ja. Bitke sagte es mir. Kaum zu fassen. Aber ich war hier so beschäftigt –«
»Lebendig kannst du Pomack nicht machen«, unterbricht Olga. »Was ich wissen will: War Frau Pomack deine Kundin? Hast du ihr mal Kräutertee verkauft, vielleicht irgendeine Spezialmischung?«
Hinnerksen kratzt sich am Kopf. Er grinst trübe.

»Verkauft hab' ich ihr nichts. Sie wünschte was Ausgefallenes, was ich ... äh ... persönlich nicht nachempfinden kann. Sie wollte einen Tee, der potenzschwächend wirkt. Weil ihr Mann sie nie in Ruhe ließ ...«

»Das heißt, er hat sie sexuell überfordert?« fragt Olga geradezu.

»Den Eindruck konnte man haben, ja. Meine Kunden verlangen meist das Gegenteil, also stärkende Mittel. Darauf verstehe ich mich. Aber auf Potenzschwächung ist ja keiner aus ... Hm, ja, die arme, dünne Frau, da begreift man's vielleicht. Sie hat ja so schüchtern gefragt. Richtig rumgedruckst hat sie, bis ich selber draufgekommen bin.«

»So. Und wer kann das ausgequatscht haben?« bohrt Olga.

»Ja ... äh –« Der Kräuterdoktor guckt schuldbewußt. »Das habe ich wohl dem Schintz gesagt – oder wem. So aus Jux. Objektiv ist es ja auch komisch, oder?«

»Sehr komisch!« erklärt Olga ohne Humor. »Also 'ne Giftmischung hat sie jedenfalls nicht verlangt?«

»Bewahre!« ruft der Kräuterdoktor entsetzt. »Wer behauptet denn so was? Will mir jemand an meinen Job? Das ist Verleumdung! Das ist –«

»Schon gut«, sagt Olga. »War ja nur 'ne Frage. Weiter nichts. Viel Glück mit deiner Haushaltshilfe!«

Olga Mattiesen klettert wieder hinters Lenkrad ihres Rovers. Sie ist nicht klüger als zuvor. Frau Pomack fühlte sich überfordert. Vier Kinder – und ein zügelloser, kraftstrotzender Mann. Anlaß zu Spekulationen. Schlüsse lassen sich daraus nicht ziehen. Es bleibt bei dem, was »alle Welt« schon wußte.

Pomacks Tod wirft nachhaltige Schatten auch über die Praxis des Landarztes. Als am Dienstag der Borsberger Anzeiger den Bericht bringt: »Ein blutiger Irrtum? Frau erschießt Ehemann!«, unterhalten sich die Patienten im Warteraum nicht mehr über ihre Krankheiten. Das einzige Thema ist der tödliche Vorfall in der Fabrik.

Zwischen zwei Untersuchungen beschwert sich die Arzthelferin

Britta bei Karsten: »Herr Doktor, die Doris ist total genervt. Sie hört da draußen nur immer Pomack, Pomack, Pomack! Jeder dritte will von ihr wissen, wie Sie die Sache beurteilen, weil Sie doch in der Nacht am Tatort waren!«
»Jetzt reicht's!« brummt der Doktor. Er reißt die Tür zum Warteraum auf und sagt mit unmißverständlicher Schärfe: »Dies ist keine Nachrichtenbörse, sondern eine Praxis. Informationen gibt's auf dem Markt und nicht auf Rezept. Wer an Neugier leidet, soll zum Hellseher gehen!«
»Das war aber zu grob«, meint Britta erschrocken. »Bestimmt sind jetzt einige verärgert.«
Im Gegenteil. Mattiesens Reaktion scheint nur zu bestätigen, daß er mehr weiß als alle anderen. Niemand geht. Es wird weiter spekuliert, wenn auch im Flüsterton.
Am Mittwoch spricht es sich in Stadt und Land herum: »Frau Pomack ist frei.«
Beim Abendessen berichtet Olga dem Doktor und Annemarie, was sie als Bürgerschaftsverordnete in Erfahrung gebracht hat: »Die Einbruchsversion konnte man nicht widerlegen. Vor allem hielt man ihr die Verwirrung infolge von Schlaftrunkenheit zugute. Auch aus den beiden älteren Kindern war nichts rauszukriegen. Bürgermeister Schultes meinte, daß Pomack in seinem Suff möglicherweise das Fenster eingeschlagen hätte, wäre es nicht offen gewesen.«
»Das walte Gott«, murmelt der Doktor.
»Was wird denn nun aus der Familie?« fragt Annemarie. »Darf Svenja weiter aufs Gymnasium?«
»Es ist eine Übergangslösung geplant«, sagt Olga. »Hanusch beläßt der Familie die Wohnung. Er will auch sehen, ob er die Frau in Heimarbeit mit Bürokram versorgen kann. Aber auf Dauer ist das kein Zustand . . .«
Eine Weile herrscht Schweigen. »Fragt sich«, beginnt Karsten unvermittelt, »was auf Dauer *überhaupt* ein Zustand ist. Wo, zum Beispiel, steckt Eike?«

»Bei seiner schönen Tischlerin«, erwidert Olga. »Sie hat sich ihm in die Seele gehobelt. Ich denke, dir gefällt Vroni?«
»Sie ist nicht das Problem, Mutter. Eike hat noch keine Ferien. Er sollte sich ein Beispiel an Kerstin nehmen.«
»Frauen sind von Natur aus ehrgeiziger als Männer«, nimmt Olga ihren Enkelsohn in Schutz. »Sie trennen Persönliches besser von Beruflichem.«
»Danke!« lächelt Annemarie. »Ich nehme das auch als Kompliment für mich.«
»Du bist eine Ausnahme«, behauptet die Schwiegermutter. »Jedenfalls ist das bei dir nicht so deutlich. Dein ganzes Gesicht besteht aus Stirnfalten. Ein Zeichen, daß deine Gedanken noch in deiner Schule sind.«
»Wäre das so absurd?« Annemarie erhebt sich. »Zufällig könnte ich ja auch mal Ärger haben! Oder haltet ihr das für euer Privileg? Entschuldigt mich, ich muß noch ein paar Hefte durchsehen.«
»Was hat sie denn?« fragt Karsten.
»Da bin ich überfragt«, entgegnet Olga. »Was Weltbewegendes ist es bestimmt nicht. So. Ich muß zu Hugo und Bea, meinen Aktionsplan Breckheide besprechen.«

Wenn Olga meint, es sei nichts Weltbewegendes, was Annemarie beschäftigt, so mag das stimmen. Für ihren Lehrerkollegen Dr. Schneider ist es das durchaus. Da ihn seine Frau betrügt, gerät für ihn die Welt, seine Welt, immer mehr aus den Fugen. Annemarie hat nicht die Absicht, Karsten und Olga mit Komplikationen aus ihrer Schulsphäre zu behelligen. Aber gerade diese Rücksichtnahme führt zu Spannungen und Mißverständnissen. Kerstins Verlobter wandte sich noch vor Pfingsten ratsuchend an Annemarie: Die Frau des Oberstudienrats Schneider zeigt sich immer häufiger mit dem Wirtschaftsprüfer Weber in der Öffentlichkeit. Erst haben die beiden ihre Zusammenkünfte auf das Areal von Bohms Golf-, Tennis- und Reitplätze beschränkt, ihrer Freundschaft nur eine »sportliche Note« gegeben. Für Beobachter

noch verständlich, denn der Lehrer gilt als Pedant und Stubenhokker, seine Frau dagegen als temperamentvoll, lebenslustig, abwechslungsbedürftig. Schneider war nur zu gern bereit, die Tatsachen zu ignorieren, ebenso die versteckten Anspielungen einiger Schüler. Als seine Frau sich schließlich mit Weber ganz ungeniert Arm in Arm im Ort zeigte, noch dazu in der albern-verspielten Attitüde »jungen Glücks«, wurde Schneider zum Gespött seiner Klasse. Es kam schneller zum Eklat, als Detlefsen und Annemarie geglaubt hatten. Freitag vor Pfingsten verschwand Schneiders Frau mit Weber aus Borsberg. Wie es hieß, »für immer«.
Am folgenden Mittwoch ist Oberstudienrat Detlefsen Zeuge eines Dialogs zwischen den 16jährigen Schülern Theo und Horst.
»Geflennt hat er, als seine Alte mit Weber abhaute«, weiß Theo zu berichten.
Worauf Horst meint: »Na und? Soll er sie sausen lassen. Meine Eltern sind auch geschieden.«
»Mensch, du Arsch«, bemerkt Theo, auf seine Weise um geistige Nachhilfe bemüht, »dein Vater wird nicht geflennt haben, wie Schneider. Dem grinsen die Leute auf der Straße nach!«
Peter Detlefsen beschließt, mit Annemarie den Fall zu besprechen. Aber noch am gleichen Vormittag gerät der Kollege Schneider in die Hölle der Schadenfreude seiner Schülerinnen und Schüler. Die Wortführer sind Horst, Theo und der »lange Günter«. Das Thema VON DER SIPPE ZUM STAAT scheint auf besonderes Interesse zu stoßen, was den Oberstudienrat Schneider trotz seiner Zerstreutheit etwas erstaunt. Aber das Schwerpunktbeispiel »Der afrikanische Kontinent in nachkolonialer Entwicklung« ist offenbar weniger gefragt. Theo, heute bestürzend eifrig, will das Sippenverständnis auch in Historie und Gegenwart Europas, Deutschlands und Schleswig-Holsteins behandelt sehen, nicht nur im Hinblick auf Afrika.
»Die Sippe als Vorform«, sagt Theo, »als Vorform des Staates und als dessen Rechtsträger . . .« Er spielt den gelehrigen Affen so gut, daß ihm die anderen hingerissen lauschen. Oberstudienrat

Dr. Schneider deutet das falsch – und schon sitzt er in der Falle.
»Die Familienverbände, die Heiratsordnung . . .«, fährt Theo fort.
»Wir gehen von der Sippe aus«, versucht der irritierte Schneider die Vokabeln ins Lot zu bringen. »Wirtschaft, Heer, Kultur . . .« Aber es ist zu spät.
»Ehe und Blutrache unter Sippengesetz«, ruft Horst. »Weiberraub und Ahndung. Animismus und abendländische Sitte. Der Einfluß starker Automobile auf die Statistik des Ehebruchs . . .«
Die Mädchen quietschen vor Lachen. Die Jungen johlen.
»Was soll das?« fragt Dr. Schneider bebend. »Ich möchte wissen, was das soll . . .!« Jäh ist die ganze Klasse still, denn der »lange Günter« meldet sich mit todernstem Gesicht.
»Der Staat übernimmt die Funktion der Gesellschaftsbildung«, sagt er. »Er fördert die Familie.«
»Nun, das sind Allgemeinplätze«, erklärt Schneider. »Ich will hören, was der moderne Staat an Sippenwerten zwangsläufig enthält.«
»Die Ehe als Wille und Vorstellung«, grinst Theo.
Wieder tobt die Klasse vor Vergnügen. Das ist zuviel für den bereits schwer angeschlagenen Lehrer. Er hätte von Anfang an auf der Hut sein sollen, hätte mit Standfestigkeit, Kälte und ausweichendem Spott reagieren müssen. Dazu ist er nicht der Mensch. Er ist schwach, er besitzt keine natürliche Autorität. So steht er da mit zitternden Lippen, dem Zusammenbruch nahe. Und er weiß sich keinen anderen Rat, als aus dem Klassenraum zu fliehen.
Als Annemarie Mattiesen aus dem Lehrmittelraum kommt, steht Schneider am Flurfenster, aufgelöst, den Kopf gesenkt, wie ein Kind von Kummer geschüttelt. Sie hört ein Johlen und Kreischen hinter der geschlossenen Klassentür. Detlefsen hat nicht viel Zeit gehabt, mit ihr über die Zuspitzung der Lage zu sprechen. Doch was sie sieht, genügt ihr. Das Hohngeschrei der Schüler ist nur die Bestätigung.
»Herr Kollege . . .?« spricht sie den Verzweifelten an. Schneider wendet ihr sein Gesicht zu. Wahrhaftig, er weint. Mühsam, unter

Schluchzen, behauptet er: »Es ist ... ist ... schon alles ... in Ordnung, Frau Mattiesen ...«
»In Ordnung?« Annemarie ist zumute, als müsse sie nach Luft schnappen. In Ordnung! Und da steht der bejammernswerte Mann, haltlos, fahrig, nicht mehr Herr über sich selbst. Sie deutet auf die Klassentür: »Ist das das Echo auf Ihr Problem?«
Schneider nickt. Er bringt kein Wort mehr heraus.
Annemarie findet den Gedanken unerträglich, daß irgend jemand – ein Lehrer oder der Hausmeister – den Mann so sehen könnte. »Herr Kollege«, beginnt sie hastig, »das ist schlimm für Sie. Ich weiß. Ich ... ich kann's Ihnen ja nachempfinden. Aber vielleicht sollten Sie doch etwas mehr Haltung ...« Sofort merkt sie, was für einen Unsinn sie redet. Der Mann hat kein Rückgrat. Es ist purer Hohn, ihm ausgerechnet »Haltung« zu empfehlen. Alles mögliche schießt ihr durch den Kopf. Sie hat heute keinen Unterricht mehr. Schneider gehört zu Karstens Patienten. Soll sie ihn einfach mit auf den Mattiesenhof nehmen? Aber ebenso rasch verwirft sie diese Idee. Seelische Brüche hat Karsten nachgerade genug. Und mit einer Beruhigungsspritze ist Schneider nicht geholfen.
»Okay«, sagt sie kurz entschlossen, »reden wir später über alles. Dann gehen Sie jetzt nach Hause. Ich übernehme den Rest Ihrer Stunde. Nachher schaue ich mal bei Ihnen vorbei.«
Schneider nickt. »Sehr freundlich von Ihnen«, murmelt er. Die Zusprache scheint ihn ein wenig aufgerichtet zu haben, wenigstens insoweit, als er ihren Rat befolgt. Er wird bestimmt nach Hause gehen. Und in Ermangelung eigener Initiative wird er geduldig auf die Kollegin warten ...
Annemarie aber reißt sich innerlich zusammen und betritt Schneiders Klasse. Schülerinnen und Schüler schweigen abrupt, allerdings weniger aus Respekt als aus Neugier.
»Was will denn die hier?« fragt der »lange Günter«.
Theo grinst: »Das ist wohl Schneiders Neue?«
»Über Schneiders Alte habt ihr euch inzwischen genug die Mäuler

zerrissen«, kontert Annemarie. Im Ton der Beschwerde meldet sich Melanie Wilms: »Wir haben keine Mäuler, bitte sehr!«

»Aber Zungen habt ihr«, sagt Annemarie. Sie weiß, daß sie auch den geringsten Anschein von Unsicherheit überbrücken muß. Es ist ihr alles andere als wohl zumute. Doch sie darf sich nichts, gar nichts anmerken lassen. Schadenfrohe Schüler sind wie eine einzige, gnadenlose Bestie. Was die brauchen, ist keine Lehrkraft. Die brauchen eher eine – Dompteuse.

»Ihr habt doch schon mal was von demokratischer Solidarität gehört?« fragt sie kalt. »Und davon, daß Demokratie in der Gemeinde beginnt, in der kleinsten Ordnungsform des Zusammenlebens?«

»Alte Hüte!« murmelt Horst. »Das lernt man im Kindergarten.«

»Ach!« Annemarie tut erstaunt. »*Daß* man es lernt – noch dazu bereits im Kindergarten –, das weißt du noch. Aber was es bedeutet, hast du vergessen! Und alles, was dazu gehört: Achtung des anderen, Hilfsbereitschaft, Toleranz.«

»Schöne Worte«, spottet Theo. »Ich möchte wissen,was ich mir für Toleranz kaufen kann.«

»Zum Beispiel meine Anerkennung«, sagt Annemarie. »Bei der charakterlichen Bewertung im Zeugnis fällt das ins Gewicht. Die Quittung für sein Verhalten kriegt sowieso jeder, ob in der Schule, ob in der freien Gesellschaft. Wenn du ein unsozialer Typ bist, meiden sie dich sogar im Mannschaftssport.«

Die Klasse ist jetzt still, sie weiß nicht, worauf die Lehrerin hinaus will.

»Schadenfreude mag sehr belebend sein«, fährt Annemarie fort. »Aber weniger für den, den sie trifft. Ihr macht euch über euren Lehrer lustig, weil seine Frau ihn verlassen hat. Sein Verhalten findet ihr komisch.«

»Von Ausflippen und Durchdrehen steht nichts auf dem Stundenplan«, murrt der »lange Günter«.

»Aber auch nichts von Wiehern und Kreischen«, schlägt Annemarie zurück. »Wir sind hier weder in einem Pferdestall noch in einer

Volière. Wie alt seid ihr denn? Anders gefragt: Hat einer von euch schon mal seelisch so richtig flachgelegen?«
Einige sehen sich verstohlen zu Georg Harmsen um.
»Na und?« trumpft Georg auf. »Das is' keine Verschlußsache. Das weiß jeder, daß ich wegen 'nem Mädchen 'ne Alkoholvergiftung hatte. Stand ja in der Zeitung. Ja ... ich war am Boden zerstört. Aber ich bin kein Lehrer.«
»Ach! Lehrer dürfen nicht am Boden zerstört sein?« fragt Annemarie. »Lehrer sind keine Menschen?«
Wieder meldet sich Melanie Wilms: »Frau Mattiesen, Sie brauchen uns nicht moralisch zu kommen. Kopfwäsche mach' ich mir allein. Dazu brauch' ich keine Friseuse.«
»Als Friseuse kann ich dir allerdings nicht dienen«, lacht Annemarie. »Lieber Himmel, du würdest dich nicht wiedererkennen. Aber wenn du deine moralische Kopfwäsche selber machst – um so besser.«
»Ich meinte nur«, sagt Melanie, hochrot im Gesicht, »daß Lehrer Menschen sind, wissen wir.«
»Auf einmal? Oder gilt das nicht für den Kollegen, dem die Frau untreu geworden ist? Horst, was meinst du?«
»Na ja ...« Horst schaut unbehaglich drein. »So gesehen, hat Melanie recht.«
»Und ich nicht?« insistiert Annemarie.
»Sag' ich doch!« behauptet Horst. »Sie halten uns wohl für Babys? Übrigens haben wir's nicht so gemeint. Was können wir dafür, daß Dr. Schneider so'n Schwachmann ist?«
Annemarie merkt: Die Klasse tritt den Rückzug an. Sogar Theo scheint sich zu genieren. Der »lange Günter« murmelt: »Fehlt nur noch die Hausaufgabe: ›Seid nett zueinander‹!«
»Die erspare ich euch«, sagt Annemarie burschikos. »Für diesmal – und, so hoffe ich, für immer. Damit wär' der Punkt wohl abgehakt.«
Uff! Ein leichter Sieg war das nicht.
Gleich nach der Schule fährt Annemarie die paar hundert Meter

zum Wilhelm-Busch-Bogen, wo Dr. Schneider in einem der kleinen Flachbungalows wohnt. Es ist das erste Haus an der Straße, neben dem Max-und-Moritz-Brunnen. Sie stellt ihren Wagen hinter den des Kollegen und blickt in den Garten. Man sieht schon von außen, daß da jemand haust, dessen Anteilnahme an der Umwelt erloschen ist. Die Frau ist seit fünf, sechs Tagen weg, und schon sind die Rabatten welk. Der Boden ist hier sehr trocken, die angepflanzten Blumen (ausgerechnet Vergißmeinnicht und Liebestulpen) brauchen Wasser. Frau Sybille Schneider wird aber wohl schon länger kein Interesse am »trauten Heim« samt Gärtchen gehabt haben. Die Tür steht offen, ebenso der Eingang von der Terrasse her.

»Herr Dr. Schneider . . . ?« meldet sich Annemarie.

Keine Antwort. Sie geht über die Fliesen und späht durch die Glaswand. »Herr Schneider . . . ?« Als sich immer noch nichts rührt, tritt Annemarie durch die Terrassentür. In dem kombinierten Wohn-Schreib-Eßzimmer sieht sie die bekannten Einrichtungselemente: Tisch und Stühle, Anbauschränke, Musikgeräte, Polstergarnitur, Arbeitsecke mit Bücherwand, und die üblichen Grünpflanzen. Alles ganz hübsch, aber unpersönlich. Auf dem Sofa liegt – die Beine hochgezogen wie ein Kind – der Kollege Schneider. Er scheint zu schlafen. Sein Gesicht wirkt grämlich, als hätte er Hiebe gekriegt und sei von seiner Mama strafweise zu Bett geschickt worden. Es fehlte nur, daß er am Daumen lutschte.

Annemarie seufzt. Wie soll sie diesem Menschen helfen? Der steckt, denkt sie, wahrhaftig noch in seinen Kinderschuhen. Aber die leeren Flaschen auf dem Couchtisch und am Boden sind keine Milch-, sondern Weinflaschen. Das alarmiert sie. Schneider wird doch über Pfingsten nicht nur gesoffen haben? Sie läuft in die Küche. Daß er was gegessen hat, wenn auch wahllos und unregelmäßig, beweist das Durcheinander von aufgerissenen Verpackungen und angebrochenen Dosen. Wieder im Wohnraum, schiebt sie den Couchtisch und die klirrenden Flaschen beiseite, beugt sich über den Kollegen und rüttelt ihn.

»He, Herr Schneider! Ich bin's! Annemarie Mattiesen!«
Der Mann schlägt die Augen auf, blickt sie benommen an und murmelt Unverständliches. Langsam kommt er zu sich und rappelt sich hoch. Indem er seine Schuhe sucht, erklärt er verlegen: »Entschuldigung ... Ich habe ein Beruhigungsmittel genommen ... Ich kann seit ... seit ... nicht mehr schlafen ...«
»Seit Ihre Frau weg ist«, sagt Annemarie schonungslos. »Ja. Seit sechs Tagen, schätze ich. Aber Alkohol und Tabletten lösen keine Probleme. Ihr Zusammenbruch in der Schule wundert mich nicht. Daß Sie sich überhaupt auf den Beinen halten konnten!«
Er sieht ihren Blick auf die leeren Flaschen. »Es war nur leichter Wein. Kein Tropfen Schnaps.«
»Trotzdem. Ich mache uns jetzt einen starken Tee.«
Der Mann bleibt apathisch sitzen, während Annemarie in der Küche hantiert. Als sie mit dem Tablett zurückkommt, sieht er auf. Mit der Miene eines geprügelten Hundes meint er: »Lieb von Ihnen.«
Sie stellt das Geschirr zurecht, gießt ihm eine Tasse ein, bedient sich selber. Alles mit dem Anschein sachlicher Geschäftigkeit – und sie bemerkt beiläufig: »Ihre Klasse wird keinen Terror mehr machen.«
»Was spielt das für eine Rolle?« erwidert Schneider.
»Eine wesentliche. Oder wollen Sie bis in alle Ewigkeit auf dem Sofa vor sich hin grübeln? Ihr Beruf muß Sie doch motivieren!«
»Ich bleibe nicht hier.«
»Wo wollen Sie denn hin?« fragte Annemarie.
Schneider zuckt die Achseln.
»Stellen Sie sich! Stellen Sie sich den Tatsachen!«
Schneider setzt seine Tasse ab. Er glaubt wohl, sich verhört zu haben. »Waaas soll ich?«
Annemarie sieht diesen hilflosen, ratlosen Mann, einen äußerlich ansehnlichen Typ mit offenem, eher zum Lachen, zum Optimismus geschaffenen Gesicht. Er hat durchaus etwas Anziehendes, könnte liebenswürdig, sogar liebenswert wirken. Sein Naturell,

möchte man denken, taugt nicht für den Schatten, in den er sich so beharrlich zurückziehen will.
»Ich weiß, es ist alles banal, was ich sage«, beginnt Annemarie wieder. »Aber – na ja, hart genug, wenn einem ein Partner wegläuft. Wie sieht das die Mitwelt? Das ist doch ein Hauptpunkt Ihres Problems. Es ist so ziemlich das letzte, als Zielscheibe des Spottes herumzulaufen.«
»Sie sagen es«, murmelt Schneider. »Ich komme mir vor... wie... wie ein ausgestopfter Affe. Die Leute tuscheln, wenn sie mich sehen. Was in der Schule los war, haben Sie erlebt. Gut, Sie meinen, da ist die Lage entschärft. Was nützt das? Wie steh' ich vor den Nachbarn da? Ich wage mich ja kaum auf die Terrasse!«
»Verstecken ist das Albernste, Unwürdigste«, meint Annemarie lebhaft. »Ist etwas Kriminelles geschehen? Nein! Nur das, was alle Tage vorkommt. Also hören Sie auf, sich zu schämen. Verkriechen Sie sich nicht länger. Die Leute haben es bald satt, über Sie zu tuscheln. Was schauen Sie mich so an? Leuchtet Ihnen das nicht ein?«
Fahrig, nervös sagt Schneider: »Schon. Ja. Aber... aber ich hoffe, daß sie wiederkommt, meine Frau...«
»Was?« Annemarie starrt ihn an. Von Detlefsen und seiner Mutter weiß sie, wie es um Sybille Schneider und ihren Freund bestellt ist. Erst recht der Betroffene mußte wissen, daß selbst die Spur einer Hoffnung vergebens wäre. Aber Schneider klammert sich an die Vergangenheit.
»Sybille hat sich um mich bemüht, damals, vor zwölf Jahren. Ich hatte nur oberflächliches Interesse, aber... aber es wuchs mit der Zeit. Sie war es, die Geduld bewies. Es klingt platt, wenn ich von leidenschaftlicher Liebe rede ... Und doch ... Warum, Frau Mattiesen, sollte sie mich einfach aus ihrem Leben streichen, nach allem...? Nein, nein. Sie wird zur Besinnung kommen.«
»Das hoffen Sie allen Ernstes?« fragt Annemarie. »Und wo soll sie sich besinnen, meinen Sie? In den Armen ihres Liebhabers?«
»Wenn Sie hier sind, um mir allen Mut zu nehmen...«

»Im Gegenteil, Herr Kollege. Sie müssen sich von Illusionen trennen. Das ist der Punkt. So. Und nun setzen wir uns in den Garten. Nachher will ich sehen, was ich Ihnen zu essen machen kann. Ich hab' heut sowieso nichts weiter vor!«

Am gleichen Nachmittag hat Dr. Karsten Mattiesen einen Termin in Glücksburg. Der Ehrenpräsident des Ärzteverbandes, Professor Niebich, begeht seinen 90. Geburtstag. Aus diesem Anlaß ist eine Gratulationscour im Nordstern-Hotel vorgesehen. Die Veranstalter wollen den Akt auf kurze Anwesenheit der Gäste beschränken und die Feier danach der Familie und den Freunden überlassen. Das heißt, daß Karsten die von Olga georderten Blumen mit Visitenkarte abzugeben und dem Jubilar in einer Reihe sich schiebender Kollegen ein paar respektvolle Worte zu sagen hat. Die Ehrungen seitens der Regierung samt Streichquartett, Ordensverleihung und Ansprachen haben bereits am Vormittag stattgefunden.
Der Landarzt präsentiert sich nachmittags in einem grauen Anzug der Apollo-Milano-Création, bei dessen Wahl Annemarie Pate gestanden hat, so daß seine Patienten »aus dem Busch« ihn kaum wiedererkennen würden. Er fühlt sich mit Schlips und geschlossenem Kragen nicht behaglich. Das Wetter ist heute richtig ferienhaft. Der Himmel zeigt sich ausnahmsweise fast wolkenlos; ein Tag, um in Jeans und Sporthemd angeln zu gehen... Aber das Jubiläum kann er nicht ignorieren, so sehr er solche Halbherzigkeiten auch hassen mag. Am Vormittag hat es Ärger gegeben. Die Kasse beanstandete gleich drei Abrechnungen auf einmal. Einen starrsinnigen Patienten ist er losgeworden, weil der sein Magengeschwür »nach Art seiner Tante« mittels einer Pfefferkur heilen wollte. »Dann gehen Sie doch gleich dahin, wo der Pfeffer wächst«, hatte der Doktor ihn achselzuckend beschieden. Auch sonst war die Sprechstunde kein Honiglecken. Dazu das familiäre Durcheinander... Nein, Karsten würde den Nachmittag lieber »schwänzen«, zumal er sich in den zurückliegenden Pfingstfeier-

tagen kaum eine Stunde Ruhe gegönnt hatte. Mißgestimmt, zunehmend nervös, sucht er vor dem Glücksburger Nordstern-Hotel einen Parkplatz. Er entdeckt eine Lücke, doch die hält eine Frau mit Hund besetzt, um einen anderen Wagen einzuweisen.
»Sehen Sie denn nicht . . . ?« ereifert sich die Dame, während die Dogge ihre Zähne zeigt.
»Ja, ja«, brummt Karsten. »Ich sehe, ich sehe.« Was er aber nicht sieht, ist eine Lücke für sein eigenes Auto. Endlich findet er eine. Er setzt ein Stück zurück und meint, in den Zwischenraum hineinzukommen. Ratsch – streift er ein Sportcabrio. Der Fahrer steigt aus und herrscht ihn an: »Glückwunsch! Gerade den Führerschein gemacht?«
»Wohl eher Sie«, erwidert Mattiesen. »Sie stehen gut einen Meter außerhalb der Markierung.«
Der andere nimmt seine goldgerandete Sonnenbrille ab. »Sehen Sie nicht, daß der Nebenmann auch einen Meter drübersteht?«
»Was geht mich der Nebenmann an?« Karsten zwängt sich aus dem Wagen und reckt sich zu voller Größe. Die beiden mustern einander. Plötzlich verändert sich die Miene des Cabriofahrers. Ungläubig starrt er Karsten an, ein Strahlen erhellt sein Gesicht: »Sind Sie . . . bist du nicht der Mattiesen? Karsten Mattiesen . . . ?«
»Raab! Moritz Raab!« ruft Karsten.
Im nächsten Moment umarmen sich die beiden Herren mit heftigen Schulterschlägen und lautem Gelächter.
»Alter Junge!« schreit Raab. »Das gibt's doch nicht! Du warst der lustigste Vogel auf der Uni! Erst neulich hab' ich zu Susanne gesagt –« Er unterbricht sich. »Wo kommst du her? Afrika?«
»Ist das 'ne Diagnose?« grinst Karsten. »Dann bist du durchgefallen. Ich praktiziere nicht weit von hier. Und du?«
»Am Ort!« lacht Moritz Raab. »Hier in Glücksburg! Hab' meine Praxis direkt an der See. Mensch, so was Irres! Was machen wir jetzt? Du mußt mir unbedingt erzählen, was du die ganze Zeit getrieben hast. Verheiratet? Geschieden? Gestrandet? Am besten wir gehen –«

»Wir gehen erst einmal zum Jubilar und machen dort unseren Diener«, schlägt Karsten vor. »Du bist doch auch zum 90. hier? Also rein! Dann sehen wir weiter.«
Das Gedränge im Hotelparterre ist erwartungsgemäß so dicht, daß man Mühe hat, zum Sessel des Gefeierten durchzudringen. Mattiesen und Raab deponieren ihre Blumen auf einem Gestell in der Halle, das bereits einer Pyramide gleicht, und tragen sich in das Gästebuch ein. Außer der Hauptperson, die in erhabener Ruhe die Glückwünsche entgegennimmt, sind einige Kolleginnen und Kollegen zu begrüßen. Doch die Fülle ermöglicht einen raschen Rückzug.
»So!« sagt Dr. Raab aufatmend. »Nun zum gemütlichen Teil. Ich zeige dir meine Praxis, und dann trinken wir da einen prima Kaffee. Parkschwierigkeiten gibt's bei mir garantiert nicht! Du kannst mir also ruhig nachfahren!«
Raabs Wirkungsstätte, das »Institut Seeblick«, liegt hinter einem Wall gepflegter und gartenarchitektonisch stilisierter Taxushekken. Es ist ein einzelnstehender Flachbau, der auf den ersten Blick ein Clubhaus sein könnte. Den Eingang flankieren zwei weißgelackte Anker, und an einer Fahnenstange weht der Kronenstander des königlich-dänischen Yacht-Clubs.
»Wir signalisieren hier Exklusivität, Optimalität, Aktivität«, lächelt Raab. »Wer zu uns kommt, den weht die Frische der Gesundheit an.« Ein spiegelblankes Schild verkündet:

KURÄRZTLICHE PRAXIS

Dr. med. Moritz Raab, Internist
Dr. med. Hannes Baier, Chirurg
Dr. med. Charly Fux, Facharzt für Allgemeinmedizin

Ein älterer Mann, den Raab jovial als »Gartendirektor und Burghauptmann« vorstellt, öffnet das Haustor. »Keine Vorkommnisse«, meldet er ernsthaft. Raab braucht Mattiesen nicht erst zu

sagen, daß der Mann Millionenwerte zu bewachen hat. Das Institut, so, wie er es einschätzt, verfügt über neueste medizinische Spezialgeräte.
»Tja, wenn man mit einem goldenen Löffel im Mund geboren ist, muß man damit umgehen können«, sagt Raab in seiner leichten Art. »Auf der faulen Haut hab' ich nie gelegen. Natürlich hatte ich auch Glück...«
Er zeigt Karsten die Räume für Tomographie, Nuklearmedizin, Unterwasserbehandlung, Rehabilitationstherapie, die Labors sowie den kleinen OP für ambulante Chirurgie. Karsten sieht, daß hier auch die letzten Schlacken der Improvisation ausgemerzt sind. Dr. Moritz Raab mag sich lässig geben, doch sein Instrumentarium beherrscht er – das ist zu spüren.
»Was meinst du, wie es morgen hier aussieht«, sagt er, als er Karsten das luxuriöse Wartezimmer zeigt. »Meine Patienten sind weit voraus terminiert, aber einen leeren Sessel findest du hier nie. Und was die Behandlung so angenehm macht...« Er grinst: »Die meisten messen unsere Mühe an der Höhe der Liquidation.«
»Mit anderen Worten, deine Praxis ist eine Goldgrube.« Karsten lächelt.
»Könnte man sagen«, nickt Raab. »So, und das ist mein Vorzimmer. Vielmehr, das Büro.« Der Raum gleicht eher einer kleinen Computerzentrale. Monitore, Matrixdrucker, Solarrechner, Dataphon und Wandregalomate haben die »steinzeitliche« Papierwirtschaft mit ihrem wirren Drum und Dran verdrängt. (An den Schreibtisch im Sprechzimmer auf dem Mattiesenhof darf Karsten nicht denken.) Doch vollautomatisch läuft selbst in Raabs Büro nicht alles, denn vor einem PC arbeitet – in dezenter sportlicher Farbharmonie – eine junge, äußerst attraktive Frau. »Susanne« nennt sie der Chef.
»Susanne, das ist Karsten Mattiesen, ein Studienkollege von mir. Wir haben uns zufällig vorm Nordstern getroffen.«
»Und wie wir uns trafen! Blech an Blech«, fügt Karsten grinsend hinzu. »Unsere Begrüßung war zugleich eine Beschimpfung.«

Susanne amüsiert sich, als sie Näheres hört. Sie reicht Mattiesen eine schlanke kühle Hand. Sie strahlt ihn aus wunderschönen klaren Augen an; das scheint der eingelernte »Seeblick-Instituts-ausdruck« zu sein. Oder? Karsten, der doch ein ansehnlicher Mann ist, groß, breitschultrig, sonst immer locker in seinen Bewegungen – er kommt sich hier frustriert vor.
»Machst du uns einen Kaffee, Susanne?« fragt Raab. Ohne die Antwort abzuwarten, lotst er den Gast ins Panoramazimmer. »Mein Reich. Setz dich. Einen kleinen Cognac trinken wir doch? Und nun erzähl mir von deiner Praxis in . . . in . . .«
»Dreekels«, hilft Karsten. »Das gehört mit Deekelsen und ein paar anderen Nestern zu Borsberg.« Er blickt hinunter aufs Meer, auf den gepflegten Badestrand, das Kasino, die Marina mit den tollen Booten. »Ein paradiesisches Plätzchen, Moritz. Gratuliere! Hier regeneriert sich auch der Arzt.«
»Prost«, lacht Raab. »Aber einer meiner Kompagnons findet's in Lugano schöner. Dr. Fux hat uns verlassen. Zur Zeit schmeiße ich den Laden mit Dr. Baier allein. Natürlich habe ich ein halbes Dutzend Helferinnen. Sag mal – hattest du nicht 'ne große Praxis in Hamburg?«
Karsten bestätigt. »Ich habe dann die Klitsche meines Vaters, den Mattiesenhof, übernommen.«
Raab stellt sein Glas ab. Er öffnet die Goldknöpfe seines wappengeschmückten Blazers und lehnt sich zurück. »Hof . . .?« fragt er gedehnt. »Mattiesenhof . . .? Das klingt so . . . so nach . . . nach Kuhstall! Wie sagtest du? Dreekels? Was hast du da für Patienten? Ja, ja, Kranke sind Kranke. Von der ärztlichen Moral her gesehen . . . Aber liegt das nicht doch unter deinen Fähigkeiten? Ich meine, deine Entfaltung –« Er schweigt, denn Susanne tritt mit dem Kaffeetablett ein. Wieder mustert sie Karsten freundlich-abschätzend, diskret, versteht sich, mit verhaltener Neugier. Ihr Lächeln ist entzückend. Und ihre Figur kann sich sehen lassen.
»Danke, Blümchen«, sagt Raab.
»Deine Frau?« fragt Karsten beeindruckt.

»Weil ich sie Blümchen nenne? Sie heißt Blume, Susanne Blume. Nein, nein, ich bin nicht verheiratet. Und du?«
Mattiesen berichtet von seiner Familie, seinem beruflichen Umfeld, seinen alltäglichen Problemen.
Raab legt die wohlgeformten Fingerspitzen aneinander. »Das bringt mich auf die Kernfrage zurück. Was du da in . . . in – na, egal, also was du da zu tun hast, könnte dir jeder Wald- und Wiesenarzt abnehmen. Jeder Anfänger. Da bist du doch überqualifiziert! Gesellschaftlich nicht ausgelastet! Entschuldige, ich will Landarztpraxen nicht herabsetzen, aber diese Schinderei! Ohne Idealismus ist das doch gar nicht zu schaffen!«
»Nee«, sagt Karsten trocken.
»Und du möchtest nicht raus?« fragt Dr. Raab. »Willst du ewig in dem Plumpsklo-Milieu bleiben?«
Mattiesen lacht. »Plumpsklo-Milieu? Na, das ist wohl übertrieben. In der Wildnis leben wir ja nun nicht mehr. Allerdings ist meine Praxis nicht annähernd so komfortabel wie deine.«
Dr. Raab erhebt sich. Er geht ein paarmal auf und ab. Plötzlich bleibt er vor Karsten stehen.
»Eigentlich«, beginnt er, »eigentlich schickt dich mir der Himmel. Ja, ja, grinse nicht! Ich mein's im Ernst! Wie ich dir sagte, fehlt mir ein fähiger Mitarbeiter. Kurz und gut: Willst du hier bei mir einsteigen?«
»Aber –«
»Kein Aber! Ich habe Bewerbungen genug. Mir liegt an einem, den ich von früher kenne. Mit dem mich was verbindet – wie zum Beispiel uns beide die gemeinsame Studienzeit. Es sei denn, du gibst zu, kein guter Diagnostiker zu sein.«
»Wenn ich das nicht wäre, könnte ich einpacken – als Landarzt.«
Raab nickt. »Davon geh' ich aus. Ich schlage vor, wir fahren ins Strandhotel und besprechen gleich alles Nähere beim Abendessen. Über die Konditionen läßt sich reden. Ich kann dir jedenfalls etwas bieten, und bereuen würdest du es nicht.«
»Davon bin ich überzeugt«, meint Karsten. Er steht auf. »Nett

von dir, Moritz. Du verstehst aber, daß so ein Entschluß nicht übers Knie zu brechen ist.«

»Ruf mich an und laß mir deine Karte da, falls ich nachhaken muß«, sagt Dr. Raab. »Hier hast du meine. Ich bin auch privat zu erreichen. Jederzeit, mein Lieber. Und überleg es dir gut. Du brauchst ja nichts zu überstürzen. Denk in aller Ruhe nach.«

Er drückt auf einen Knopf, worauf die attraktive Susanne erscheint: »Blümchen, ich habe noch mit Dr. Baier zu sprechen. Ich nehme an, es macht Dr. Mattiesen nichts aus, Sie heimzufahren. Ihr Wagen ist ja kaputt.«

»Und was machen unsere Blechschäden?« feixt Karsten.

»Ach, die paar Schrammen!« winkt Raab ab. Schick mir die Rechnung. Vor allem: Melde dich!«

Mit Susanne zur Seite fährt Mattiesen in Richtung Gelting. Sie macht keinen Hehl daraus, daß sie auf Anhieb Gefallen an dem stattlichen Landarzt gefunden hat.

»Dr. Fux war so'n richtiger Miesepeter«, plaudert sie unbefangen. »Er hatte viel auf dem Kasten. Aber Humor? Keine Spur. Ich bin froh, daß er weg ist. Finstere Gesichter können wir uns nicht leisten bei unserer Patientenschaft. Industrielle, Minister, Filmleute . . . ein Publikum, das Entgegenkommen gewohnt ist.«

»So, so«, sagt Mattiesen. Er muß daran denken, welches »Entgegenkommen« auch der letzte Kätner im Dreekelser Busch erwartet. Der alte Schäfer, der »Heidekönig« (der kaum lesen und schreiben kann), läßt sich nur ungern zu einem Doktor herab. Anspruchsvoll sind Landarztpatienten auch. Weiß Gott. Nur bezahlen sie nicht gerade mit Feingold!

»Hat Ihnen Dr. Raab ein Angebot gemacht?« erkundigt sich Susanne Blume.

»Sie fragen, als ob Sie in diesem Falle kündigen würden.«

»Ich soll wohl jetzt sagen: im Gegenteil?« Sie lacht. »Es ist selbstverständlich, daß einen der Neue interessiert. Das ist doch überall so. Das Arbeitsklima kann sich entscheidend ändern, wenn das Team schiefliegt.«

»Es wird sich eine geeignete Kraft finden«, meint Karsten. »Vorläufig bin und bleibe ich der Landarzt vom Mattiesenhof.«
Als sie vor Susanne Blumes Gartenhaus, am Rand von Gelting, angelangt sind, steigt Karsten mit aus.
»Hübsch haben Sie's hier«, sagt er ehrlich.
»Hübsch wär's, wenn ich Sie von den Vorteilen einer Luxuspraxis überzeugen könnte«, lächelt sie. »Mir und der übrigen Belegschaft ist es nicht gleichgültig, wer der dritte Mann bei uns wird. Ich sagte es schon. Das Institut bietet sogar internationale Chancen. Oder sind Sie überhaupt nicht ehrgeizig?«
»Doch, schon. Ohne Ehrgeiz ist auch 'ne Landarztpraxis nicht zu führen. Meinen Sie nicht?«
»Na ja.« Irrt sich Karsten? Oder liest er Enttäuschung in ihren Augen . . . »Es geht ja nicht darum, daß man eine große Yacht und ein Grundstück in Spanien haben muß«, meint sie. »Das begreife ich. Ich habe auch kein Recht, über das Finanzielle zu sprechen. Ich weiß nur, daß es bei uns keine Sorgen gibt, in *dieser* Beziehung. Aber das wird Ihnen Dr. Raab gesagt haben.«
»Hat er.«
Susanne zögert, als wolle sie noch etwas hinzufügen. Karsten spürt sehr deutlich, daß er ihr gefällt . . . daß sie merkt, wie sehr auch sie ihm gefallen könnte.
In der Haustür dreht sie sich noch einmal um und winkt. Er winkt zurück.

Der Gedanke an Susanne, an die Glücksburger Nobelpraxis und an Raabs Angebot hängt ihm nach, als er den Stadtrand von Borsberg erreicht. Natürlich sollte er das in umgekehrter Reihenfolge sehen, das heißt: zuerst das Angebot. Die Entfernung Glücksburg-Dreekels ist nur ein Katzensprung. Er brauchte nicht mal in Glücksburg zu wohnen. Auf alle Fälle müßte er eine Regelung finden, an den Wochenenden zu Hause zu sein. Er wird das gründlich mit Annemarie besprechen. Am besten gleich nach der Ankunft. Das Für und Wider muß genauestens erwogen werden ... Als er am Max-und-Moritz-Brunnen vorbeikommt, stutzt er und tritt auf die Bremse. In der Wilhelm-Busch-Straße sieht er Annemaries Auto. Auf seine ohnehin labile Stimmung fällt ein Schatten. Na schön, sie besucht jemanden, sicher die Eltern einer Schülerin oder eines Schülers. Aber er ist trotzdem ärgerlich, seine Neuigkeit zurückhalten zu müssen. So fährt er weiter, über den Markt, um das Rondell herum, hinaus auf den Alten Damm.

Gegen Raabs vornehmes »Drei-Ärzte-Institut« macht der Mattiesenhof ja doch einen kurios-ländlichen Eindruck. Unglücklicherweise hat sich der Himmel bezogen, Wind zaust Bäume und Büsche, schlägt den offenen Flügel der Stalltür hin und her, tristes Zwielicht hüllt die romantische Idylle in Trostlosigkeit. Das Wohnhaus – von Einheimischen das »Schlößchen« genannt – ähnelt eher dem Sitz eines Viehdoktors als dem eines Humanmediziners. So scheint es Karsten, der den mondänen Flachbau der Seeblick-Praxis vor Augen hat. Er ist abgespannt nach dem Streß der letzten Wochen, der Abstecher nach Glücksburg wirkt sich um so deprimierender aus, als er zu Vergleichen zwingt.

»Olga ...?« Keine Antwort.

Karsten tauscht seinen Anzug gegen Cordhose und Pullover und geht in die Küche. Dort umschnurren ihn die beiden Katzen. Er kann sich diese Tiere, so lieb sie ihm sind, nicht in Moritz Raabs kurärztlichem Institut vorstellen – beim besten Willen nicht. Er wird sich bewußt, daß er Hunger hat, und er ärgert sich, Raabs Einladung ins Hotel nicht angenommen zu haben. Er hätte ja auch mit Susanne Blume zu Abend essen können, irgendwo an der See, in einem hübschen Restaurant.

Ich bin ein Idiot, denkt er. Er macht sich im Stehen ein Brot zurecht und nimmt sich eine Flasche Bier aus dem Kühlschrank. Als er aus dem Fenster blickt, sieht er ein verirrtes Huhn gegen den Wind ankämpfen. Jetzt fehlte nur noch ein Besoffener, der das Doktorhaus für eine Kneipe hielte. Auch das ist schon vorgekommen.

Karsten hadert. Er hadert nicht gerade mit dem Schicksal, aber doch mit der Situation. Morgens hat er fünf Weiber im Haus: Annemarie, Olga, Frau Jürgens (die wieder selber kommt), Britta und Doris – mit Kerstin sind es manchmal sogar sechs Frauen, doch jetzt, wo er Ansprache braucht, ist niemand da. Und ausgerechnet heute hat man ihm nicht mal einen Teller hingestellt. Olga arbeitet mit ihrer Aktionsgruppe in der Breckheide, wahrscheinlich turteln auch Eike und Vroni da bei ihr herum, Kerstin dürfte in Hamburg sein. Annemarie dehnt ihre pädagogische Fürsorge bis in die Dämmerstunde aus.

Ein Durcheinander ist das! Wenn Moritz Raab ihn hier stehen sähe, ein Stück Brot in der einen, eine Bierflasche in der anderen Hand, zu Füßen die schnurrenden Katzen (vom Austragsgaul, dem Pony und der Ziege im Stall ganz zu schweigen), er würde mitleidig lächeln. »Ist das Milieu – entschuldige, alter Freund – nicht doch ein wenig unter Niveau? Ich biete dir Sicherheit, Ansehen, gehobenen Umgang und geregelte Arbeit bei hohem Verdienst ...« Karsten hat Susannes Stimme noch im Ohr: »... keine Sorgen in dieser Beziehung.«

Sorgen hat er in Dreekels natürlich auch nicht. Aber er muß so manche Schlacht am Schreibtisch schlagen. Oft ist die Korrespondenz mit den Kassen kleinlich, wenn nicht demütigend. Moritz Raabs Seeblick-Praxis dürfte dagegen mit einer versierten Anwaltskanzlei zwecks Eintreibung majestätischer Honorare liiert sein. Susanne Blumes Frage geht Karsten nicht aus dem Kopf.

»Hat Ihnen Dr. Raab ein Angebot gemacht?« Die Frage klingt nach. Die Antwort aber ...

Es regnet jetzt. Auf dem Hof bilden sich Pfützen. Und wer kommt denn da auf dem Fahrrad über die Brücke geschwankt? Olga! Olga von der Arbeit in der Breckheide. Patschnaß! Da holt sie sich in dem idealistischen Drange, Feuchtbiotope zu erstellen, jede Menge Krankheit an den Leib, von der Erkältung bis zur Hüftzerrung oder einem Bandscheibenvorfall. Wenigstens ihren Rover hätte sie benutzen können. Und wo steckt Eike, der doch auch ein

Auto hat? Aber nein, sie schindet sich mit dem Rucksack auf dem Buckel über matschige, holprige Wege, in Vaters alte Jagdjoppe gehüllt, Gummistiefel an den Füßen, eine unmögliche Ballonmütze auf dem Kopf: Wie ein Rollmops, den jemand durch den Dreck gezogen hat.
»Darf ich vorstellen? Meine Frau Mutter!« begrüßt Karsten sie, als sie zur Tür hereintritt.
»Ach, da bist du ja schon!« ruft Olga fröhlich. »Wir dachten, du würdest erst nachts von diesem Jubiläum heimkommen.«
»Das hab' ich gemerkt«, erwidert der Doktor mißmutig. »Kein Mensch zu Hause. Kein Essen auf dem Tisch. Annemaries Wagen parkt in der Stadt. Und du spielst Maulwurf in der Breckheide.«
»Es war herrlich«, schwärmt Olga. »Ha, die haben gestaunt, wie ich arbeiten kann! Was haben wir gebuddelt! Hanusch ist mit seinen Kipploren kaum nachgekommen. Und Bea und Hugo – alle Achtung! Er ist methodisch, sie nimmt's sportlich. Eike und Vroni konnten das Knutschen natürlich nicht lassen. Dafür war die Fußballmannschaft auf Zack. Auch der Hinnerksen, das muß ich sagen. Und Detlefsen hat Ausdauer!«
»Ich glaub's dir«, bremst Karsten. »Trotzdem würde ich dir raten, deine Wilddiebskleidung abzulegen. Sonst stehst du noch morgen hier, wenn die Patienten kommen.«
»Ja, ja, ich springe erst mal in die Wanne! Dann kriegst du Eier mit Speck.«
»Und ich mache Tee«, sagt der Doktor.
Eingehüllt in ihren warmen Hausrock, sitzt Olga später dem Sohn am Küchentisch gegenüber. Sie hört nicht auf, von der Arbeit in der Breckheide zu schwärmen. Als sie sich Tee nachschenkt, fragt sie unvermittelt: »Ist was?«
»Nein. Was soll sein?« erwidert Karsten mißmutig.
»Ich kenne dich doch. Du hast 'ne Kröte verschluckt. Passen dir meine Aktivitäten nicht? Oder ist es wegen Eike und Vroni? Scheint ernst zu sein mit den beiden.«
Der Doktor winkt ab. »Das Mädchen ist okay. Und beide sind

volljährig. Ihr seid alle volljährig, auch Kerstin, Detlefsen und du. Auch Annemarie, versteht sich. Ob's richtig ist, bis in die Nacht hinein Schüler und Eltern zu bemuttern, muß sie selber wissen.«
»Ach, ja ...«, erinnert sich Olga. »Detlefsen sagte, sie müßte sich um Oberstudienrat Schneider kümmern. Dem ist die Frau weggelaufen. Da wollte sie ihn trösten.«
»Waaas ...?«
Olga lacht. Olga lacht Tränen. »Also, das nenn' ich 'ne naive Reaktion, Karsten. Ich meinte nur, Schneiders Nerven schleifen am Boden. Er ist schließlich Annemaries Kollege.«
»Er ist auch Detlefsens Kollege«, sagt Karsten, den Teller zurückschiebend. »Soll *der* ihm doch Lockenwickler für seine Nerven ins Haar stecken. So. Ich gehe schlafen. Die Patientenliste für morgen ist lang.«
»Vielleicht solltest du zur Entspannung mal 'ne Stunde in der Breckheide mitarbeiten«, ruft Olga ihm munter nach.
»Ich bin geradezu versessen darauf«, brummt Karsten. Als er im Bett liegt, ziehen die Eindrücke der letzten Wochen und des vergangenen Tages an seinem geistigen Auge vorüber. Die nächtlichen Alarme drängen sich ihm auf, der ewige Ärger mit Heitmann, die Sache mit dem Briefträger Bittke, der Kräuterdoktor Hinnerksen und seine Schlampe. Und es will ihm vorkommen, als sei er als Landarzt Direktor einer Menagerie. Katzen in der Küche, ein Austragspferd, ein Pony und eine Ziege gleich neben der Praxis, ja: Vielleicht ist das im weiteren Sinne tatsächlich ein Plumpsklo-Milieu. Karsten liegt schon im Halbschlaf, als Annemarie aus dem Bad kommt. »Ich wollte kein Licht machen, wollte dich nicht stören Liebling ...« Sie schaltet aber doch ihre Nachtlampe an. Mineralwasser hat sie sich mitgebracht, und sie trinkt ein halbes Glas wie eine Verdurstende.
»O Gott, war das ein Tag«, ächzt sie. »Hat Olga dir erzählt? Der Schneider hat durchgedreht. Ich mußte ihm zureden, stundenlang – wie einem kranken Gaul. Seine Frau ist ihm durchgebrannt, und seine Klasse hat ihm daraufhin natürlich übel mitgespielt. Ich

habe mich bemüht, ihm eine Haushaltshilfe zu verschaffen. Aber Asmussen sagte mir telefonisch, nicht mal die Klatschtanten wären verfügbar. Na ja, die sind wohl auch nicht gerade die Richtigen. Wollte die Thea nicht zu Hinnerksen?«
»Möglicherweise«, sagt Karsten.
»Dann hab' ich für Schneider eingekauft, der hatte ja nichts Frisches mehr im Hause. Natürlich mußte ich ihm was kochen und mit ihm essen. Allein hätte er nichts angerührt. Du weißt ja, wie solche Leute sind. Selbstzerstörerisch. Exzessiv.«
Annemarie sinkt ins Bett und schaltet das Licht aus. Wieder seufzt sie. »Du kannst mir glauben, es war Schwerstarbeit, diesen Mann psychisch einigermaßen hinzukriegen.«
»Glaub' ich gern.«
»Und was war in Glücksburg?« fragt sie gähnend.
»Nichts Besonderes.« Karsten hat keine Lust, Raabs Angebot zu erwähnen. Er wird es für sich behalten. Vorläufig wenigstens.
»Na, dann schlaf mal schön«, hört er Annemarie noch sagen.
»Ja, du auch«, murmelt er abwesend.
Er denkt an Susanne Blume.

Glücksburger Träumereien

Dr. Mattiesen hat eine Nacht voll wirrer Träume verbracht. Ein Tiefenpsychologe würde dafür katastrophale Deutungen haben: Vom Ödipuskomplex über den maskulinen Selbstwertknick bis zur senilen Regenerationsillusion. Ein Laie täte es mit »Überdruß« ab – oder, noch billiger, »Verlangen nach Tapetenwechsel.« Asmussen hätte die lapidarste Formel parat: »Dem stinkt's einfach.« Kurz, Karsten träumte von Glücksburg, von Moritz Raabs kurärztlichem Institut mit Anschluß an das »Brandungsbad«. Dem künstlichen Wellenschlag in der Halle (auch im Winter geöffnet), in dem er wohlig versank, und in dessen Rhythmen er bald Dr. Raab, bald Susanne Blume erblickte. Patienten sah er nicht im Traum. Und wäre das Unterbewußtsein konsequent gewesen, so hätte es ihm gesunde Hypochonder vorgespielt, deren einziges Leiden ihre diversen Konten gewesen wären.

Der Alltag in der Dreekelser Praxis läßt sich prosaischer an. Als er frühstückt – Annemarie ist bereits weg –, hört er einen Dialog zwischen Olga und Frau Jürgens im angrenzenden Waschhaus.

»Tut mir leid, daß ich etwas zu spät dran war.«

Olga: »Macht doch nichts, Frau Jürgens.«

»Ich sag's Ihnen aber trotzdem. Also, ich will die Vroni heute wecken, weil der Klempner kommt und ich ja nicht da bin. Und da liegt sie mit ihm im Bett!«

»Mit dem Klempner?« fragt Olga trocken.

»Nein, mit Eike«, versichert Frau Jürgens überflüssigerweise.

Olga wirft das nicht um. »Verliebte junge Leute, was soll man dazu sagen?«

»Meine ich auch«, erklärt Frau Jürgens eifrig. »Ganz selig lagen sie da und schliefen. Arm in Arm.«

»Märchenhaft!« kommentiert Olga. »Arm in Arm! Wie konservativ!«

»Ja, aber...« Frau Jürgens dämpft die Stimme, spricht dafür jedoch noch deutlicher: »Mein Mann war noch da! Zwar war der früher der reinste Wüstling, aber deshalb fühlt er längst nicht mit der heutigen Jugend. Ich hab' jedenfalls vorsichtshalber erst mal gewartet, bis er auf seinen Kutter ging. Ich wollte keinen Krach im Haus haben!«

»Wer will das schon?« pflichtet Olga ihr bei.

»Was ich sagen wollte...« Frau Jürgens rückt mit der Kernfrage heraus: »Ich hoffe nur, er meint es ernst, der Eike?«

»Das glaube ich schon«, erwidert Olga überzeugt. »Eike ist ein grundsätzlicher Typ. Er hat noch keine sitzenlassen. Bisher war's nur umgekehrt.«

»Dann bin ich beruhigt. Ich will nicht ... na, Sie verstehen schon.«

»Ich verstehe, Frau Jürgens. Aber ich glaube, ich muß noch 'ne Portion Kaffee machen.« Olga kommt in die Küche geeilt. »Ach, Karsten, hast du alles?«

»Satt, Mutter. Mund voll, Ohren voll, Kanal voll. So, ich geh' ins Sprechzimmer.« Britta überrascht ihn mit der Nachricht, daß Doris heute nicht kommen kann, sie muß zum Zahnarzt.

»Dafür könnte mir der Kollege seine Helferin schicken«, meint der Doktor humorlos. Und der erste Fall ist gleich ein Ärgernis. Da platzt in höchster Aufregung die Nichte des Karpfenzüchters Freese herein, Lisa Traber, bisher Bürohilfe in der Firma Gevag-Borsberg. Sie bringt ihr Baby und behauptet: »Es hat Aids, Herr Doktor! Aids!«

Britta dreht sich um und starrt Mattiesen an, als habe sie nicht recht gehört.

»Doch, doch!« beharrt die junge Frau. »Ich hab' mit einer Freundin gesprochen. Die meint das auch. Hansi hat nach der Geburt eine Blutübertragung gekriegt, und da muß es passiert sein.

»Nun mal sachte, Frau Traber«, sagt der Doktor. »Eine Krankheit, die ganz gewiß mit Aids zusammenhängt, ist die Aids-Hysterie. Diese Hysterie ist weit verbreitet, und mit *der* sind *Sie* infiziert.

Machen Sie mir bloß die Schafe im Dreekelser Busch nicht verrückt.«
Er untersucht das Baby. »Von wegen Aids! Ihr Hansi hat eine ganz gewöhnliche Windeldermatitis. Das bringen wir mit Bädern, Salbe und Sauberkeit weg. Wechseln sie die Windeln öfter. Ich schreibe Ihnen eine Salbe auf.«
»Wenn es aber doch –«
Karsten blickt hoch. »Gehen Sie zur Kontrolle in die Ambulanz der Stadtklinik. Ich melde Sie telefonisch an. So. Hier ist das Rezept.«
»Was die Leute immer alles haben wollen!« wundert sich Britta, als Frau Traber mit ihrem Hansi wieder draußen ist. »Die kommen mit Sommersprossen und ärgern sich, wenn man lacht.«
»Über so was Irres kann ich leider nicht lachen«, erwidert Mattiesen. »Sollen die ihr in der Ambulanz den Kopf waschen. Wer ist der Nächste?«
»Frau Thea Knohl.«
»Die hat mir gerade noch gefehlt. Heute ist doch nicht Freitag, der 13.? Na, lassen Sie sie rein.«
Thea Knohl gilt als die ärgste Klatschtante im Umland, und das will wirklich etwas heißen. Seit ihr Gegenstück – Berta Solljes – nach Kappeln gezogen ist, hält sie sich an ihre Nachbarin, die kaum weniger fromm beleumdete Melsen-Grete. Allerdings macht die Thea rein äußerlich gar keinen üblen Eindruck. Sie ist schlank, nicht häßlich und – im Unterschied zu Grete – eine ausgesprochene Frau Saubermann. Sie hat es mit der Schilddrüse. Während der Doktor in ihre Behandlungsakte blickt, legt sie los: »Der Staatsanwalt hat keine Anklage gegen Frau Pomack erhoben, obwohl's doch die Spatzen von den Dächern pfeifen, daß sie wußte, auf wen sie geschossen hat. Und ich habe sie schon zweimal in die Kirche gehen sehen. Vormittags. Zu Pfarrer Eckholm, ganz allein!«
»Wollte sie Pfarrer Eckholm auch erschießen?« fragt Mattiesen sarkastisch.

»Ach wo, Herr Doktor«, erwidert Thea grabesernst. »Ihr Gewissen hat sie erleichtert! Ihr Gewissen, verstehen Sie?«
»Nun zu Ihrer Schilddrüse. Das Medikament setzen wir mal eine Weile ab. Alkohol lassen wir auch beiseite, ebenso die Zigaretten. Neulich bei Asmussen haben Sie recht wacker gebechert, wie ich sah.«
»Ja, als Hinnerksen mir die Haushaltsführung antrug!« Thea kommt in Fahrt. »Wissen Sie, Herr Doktor, ich bin nicht prüde. Der Kräutermann braucht wahrhaftig 'ne Hilfe, der arme Kerl. Ich hätt' ja auch zugesagt, aber dann hab' ich mir den Stall mal angesehen, wo und wie der da mit seiner Bärbel haust. Ich sage Ihnen! Soviel Mist wie die machen keine zehn Gänse! Überall liegt schwarze Reizwäsche rum. Ihre Schminke hat sie auf dem Küchentisch und die Schuhe sonstwo. Hinnerksen hat mir gutes Geld geboten, aber ich habe gedankt! Soll ich mich für seine Schlampe zur Schnecke machen?«
»Sie sollen sich vor allen Dingen nicht künstlich aufregen«, empfiehlt Karsten. »Trinken Sie abends warme Milch mit Honig, und versuchen Sie's mal mit regelmäßigem Schlaf.«
»Schlafen kann ich. Aber ich frage mich, ob die Grete nicht durchdrehen wird.«
»Wieso denn die Grete?«
»Weil die dem Hinnerksen helfen will«, wispert Thea geheimnisvoll. »Sie meint, es macht ihr nichts – mit der Schlampe unter einem Dach.«
»Das ist Gretes Problem, Thea«, seufzt der Doktor. »Das soll Sie nicht kratzen. So. Das wär's dann . . .«
Nachdem er eine Reihe weiterer Patienten empfangen hat, kommt Olga – jetzt ganz in Weiß – auf einen Sprung herein. »Ich bringe dir eine Tasse Kaffee.«
»Kann ich brauchen. Danke.«
»Ist was?« Olga blickt prüfend. »Deine Laune ist nicht gerade sonnig, wie? Du hast mein Gespräch mit Frau Jürgens gehört? Daß Eike bei Vroni geschlafen hat?«

»Na und?« fragt Karsten mürrisch.
»Nichts und«, erklärt Olga. »Frau Jürgens befürchtet nur, daß sich ihr Mann darüber aufregt. Aber sie wird das schon klären. Ich kann Eikes Wahl nur akzeptieren.«
»Na, gut . . . Prima . . .«, murmelt Karsten. »Meine Kinder haben Partner, die man vollen Herzens akzeptieren kann. Was das angeht, bin ich zu beneiden.«
»Du redest mit Zwischentönen«, meint Olga argwöhnisch. »Was das angeht, bist du zu beneiden! Wie meinst du das?«
»Wie ich's gesagt habe«, erwidert Karsten ausdruckslos.
»So. Übrigens, das Kurzwellengerät hat Wackelkontakt. Du mußt nachher mal die Firma anrufen!«
»Hoffentlich bleibt das der einzige, Mutter! Ich meine: Wackelkontakt!«
»Aus dir wird man heute überhaupt nicht schlau«, brabbelt Olga entschwindend.
Nach Schluß der Sprechzeit kommt auch Britta mit einer Reklamation: »Wir haben keine Briefmarken mehr!«
»Ich bin Arzt, nicht Postbeamter«, sagt Karsten, über einen Krankenbericht gebeugt.
»Briefmarken«, wiederholt Britta, »zum Rezeptverschicken.«
»Na, dann kaufen Sie welche.«
Prononciert erklärt Britta: »Wenn sich die Leute daran gewöhnt haben, daß sie die Rezepte zugeschickt bekommen, ohne einen frankierten Rückumschlag beizulegen, halten sie das für normal. Das sind gut fünfzig Mark, was Sie das im Monat kostet.«
»Ja, ja. In Ordnung. Wir werden das schon verkraften.«
In der Tür dreht sich Britta noch einmal um. »Wir könnten ein Schild aufhängen: Rezepte werden nur mit Rückporto zugeschickt.«
Wieder erscheint Olga. »Das Gerät ist ganz ausgefallen. Rufst du die Firma an? Übrigens kommt Annemarie heute auch wieder später. Ich mache jetzt Mittag. Es gibt Koteletts. Besondere Wünsche dazu?«

Mattiesen hat das Kärtchen mit der Telefonnummer der Glücksburger Seeblick-Praxis auf dem Schreibtisch. Er zieht es heraus und greift kurz entschlossen nach dem Hörer. Bevor er wählt, sieht er Olga wartend in der Tür stehen. »Ist sonst noch was, Mutter?« fragt er leicht gereizt.

»Deine Art gefällt mir nicht«, entgegnet Olga. »Du bist so abwesend. Übrigens nicht erst seit gestern. Seit gestern allerdings in gesteigertem Maße!« Sie fügt hinzu: »Ich mache mir Sorgen!«

»Würdest du das bitte in der Küche machen?«

Nach einem höchst irritierten Blick auf den Sohn geht Olga hinaus. Karsten weiß selbst nicht, welcher Impuls ihn so unvermittelt zum Hörer greifen ließ. Das »kleinkarierte« Problem mit den Briefmarken gab ihm wahrscheinlich für diesen Vormittag den Rest.

»Hier Dr. Raab«, meldet sich die sonore Stimme seines Studienfreundes. Karsten räuspert sich. Ihm wird bewußt, daß er jetzt zum Sprung über den eigenen Schatten ansetzt.

»Hallo, Moritz – hier Mattiesen. Es geht um dein Angebot.«

Er hört den Chef der Seeblick-Praxis lachen. »Na, prächtig!« ruft Dr. Raab. »Du hast es dir überlegt! Ich kann dir gar nicht sagen, wie sehr mich das erleichtert. Oder gibt's da noch irgendwelche Bedenken?«

»Nun ja.« Karsten zögert. »Wenn ich tatsächlich bei dir einsteigen sollte, hätte ich noch ein paar Fragen.«

Raab scheint nichts anderes erwartet zu haben. »Es wäre natürlich eine Lebensstellung«, sagt er. »Ich garantiere dir ein Fixum und anteilige Provisionen. Ich kann dir versichern, daß du auf deine Kosten kämst. Du darfst natürlich erst einmal alle entsprechenden Unterlagen einsehen!«

»Hört sich ja sehr gut an«, entgegnet Karsten. »Und bis wann müßte ich mich entscheiden?«

»Bis spätestens Ende Juno. Das ist aber das Äußerste. Ich denke, du ersiehst daraus, wieviel mir an dir liegt.«

»Ich weiß es zu schätzen, Moritz«, sagt Karsten herzlich. »Ich komme in den nächsten Tagen nach Glücksburg, melde mich aber rechtzeitig an. Also, tschüs!«

»Mit wem hast du denn da telefoniert?« fragt Olga, als sie am Mittagstisch einander gegenübersitzen.

»Mit wem soll ich denn telefoniert haben?« gibt sich Karsten ironisch. »Wahrscheinlich mit allen, die nicht hier sind: Annemarie, Eike, Kerstin, demnach mit der ganzen anhänglichen Familie. Ich wundere mich, daß du mich zum Essen nicht in die Breckheide bestellt hast.«

»Du weichst mir aus, mein Junge. Du hast eine Überraschung in petto. Mit dem Weihnachtsmann wirst du aber nicht gesprochen haben! Und was die Anhänglichkeit betrifft: Annemarie hat eine Konferenz wegen Pomacks Svenja. Danach kümmert sie sich um den Unglücksraben Schneider. Zu Pfarrer Eckholm wollte sie auch noch.«

»Das Kirchturmdach reparieren?«

»Unsere Familie hat ihre Pflichten«, versetzt Olga scharf. »Kerstin kommt übermorgen, und du wirst nichts dagegen haben, daß sie ihr Studium ernst nimmt.«

»Bleibt die Frage, wo Eike zur Zeit studiert«, sagt Karsten.

»Als ob du das nicht wüßtest. Vroni fährt morgen früh nach Bayern zurück, da werden sie wohl an der See sein. Abends gehen sie tanzen.«

»Tanzen!« wiederholt Mattiesen. Er steht auf. »Na ja. Und ich mach' jetzt meine Patientenrunde. Wenn Eike mit Vroni nach Bayern fährt, soll er uns gelegentlich mal eine Postkarte schicken. Mahlzeit!«

»Was der nur hat?« wundert sich Olga, ihm nachblickend. »Was der nur hat?«

»Was der nur hat?« wundert sich am Abend auch Frau Jürgens in ihrem Haus hinter der Hafenmole. Frau Jürgens meint ihren Mann, den Kutter-Käpt'n Fiete. Sein schmuck bemaltes Schiff kommt vom Tagestörn zurück. Es läuft gegen die Sonne und krönt das Fotomotiv der Einfahrt Borsberg-Ost, das ohnehin mit dem kleinen Leuchtturm auf steinerner Spitze eine beliebte Aussicht für Touristen darstellt.

»So, die Heeerschaften ...«, krächzt Fietes Stimme durch den Handlautsprecher. »Nu weeerfen Sie noch einen letzten Blick auf das siebenhundertachßich erbaute Lagerhaus, das hiiistorisch das Packhaus heißt.«

Die Ausflügler an Bord recken die Hälse.

»Ich hoffe«, fährt Fiete fistelnd und lispelnd fort, »daß Sie ein paar schöne Stunden auf unserem heimischen Meere hatten, die noch lange in Ihrer Erinnerung haften mööögen. Darauf bitt' ich nu' um ein allgemeines Ahoiii!«

»Ahoiii ...!« schreien die Bordgäste frohgemut. Nun weiß Fiete Jürgens zwar, daß es seemännisch ganz und gar nicht zünftig ist, zum Spaß »ahoi« zu schreien. Aber er hat gelernt, daß die Leute – ob jung oder alt – das mögen, und daß es neben der guten Abschlußlaune auch ein gutes Trinkgeld bringt.

Den vertäuten Schiffskutter überläßt Fiete seinem Schiffsjungen, der die leeren Flaschen einsammeln und die Verpackungsreste beseitigen muß. Er selber geht mit wichtiger Miene auf seine Heimstatt zu. Frau Jürgens hat auf der Gartenveranda das Abendessen bereitgestellt. Es gibt Hackfleisch mit Zwiebeln sowie Labskaus und Kompott. Doch Fiete widmet sich zunächst einer Flasche Holstenbier. Dabei rollt er beziehungsvoll die Augen. Mit einem wohligen Seufzer, der der Erfrischung gilt, wischt er sich die Lippen und verkündet: »So. Und nu' woll'n wir mal über Vroni sprechen.«

»Wieso über Vroni?« fragt Frau Jürgens erstaunt. »Das Mädchen hat sich hier sehr gut eingefügt. Sie hat mich beim Doktor vertreten, sie hat auf dem Schiff getischlert. Sie ist uns zur Hand gegangen, wo sie konnte.«

»Sie fährt morgen zurück nach Bayern.«

»Na, das wissen wir doch seit Tagen! Nun iß erst mal, Fiete!«

Der Schiffer gehorcht. Doch sein Gesicht bleibt finster-versonnen. Zum Schluß genehmigt er sich einen Aquavit. Dann lehnt er sich zurück und sagt: »Ich werd' den Hafenmeister bitten, daß er uns zur Bahn nach Hamburg fährt. Ich will sie in den Zug nach Traunstein setzen.«

»Der Zug geht bis München. Dort muß sie umsteigen. Und du brauchst sie nicht nach Hamburg zu bringen. Das haben wir ja alles besprochen.«

»Gar nichts haben wir besprochen«, sagt Fiete aufsässig. »Du hast hinter meinem Rücken abgemacht, daß dieser Eike sie nach Hamburg fährt. Damit bin ich nicht einverstanden. Hat der nich' in Hamburg 'ne Studentenbude – oder so was? Nachher bleibt sie da hängen.«

Frau Jürgens stemmt die Hände in die Hüften. »Ach! Das vermutest du? Und deshalb willst du Vroni wie ein Kind an die Hand nehmen und in den Zug setzen?«

»Ich weiß, was ich deiner Schwester schuldig bin!« erklärt Fiete großartig.

»Da lach' ich mich gleich tot!« ruft Frau Jürgens. »Was bist du ihr denn schuldig?«

»Daß Vroni wieder so eintrifft, wie sie abgefahren ist!«

Frau Jürgens verschlägt es eine Weile die Sprache. Sie setzt sich hin. »Fiete«, beginnt sie unheilverkündend, »kann es sein, daß dir deine eigene Oma im Traum erschienen ist? Was soll das heißen: daß Vroni wieder so eintrifft, wie sie abgefahren ist? Du spielst auf den jungen Mattiesen an? Sie hat Eike hier kennengelernt. Sie liebt ihn. Was du da meinst, ist nicht mehr aktuell.«

Fiete ruckt irritiert mit dem Kopf. »Was heißt das?«

»Na, daß es schon passiert ist. Geh mir nicht auf die Nerven, ja? Sie haben zusammen geschlafen.«

Fiete wächst von seinem Stuhl empor. Dabei macht er nicht eben eine glückliche Figur. »Sie haben zusammen ...« Er schluckt. »Sie haben ... aber nicht etwa in meinem Haus?«

»Doch.« Frau Jürgens spricht schonungslos und ungeniert.

»Mach den Mund wieder zu, Fiete. Oder soll ich ausführlicher mit dir über das Thema reden?«
Der verdatterte Schiffer setzt sich wieder.
»Es ist nicht *dein* Haus«, fährt Frau Jürgens fort. »Es ist *unser* Haus. Und du bist der allerletzte, der hier den Moralischen spielen darf. Als das Haus kaum fertig war, seinerzeit, da hast du alle nasenlang junge Weiber angeschleppt, wenn ich mal den Rücken gedreht habe. Wenn der Teufel alt wird, wird er fromm. Und nun erlaubst du dir, den Sittenrichter zu spielen!«
Fiete zieht sichtlich den Kopf ein. Er versucht, rasch einzulenken.
»Ich würde ja nix –«
»So. Vroni hat sich in Eike verliebt, und Eike in Vroni. Basta.«
»Ich würde ja nix sagen«, hebt Fiete wieder an, diesmal reichlich kleinlaut, »wenn der Eike aus 'ner Handwerkerfamilie käme. Aber er studiert. Vroni ist Tischlerin. Verstehst du, was ich meine?«
»Nein«, erwidert Frau Jürgens hart. »In welcher Zeit lebst du, Fiete? Du fängst doch die Fische nicht mehr mit der Hand, wie so'n oller Wikinger. Was kümmern dich die jungen Leute? Vroni ist volljährig. Sie möchte heute abend mit Eike ausgehen und frühmorgens von ihm an die Bahn gebracht werden. Damit wären wir wieder auf dem Punkt – und der ist abgehakt.«
»Hallo!« ertönt eine vergnügte Stimme von der Tür. »Wir wollten nur schnell mal reinschauen.« Vroni geht ahnungslos auf den Onkel zu, während Eike mit munterem Grinsen Frau Jürgens begrüßt.
»Was hast du denn, Onkel Fiete?« fragt Vroni erstaunt. Sie meint, er sei traurig – und sie führt den verkannten Gemütszustand auf ihre morgige Abreise zurück.
»Ich komme wieder. Bald! Schon wegen Eike!« Sie drückt dem verstörten Onkel einen Kuß auf die Schläfe.
»Wollt ihr 'ne Kleinigkeit essen, bevor ihr in die Strandhalle geht?« fragt Frau Jürgens.
Und Fiete macht ein süßsaures Gesicht. Aber er schweigt.
Für diese Nacht – oder die Zeit, die Vroni und Eike zwischen Tanz

und Abfahrt verbleibt – braucht sich Herr Jürgens »unter seinem Dach« keiner Selbstquälerei hinzugeben. Vroni schläft allein in der Gästekammer. Und Eike verbringt die letzten Stunden auf dem Mattiesenhof. Er muß früh aufstehen, für zivile Verhältnisse beinahe noch in der Nacht, wenn er Vroni pünktlich zum vorgesehenen Zug nach Hamburg bringen will. Da er es aber verschwitzt hat, der Familie seine Pläne bekanntzugeben, kommt es zu unerwarteten Komplikationen.

Eike schleicht die Treppe hinunter in die Küche. Er öffnet den Kühlschrank, nimmt die Tüte Milch heraus, gießt sich ein Glas voll, trinkt hastig und verläßt das Haus durch den Anbau. Im Anbau ist es stockdunkel, denn hier sind die Fenster winzig, und draußen ist die Morgendämmerung von grauschwarzen Schlechtwetterwolken verhängt. Scharfer Wind fegt in Stößen durch Gezweig, Hecken und Büsche. Eike stolpert über einen leeren Eimer, der klirrend gegen abgestellte Flaschen prallt.

Im Schlafzimmer erwacht Karsten. Er tastet nach der Uhr mit Leuchtziffern. Es ist nicht mal 4. Er stützt sich auf den Ellbogen.

»Was war denn das?« murmelt er. Auch Annemarie regt sich jetzt. »Wie . . .?« fragt sie kaum hörbar.

»Da hat was gescheppert.«

»Ach, wahrscheinlich die Katzen«, gähnt Annemarie.

»Katzen machen nicht so einen Lärm!«

»Dann war's der Wind«, meint Annemarie. Sie schläft gleich wieder. Auch der Doktor schließt die Augen.

Inzwischen ist Eike zu seinem Auto getrabt, hat sich ans Lenkrad gesetzt und versucht zu starten. Der Motor brummt zwar auf, stottert kurz, steht dann aber still.

»Verflixt«, murrt Eike. Der Benzinanzeiger markiert Null. Er läuft zur Garage, findet das Tor unverschlossen und tappt hinein. Aber an den Kanister in Vaters Wagen kommt er nicht ran, dazu braucht er den Kofferraumschlüssel. Also – zurück durch den Anbau, durch Küche, Halle und Warteraum, hinein in die Praxis. Mattiesens Autoschlüssel liegen auf dem Schreibtisch.

Im Schlafzimmer fährt der Doktor aufs neue hoch. Diesmal ist er hellwach. Er nimmt die Pistole aus dem Nachtkasten, schlüpft in die Hausschuhe . . . lauscht.
»Was ist denn nun schon wieder?« fragt Annemarie.
»Einbrecher!« erwidert Karsten hastig. »Es scheinen zwei zu sein. Einer war in der Garage . . .«
Annemarie setzt sich im Bett auf. »Olga hätte längst Alarm geschlagen!«
»Seit die in der Breckheide schuftet, schläft sie wie ein Murmeltier«, wispert der Doktor. »Ich schau' mal nach . . .«
Er geht zur Tür.
»Was hast du da in der Hand?« fragt Annemarie entsetzt. »Etwa die alte Pistole? Mach keinen Unsinn! Ruf lieber die Polizei an!«
»Das tu du inzwischen. Keine Angst, ich bin vorsichtig!«
Während Karsten eine Weile auf dem Treppenabsatz lauscht, telefoniert Annemarie. Die Geräusche haben sich in den Hof verlagert, nachdem das Garagentor ein zweites Mal geknarrt hat. Es klappert da draußen – wie Metall auf Metall. Nicht lange danach wird das Garagentor geschlossen. Der Doktor tappt die Treppe hinunter, verharrt aber, als er Schritte im Anbau hört. Der Eindringling durchquert die Küche. Jetzt erscheint er schattenhaft in der Halle und verschwindet in der Praxis. Kommt da noch einer? Nein! Statt dessen kehrt der Schatten aus dem Sprechzimmer zurück und will wieder durch die Küche.
»Halt!« sagt der Doktor. »Hände hoch!«
Der Ertappte fährt herum und hebt die Arme. Dann ruft er erschrocken – und Karsten erkennt Eikes Stimme: »Was . . . was ist denn das für ein Spiel . . .?« Mattiesen läßt die Waffe sinken. Ihm kommt die Situation noch längst nicht komisch vor. Ärgerlich fragt er: »Wieso schleichst du hier herum? Seit wann bist du Schlafwandler? Ich höre die ganze Zeit Geräusche, draußen und drinnen. Dabei ist es fast noch Nacht!«
»Ich will Vroni nach Hamburg bringen«, erklärt Eike. »Aber ich Trottel hatte keinen Sprit im Tank. Da hab' ich mir von dir was

ausgeliehen. Eben hab' ich deinen Autoschlüssel wieder auf den Schreibtisch gelegt.«

»Umständlicher ging's wohl nicht?« fragt der Doktor. »Hättest du mich nicht wecken können?«

Und nun – im Schlafrock – erscheint Olga. »Seid ihr zur Morgengymnastik versammelt? Ganz neue Mode, was? Die Langschläfer als Frühaufsteher!«

»Vater hat mich für einen Einbrecher gehalten«, lacht Eike. »Entschuldigt. Das ist zwar schönstes Theater, aber womöglich denkt Vroni, ich komme nicht. Tschüs!«

Er rennt durch den Anbau hinaus, und Olga und Karsten hören ihn abfahren.

»Da kannst du mal sehen ...«, sagt Olga. »Niemand wollte so recht glauben, daß Frau Pomack ihren Mann für einen Einbrecher gehalten hat.«

»Mutter, bitte! Habe ich geschossen?«

»Nein. Aber wie leicht hättest du –«

»Ach wo. Das Ding ist nicht geladen.« Der Doktor geht in die Küche, um ein Glas Wasser zu trinken. »Ich wollte nur bluffen.«

Olga, die ihm gefolgt ist, gibt zu bedenken: »Davor wird immer gewarnt! Was nützt ein Bluff, wenn ein Räuber 'ne scharfe Waffe hat und sich bedroht fühlt? Dann bist *du* die Leiche.«

»Hier seid ihr!« ertönt Annemaries verstörte Stimme. Annemarie steht im Dressing-gown auf der Schwelle. »Ich höre euch reden und reden ... Sind sie weg?«

»*Er* ist weg«, betont Olga. »Eike ist früh raus, um Vroni zum Hamburger Bahnhof zu fahren.«

»Ach, mein Gott!« Annemarie fällt etwas ein: »Eike hat mir gestern im Vorübergehen was gesagt!«

»So? *Mir* sagt keiner was im Vorübergehen!« ärgert sich Karsten.

»Still!« befiehlt Olga gedämpft. Sie lugt durch die Fensterscheibe. »Da draußen schleicht jemand durch die Büsche.«

»Nun siehst du auch schon Gespenster«, meint der Doktor kopfschüttelnd. »Man glaubt, man ist in einem Narrenhaus.«

»Nein, Karsten«, ruft Annemarie. »Das wird die Polizei sein. Ich hab' sie doch alarmiert!«
»Auch das noch!« brummt der Doktor.
»Ja, du hast doch gesagt, ich soll telefonieren!«
»Wobei dir hätte einfallen können, was Eike dir mitteilte – im Vorübergehen«, reagiert Karsten stocksauer.
Inzwischen hat Olga die Vordertür geöffnet. »Es ist alles in Ordnung«, verkündet sie laut. »Der Einbruch war nur ein Irrtum!« Aus der Deckung kommen der schnauzbärtige Polizeibeamte Warnig und sein junger Kollege Holl.
»Was war ein Irrtum?« grollt Warnig.
»Ach, mein Enkelsohn Eike hat nur im Haus rumort«, erklärt Olga beschwichtigend. »Lächerliche Sache.«
»Ich kann daran nichts Lächerliches finden«, meint Warnig.
»Ein leichtfertiger Fehlalarm . . .«
»Nun ziehen Sie keine Gesichter wie Blitz und Wetterschlag«, setzt Olga ihren Charme ein. »Kommen Sie rein, ich mach' Ihnen einen guten, starken Kaffee . . .«
Später, als sie mit Sohn und Schwiegertochter am Frühstückstisch sitzt, prophezeit sie scherzhaft:

»Ärger am Freitagmorgen
bedeutet einen Tag voller Sorgen.«

»Spar dir die albernen Sprüche, Mutter«, sagt der Doktor mürrisch.

Leider erfüllt sich Olgas Unkerei, obwohl sie natürlich nicht im Ernst daran geglaubt hat. So zwischen 9 und 10 Uhr kehrt Eike aus Hamburg zurück, in trüber Stimmung, weil er sich von Vroni trennen mußte – glücklich, weil der Abschied so innig und zärtlich gewesen ist. Vroni hat ihm geschworen, bald wiederzukommen. Und Eike versicherte ihr hoch und heilig, noch am gleichen Tag einen meterlangen Brief an sie zu schreiben. In Dreekels angelangt, fällt Eike ein, daß ihm geeignetes Schreibpapier fehlt. So biegt er nicht zum Mattiesenhof ab, sondern fährt gleich weiter über den Alten Damm, nach Borsberg hinein. Fletschs Druck- und Zeitungshaus hat einen großen Laden für Bürozubehör und Schreibwaren, wo man Briefbögen in allen Farbnuancen kriegen kann, auch solche mit sinnigen Vignetten. Auf dem Marktplatz herrscht bereits reger Betrieb. Die einzige Parklücke vor dem Druckhaus, die noch frei ist, versperrt ein schräg stehendes Auto, dessen Fahrer sich offenbar nicht entschließen kann, vor der Tür zurückzusetzen.

Eike hupt. Doch der Mann am Lenkrad reagiert nicht. Eike steigt aus und tritt an das blockierende Fahrzeug heran.

»Ich würde das Auto ja nicht so stehenlassen!« sagt er ruhig. »Haben Sie Probleme mit dem Motor?« Eike beugt sich vor und blickt durch das offene Wagenfenster. »Sind Sie nicht Studienrat Schneider?« Eike kennt den Kollegen seiner Mutter und seines zukünftigen Schwagers vom Sehen. Da der Mann so eigentümlich vor sich hin starrt, erkundigt er sich besorgt: »Ist Ihnen nicht gut?« Dr. Schneider bleibt stumm. »Sind Sie verletzt?« fragt Eike ratlos. »Kann ich Ihnen irgendwie helfen?«

Jetzt kommt ein wenig Leben in den Mann. Er schüttelt den Kopf und hebt den linken Arm, wie um abzuwinken; es ist eine Geste der Verzweiflung. Schon bleiben Passanten neugierig stehen. Eine Marktfrau ruft laut herüber: »Besoffen ist der! Stinkbesoffen!«

»Rücken Sie auf den Nebensitz, ich fahre Sie in die Parklücke«, schlägt Eike vor. »Es ist nichts passiert. Ich nehme Sie in meinen Wagen und fahre Sie rasch nach Hause.« Zu spät! Vor ihnen stoppt ein Polizeiauto. Es nähern sich der schnauzbärtige Warnig und sein Kollege Holl.

»Aaaah . . .!« ruft Warnig, als er Eike erspäht. »Sind Sie nicht der junge Mattiesen? Der Einbrecher, der heute früh im Doktorhaus herumgegeistert ist? Ja, ja, mein Freund! Ihretwegen waren wir vor Tau und Tag schon bei euch draußen!«

»Ja . . . so«, stotterte Eike. »Mein Vater hatte mich gestellt. Ein Irrtum. Was ganz Blödes. 'tschuldigen Sie.«
»Und was ist hier los?« Warnig blickt auf das schräg stehende Auto Dr. Schneiders. »Blechschaden – oder so?«
»Nein, gar nichts. Überhaupt nichts«, versichert Eike. »Ich nehme an, Dr. Schneider hat einen Schwächeanfall.«
Die beiden Polizeibeamten wechseln einen Blick. Warnig wendet sich an den apathisch vor sich hin dösenden Lehrer. Nicht unfreundlich fordert er ihn auf: »Würden Sie bitte aussteigen, Herr Studienrat?«
Holl öffnet die Wagentür und hilft dem Herauskriechenden. Warnig fängt ihn auf. Dr. Schneider schwankt und rudert mit dem rechten Arm haltsuchend durch die Luft; schließlich setzt ihn Warnig auf die Bordsteinkante.
»Tut mir leid«, spricht der Beamte auf den teilnahmslos hockenden Schneider ein. »Wir müssen einen Alkotest machen.« Und schon kommt Holl mit der »Tüte«.
»Pusten Sie mal da rein, Herr Studienrat«, fordert Warnig. Schneider schüttelt den Kopf.
»Ich würde das nicht verweigern«, drängt der Polizist. »Sonst setzen Sie sich einer zwangsweisen Blutentnahme aus. Das ist dann etwas umständlicher. Also?«
»Können Sie den Mann nicht in Ruhe lassen?« mischt sich Eike ein, da der Kreis der »Schaulustigen« immer größer wird. »Es ist doch kein Schaden entstanden. Ich fahre ihn nach Hause.«
Warnig seufzt. »Nee, junger Mann. Unser Chef würde uns ein Liedchen singen! Wir drücken oft genug die Augen zu. Aber bei Alkohol am Steuer? Nee! Der Mann hat 'ne dolle Fahne. Eine Olympiafahne, kann man sagen. Den nehmen wir mit!«
Der schnauzbärtige Beamte bugsiert den völlig willenlosen Lehrer in den Streifenwagen, Holl setzt sich ans Lenkrad des anderen Autos. Beide steuern die Hofeinfahrt der Polizeistation an. Eike kann nun in die Parklücke, doch die traurige Szene hat seine Stimmung nicht gerade gesteigert.

Noch trister wird seiner Mutter zumute, als sie in der Schule von dem Vorfall hört. Annemarie unterrichtet ihre Klasse in Englisch. »Es heißt also nicht: ›Get you a present?‹«, sagt sie eben, »sondern: ›Do you get a present?‹« Sie schreibt es an die Tafel. Leise hat sich die Tür geöffnet. Im Rahmen steht der Schulleiter, Oberstudiendirektor Brossel. Er winkt ihr zu:

»Darf ich Sie kurz herausbitten, Frau Kollegin? Ich habe auch ein kleines ›present‹ für Sie.« Sein Gesicht verheißt nichts Gutes.

»Wir alle – und ich im besonderen«, beginnt er auf dem Flur, »wissen Ihre Bemühungen – über den Rahmen des Dienstlichen hinaus – sehr zu schätzen. Aber leider hat sich da wieder eine dumme Situation ergeben . . .«

»Ist was mit dem Kollegen Schneider?« fragt Annemarie ahnungsvoll.

»Ja. Ich habe seine Klasse nach Hause geschickt. Aber Sie müssen die 10 A in Sport übernehmen – von 13 bis 14 Uhr.«

»Was ist denn passiert?«

Der Oberstudiendirektor zuckt die Schultern. »Was gerade einem Lehrer nicht passieren sollte, noch dazu am hellen Tage, und ausgerechnet auf dem Marktplatz. 1,2 Promille am Steuer! Ich bekam einen Anruf. Er sitzt auf dem Polizeirevier. Selbst wenn sie ihn gleich rauslassen: So kann er nicht unterrichten.«

»O Gott!« Annemarie ist entsetzt.

»Sehr richtig. ›O Gott‹ kann man dazu nur sagen«, bemerkt der Direktor erbittert. »Am Morgen schon voll bis an den Kragen. Einskommazwei Promille . . . Na, ich danke!«

»Er ist kein Alkoholiker«, verteidigt Annemarie den Kollegen. »Seine persönlichen Probleme haben eine aussichtslose Wendung –«

»Wir sprachen bereits eingehend über diverse Maßnahmen, Schneider zu helfen«, unterbricht Brossel. »Ich billige und achte ja auch Ihren Einsatz. Schneiders Situation ist uns bekannt, sie wird nur leider mehr und mehr zum Gesprächsstoff der ganzen Gegend. Finden Sie nicht, daß es allmählich reicht?«

»Ich werde mich weiter um ihn kümmern!« erklärt Annemarie. »Und ich bin der festen Überzeugung, er wird sich fangen.«
»Wie man sieht, wie man sieht, Frau Kollegin!« Die Stimme des Direktors klingt frostig. »Also, Sie übernehmen die Sportstunde, in Ordnung?«
»Ja, natürlich.«
»Danke. Das wär's!«
Geistesabwesend wendet sich Annemarie der Klassentür zu. Sie hat das Gefühl, eine Niederlage erlitten zu haben.

Da die Blutentnahme bei Dr. Schneider durch den Bereitschaftsarzt des Krankenhauses vorgenommen wurde, die Polizei sich also diesmal nicht an Mattiesen zu wenden brauchte, hat der Landarzt noch keine Ahnung von den neuerlichen Problemen im Gymnasium. Aber auch so ist er nicht in sonnigster Laune.
Der übergewichtige Steinmetz Kempe, ein obstinater Patient, streitet mit ihm über die verordnete Therapie.
»Ich komme ja schließlich Woche für Woche, damit Sie meine Cholesterinwerte runterbringen. Statt dessen erzählen Sie mir was von Erhöhung. Das kann nicht stimmen.«
»Dreihundertzwanzig, Herr Kempe. Dreihundertzwanzig! Hier steht es schwarz auf weiß. Ein höchst bedrohlicher Zustand, lieber Mann.«
»Was?« Kempe blickt verstört. »Dann verschreiben Sie mir vielleicht nicht die richtige Medizin?«
»Herr Kempe«, sagt der Doktor geduldig, »Medizin allein kann das nicht schaffen. Sie müssen Ihre Lebensweise ändern! Körperlich aktiver sein, verstehen Sie?«
»Nein. In meinem Beruf hab' ich genug Bewegung.«
»Aber keine ausgewogene. Und wahrscheinlich gleichen Sie jeden Handgriff mit einer Flasche Bier aus, mit einem fetten Happen und einem Nickerchen. Ich will damit sagen: Sie müssen sich an den Diätzettel halten.«
Kempe druckst herum. »Wissen Sie, Herr Doktor, Ihr Diätzettel

in Ehren. Aber was Sie mir da zumuten ... ha, da könnte ich ja gleich Papier fressen.«

»Recyclingpapier – von mir aus!« Karsten ringt sich ein Lächeln ab. Doch dann erklärt er: »Nun mal im Ernst. Ich sprach von einem bedrohlichen Zustand. Um die Diät kommen Sie nicht herum. Außerdem brauchen Sie systematische und regelmäßige Bewegung wie Radfahren, Schwimmen, Laufen.«

»Laufen? Na, das tue ich schon.«

»Wohin denn? Zur Kneipe und zurück? Ich rate Ihnen, kaufen Sie sich ein Abonnement fürs Hallenbad.«

»Heißt das, Sie sind mit Ihrem Latein am Ende?« fragt Kempe bockig.

Der Doktor sieht ihn an. »Ich möchte nicht, daß *Sie* am Ende sind, Herr Kempe. Das möchte ich auf keinen Fall. Mir liegt etwas an lebenden Patienten und nichts, gar nichts, an einem Strich über Ihre Karteikarte. Haben Sie das kapiert?«

»Na schön«, murmelt Kempe. Er verabschiedet sich ziemlich kleinlaut ...

»Da draußen ist eine Frau Mengel«, meldet Britta. »Sie will eine Diagnose für ihren Mann, der im Auto sitzt.«

»Augenblick – was will sie?« fragt Mattiesen. »Und wo ist der Mann? Im Auto? Hat er sich was gebrochen?«

»Nein. Er weigert sich hereinzukommen.«

»Offenbar ein Affe!« platzt der Doktor. »Sagen Sie der Madame, ich bin kein Tierarzt.«

Danach ist das Ehepaar Mengel sehr schnell zur Stelle. Es handelt sich um zwei jüngere Urlauber vom Campingplatz.

»Sie wollten eine Ferndiagnose?« wendet sich Mattiesen an den Mann. »Wir sind hier kein Drive-in-Kino. Was fehlt Ihnen?«

»Nichts«, antwortet der Urlauber. »Meine Frau ist nur hysterisch. Sie meint, ich soll zum Arzt. Sagen Sie ihr, daß es nichts weiter ist.«

»Sie haben Ihren linken Fuß einwärts gedreht«, bemerkt Karsten. »Warum? Ist das Ihre normale Haltung?«

»Ach, nur so. Nichts Besonderes«, entgegnet der Mann. »Ich hab' mich beim Volleyball übernommen. Muskelkater.«
»Streifen Sie mal die Hose hoch«, fordert Karsten ihn auf.
»Tja, Herr... Herr Mengel. Von wegen Muskelkater. Das ist ein hübscher Erguß im Knie. Sie müssen doch ganz irre Schmerzen haben?«
»Ich dachte, das gibt sich wieder«, meint der Urlauber.
Auf der Liege im Behandlungszimmer untersucht der Doktor das Knie genauer. »Offenbar haben Sie beim Spiel eine sogenannte Stehdrehung gemacht. Das sieht nicht gut aus, Herr Mengel. Da bleibt mir nichts, als Sie an einen Orthopäden zu überweisen.«
»Geht's nicht mit 'ner Spritze ab? Ich gebe ja zu, ich hab' mir die Schmerzen verkniffen.«
»Wacker, wacker, aber keine Lösung – Ihre Tapferkeit. Das Knie, Herr Mengel, ist eins der kompliziertesten Körpergelenke. Riskieren Sie eine heikle Operation?«
»Nein. Aber ich hab' den Campingplatz für vierzehn Tage bezahlt. Sechs Tage sind wir erst hier. Ich will nicht, daß unser Urlaub flötengeht«, wehrt Mengel ab. »Vielleicht geht die Schwellung von selber weg.«
»Wollen Sie mit mir wetten?« fragt Karsten. »Oder legen Sie Wert auf meinen ärztlichen Rat? Lassen Sie sich von Ihrer Frau zum Orthopäden nach Flensburg fahren. Ich gebe Ihnen die Überweisung. Den Urlaub können Sie vergessen – so wie's aussieht. Dafür genießen Sie den nächsten Urlaub um so unbeschwerter. Und daß Sie sich nicht ans Steuer setzen!«
»Meine Frau hat keinen Führerschein.«
»Dann bringt Sie eine meiner Helferinnen zurück«, schlägt Karsten vor.
»Wär' ich doch bloß nicht hergekommen«, schimpft Mengel. »Der Urlaub ist im Eimer. Dafür packen sie mich jetzt irgendwo in ein Metallbett – und ich kann die Daumen drehen.«
»Hauptsache, Sie können Ihr Knie bald wieder strapazieren. So.

Hier ist die Überweisung. Britta, bringen Sie Herrn und Frau Mengel in ihrem Wagen zum Campingplatz.«
»An mein Auto lasse ich keinen ran!« begehrt Mengel auf.
»Auch gut«, sagt Karsten. »Dann fahren Sie auf eigene Verantwortung – und ich vermerke das ausdrücklich. Gute Besserung.«
Die Frau bedankt sich mit schüchternem Lächeln. Der Mann geht stumm und verbissen hinaus, auch jetzt noch bemüht, sich seine Schmerzen nicht anmerken zu lassen.
»Zeitgenossen gibt's«, knurrt der Doktor. »Zeitgenossen ...«

Olga erscheint mit einer Tasse Kaffee. »Nach dem, was ich von Britta höre, brauchst du eine Stärkung.«
»Was ich brauchte, wäre ein Holzhammer«, entgegnet der Doktor über seinen Papieren. »An einem Tag wollen die Gesunden krank sein, am nächsten behaupten die Kranken, sie seien gesund.« Er nimmt einen Schluck Kaffee. »Danke, Mutter.«
»Frau Jürgens hat Kutterschollen mitgebracht«, sagt Olga im Hinausgehen. »Die ißt du doch so gern. Dazu gibt's warmen Kartoffelsalat.«
Karsten blickt lächelnd auf. »Mit Zwiebeln, Pfeffer, Essig und Öl?«
»Na, was denn sonst?« Olga zögert in der Tür. »Übrigens, Annemarie hat angerufen. Sie kommt erst heute nachmittag.«
Die Miene des Doktors verfinstert sich. »Warum hast du das Gespräch nicht zu mir reingelegt?«
»Weil du dir private Störungen verbeten hast, falls es nichts Lebenswichtiges ist«, erinnert Olga. »Brauchst du sie beim Essen? Ich meine, mußt du gefüttert werden?«
»Du weißt genau, was ich sagen will, Mutter. Ich will nicht, daß Annemarie in der Schule Nachtschicht macht. Das ist ja eine glatte Überforderung. Und du ackerst inzwischen die Breckheide um.«
»Eins nach dem anderen, Karsten. Von Nachtschicht war keine Rede. Annemarie soll einen Kollegen vertreten, soviel ich in der Eile verstand. In die Heide fahre ich nach dem Essen, wenn du

deine Krankenbesuche machst. Während du unterwegs bist, vermißt du uns ja nicht.

»Unterwegs nicht. Nein«, betont der Doktor verdrießlich ... In der Küche trifft Olga ihren Enkelsohn an, der sich gerade ein Wurstbrot zurechtgemacht hat.

»Ach, Oma«, jammert er kauend. »Ich komme mir wie halbiert vor. Da quatschen die Leute immer, die Welt ist klein. Aber nun ist Vroni weg, und Bayern scheint mir so weit wie der Mars. Ich soll ihr gleich schreiben. Aber eh' der Brief ankommt –«

»Falls du die Marke nicht vergißt wie die Tankfüllung«, meint Olga, »wird sie der Brief schon erreichen. Das war ein Drama im Morgengrauen: Pistole, Polizei – vermutete Räuberei.«

»Ach ja«, sagt Eike. »Ich habe die Polizisten vor Fletschs Druckhaus getroffen. Mann, das war'n Aufstand! Das Auto von Schneider stand quer. Und der Lehrer am Lenkrad – besoffen wie'n ganzer Gesangsverein. Prompt ist die Streife da und nimmt ihn mit. Zwangsweise Blutentnahme. Ich wollte ein gutes Wort für ihn einlegen. Zwecklos.«

Olga horcht auf. »Besoffen? Doch nicht etwa der Studienrat Dr. Schneider?«

»Genau. Mamis Kollege. Warum?«

»Nun wird mir manches klar. Deine Mutter hat aus der Schule angerufen, daß sie 'ne Vertretung übernimmt. Sag aber deinem Vater noch nichts. Der sitzt sowieso in einem Tief.«

»Wieso?« Eike starrt seine Großmutter verwundert an. »Weißt du, ich bin da nicht auf dem laufenden. Du mußt verstehen, – wegen Vroni. Aber was ist? Kriselt es bei meinen Herrschaften?«

»Oooch ...« Olga hat sich wieder in der Gewalt. »Nichts Besonderes. Kleine atmosphärische Störung. Kommst du heute in die Breckheide? Gegen häusliche Gewitterschwüle hilft am besten frische Luft ...«

Zum Essen kommt unangemeldet Tochter Kerstin, die sich vor ihrem Wochenendbesuch bei Detlefsens auch wieder einmal zu

Hause sehen lassen will. Sie macht einen frischen, unbefangenen Eindruck, was die Stimmung des Doktors sichtlich hebt.
Da sich der Wind gelegt hat, und die Sonne durchgekommen ist, kann der Mittagstisch auf der Terrasse gedeckt werden. Bei Kutterscholle und Kartoffelsalat schwärmt Kerstin von den Blumen ringsum: »Oma, das ist ja eine Musterpflanzung.«
»Vom Gärtner«, bemerkt der Doktor trocken. »Olga hat's jetzt eher mit Froschtümpeln, Mückenpfützen, Schilfrohr und Giftkraut.«
»Und die schönen Dichternarzissen!« stellt Kerstin unbekümmert fest.
»Dichternarzissen als Mahnung für Eike, seiner Vroni zu schreiben«, lacht Olga. »Kerstin! Dein Bruder mit Amorflügeln! Das hättest du erleben müssen.«
»Hab' ich schon öfter. Die Flügel waren immer aus Plastik«, frozzelt Kerstin.
»Vroni hat sich jeden Tag tiefer in sein Herz geschnitzt – als Tischlerin«, erklärt Olga.
»Au, au, au, eure Vergleiche«, stöhnt Eike. »Da helfen nur Vitamine! Reicht mir mal einer den grünen Salat?«
»Friß nicht die Schüssel mit«, sagt der Doktor. »Eure Tischsitten bedürfen dringend einer Nachhilfe.«
»Na, wenn Mami nie da ist?« provoziert Kerstin scherzhaft. Sie hat es ganz arglos hingesagt. Bei Mattiesens ist man es nicht gewohnt, mit Trauermienen am Tisch zu sitzen. Doch der Doktor kriegt ihre Bemerkung in den falschen Hals.
»Wenn eure Mutter nie da ist . . . Da hast du allerdings recht.« Er wirft seine Serviette hin und steht auf. »So, ich mache jetzt meine Patientenrunde.«
»Haben sie sich gestritten?« fragt Kerstin verdutzt.
»Nee, da scheint noch mehr im Karton zu sein«, meint Eike düster.
»Ach, redet nicht«, sagt Olga, »ihr seid erwachsen. Ihre Partnerschaftstrübungen sollen eure Eltern alleine blankwischen. Wir

lassen uns den Tag nicht verderben. Kerstin, hol das Kompott aus der Küche.«
Und schon fährt der Doktor zwischen Holunder und Brennesselbusch über die hölzerne Dreekelsbrücke – hinaus auf den Alten Damm ... Gewöhnlich bietet ihm die Tour über Land die so notwendigen Atempausen, besonders an einem frühsommerlich-sonnigen Tag. Zumindest häuslicher Ärger verfliegt. Er verkleinert sich gewissermaßen mit der Entfernung vom Mattiesenhof. Was ist denn auch der Grund seiner Verstimmung? Daß er sich durch das berufliche Engagement seiner Frau vernachlässigt fühlt? Daß Olga in ihrem Projekt aufgeht und ihre übertriebene Bemutterung reduziert? Daß die Kinder eigene Entscheidungen treffen – Eike über seiner Verknalltheit in Vroni sein Studium zu vergessen scheint? Unsinn, das kommt wieder ins Lot. Aber was Mattiesen sich noch nicht ganz eingestehen will: Seit er das Angebot von Moritz Raab hat, in die »gut gepolsterte« Glücksburger Luxuspraxis einzusteigen, steigert jeder alltägliche Verdruß die Verlockung. Dazu noch der Gedanke an die attraktive Sekretärin des Seeblick-Instituts ...
Auf dem Krankenbesuchsplan steht heute als erster Herr Körner, der Inspektor des staatlichen Gestüts in Deekelsen-Dreekels. Zwischen Feldern und Wiesen wählt Karsten den kürzesten Weg, der am Gehöft des Kräuterdoktors vorbeiführt. Vor Hinnerksens Haus parkt ein Wagen mit Hanuschs Firmenzeichen. Das ist nicht weiter von Interesse. Der Baumaterialienhändler und Hinnerksen beteiligen sich an Olgas Breckheide-Projekt. Hanusch, weil er gern als Förderer auftritt, und Hinnerksen, weil er sich die erweiterte Lizenz zur »Ernte« gewisser Kräuter auf öffentlichem Grund und Boden erdienen will.
Wenn Karsten wüßte, was sich eben jetzt auf Hinnerksens Anwesen abspielt, würde er dort spaßeshalber einen Zwischenhalt einlegen, vorausgesetzt, er wäre dazu in gelöster Stimmung. Da das nicht der Fall ist – und da er ja nichts ahnt –, fährt er vorbei.
Der Kräuterdoktor räumt seinen Schuppen auf, wobei er derart

ohne Pause vor sich hin flucht, daß es fast wie ein monotoner Bußgesang klingt. Inzwischen ist Hanusch durch Flur und Küche in den verwilderten Garten gegangen, hat sich nach Hinnerksen umgesehen und ist der molligen Bärbel in die Arme gelaufen. Es handelt sich hier sozusagen um einen Frontalzusammenstoß, der auf wohligste Weise durch Bärbels füllige Formen nicht nur abgemildert, sondern sogar noch schmiegsam aufgefangen wird.
»Mein Schmusebärchen!« gurrt Hinnerksens Bärbel, den verdutzten Hanusch selig umschlingend. »Da bist du endlich. Komm doch wieder auf meine Luftmatratze. Das Wetter ist so schön . . .«
Der starke, breitschultrige Hanusch ist ein Mann mit Humor. Außerdem steht er voll im Saft seiner besten Jahre. Niemand kann ihm nachsagen, er sei ein Kostverächter, der den Zufall nicht zu schätzen wüßte. Wählerisch ist er auch nicht. Wohl merkt er, daß die Bärbel »angeschickert« ist. Sie hat am hellen Tag schon wieder tief in die Flasche geguckt, doch das stört ihn keineswegs.
»Na, wen haben wir denn da!« raunzt er, nun ganz Macho. »Gehört das neuerdings zum Kräuter-Service?« Und er genießt die füllig-köstliche Begrüßung mit einem heftigen Gegenschmatz. Ei, das ist nach seinem Herzen. Da möchte er sich gleich die Lippen lecken! Da taucht hinter den beiden der Kräuterdoktor auf. Seiner Brust entringt sich kein Schrei der Eifersucht. Im Gegenteil. Er bleibt nur stehen und fragt mürrisch: »He, Hanusch! Was soll das?«
Der Baumensch grient verlegen. »Wir haben uns miteinander bekannt gemacht. Was ist dabei?«
Bärbel, nüchtern genug, die Situation zu begreifen, spielt nun die Übertölpelte. Ach – sie spielt schlecht. Doch weder Hanusch noch Hinnerksen sind Diplompsychologen. »Herr Hanusch!« ruft die Bärbel amüsiert-empört. »Ich war ja noch taumelig nach meinem Schläfchen! Sie! Wie konnten Sie das so ausnützen?«
»Ja. Und ihre Kontaktlinsen hat sie verloren!« sagt Hinnerksen.
»Na, wenn das die Kontakte so angenehm fördert?« witzelt

Hanusch. »Nichts für ungut, Hinnerksen! Ich komme wegen meiner Bronchien. Hast du 'ne Portion Tee am Lager?«
»Ich denke, ja. Im Schuppen«, entgegnet der Kräuterdoktor erbötig. »Bärbel, kümmere dich um Herrn Hanusch. Aber benimm dich.«
Die Ermahnung wird sowohl von Bärbel als auch von Hanusch respektiert, wenngleich der innige Empfang den Baulöwen sehr angeregt hat. Er treibt jetzt Konversation – auf seine Art. »War mir ein Vergnügen, das kleine Mißverständnis. Das darf ich wohl sagen, Fräulein ... Fräulein Bärbel. Wahrhaftig, ein Vergnügen ...«
Bärbel kichert, doch Hanusch ist fern davon, sie einfältig zu finden. Die intime Körpernähe hat ihn darüber belehrt, daß Hinnerksen nicht schlecht beraten war, diese Frau in sein Haus zu nehmen. Bloß, der Kräuterdoktor ist einem solchen Prachtweib nicht gewachsen! Da liegt der Hase im Pfeffer! Das sieht man doch ganz zweifelsfrei! Hanusch wundert sich, nicht früher darauf gekommen zu sein. Vom Schuppen her nähert sich Hinnerksen mit einer großen Tüte.
»Du hast Glück. Hier ist dein Bronchialtee. Wird wohl 'ne Weile reichen. Macht dreißig Mark.«
»Na, wunderbar.« Hanusch reicht dem Kräuterdoktor drei Scheine. »Was ich sagen wollte ... Wegen der Kontaktlinsen deiner Bärbel ... da muß doch was zu machen sein.«
»Nicht mit Tee!« brummt Hinnerksen, der, wenn auch nur vorübergehend, von seiner Liebeswolke gefallen zu sein scheint. »Und was 'ne Brille ist, weiß sie nur noch vom Hörensagen. Sie müßte dringend zum Optiker.«
Hanusch gibt sich als Helfer in der Not. Er runzelt gekonnt die Stirn, schaut dann rasch von Hinnerksen auf Bärbel, von Bärbel auf Hinnerksen und fragt: »Wie wär's denn, wenn ich Fräulein Bärbel gleich mitnähme? Ist das 'ne Idee? Sofern du mir dein bestes Stück anvertraust, lieber Freund?«
»Falls du sie dazu rumkriegst«, willigt der Kräuterdoktor er-

leichtert ein. »Auf mich hört sie nicht, allein geht sie nicht. Höchstens in ein Café, aber nich' zum Augenarzt oder zum Optiker. Lieber tappt sie wie'n blindes Huhn durch die Gegend!«
»Nun übertreib nicht, mein Dicker«, schmollt Bärbel. »Natürlich fahre ich mit Herrn Hanusch, wenn dir soviel daran liegt. Ich mache mich nur schnell noch etwas zurecht.«
Sie verschwindet im Haus, und Hanusch sagt mit anerkennendem Augenzwinkern: »Die Frau ist ja Klasse! Deshalb hast du sie nie zu Asmussen mitgebracht? Ich verstehe. Bist mir ein ganz schlauer Hecht!«
»Na, nun ...« Der Kräuterdoktor spielt den Großzügigen. »Das siehst du falsch. Die Bärbel hat hier jede Freiheit. Aber sie ist sehr wählerisch. Sie geht nicht gleich mit dem ersten Besten.«
»Verstehe!« Hanusch grinst geschmeichelt. »Übrigens, arbeitest du heute nachmittag in der Breckheide mit? Deiner Figur würde es nicht schaden!«
Hinnerksen seufzt. »Was tut man nicht alles fürs Geschäft! Ich brauch ein Kontingent an hiesigen Kräutern, und dazu ist 'ne Erlaubnis vom Rathaus nötig. Es führt also kein Weg an Olga Mattiesen vorbei. Der muß man sein Umweltbewußtsein beweisen. Mit Schweiß auf der Stirn, Hanusch! Mit Schweiß!«
Hanusch bricht in dröhnendes Gelächter aus, fängt sich jedoch rasch, denn nun tritt Bärbel aus der Tür. Bärbel – »feingemacht« –, in einem Kleid, das selbst auf der anspruchslosesten Tanzparty als »schreiendes Fähnchen« nur ungünstiges Aufsehen erregt hätte. Hanusch aber steht wie geblendet. Dann gibt er sich einen Ruck: »Darf ich bitten, Frollein Bärbel?« Fast feierlich stelzt er mit ihr zu seinem Wagen.
Der Kräuterdoktor sieht die beiden abfahren. Er sinkt auf eine Bank, und seine gelöste Haltung drückt aus: Endlich allein ...!

Inzwischen hat der Landarzt ein weniger erfreuliches Erlebnis gehabt. Der erst kürzlich operierte Gestütsinspektor begegnet ihm zwischen den Stallungen hoch zu Roß.

»Hallo, Doktor!« grüßt er leutselig.
»Hallo, Herr Körner!« erwidert Karsten. »Ich wähnte Sie im Liegestuhl – nicht im Sattel!«
Körner, bleich und abgemagert, klopft den Hals seines tänzelnden Schimmels. »Mein Adebar muß wieder in Form kommen. Einen anderen Reiter nimmt der nicht an. Auch ich darf nicht rosten.«
»Nicht rosten? Bleiben wir im Bilde, Herr! Medizinisch sind Sie längst nicht entrostet. Hier gilt das umgekehrte Prinzip: Ruhe. Ruhe und nochmals Ruhe! Dazwischen immer mal ein paar Schritte auf dem Rasen, aber – bitte – zu Fuß!«
Der Gestütsinspektor reagiert mit Arroganz. »Ich werde doch wohl wissen, was ich mir zumuten kann. Übrigens empfiehlt die moderne Medizin Bewegung nach Eingriffen. Schnellstmöglichen Wiedereinstieg in berufliche Tätigkeit. In den Staaten weiß man das längst. Ebenso in unseren Zentren. Nur hier auf dem Lande –«
»Hier auf dem Lande schlägt man ärztliche Anordnung in den Wind?« unterbricht Karsten. »Gut, Herr Körner. Sehen Sie nur zu, daß Ihr Gaul nicht bald reiterlos hinter einer schwarzen Kiste zum Friedhof geführt werden muß. Tschüs.« Er geht zu seinem Wagen und hört den Inspektor höhnen: »Bei der Ärzteschwemme finde ich schnell einen anderen Doktor!«
Ärzteschwemme! Das ständige Argument verstockter Patienten. Wütend fährt Karsten weiter, nach Borsberg. Dort hat er die drüsenkranke Frau Mittelmann zu besuchen. Auf dem Marktplatz wimmelt es von Verkaufsständen, Lieferwagen, Anhängern, Stellschirmen. Als er eine Parklücke gefunden hat, tappt er die finstere Stiege eines schmalen, alten Hauses empor. Hier ist alles dunkel, auch die puppenstubenhafte Wohnung der Patientin, die ihm selbst die Tür öffnet. Sie ist im Nachthemd, sie legt sich auch gleich wieder ins Bett. Der Doktor erfährt, daß sie die verordneten Tropfen pünktlich einnimmt. Sie hält sich an seine Weisungen, ist guten Mutes, sie will ja einigermaßen auf dem Damm sein, wenn

sie in den Sommerferien zu ihren Enkelkindern nach Kiel fährt. Am Abend wird die Nachbarin reinschauen.

»Ja, ja . . . die Nachbarin. Eine schreckliche Person, aber hilfsbereit, wenn's drauf ankommt. Eine geradezu bösartige Frau, die ihre Freude am Leiden anderer hat. Aber, wie gesagt, hilfsbereit. Eine oft sogar hinterhältige, tückische Person. Wie gesagt . . .«

Der Doktor kennt solche »Offenbarungen«. Er nickt und grinst, nickt und grinst. Doch als er wieder an seinem Wagen steht, vergeht ihm das Grinsen. Er kann den Klatschtanten Thea und Grete nicht entweichen, den beiden einstigen Intimfeindinnen, die zur Zeit Intimfreundinnen sind.

»Nun sehen Sie sich das da an, Doktor!« schnaubt die Thea. »Da streunt der Hanusch doch tatsächlich mit Hinnerksens Schlampe – Arm in Arm! Und bei der sollte ich Haushälterin werden. Pfui, danke!«

Grete, toleranter, zeigt eher belustigtes Interesse. »Vielleicht ist sie nicht mehr bei Hinnerksen? Der Hanusch spielt ja direkt den Pfau! Daß ihr Freund das zuläßt!«

Hanusch, der Mattiesen erspäht hat, ruft triumphierend: »Ich spiele den Blindenhund, Doktor! Das arme Mädchen muß zum Optiker. Allein findet sie nicht hin, und Hinnerksen hat ja nur seine Kräuter im Kopf.«

Mattiesen reicht es. Er will so schnell wie möglich weg. Doch wie's der Teufel will, schweift sein Blick zur Polizeistation hinüber. Was sieht er da? Annemaries Wagen! Und eben führt sie mit Hilfe Heitmanns einen Mann zum Tor hinaus, auf ihr Auto zu: den Studienrat Schneider, diese Niete, dem seine Frau durchgebrannt ist! Ja, wie reimt sich denn das nun wieder zusammen? Annemarie hatte doch nur mitgeteilt, sie käme wegen einer Unterrichtsvertretung nicht zum Essen! Von einer Intervention bei der Polizei, von einer neuerlichen Aktion im Zusammenhang mit Schneider war nicht die Rede gewesen. Daß der Studienrat irgendwie angeschlagen ist, sieht Karsten. Das sehen auch Thea und Grete. Ebensowenig entgeht es dem größten Teil des Marktpublikums!

Karsten kann nicht wissen, daß man den alkoholisierten und unter Tablettenwirkung stehenden Schneider erst jetzt aus der Ausnüchterungszelle entlassen hat und daß Annemarie sich dem Direktor und den Kollegen gegenüber dafür stark machte, ihm zu seiner letzten Chance zu verhelfen. Sie will ihn über den schlimmen Rückfall hinwegbringen. Keiner traute sich das zu. Sie aber meinte, es schaffen zu können, entgegen der allgemeinen Skepsis. Das ehrt sie. Annemarie ist die verkörperte Courage, die personifizierte Hartnäckigkeit. Eine Diplomatin aber ist sie nicht. Jedenfalls hat sie nicht bedacht, daß ihr Ehemann diesen Rettungsdienst in einem mehr oder weniger rätselvollen Stadium beobachten könnte.
Sie sieht ihn jetzt; sie macht eine hilflose Geste. Einen Augenblick scheint es, als wolle sie über den Markt auf ihn zukommen, um ihm Näheres zu erklären. Das wäre das letzte, was sich Karsten in aller Öffentlichkeit wünschte. Kurz entschlossen steigt er in den Wagen und fährt ab. Er kocht vor Ärger. Welch gefundenes Fressen für die Klatschtanten: Hanusch mit Hinnerksens Schlampe – und Annemarie mit diesem Waschlappen Schneider.
Ein Arzt, der nicht bei der Sache ist, bringt sich um das Vertrauen der Kranken. Jetzt muß er zu Frau Pomack – und gerade dort bedarf es eines ruhigen Auftretens. In der einstigen Eisfabrik, die als Schrottlager dient, hat Hanusch der Frau mit ihren Kindern die Pförtnerwohnung belassen. Der Tote ist – nach Freigabe durch den Staatsanwalt – in Kiel beigesetzt worden. In aller Stille, wie Frau Pomack es wünschte.
Im verwilderten Garten sieht Karsten die kleine Kati mit Eckholms Steffi spielen. Vor der Haustür begegnet er dem Pfarrer.
»Na, mein Sohn«, begrüßt ihn der Kirchenrat väterlich. »Schaust du auch mal wieder nach dem Rechten?«
»Dasselbe könnte ich dich fragen«, erwidert Karsten. »Wie steht's denn da drinnen? Frau Pomack ist nicht in meine Sprechstunde gekommen, obwohl Olga sie durch euch gebeten hat.«

»Ach!« Eckholm schnauft. »Wir haben sie ins Bett gesteckt. Meine Ina kümmert sich um sie und die Kinder. Aber wie geht's weiter? Frau Pomack ist einfach fertig. Sie war ja schon vorher nur noch ein Schatten. Die Kati könnten wir zu uns nehmen. Für Martin und Svenja suche ich eine Patenschaftsfamilie. Die Frau und der Säugling gehören in ein Heim. Aber darüber habe ich mit Olga neulich schon gesprochen.«
»Ich weiß.« Der Landarzt mustert Eckholm. »Ich denke, Pfarrer, du solltest mich auch mal besuchen.«
»Wieso?« Der massige alte Herr hebt die Brauen. »Hast du Probleme, Doktor?«
»Nee. Aber du könntest welche haben.«
»Ich? Wie meinst du das?«
Karsten reibt sich das Kinn. »Ich weiß nicht, irgendwie gefällst du mir nicht. Geht's dir wirklich gut?«
»Ich fühle mich wie ein Fisch im Wasser!« verwahrt sich der Kirchenrat.
»So? Na, das sagt nichts. Es gibt auch kranke Fische ... im Wasser.« Bevor der Pfarrer antworten kann, erscheint seine junge Frau Ina.
»Schön, daß Sie kommen!« ruft sie erleichtert. »Ich tue, was ich kann, und die Kinder sind willig. Aber die Mutter ...«
»Ich sehe nach ihr«, sagt Karsten. »Bis später, Pfarrer. Nicht vergessen – kranke Fische!«
»Du tust, als wär' ich 'n halber Hering!«
»Ein blasser Karpfen, Pfarrer, ein großer, blasser Karpfen!«
Der Doktor wendet sich an Ina: »Ihr Eindruck von Frau Pomack?«
»Sie ist nach allem total erschöpft. Der Haushalt, die Kinder, ihr Versuch, für Hanusch etwas zu arbeiten – sie schafft es nicht. Das deprimiert sie. Und weil sie deprimiert ist, schafft sie überhaupt nichts mehr. Ein Teufelskreis.«
»Olga will über das Müttergenesungswerk einen Platz für sie finden«, sagt Karsten. »Wegen der Kinder unternimmt Ihr Mann das Nötige. Wie steht Frau Pomack dazu?«

»Na ja. Sehr einsichtig ist sie nicht«, meint Ina.
Im Schlafzimmer, dessen Vorhänge zugezogen sind, liegt die schmale, wachsbleiche Frau und starrt aus unnatürlich geweiteten Augen zur Zimmerdecke. Als Mattiesen sich an den Bettrand setzt, reagiert sie eine Weile nicht. Beinahe glaubt er, sie nehme überhaupt nichts wahr. Doch da sagt sie leise: »Sie waren sehr gut zu mir, Herr Doktor.«
Karsten schweigt.
»Aber jetzt können Sie nicht mehr helfen«, fährt die Kranke fort. »Niemand kann es. Auch der Pfarrer nicht.«
»Na hören Sie«, beginnt der Doktor. »Wozu sind wir denn alle hier? Sie werden schon wieder hochkommen, Frau Pomack. Auch seelisch. Dafür möchte ich mich verbürgen.«
»Und das meinen Sie ernst?« Frau Pomack wendet Karsten ihr Gesicht zu. »Wie soll ich hochkommen, wenn man mir die Kinder nimmt?«
»Keiner nimmt Ihnen die Kinder«, sagt Karsten eindringlich. »Der Pastor und seine Frau kümmern sich um die größeren. Für Sie und das Baby werden wir ein Kurheim finden, wo Sie –«
»Wo ich . . . was?« unterbricht ihn die Kranke mißtrauisch.
»Wo Sie besucht werden können«, sagt Karsten schnell. »Ein Heim, hier in der Nähe. Von wo auch Sie, sobald Sie kräftig genug sind, die Kinder besuchen dürfen.«
»Ja, wäre denn das möglich?« In Frau Pomacks Stimme schwingt ein wenig Hoffnung. »Wirklich? Das wäre erlaubt?«
»Sie müssen nur den Willen haben, gesund zu werden.« Der Doktor fühlt ihr den Puls, horcht sie ab, prüft ihre Reflexe. »Ja, wie ich sagte: Ohne Ihr Zutun geht es nicht. Zum Beispiel sollten Sie was essen.« Er deutet auf das Tablett mit belegten Broten, Milchbecher und Obst, das Ina ihr hingestellt hat. Er reicht ihr den Obstteller.
»Danke, Herr Doktor«, sagt sie leise. »Sie haben recht. Ich darf mich nicht gehenlassen.«
»Das ist doch ein Wort!« Karsten nimmt seinen Arztkoffer. »Das

gefällt mir schon viel besser. Tschüs also. Ich schaue wieder nach Ihnen.«

Auf der Rückfahrt, am Dreekelser Rondell, sieht der Doktor ein grell-pinkfarben gekleidetes Wesen mit einer Handtasche winken. Die Stelle ist den Einheimischen als »Mitfahrerfalle« bekannt. Oft stehen hier nicht sehr vertrauenerweckende Gestalten. Entgleiste Jugendliche, Penner, Reisende mit ungewissem Ziel. Aber der Person, die da winkt, der ist er doch vorhin erst begegnet!
Richtig. Es handelt sich um die berühmt-berüchtigte Grete. Jenen losen Vogel, der sich gern in fremde Nester setzt. Im Gegensatz zu ihrer Tratschfreundin Thea, die äußerlich auf Solidität Wert legt, könnte Gretes Aufmachung jeden Papagei zum Erblassen bringen. Mit der Schminke sieht sie aus, als hätte sie eine unerforschte Tropenkrankheit.
Der Landarzt stoppt und ruft: »Wohin des Wegs, schöne Frau? Wollen Sie zu mir?«
»Zu Herrn Hinnerksen, wenn's Ihnen nichts ausmacht, Herr Doktor«, flötet Grete. »Ich habe ihm was zu bestellen.«
»Gut. Steigen Sie ein.«
»Ach, das ist ja zuuu nett«, plappert Grete. »Das hätt' ich nicht erwartet. Wissen Sie, ich hätte mein eigenes Auto genommen, aber die alte Rostlaube muß erst durch den TÜV. Und ich hab's eilig.«
Karsten grinst still vor sich hin. Er kann sich denken, daß Grete den überstürzten Besuch beim Kräuterdoktor nicht wegen eines Tees gegen Sodbrennen machen will. Ihr Entschluß hängt sicher mit Hanuschs und Bärbels Auftauchen in Borsberg zusammen . . .
Als Karsten vor dem Anwesen des Kräuterdoktors hält, drückt er ein paarmal kräftig auf die Hupe. Hinnerksen kommt eilig herbei, bleibt dann aber wie angewurzelt stehen, als er die Grete in ihrem pinkfarbenen Zirkuskleid auf sich zutänzeln sieht. Sein Seehundsgesicht zieht sich in die Länge.
»Sieh mal, wen ich dir hier bringe!« ruft Karsten höchst überflüssigerweise.

Der Kräuterdoktor stopft sich rasch das Hemd in die Hose und glättet den gesträubten Schnauzbart mit dem Handrücken. Seine Miene hellt sich auf, als träfe ihn ein Sonnenstrahl.
»Na, das ist eine Überraschung!« krächzt er. »Entschuldigung ... hatte nicht mit Besuch gerechnet ... Je später der Abend –«
Er besinnt sich, aber ihm fällt nur einen neue Platitüde ein: »Ich meine natürlich, welch Glanz in meiner Hütte! Stehe zu Diensten, Frau – Fräulein –«
»Einfach Grete, Herr Hinnerksen. Einfach Grete. Man kennt sich doch lange genug ...«
Der Kräuterdoktor komplimentiert den »exotischen« Besuch ins Haus hinein, ohne sich um Karsten zu kümmern.
Der Landarzt fährt weiter, zurück über den Alten Damm, zum Mattiesenhof. Das Zwischenspiel hat ihn aufgeheitert, aber es ist zu albern und unwichtig, um nachhaltige Probleme vergessen zu machen. Annemarie ist natürlich noch nicht zu Hause. Ein Zettel auf dem Küchentisch informiert ihn darüber, daß Olga, Eike und Kerstin in der Breckheide arbeiten. Zum Wochenende wird die Biotop-Aktion durch Mitglieder des Borsberger Sportclubs verstärkt, sofern keine Veranstaltung ansteht. Hanusch, der als Borsberger Generalpatron auch den Verein unterstützt, hat den Naturschutz offenbar in das Fitneßprogramm integriert.
Die Freitagabend-Praxis muß Karsten allein mit Britta und Doris bewältigen. Dazu hat er auch wieder Notdienst, und außerdem steht eine Menge an vernachlässigter Schreibarbeit an. Kein Wunder, daß er immer häufiger an Raabs Angebot denkt.
Es ist Annemarie, die eine Aussprache über die Situation unmöglich macht. Wieder erscheint sie erst spät. Ihre Entschuldigung ist eher eine langatmige Erklärung. Danach handelt sie in einer Art Selbstgespräch das Problem Schneider in allen Einzelheiten ab. Noch im Bett redet sie über den Fall, und sie merkt nicht, daß Karsten immer schweigsamer wird.
»Das Schlimme ist, Schneider bohrt sich in sein Unglück hinein, als verschaffe ihm das eine Befriedigung. Es sah doch alles schon

so hoffnungsvoll aus. Aber nein! Was tut er? Er ruft seine Schwiegermutter in Bremen an – seine Schwiegermutter! Sie soll zwischen ihm und seiner Frau vermitteln. Die Schwiegermutter!«
»Die Schwiegermutter habe ich inzwischen begriffen«, murmelt Karsten.
»Nicht wahr?« In ihrem Eifer überhört Annemarie den Sarkasmus.
»Und weißt du, was die ihm geantwortet hat?«
»Die Schwiegermutter?«
»Ja! Sie sagte, sie sei schon immer gegen die Ehe gewesen. Ihre Tochter brauche einen richtigen Mann. Eine Roheit! Die Person ahnt nicht, was sie damit heraufbeschworen hat!«
»Die Schwiegermutter!« gähnt Karsten.
»Eben. Nach dem Telefonat drehte er prompt wieder durch«, redet Annemarie weiter. Er ertränkte seinen Jammer in Rotwein und schluckte eine Handvoll Tabletten. Morgens kam er dann auf die Idee, zur Sparkasse zu fahren, um Geld abzuheben. Im Suff! Im Pillendusel! Ein gefundenes Fressen für die Polizei, wie du dir denken kannst.«
»Hmmm«, brummt Karsten im Halbschlaf.
»Der Führerschein ist natürlich weg. Aber das wäre zu verschmerzen«, fährt Annemarie fort, nachdem sie die Nachttischlampe ausgeknipst hat. »Seine Stellung steht auf dem Spiel. Wenn er am Montag in der Schule versagt, ist es aus. Er braucht einen Bewährungshelfer. Einen männlichen Kollegen akzeptiert er instinktiv nicht, wie Detlefsen schon festgestellt hat. Da geniert er sich. Einzig mir vertraut er sich an. Weshalb, ist mir schleierhaft. Es hilft alles nichts, ich muß mich weiter um ihn kümmern. Der Rückfall war ein letztes Alarmsignal. He, Karsten, hörst du mir überhaupt noch zu?«
Karsten schläft.
Aber sein Plan ist gefaßt. Am Montag bemüht er sich telefonisch um eine Notdienstvertretung für Mittwoch. Und am Mittwoch nachmittag wirft er sich in seinen besten Anzug. Er will nach

Glücksburg, wo er einen Termin mit Moritz Raab in dessen Praxis vereinbart hat. In der Halle trifft er Olga, die in abenteuerlicher Bekleidung zur Fahrt in die Breckheide gerüstet ist.
»Hallo, Karsten. Wenn jemand nach mir fragt, ich bin mit Hugo, Bea und den anderen am Biotop.«
»Und ich habe per Telefonbeantworter auf meine Vertretung hingewiesen«, erwidert der Doktor, seine Krawatte zurechtzupfend.
Olga stutzt. »Wie siehst du denn aus? Willst du zum Ärzteball?«
»Nein. Nur geschäftlich nach Glücksburg.«
»Geschäftlich?« wundert sich Olga. »Was soll das heißen?«
»Nichts Besonderes«, erwidert Karsten ruhig. »In Glücksburg ist eine recht einträgliche Arztstelle frei.«
»Eine . . . waaas?«
»Eine ärztliche Position«, sagt der Doktor.
Olga setzt sich vor Schreck auf die Kaminbank. »Ärztliche Position?« wiederholt sie. »Ja, ist das, was du hier hast, etwa keine . . .?«
»Das schon, Mutter.«
»Aber . . .?« Olga Mattiesen hat sich gefaßt. Der Blick ihrer klaren, hellen Augen ist aufmerksam auf den Sohn gerichtet. »Wenn du zugibst, hier deinen Wirkungskreis zu haben – was willst du dann in Glücksburg?«
»Genaueres erfahren. Die Vorteile einer Veränderung prüfen. Ein Studienfreund hat da eine kurärztliche Großpraxis. Ich wollte noch nicht damit rausrücken. Nun darfst du's wissen. Da läuft ein verlockendes Angebot.«
»Das ist nicht möglich!« ruft Olga.
»Du hörst doch«, sagt der Doktor. »Meinst du, ich spinne?«
»Ich meine«, erklärt Olga mit Nachdruck, »daß du das Angebot natürlich ausschlagen wirst!«
Der Doktor bleibt gelassen. »Warum? Wenn die Konditionen günstig sind?«
Olga Mattiesen erhebt sich. »Pfeif auf Konditionen andernorts,

mein Junge! Du bist der Landarzt von Dreekels, von Deekelsen, von Borsberg-Umland. Dein Platz ist da, wo schon Großvater und Vater Ärzte waren.«

»Die Zeiten ändern sich – und mit ihnen die Ansprüche«, entgegnet Karsten. »Ich komme mir manchmal etwas... etwas überlebt vor, hier im ›Busch‹.«

»So! Überlebt! Du unreifer Springinsfeld. Wenn ich mich nicht irre – als deine leibliche Mutter –, dann wirst du dieses Jahr erst zweiundvierzig. Ist das ein überlebtes Alter? Kerle mit Schneid fangen dann erst an!«

»Das will ich ja!« kontert der Sohn. »Außerdem gehe ich nach Glücksburg, nicht in die Arktis. Und noch ist nichts entschieden.«

»Müßte so was nicht trotzdem besprochen werden?« forscht Olga. »Zum Beispiel mit mir? Und mit Annemarie? Die weiß doch auch nichts?«

»Nein«, gibt Karsten zu. »Noch weiß sie nichts. Aber was sollte es Annemarie kümmern, ob ich hier praktiziere oder in Glücksburg? Die Entfernung ist nur ein Katzensprung. Außerdem hat Annemarie vollauf mit ihrem Job zu tun. Soll ich ihr mit meinen Problemen auf den Wecker fallen? Jetzt, wo sich alles um Studienrat Schneider dreht? Also, tschüs, ich muß los!«

»Halt, halt!« Olga stellt sich ihm in den Weg. »Sagtest du Schneider? Dann ist mir klar, woher der Wind weht! Eifersucht, mein Junge! Du bist eifersüchtig auf diesen netten, labilen Menschen! Dabei tut sie nichts, als ihm kollegial zu helfen!«

Nun reagiert Karsten ärgerlich. »Die ganze Gegend spricht von dieser Kollegialität, Mutter. Ich hatte neulich das Vergnügen, Zeuge zu sein, als sie ihn von der Polizeistation abholte. Kein geringeres Vergnügen machte es mir, die Gesichter mancher Leute zu sehen. Lassen wir das. Mit meiner Fahrt nach Glücksburg hat das alles nichts zu tun.« Er geht zur Tür, fügt aber noch hinzu: »Höchstens damit, daß hier jeder macht, was er will – und daß man mir das gleiche Recht zugestehen muß.«

»Aber bedenke doch –«, ruft Olga beschwörend.
»Tut mir leid, bin schon unterwegs!« Und schon läuft Karsten die Außentreppe hinunter, auf seinen Wagen zu.
Fassungslos sieht Olga ihm nach.

Je weiter sich Karsten von der gewohnten Umgebung entfernt, desto besser wird seine Laune. Beschwingt fährt er über grüne Hügel, die wie verzauberte, erstarrte Wogen das Land bedecken. Aus Baumkronen, Büschen, Hecken lugen zu den Seiten die Dachgiebel vereinzelter Häuser, vor dem Schneeweiß der so typischen »Blumenkohlwolken« zeichnen sich für Momente die Schattenrisse von Möwen, Krähen und selten gewordenen Greifvögeln ab. Ein Gasthausschild: »Kirchspielkrug«, ein Karussell, Hinweis auf »Kinderglück«, die Großgärtnerei wie ein Blumenteppich ... dazu flotte Musik aus dem Autoradio ... Karsten ertappt sich beim Pfeifen und Mitsummen.
Glücksburg! Trifft hier das »nomen est omen« zu? Als er die Seeblick-Praxis erreicht, will es ihm so scheinen. Auf dem Parkplatz sieht er keinen Traktor, kein Pferd, keine Rostlaube, wie bei sich zu Hause. Dagegen einen Bentley mit einem diskret uniformierten Chauffeur und diverse Karossen aus dem aktuellen Autosalon. Verirrte Hühner oder entlaufene Schweine sind vor dieser Auffahrt ganz und gar undenkbar.
Dr. Karsten Mattiesen wird bereits erwartet. Eine junge Helferin in Weiß, modisch gestylt, teilt ihm lächelnd mit, die Herren Ärzte Dr. Raab und Dr. Baier hätten auswärtige Patienten nicht anders »terminieren« können. Und auf Karstens Rückfrage: der freie Tag sei hier »gleitend«. Er wird in Susanne Blumes Büro geführt. Sie begrüßt ihn freundlich wie einen alten Bekannten. Auch sie lächelt, aber nicht therapeutisch-dienstlich, sondern unbefangen-natürlich.
»Ich war mir ganz sicher, daß sie wiederkommen würden, Doktor«, sagt sie. »Der Chef äußerte Zweifel, aber ich wäre jede Wette eingegangen ...« Sie fügt schnell hinzu: »Sie sehen nicht aus wie

ein Mann, der seine Chance nicht wahrnimmt. Ich meine, eine berufliche.«
Karsten räuspert sich. Er könnte sich wegen seines verlegenen Grinsens ohrfeigen. »Eine berufliche, ja«, wiederholt er einfältig, denn ihr Anblick benimmt ihm, wenn nicht den Atem, so doch die Reaktionsfähigkeit. Dabei gehört sie zu den Frauen, die gar nichts dazu tun, den Blick eines Mannes auf sich zu ziehen oder etwa festzuhalten. Im Gegenteil. Ihre Bewegungen sind sparsam, ihre Gesten ohne Aufgesetztheit. Sie trägt ein raffiniert einfaches, cremefarbenes Kleid, wenig Schmuck; ihr volles dunkles Haar ist straff zurückgekämmt und im Nacken gerafft. Langsam begreift Karsten, daß sie ihre großen, sehr klaren Augen durch dieses »Outfit« betont.
»Wollen Sie sich nicht setzen?« Ihre Stimme klingt amüsiert. Es dauert nicht lange, und Karstens Befangenheit ist verflogen. Susanne versteht es, Sachliches klar zu interpretieren, dabei aber den persönlichen Ton zu wahren und keine Ungeduld zu zeigen. Sie räumt ihm ihren Schreibtischplatz ein. Karsten erhält Einblick in die Unterlagen der Praxis. Finanzielle Basis, Jahresumsatz, Steueraufkommen, Installations- und Immobiliensanierung, Versicherungs-, Energie-, Personalkosten, Nettogewinn ... und so weiter, und so weiter, alles ist genau belegt, und, wo erforderlich, notariell beglaubigt. Die Patientenliste verzeichnet jahrelange »Stammkunden«, das absolut beste Zeichen für eine »gesunde« Praxis (in doppeltem Sinne). Dabei handelt es sich um Patienten, die ausschließlich aus zahlungskräftigen Kreisen stammen. Susanne serviert dem Doktor eine Tasse Espresso und erläutert: »Die Praxis ist vertraglich an Professor Wellershoffs Privatklinik angeschlossen. Patienten von auswärts wohnen im Kurhotel oder im Parksanatorium, auch im Winter. Wir sind das ganze Jahr voll ausgebucht.«
»Das heißt, die Praxis ist hauptsächlich auf Vorbeugung, Nachbehandlung und Erholung spezialisiert.«
»Und auf chronische Fälle.« Susanne lächelt. »Wobei es Patienten

gibt, deren Leiden mehr oder weniger... imaginär sind, um es vorsichtig auszudrücken.«

Etwa zwei Stunden lang beschäftigt sich Mattiesen, in Gegenwart der liebenswürdigen Bürochefin, mit den Unterlagen der Seeblick-Praxis. Als Moritz Raab dazukommt, wird ihm klar, daß er den »Halbgott in Weiß« gar nicht vermißt hat.

»Also, wie steht's, alter Junge?« fragt Raab mit routinierter Munterkeit. »Habt ihr alles durchgekaut? Du siehst, der Laden floriert. Was dein Gehalt betrifft, so entspricht es den Einkünften deines Vorgängers. Fixum plus Honorarbeteiligung, selbstverständlich. Hast du aus den Akten ersehen, ja? Das dürfte absolute Spitze sein. Noch Fragen?«

»Ich müßte mir in Dreekels noch allerlei ordnen«, erwidert Karsten. »Auf die schnelle geht's nicht. Eine so einschneidende Umstellung –«

»Die wirst du verkraften«, meint Raab. »Da stehen wir dir schon zur Seite. Nicht wahr, Blümchen?«

»Kein Problem«, bestätigt Susanne.

»Gib mir in den nächsten Tagen Bescheid«, sagt Dr. Raab, auf die Armbanduhr blickend. »Aber dann, bitte, endgültig. Klar? Mich mußt du jetzt entschuldigen, ich habe eine Besprechung mit meinem Architekten. Susanne kümmert sich um dich.« Er schüttelt Karsten die Hand. »Auf bald, wie ich hoffe. Auf bald!« Er winkt an der Tür noch einmal zurück und rauscht hinaus.

Susanne blickt Mattiesen prüfend an. »Sehr entschlossen scheinen Sie nicht zu sein?«

Karsten lacht. »Auf jeden Fall bin ich entschlossen, mit Ihnen essen zu gehen. Haben Sie nicht den Auftrag, sich um mich zu kümmern? Gute Restaurants, denke ich, gibt's hier genug.«

Susanne Blume wirft ihm einen Seitenblick zu. Sie beginnt damit, die durchgesehenen Unterlagen zu ordnen und in den Wandfächern zu verstauen. »Eigentlich haben Sie recht«, meint sie schließlich, »Büros hemmen berufliche Entscheidungen. Einigen wir uns auf ein Abendessen?«

»Diplomatisch ist das der richtige Ausdruck«, grinst Karsten. Susanne kennt in Richtung Gelting ein nettes kleines Restaurant, die »Ostseeperle«. Es liegt an der Küste, nicht weit von ihrem Wohnhaus entfernt. Da ihr Sportwagen wieder in Ordnung ist, fahren sie im Konvoi. An der Abzweigung zur »Ostseeperle« stoppt sie kurz, um ihm mitzuteilen, daß sie sich rasch umziehen wolle.
Karsten hat also Zeit, einen geeigneten Tisch auszuwählen und ihn zu ergattern, als die bisherigen Gäste aufbrechen. Es ist wirklich hübsch hier, stellt er fest. Der Blick durchs Fenster schweift weit über das Meer. Die Möwen kurven mit rosig besonnten Bäuchen um die Schiffs- und Fahnenmasten, Boote aller Art gleiten auf der mäßig bewegten See den Marinas zu. Ein Kümo prescht wie ein schlankes Ungeheuer durch das Gewimmel der Kleinen.
Und dann kommt Susanne. In den Anblick des Panoramas vertieft, bemerkt er sie erst, als sie am Tisch erscheint. Sie hat sich aus einer Bürochefin in eine Tête-à-tête-Partnerin verwandelt, ohne viele Mühe, aber, wie ihm scheint, mit umwerfendem Effekt. Sie trägt ein glattes, marineblaues Kleid, sozusagen »milieugerecht«, verziert mit entsprechenden Goldknöpfen auch an den Ärmeln. Ganz modisch – todschick!
»Sie starren mich an, als kennten Sie mich nicht«, lächelt sie.
»Ich hatte Raabs Blümchen erwartet – und nicht die Rose des Nordens«, erwidert der Doktor. Er meint originell zu sein.
Susanne lacht. Sie lacht beinahe Tränen.
»Ja, was tragen denn die Frauen bei Ihnen in . . . in Dreekels?«
Ein heikles Thema! Denn Annemarie ist gerade in Modefragen keinesfalls rückständig. Für Hamburger Gelegenheiten hält ihre dortige Schneiderin die neuesten Kreationen bereit. Annemarie ist wählerisch – und sie hat ja ihr ererbtes Vermögen. Aber diese Susanne . . . Sie ist ein so gänzlich anderer Typ, sie hat etwas, das ein Mann nicht erklären kann, vor allem kann er es sich selber nicht erklären. Karsten verwirft jeden Vergleich, verdrängt jeden

anderen Gedanken. Das fällt ihm im Augenblick nicht schwer. Nach dem Apéritif gibt es für ihn nur noch eine einzige Frau – und das ist sein Gegenüber.
»Müssen Sie um eine bestimmte Zeit zu Hause sein, ich meine – haben Sie Notdienst – oder so was?« fragt Susanne.
»Ich habe eine Vertretung in Borsberg«, erwidert der Doktor. »Mein Anrufbeantworter gibt entsprechende Auskunft. Unser kleiner Ausflug bringt mich nicht in Schwierigkeiten.« Er verschweigt, daß er bereits wegen einer möglicherweise sehr späten Rückkehr zu Hause angerufen hat, bevor Susanne kam.
Der Wirt der »Ostseeperle« (ein Patient Moritz Raabs) übernimmt höchstselbst die Aufnahme der Bestellung. Er empfiehlt Hummersuppe, grünen Spargel mit Lachsschaum, einen trockenen Tischwein – »Dümpeler Halbschatten« –, danach Käsechips, Zitronentorte, Mokka ... Und, vielleicht einen rotgoldenen Tropfen aus dem Anjou?
Das Essen ist exquisit. Und schon der »Dümpeler Halbschatten« versetzt Karsten in sonnigste Euphorie. Eigenhändig serviert der Wirt eine zweite Flasche zu den Käsechips, diesmal eine »Wittlinger Engelsstimmen-Auslese«, worauf dem Doktor bald zumute ist, als höre er lieblichen Chorgesang. In seine Beschwingtheit hinein trifft ihn Susannes ernüchternde Frage: »Sind Sie verheiratet, Doktor Mattiesen?«
»Ja. Aber ... das hat ... hat dir doch Moritz Raab sicher schon gesagt.«
Susanne spielt mit ihrem Glas. Sie blickt auf Karsten wie eine Erwachsene, die sich über einen Schüler amüsiert.
»In einer Landarztpraxis duzt man seine Patienten?«
»Weder ist dieses Lokal eine Landarztpraxis, noch gehörst du zu meinen Patienten. Aber wenn man –«, Karsten hebt die Flasche und betrachtet das Etikett, »– wenn man Engelsstimmen-Wein trinkt, sagt man ›du‹. Dieser Saft erlaubt kein ›Sie‹.«
»Na, schön. Für heute abend ...« Susanne lächelt. »Aber vielleicht schenken Sie mir ... schenkst du mir auch noch etwas ein?«

Sie stoßen miteinander an.
»Da wir schon Personenstandsfragen austauschen«, sagt Susanne, »muß ich dir sagen, daß ich geschieden bin.«
»Geschieden? Ach, das war ich auch schon«, bemerkt Karsten leichthin. »Sehr schade, daß du mir danach nicht begegnet bist.«
»Und nun wirst du mir wahrscheinlich beichten, daß deine zweite Frau dich auch nicht glücklich gemacht hat!«
»Es gibt keine zweite Frau«, erklärt der Doktor. »Es ist ein und dieselbe. Ich habe meine erste Frau wiedergeheiratet.«
»Bist du sicher?« fragt Susanne – mit Blick auf die leere Flasche.
»O ja, ich sehe innerlich noch längst nicht doppelt«, grinst Karsten. »Eine Frau – zweimal Heirat. Es stimmt.«
»Das ist aber, nimm's mir nicht übel, das ist pure Verschwendung«, meint Susanne.
»Das bißchen Wein?«
»Nein, die Kosten für eine Scheidung und zwei Hochzeiten!«
»Ach so . . . ja.« Der Doktor murmelt vor sich hin: »Ich bezweifele sehr, daß sie mich ein drittes Mal heiraten würde.«
»Heißt das, du denkst wieder an Scheidung?« fragt Susanne.
Mattiesen sieht sie nachdenklich an. Erst als das Dessert serviert worden ist, beginnt er zögernd zu sprechen, doch so, als wisse er selber nicht, ob er es dramatisierend oder resignierend meine: »Ich glaube kaum, daß sie Zeit dazu hätte . . .«
Susanne hebt die Brauen. »Sprichst du für den Rest des Abends in Rätseln?«
»Nein, bewahre. Ich will damit sagen, sie geht ganz in ihrem Beruf auf. Schulunterricht, Lehrerfortbildung, Konferenzen, Elternsprechstunden . . . Dazu die Betreuung nervlich zusammengebrochener Kollegen . . . Wo soll sie Zeit hernehmen, sich scheiden zu lassen?«
»Armer kleiner Medikus«, spottet Susanne. »Du bist doch nicht etwa ein ›unverstandener Mann‹? Von dieser Sorte kommen mehrere in unsere Praxis. Da wärst du also richtig. Bloß – als Arzt müßtest du auf der Seite der Helfer stehen.«

»Das tue ich als Landarzt seit eh und je«, erwidert Karsten. »Da werde ich schon verstanden. Als der gute Onkel Doktor, der für alles Verständnis hat. Aber ich will nicht immer von mir reden. Trinken wir noch ein Glas Champagner?«
»Auf deinen Einstieg in Glücksburg!« sagt Susanne lebhaft.

Der Doktor ist verschollen

Als erste ist Annemarie am Spätnachmittag auf den Mattiesenhof zurückgekehrt. Sie fühlt sich erleichtert wie jemand, dem eine schwere Last von den Schultern genommen wurde. Ihr »Sorgenkind«, der Dr. Schneider, hat sich heute zum drittenmal dem Unterricht gestellt. Unter den lauernden Blicken der Schüler (wie auch aus der prüfenden Sicht des Direktors) zeigte er sich den Anforderungen aufs neue gewachsen. Jedenfalls brachte er die Kraft auf, drei Tage hintereinander durchzuhalten, ohne die Beherrschung zu verlieren. Das ist viel, wenn nicht alles – ein zugegebenermaßen kleines »Erfolgserlebnis«, das er da verbuchen kann. Aber er sieht, es geht. Und daraus schöpft er neue Motivation. Annemarie konnte ihn sogar überreden, die Hilfe einer Nachbarin anzunehmen. Allem Anschein nach hat sich ihre Mühe gelohnt. Sie ist offensichtlich nun doch nicht die Verliererin. Das stimmt sie glücklich.

Eike, der noch vor Olga aus der Breckheide kommt, hört seine Mutter einen »Hit« in der Küche vor sich hin trällern: »Viens jouer avec moi . . . avec moi . . . avec moi . . .« Er blickt verdutzt um die Ecke. »Was'n hier los? Gibst du neuerdings Musik?«

»Nein. Aber ein Essen. Ich gebe heute ein großes Abendessen«, erwidert Annemarie vergnügt.

»Ein . . . ein was?« fragt Eike. Er sieht, wie Annemarie Butter und gehackte Kräuter verrührt, Tomaten wäscht, Essig, Öl und Pfeffermühle zurechtstellt, Wasser aufsetzt, Fleisch auspackt.

»Kriegen wir Besuch? Was wird denn das Schönes?«

»Das werden Rumpsteaks mit Kräuterhäubchen und Zucchini-Salat«, erwidert Annemarie geschäftig. »Besuch kriegen wir keinen. Das Galadiner gilt Olga, dir und deinem Vater!«

»Vater?« wundert sich Eike. »Der hat doch noch lange nicht Geburtstag!«

»Nein. Aber ich bin in Feierstimmung. Da mach' ich ihm einen Überraschungstag. Einen Überraschungsabend.«
Da Eike hier im Wege steht, zieht er sich in die Bibliothek zurück. Er hat ohnehin nur seine Vroni im Kopf. Er will ihr schreiben. Außerdem erwartet er ihren Anruf. Das, was er ihr mitzuteilen hat, ist schwer zu formulieren. Er möchte ihr so vieles sagen, doch alles, was ihm einfällt, wirkt – kaum zu Papier gebracht – abscheulich banal. Da sitzt er nun, wie ein Schüler vor seinem Aufsatz – und weiß nicht weiter. Die Zeit vergeht . . .
Plötzlich läutet das Telefon, der Apparat des Zweitanschlusses, über den die Privatgespräche der Mattiesens laufen. Hoffnungsvoll greift Eike nach dem Hörer. Im Geiste hört er bereits die Stimme der geliebten Vroni. Aber es ist nur der Doktor.
»Hallo Eike?« ertönt es an seinem Ohr. »Ich bin's. Ist Oma da?«
»Die ist noch in der Heide. Aber –«
Der Vater fällt ihm eilig ins Wort: »Bestell bitte, ich esse auswärts. Hast du verstanden?«
»Ja, schon«, stottert Eike. »Schon . . . nur –«
»Es kann spät werden«, unterbricht der Doktor wieder. »Ihr braucht nicht auf mich zu warten. Also, schöne Grüße! Tschüs!«
»Wo bist du denn?« ruft Eike. Doch der Vater hat das Gespräch schon beendet. Eike überlegt. Abgesehen davon, daß da ein seltsamer Unterton mitschwang, beinahe etwas Verschwörerisches, waren im Hintergrund Stimmen zu hören. Gedämpfte Stimmen, keinesfalls aus »rauhen Kehlen«, wie in Asmussens Kneipe. Und »auswärts«? Das bedeutet im hiesigen Sprachgebrauch: »an andrem Ort«. Ja, wohin ist denn der Vater gefahren? Eike seufzt. Es bleibt ihm nichts anderes übrig, als seiner eifrig küchentätigen Mutter die Hiobsbotschaft zu überbringen, daß ihre Mühe umsonst ist. Vater speist auswärts!
Annemarie hat den Tisch auf der rückwärtigen Veranda gedeckt. Sogar Blumen prangen auf der weißen Decke. Festlich blinken die Weingläser . . .
»Na, was hat deine Vroni gesagt?« fragt Annemarie, Servietten

auflegend. »Glüht ihre Liebe noch? Warum guckst du so belämmert?«
»Ich gucke nicht belämmert«, erwidert Eike unbehaglich. »Ich hab' auch nicht mit Vroni gesprochen. Es war Paps.«
»Sehr schön.« Annemarie ist offenbar der Meinung, Karsten habe seine unmittelbare Rückkehr angekündigt. »Hol zwei Flaschen ›Rabelais Trois Coins‹ aus dem Keller. Eil dich!«
»Paps hat gesagt, er kommt nicht«, druckst Eike heraus.
Annemarie wendet sich ihm zu. »Was sagst du da . . .?«
»Paps hat angerufen. Ich soll bestellen, daß er auswärts ißt.«
»Auswärts . . .?«
»Ja. Und ihr braucht nicht . . . das heißt, wir brauchen nicht auf ihn zu warten. Es kann spät werden, sagt er.«
Annemarie läuft in die Küche, um die Kartoffeln vom Herd zu nehmen. Die Pfanne für die Rumpsteaks fliegt klirrend zur Seite. Schnapp . . . dreht sie einen Schalter. »Und der schöne Zucchini-Salat ist schon im Kühlschrank!« ruft sie schrill.
»Bring den Wein wieder runter, Eike!«
»Ich hab' ihn ja noch gar nicht raufgeholt, Mami.«
Der Sohn weiß, daß nun einer der bekannt-berüchtigten Temperamentsausbrüche fällig ist. Schnell will er sich verdrücken, doch schon ertönt Annemaries: »Halt! Woher kam der Anruf? Was heißt ›auswärts‹? So weit weg kann er da nicht sein! Oder behandelt Vater die Königin von Dänemark? Wir brauchen nicht auf ihn zu warten, es kann spät werden? *Wie* spät, bitte? *Wo* tafelt der Herr?«
»Das hat er mir nicht gesagt«, erwidert Eike betreten. »Er sprach nur von Essen. ›Ich esse auswärts‹, hat er gesagt.«
»So!« Annemarie stemmt die Hände in die Hüften. »Der Herr Doktor ißt auswärts! Hast du erwähnt, daß ich gerade dabei war, den Tisch zu decken?«
»Dazu kam ich gar nicht erst«, muß Eike bekennen. »Er war so eilig. Und, ehrlich gesagt, ich hatte einen Anruf von Vroni erwartet.«

»Von Vroni!« Annemarie bindet ihre Schürze ab und knallt sie auf einen Küchenstuhl. »In diesem Haus hat jeder seine eigenen Marotten im Kopf! Wenn ich als Berufstätige *einmal* ein gemeinsames Essen veranstalten will, einmal nach Wochen, dann ist niemand da. Niemand!«
»Wieso ›niemand‹?« meldet sich Olga, die eben aus der Breckheide zurückgekehrt ist. »Meinst du deinen Sohn und deine Schwiegermutter? Du brauchst 'ne Brille und 'n Hörgerät!«
Eike nutzt den sich anbahnenden Disput, um wieder in der Bibliothek zu verschwinden. Olga, noch in Gummistiefeln und schmutzigem Arbeitszeug, sieht sich in der Küche um. »Für wen ist dieser Aufwand? Erwartest du Gäste?«
Das reicht der gestreßten Schwiegertochter. Sie setzt sich auf einen Hocker und fängt an zu heulen. »Aufwand!« schluchzt sie. »Wenn ich mal was auf den Tisch bringen will, ist das Aufwand! Dabei wollte ich doch nur mit euch zusammen ... und mit Karsten ...« Sie schluchzt hemmungslos. »Und nun kommt er nicht. Ruft an, er ißt auswärts!«
Olga begreift. Karsten hat ihr ja seinen Glücksburger Plan anvertraut, und sie hat damit hinterm Berg gehalten. Der Doktor ist wahrscheinlich von Kollegen (und Kolleginnen?) der Kurpraxis »ganz groß« eingeladen worden ...
»Nun«, versucht sie zu trösten. »Es ist keine Katastrophe, wenn ein Mann mal abends ausbleibt. Ich verstehe nicht, daß dich das umwirft! Gut, wir leben auf dem Land. Aber wir sind schließlich eine moderne Familie. Jeder hat seinen Job oder sein Hobby. Gerade du darfst dich nicht beklagen!«
»Darf ich nicht ...?« Annemarie fährt hoch. »Man kann die Regeln wahren! Man braucht einander nicht zu umgehen! Meinst du, ich durchschaue die Taktik nicht? Karsten wird bestimmt nicht an einer Würstchenbude essen ... ›Auswärts‹, so daß es später werden kann ... Da steckt eine Frau dahinter!«
»Du bist überreizt«, beschwichtigt Olga. »Du hast dich in letzter Zeit übernommen.«

»Das weiß ich selber!« Annemarie heult wieder los. »Es war nicht leicht für mich. Jetzt hat sich der Schneider einigermaßen gefangen, ich bin am Ende meiner Kraft, will mich nett mit euch zusammensetzen, ein Glas Wein trinken, und Karsten macht mir einen Strich durch die Rechnung. ›Es kann spät werden‹, hat er gesagt! ›Es kann spät werden‹!«
»Du konstruierst da vorschnell Zusammenhänge«, lenkt Olga ab. »Er spielt ja nur mit dem Gedanken, sich beruflich zu verbessern.«
»Waaas tut er?«
»Erzähl' ich dir nachher«, sagt Olga ausweichend. »Ich habe eine Idee! Wenn's bei ihm spät wird, wird's bei uns noch später! Ich geh' jetzt unter die Dusche, wir donnern uns auf und fahren zum Essen in Bohms Golfhotel. Pack die Rumpsteaks in den Kühlschrank und zieh dich um. Ich will sehen, daß Hugo und Bea auch mitkommen. Die beiden sind keine Spielverderber!«
Eine halbe Stunde später sieht Eike zwei superschicke Damen über den Vorplatz auf Annemaries Auto zustreben. Er muß zweimal hingucken, bevor er seine Mutter und Olga erkennt.
»He!« ruft er den beiden von der Tür aus nach. »Wo geht ihr denn hin? Auf den Ball der einsamen Herzen?«
Über die Schulter erwidert Olga: »Wenn du deinen Vater siehst, sag ihm, es kann spät werden!«
»Und was ist mit mir?« erkundigt sich Eike verdattert. »Soll ich bis dahin von Luft und Liebe leben?«
»Von Liebe, mein Junge, wie schon den ganzen Nachmittag!« ruft Annemarie zurück.
Was soll's? Die Mutter hat recht. Eike wartet nicht auf ein Abendessen, er fiebert dem versprochenen Anruf von Vroni entgegen. Aus irgendwelchen dummen Gründen kann er sie von sich aus heute nicht erreichen. Es kommt ihm zupaß, daß Eltern und Oma außer Haus sind; so ist er davor sicher, wegen seiner Nervosität veräppelt zu werden. Er macht sich in der Küche einen Steh-Imbiß zurecht, schnappt sich eine Flasche Bier aus dem Kühlschrank und geht wieder in die Bibliothek. Die Wartezeit

vertreibt er sich um so eifriger mit Schreiben. Da ist nämlich – erstens – sein Tagebuch, das nicht nur abgehakte und noch ausstehende Termine enthält, sondern neuerdings auch sogenannte »Gedankensplitter«. Hierfür hat er einen Überschuß an Stoff. (Ebenfalls neuerdings.) Und da ist – zweitens – der begonnene Brief an Vroni, der ihm heftiges Kopfzerbrechen bereitet. »Ergüsse des Herzens«, wie die Vorfahren so was nannten, nehmen sich auf Schreibpapier höchst dämlich aus. Zum Beispiel: «. . . und so bin ich, bin ich mit meiner ganzen Sehnsucht bei Dir.« Daß es nicht die halbe Sehnsucht ist, kann sich Vroni wohl denken. Quatsch. Der nächste Satz rettet den Unsinn vielleicht. »Strand und Meer, Wälder und Felder sind leer ohne Dich. Heute haben wir in der Breckheide einige Kipploren Erde –« Das paßt nun aber wie eine Schnapsflasche ins Rosenbeet! »Leer ohne Dich« und »Kipploren«! Ein schöner Liebesbrief! Schwachsinn, dein Name ist Eike! Er seufzt. Man nennt ihn eine »Intelligenzbestie«, manchmal sogar »Computerhirn«. Aber Gefühle zu formulieren – das wird ihm sauer. Darin, so meint er, ist ihm jedes Kind überlegen. Vielmehr: Darin ist er selber noch ein Kind. Er möchte verzweifeln.

Kurz vor 22 Uhr reißt ihn Vronis Anruf aus dem Tief. Er hört ihre fröhlich zwitschernde Stimme mit der faszinierenden bayerischen Tonmelodie, köstliche Musik in seinen Ohren,und er möchte mit dem Apparat und dem Hörer in Händen am liebsten durchs Zimmer tanzen. Dabei schreit er unentwegt nur »hallo, hallo, bist du's?« und verwickelt sich hoffnungslos in die Telefonschnur.

»Was ist?« fragt Vroni lachend. »Hat dich was gebissen?«

»Ja, nein!« Eike ist »total von der Rolle«. »Ich schreibe dir gerade. Ich schreibe, daß ich . . . daß ich . . . Hallo, bist du noch dran? Also ich fühle mich hier wie bestellt und nicht abgeholt. Wann kommst du? Waaas??? Übernächsten Monat? Übernächsten –«

»Sonntag!« hört er Vroni schreien. »Sonntag . . .!«

»Sonntag?« Eike kann es kaum fassen. »Das ist ja schon in drei, vier Tagen!«

»Neeein«, versucht ihm Vroni klarzumachen, »am über-näch-sten Sonn-tag!«
»Bestimmt? Kannst du das beschwören?«
»Wenn ich's dir sage!«
»Da werden sich deine Tante und dein Onkel freuen«, stammelt Eike beseligt. Er kann nichts dafür – er findet immer nur die blödsinnigste Antwort.
»Ich komme deinetwegen!«
»Sag' ich ja! Mann, ich werd' verrückt ... Ich meine, ich kann's nicht erwarten. Ich meine, ich ... ich liebe dich, Vroni. Liebst du mich auch noch?«
»Käme ich sonst? Dummkopf! Ich lieb' dich auch. Hörst du schwer? Ich komme, weil ich dich liebe. Drum!«
Wie ein kleiner Junge stößt Eike einen Freudenschrei aus, als er den Hörer auflegt: »Juchhuuu ...!«
Und noch einmal schreit er »Juchhuuu«. Doch dann wendet er den Kopf und lauscht. Klopft da nicht was in der Halle? Jetzt schrillt die Glocke an der Eingangstür. Eike stellt sich seelisch wieder auf die Füße. Das wird ein später Patient sein, denkt er. Er geht hinaus und öffnet.
»Der Doktor ist leider nicht da«, sagt er aufs Geratewohl. Vor ihm steht in jammervoller Haltung eine mollige junge Frau mit wirrem Haar. Sie trägt einen offenen Sommermantel mit einseitig am Boden schleifendem Gürtel. In der rechten Hand hält sie etwas Ähnliches wie einen Koffer. Und über ihrer linken Schulter hängt eine geöffnete Riementasche. Die Person kommt ihm irgendwie bekannt vor. Bevor er Weiteres sagen oder fragen kann, ereifert sich die Besucherin im Klageton: »Rausgeschmissen hat er mich! Auf die Straße gesetzt wie eine räudige Katze! Ohne Vorwarnung! Einfach so! Ganz Dreekels weiß, wie gut ich zu ihm war. Immer ist er für mich mein Schmusebär gewesen, mein dicker, lieber Schmusebär. Und nur, weil ich einmal mit Hanusch beim Optiker gewesen bin und weil mich Hanusch heute ausgeführt hat – in die Strandhalle –, schickt er mich zum Teufel –«

»Sind Sie nicht die ... das Fräulein Bärbel von ... von dem Hinnerksen?« fragt Eike verblüfft.
»Ich bin die Bärbel, ja«, schnieft die Frau, bislang »Lebensgefährtin« des Kräuterdoktors. »Hinnerksen hatte nichts dagegen, daß Herr Hanusch mich in die Strandhalle eingeladen hat. Herr Hanusch hat mich heimgebracht und ist gleich mit seinem Auto weg. Aber es ist spät geworden, und deshalb war Hinnerksen so in Wut. In Tollwut, kann ich sagen. Einen Eimer Wasser hat er mir über den Kopf gekippt. Voll, so richtig von oben runter. Hier, sehen Sie meine Haare ... fühlen Sie mal, junger Mann! Naß! Pitschnaß. Ich hole mir den Tod.«
Eike kennt die kuriose Lebensgemeinschaft Hinnerksen–Bärbel vom Klatsch und Tratsch her. Der Kräuterdoktor, dieser Schlampe bis zum heutigen Abend hilflos hörig, hat sich also ermannt, mit einem Eimer Wasser kurzen Prozeß gemacht und seine Abgöttin vor die Tür gesetzt. »Weil es später geworden ist.«
An diesem Tage scheint überall alles »spät« zu werden.
»Und was nun?« fragt Eike.
»Was nun!« wiederholt Bärbel klagend. »Dem Hanusch hab' ich zu verdanken, daß ich auf der Straße stehe. Der muß mich aufnehmen! Er ist schuld, und das wird er einsehen. Ich dachte nur, der Doktor könnte mich zu ihm fahren. Ich weiß nicht, wo Herr Hanusch wohnt.«
Eike kratzt sich am Kopf. »In Borsberg. In der Breitestraße. Da hat er sich 'ne alte Villa gekauft. Na, gut, ich bringe Sie hin. Aber ich garantiere für nichts ...«
Und Eike muß unversehens mit Hinnerksens Bärbel über den Alten Damm nach Borsberg fahren, und das um 22.30 Uhr, während er noch im Bann des Telefonats steht. Jetzt, gerade jetzt, wäre ihm der Brief an Vroni federleicht von der Hand gegangen ... Zum Glück macht die »Umquartierung« Bärbels keine Schwierigkeiten. In der Breitestraße sieht Eike Hinnerksens Exbraut auf die Villa zustreben. Es ist der Baulöwe Hanusch, der die Tür öffnet. Sein massiver Schatten vor der Flurbeleuchtung läßt

keinen Zweifel. Und da Herr Hanusch seine Strandhallenpartnerin unverzüglich einläßt, liegt der Verdacht nahe, daß der Kräuterdoktor die Weichen für alle Beteiligten günstig gestellt hat.
Mehr als erleichtert kehrt Eike auf den Mattiesenhof zurück. Er schwelgt in zärtlichen Gedanken an seine Vroni. Er versucht das kuriose Zwischenspiel zu vergessen und nimmt sich zum wiederholten Male den Briefbogen vor. Darüber gerät er ins Träumen – und vom Träumen gleitet er in wohligen Halbschlummer. Ein Motorgeräusch und ein scharfes Klappen machen ihn wach. Ein Auto ist über den Dreekelsbach in den Mattiesenhof eingefahren. Jemand stieg eben aus. Hoffentlich nicht wieder eine Problemperson!
Eike öffnet die Haustür und sondiert die Lage. Auf dem Vorplatz steht ein Taxi, das eben seinen Fahrgast entläßt. Der Mann kommt mit unsicheren Schritten auf die Vortreppe zu. Vater! erkennt Eike. Er läßt den Doktor an sich vorbei und schließt die Haustür.
»Guten Abend«, brummt Karsten.
»Guten Morgen«, erwidert Eike. »Es ist bald eins.«
»Ach so, ja«, sagt der Doktor, um Gleichgewicht und Unbefangenheit bemüht. »Es ist spät geworden.« Er geht in die Küche, nimmt ein Glas aus dem Schrank und trinkt Leitungswasser. Er trinkt es gierig.
»Nachdurst?« fragt Eike, der ihm gefolgt ist.
»Wie? Na, wenn schon«, verteidigt sich der Vater. »Man kann nicht nur immer arbeiten, arbeiten, arbeiten. Man muß auch mal *leben.*«
»Leben!« wiederholt Eike anzüglich. »Du hast Lippenstift am Kinn!«
»Unsinn!« Karsten benutzt eifrig sein Taschentuch. »Okay?«
»Okay. Und wo ist dein Auto?«
»Auf dem Parkplatz des Restaurants ›Ostseeperle‹ in Gelting«, antwortet der Vater. »Ich wollte nicht wie Studienrat Schneider bei der Polizei landen, um deiner Mutter die kräfteverzehrende

Arbeit der Rehabilitation zu ersparen.« Er lacht, merkt aber, daß es verkrampft klingt und dem Sohn kein Lächeln abnötigt.

»Schläft sie schon?«

»Nein«, sagt Eike. »Mami ist weg. Mit Olga. Ich soll dir bestellen, es kann spät werden.«

Der Doktor wendet sich um und starrt Eike an. »Weg? Was soll das heißen?« Mit beträchtlicher Lautstärke fügt er hinzu: »Die geistern doch nicht zum Spaß über nächtliche Weiden? Also, wo wollten sie hin?«

»Ich weiß nicht, Paps. Würdest du deshalb nicht *mich* anschreien?«

»Entschuldige«, murmelt Karsten. Er füllt das Glas ein zweites Mal mit Leitungswasser und schwankt durch Halle und Diele in die Bibliothek.

»Mineralwasser wär' vielleicht besser«, meint Eike, ihm folgend. »Hast du tief in die Schnapsflasche geguckt ... da, in der ›Ostseeperle‹?«

»Wein und Sekt.« Karsten setzt sich ächzend aufs Ledersofa und klopft sich ein Kissen zurecht. »Reich mir mal die Couchdecke rüber.«

»Willst du hier übernachten?« fragt der Sohn.

»Verbietet mir das jemand?« knurrt der Vater. »Wenn alle weg sind?«

»Nein. Aber falls du mir eine Bemerkung gestattest ...«

»Spar sie dir.«

»Okay, okay. Trotzdem will ich nicht, daß sich in meinem Elternhaus ein zerfetzendes Drama abspielt, während ich selber happy bin. Vroni hat angerufen. Ich hab' meine Glücksphase, wenn du weißt, was ich meine.«

Karsten zieht die Schuhe aus, wirft die Jacke auf einen Stuhl und legt sich lang auf das Sofa. »Ach so.« Er kramt umständlich in der Hosentasche und reicht Eike ein Schlüsseletui.

»Bist du so nett und holst vormittags meinen Wagen aus Gelting?«

»Vom Parkplatz der ›Ostseeperle‹?« Eike nickt. »Mach' ich Aber warum packst du dich aufs Sofa, statt ins Bett zu gehen? Versteckst du dich vor Mami? Wie wär's denn, wenn ihr beide mal erwachsen würdet – Mami und du?«
»Es geht darum, daß ich jetzt keine Auseinandersetzung gebrauchen kann. Der Tag war anstrengend, und bald habe ich wieder Sprechstunde. Gute Nacht, mein Junge.«
Eike zuckt die Achseln. »Na schön. Gute Nacht, Vater.«
Er nimmt seine Briefblätter vom Tisch, löscht das Licht und geht hinaus. Auch er ist jetzt todmüde – obwohl er weder erhebliche Mengen an Wein und Sekt noch Abschiedsküsse von einer gewissen Susanne Blume genossen hat.

Um 1.45 Uhr hält wieder ein Taxi auf dem Mattiesenhof. Annemarie und Olga kehren von ihrem angeregten Zusammensein, das sie mit Cornelsens in Bohms Hotel verbracht haben, nach Hause zurück. Es ist wirklich »spät« geworden.
»Alles dunkel«, stellt Annemarie fest.
Olga schließt die Tür auf. »Siehst du? Es geht auch mal umgekehrt. Die Männer sollen gefälligst lernen, daß Frauen die gleichen Rechte haben!«
»Du sagst es, Mutter«, gähnt Annemarie. Beide hängen ihre Sommermäntel in den Garderobenschrank. »Du sagst es.« Annemarie steigt die Treppe empor. »Gute Nacht – und vielen Dank!«
»Ärger begegnet man mit Ablenkung«, ruft ihr Olga gedämpft hinterher.
Zwei Minuten später – Olga nimmt sich eben eine Flasche Mineralwasser für den Nachttisch aus dem Kühlschrank – steht Annemarie in der Küchentür. »Er ist nicht da! Immer noch nicht zu Hause!«
Stirnrunzelnd meint Olga: »Na ja, wir sind ja auch gerade erst gekommen ...«
»Das ist was anderes!« sagt Annemarie scharf. »Unser Ausflug

war eine Repressalie. Die kann man nicht aufrechnen. Wo mag Karsten stecken?«

Olga steht ratlos da. Ihr Argument, Karsten habe am Telefon keine Zeit angegeben, läßt die Schwiegertochter nicht gelten.

»Es ist gleich 2 Uhr, Mutter. Auf dem Terminblock in der Halle fehlt jede Notiz. Bei Abwesenheit über Mitternacht hinaus ruft er sonst immer an. Immer! Eike hätte das vermerkt!«

»Aber weck Eike nicht«, sagt Olga. »Es wird sich alles klären. Hast du in der Praxis nachgesehen? In den Behandlungszimmern? Vielleicht schläft er da, weil er uns nicht stören wollte.«

Beide Frauen durchqueren die Halle, den Warteraum, das Sprechzimmer, öffnen die Türen der Behandlungsräume ... Nichts! Kein Doktor Mattiesen. Olga, durch Annemaries wachsende Wut nervös gemacht, öffnet sogar die Tür zur Bibliothek. »Dunkel!« murmelt sie verwirrt. »Da ist er auch nicht. Hast du in der Gästekammer nachgeguckt?«

»Gästekammer!« faucht Annemarie. »Was sucht ein Arzt, der hier zu Hause wohnt und praktiziert, in der Gästekammer? Willst du mir das mal erklären? Ebensogut könnte er im Waschhaus pennen – oder gleich im Stall bei der Ziege Ilse!«

»Keine so absurde Idee«, erwidert Olga. »Sein Vater hat sich auch mal ins Stroh gehauen, als er stockbesoffen heimkam. Wir könnten ja nachsehen.«

»Im Stall ...?« empört sich Annemarie. »Ich soll um *diese* Zeit beim lieben Vieh herumkriechen, um meinen Mann zu suchen? Nein, Mutter. Es mag sein, daß ich Karsten in den letzten Wochen vernachlässigt habe, aber Reue hat ihre Grenzen! Und ich sage dir eins: Wenn du schon meinst, er sei bei einer Ziege, so ist es bestimmt nicht deine gute alte Ilse! Dann ist es eine junge rassige Ziege im Ärztekittel ... aus einem Glücksburger Stall!«

»Na, dann gute Nacht«, murmelt Olga, die sich ohrfeigen könnte, der Schwiegertochter überhaupt etwas von Karstens Glücksburger Plänen erzählt zu haben. Dabei hat hier noch niemand eine Ahnung von Susanne Blume.

Sehr früh am Morgen schleicht Eike sich aus dem Haus, um nach Gelting zu radeln. Er weiß, daß der Vater ihm das prompte Herbeischaffen seines Wagens lohnen wird. Und Geld wird er brauchen, wenn Vroni erst wieder hier ist. Niemand hat ihn abfahren sehen. Aber auch unterwegs nach Borsberg bemerkt ihn zufällig keiner. Selbst Frau Jürgens sieht ihn nicht, und das hat einen besonderen Grund: Sie steht mit Hinnerksen am Rondell. Der Kräuterdoktor, der in aller Herrgottsfrühe eine Lieferung auszuführen hat, berichtet ihr vom Rauswurf seiner Bärbel, die seit gestern abend nicht mehr seine Bärbel ist. Hinnerksen gibt sich allerdings nicht sehr gesprächig. Frau Jürgens hat die Unterhaltung ausgelöst, als sie einander auf ihren Rädern trafen – sie unterwegs zum Mattiesenhof, er auf der Fahrt in die Stadt.
»Moin, Hinnerksen! Nanu? Ausnahmsweise so früh auf?«
»Moin, Frau Jürgens.«
Da sie anhält, stoppt er ebenfalls. »Ist was?«
Frau Jürgens schiebt ihr Rad auf ihn zu. »Ich brauchte mal wieder Kamille.«
»Hol sie dir aus der Apotheke«, sagt der Kräuterdoktor. »Wegen Kamille reiß ich mir kein Bein aus. Hab' andere Sorgen.«
»Wie? Ist deine Bärbel krank?« Frau Jürgens glaubt zwar nicht, daß die Bärbel krank ist. Sie wollte nur auf den Busch klopfen. Aber wenn Hinnerksen Sorgen hat, kann es nur mit diesem Weib zusammenhängen.
»Bärbel? Es gibt keine Bärbel mehr«, raunzt der Kräuterdoktor. »Hab' ihr den Laufpaß gegeben, weil sie sich an Hanusch rangeschmissen hat. Soll der doch sehen, was er mit dem Faultier anfängt.«
»Ach so! Dann entschuldige die Frage.«
»Nix. Wie's is', so isses«, erwidert Hinnerksen dunkel. »Tschüs.«
Beide radeln in entgegengesetzten Richtungen weiter. Frau Jürgens ist ein Licht aufgegangen. Bärbels Faulheit und Hinnerksens Verliebtheit waren ihr natürlich bekannt. Sie hat aber auch gehört, daß die Thea Knohl dem ungleichen Paar nicht als Haus-

hälterin dienen wollte – und daß die Melsen-Grete dafür beim Kräuterdoktor »vorgefühlt« hat. Nur so. Da mag es Hinnerksen wie Schuppen von den Augen gefallen sein, um wie vieles besser er's mit der Grete haben könnte. Und das gab ihm wohl den Mut, die Schlampe davonzujagen.

Frau Jürgens lacht vor sich hin.

Auf dem Mattiesenhof vergeht ihr allerdings das Lachen. Olga und Annemarie sind sichtlich übermüdet und gereizt. »Hast du noch mal in der Praxis nachgesehen?« fragt die Schwiegertochter.

»Was nützt das?« antwortet Olga. »Ich sage doch: Sein Auto ist nicht da!« Während Frau Jürgens im Behandlungsraum 2 mit der Arbeit beginnt, ruft Olga über den Hauptapparat in der Halle die Polizei an.

»Ja, hallo, Herr Heitmann? Hier Mattiesen. Herr Heitmann, ich wollte nur wissen, ob vielleicht ein Unfall gemeldet worden ist.«

»In unserem Bereich? In Verbindung mit einem Fahrzeug vom Mattiesenhof? Nein. Wieso?«

»Äh ... äh ... der Doktor mußte beruflich nach ... nach Glücksburg«, stottert Olga.

»Glücksburg?« fragt Heitmann. »Das ist nicht unser Bereich. Aber wenn was wäre, hätten wir oder Sie schon Bescheid gekriegt. Er hat ja wohl seine Personal- und Wagenpapiere dabei!«

»Richtig. Dann wird er sicher gleich hier sein.«

Olga legt den Hörer auf. Sie könnte nun in Glücksburg nachforschen. Es dürfte nicht schwer sein, die Nummer der Großpraxis zu erfragen, die ihr Sohn dort besuchen wollte. Wenn er aber einen Vorwand benutzt hat, weil er dort eine diskrete Verabredung hatte? Lieber nicht daran rühren!

»Ja, ich muß weg!« ruft Annemarie aus der Küche. »Mein Auto steht ja noch vor Bohms Restaurant! Wo ist eigentlich Eike?«

»Im Stall«, behauptet Olga, obwohl sie vor lauter Aufregung nur einen Blick hineingeworfen hat. Im Stall arbeitet nämlich heute der Bruder vom Bauern Schintz.

»Wiedersehen, Olga«, schnaubt Annemarie. Sie eilt mit ihrer

Mappe zur Außentreppe. »Karsten soll sich nicht einbilden, daß das keine Folgen hat. Einfach die Nacht über wegzubleiben! Das wird er bereuen!«
»Du willst dich doch nicht gleich wieder scheiden lassen?« Die Schwiegermutter fragt das nicht im Ernst. Doch Annemarie erwidert: »Wer weiß, Mutter, wer weiß . . .!«
Doris und Britta erscheinen. Sie streifen sich ihre Kittel über und bereiten routinemäßig alles vor. Ausgerechnet heute kommen die Patienten »in Scharen«.
»Es ist wieder mein Magen«, begrüßt Frau Schwabe die entnervte Olga. Der Bauer Witte hat's mit der Hüfte. Die Zwillinge Meerkott treibt der Heuschnupfen her. Der Bäcker klagt gleich über Nacken-, Schulter-, Kopf- und Rückenschmerzen. Vom Campingplatz ist eine ganze Familie mit Hautausschlag da. Mehrere Patienten wollen ihre »Werte« erfahren. Außerdem sind die üblichen Bestrahlungsfälle zu behandeln.
Olga rettet sich in die Küche, um einen Schluck Kaffee zu trinken. Doris schaut herein: »Kann der Doktor nicht ein bißchen früher anfangen? Warteraum und Halle sind voll!«
Olga knallt ihren Kaffeebecher auf den Tisch. »Der Doktor fängt heute gar nicht an.«
»Wie . . .?« Doris begreift nicht.
»Der Doktor ist verschollen!« erklärt Olga wütend. »Ja, guck nicht so! Sag allen, die Sprechstunde fällt aus!«
»Nnnnein, sag das nicht . . .!« läßt sich Frau Jürgens mit gedämpfter Dringlichkeit hören. Sie schaut über Doris' Schulter. »Er ist in der Bibliothek. Ja! Wenn ich's sage! Kommen Sie! Unauffällig . . .«
Olga und Doris folgen Frau Jürgens. Olga murmelt den Wartenden aufs Geratewohl zu: »Es geht gleich los . . . Gleich . . .«
In der Bibliothek bietet sich den drei Frauen ein bühnenreifer Anblick. Auf dem Sofa, das zerknautschte Kissen und die zerwühlte Decke neben sich, hockt der Landarzt Dr. Karsten Mattiesen in seiner besten Anzugshose, das Oberhemd geöffnet, die

Krawatte über der Schulter. Er hat die Ellbogen auf die Knie gestützt und hält sich den Kopf mit beiden Händen.
»Aaach...«, stöhnt er. »Verflixt...«
Es kommt nicht oft vor, daß Olga um Worte ringen muß. Sie bringt nur ein schwaches »Karsten...!« heraus.
Der Doktor starrt verständnislos auf sie, Frau Jürgens und Doris. »Seid ihr endlich zurück?«
»Zurück?« Olga findet die Sprache wieder. »Wer ist endlich zurück? Wir suchen dich die halbe Nacht und den ganzen Morgen wie eine Stecknadel...«
»Ich glaube, ich habe verschlafen«, ächzt Karsten.
»Das kann man sagen!« Olga wendet sich an die beiden Frauen. »Die Patienten möchten sich bitte gedulden. Der Doktor kommt gleich. Er muß erst einen Kater behandeln. Einen Riesenkater!«
Doris lacht. »Mir fällt schon was ein.«
»Na klar!« bekräftigt Frau Jürgens. »Wir halten die Leute bei Laune!«
Karsten erhebt sich mit einem Ruck. »Ich muß unter die Dusche. Rasieren muß ich mich auch. Mutter, du fängst mit den Bestrahlungen an. Britta soll die EKG-Fälle vornehmen. Die Laborwerte –«
»Moment«, unterbricht Olga. »Seit wann hast du hier auf dem Sofa gepennt?«
»Ich weiß nicht. Jedenfalls warst du mit Annemarie noch unterwegs. Eike kann's bestätigen.«
»Und wir dachten, du bist bei einem Weib! Annemarie ist vorhin wie eine Stichflamme aus dem Haus geschossen. Mach dich auf alles gefaßt.«
»Jetzt mach ich mich erst mal empfangsfähig, Mutter.«
Ein Landarzt ist gewohnt, sich zusammenzureißen. Wenn er sich in Winternächten oft zwei- oder dreimal durch Schneeverwehungen an entlegene Gehöfte herankämpfen muß, hat er trotzdem in der Vormittagssprechstunde fit zu sein. Arbeits- und Verkehrsunfälle lassen das ganze Jahr über keine Rücksicht auf persönliches

Befinden, Kopfschmerzen, Mattigkeit oder häuslichen Ärger zu. Sowie er die Praxis betritt, hat der Doktor voll dazusein. So auch heute. Britta stellt ihm ein Kännchen mit heißem Kaffee auf den Schreibtisch, und die Sprechstunde »läuft an«.

Als Mattiesen den sechsten Patienten korrekt und mit allem Aufwand an Disziplin behandelt hat, läutet das Telefon. Olga meldet, der Baumaterialienhändler Hanusch sei am Apparat. Ob sie das Gespräch durchstellen solle?

»Okay«, sagt Karsten. »Hallo, Hanusch, was gibt's?«

Die Stimme des Baulöwen klingt unsicher. »Doktor, ich hab' ein Problem!«

»Ein medizinisches? Dafür ist bei dir der Hinnerksen zuständig!«

Hanusch lacht verkrampft. »Es ist was Psychologisches, verstehst du?«

»Nein. Wie sollte ich? Du hast eine Psyche wie ein Stier.«

»Danke.« Hanusch nimmt das als Schmeichelei. »An Hinnerksen kann ich mich nicht wenden. Seine Bärbel ist zu mir übergelaufen.«

»Und wozu brauchst du 'ne Ferndiagnose?«

»Na ja«, druckst Hanusch. »Ich hab' die Bärbel aufgenommen, weil . . . weil . . . na, weil ich ihr mehr bieten kann als der Kräuterdoktor. Als Mann, meine ich. Und die Bärbel ist mein Typ. Ich steh' auf sie.«

»Wo die Liebe hinfällt, Hanusch«, grinst Karsten. »Aber was hat das mit ärztlicher Beratung zu tun?«

»Menschen, heißt es, verstehen sich auf chemischer Grundlage. Die Chemie muß stimmen, Doktor.«

»Wenn die Biologie nichts dagegen hat?« Karsten feixt immer breiter.

»Spaß beiseite!« drängt Hanusch. »Ich will die Bärbel im Haus behalten. Aber da ist ja noch meine Mutter . . .«

Die alte Agathe Hanusch! Das scheinbar so liebenswürdige Frauchen, das es aber in Härte und Schärfe mit jeder Stahlklinge aufnehmen kann. Eine imponierende Person. Also, da liegt der Hase im Pfeffer!

»Frau Agathe sträubt sich gegen deine liebliche Errungenschaft?« fragt Karsten. »Sind sie dabei, sich die Augen auszukratzen?«

»Im Gegenteil. Nur, meine Mutter bringt die Bärbel auf Trab. Seit früh um sieben muß sie robotten. Sie durchläuft einen Kurs in Ordnung und Sauberkeit wie so'n Jungmatrose auf einem Schnellboot. Die Alte . . . äh . . . meine Mutter kennt da nichts.«

»Tja, Hanusch. Wenn du nicht eingreifen willst . . .«

»Es könnte ja auch nützlich sein, so 'ne Radikalkur, meinst du nicht, Doktor?«

»Ich bin kein Eisenbart«, erwidert Mattiesen. »Radikalkuren sind nicht mein Fall. Aber der Hinnerksen ist die Bärbel wenigstens los. Der war ja mit den Nerven schon am Ende.«

»Weiß ich, weiß ich, Doktor«, sagt Hanusch eifrig. »Er hat ihr 'n Eimer Wasser über den Kopf gekippt. Ich muß ihm eigentlich dankbar sein. Genau wie deinem Eike, weil er sie mir heute nacht vor die Haustür gefahren hat.«

»Eike?«

»Na ja. Unter anderem rufe ich deshalb an!«

»Mag's sein, wie's will«, erklärt Karsten mit Nachdruck. »Auf des Wassers und der Liebe Wellen ist Bärbel in die Arme deiner Mutter gespült worden. Sieh zu, daß sie nicht erdrückt wird. Ich wünsche viel Glück.«

»Glück«, schnauft Hanusch freudig. »Das wollte ich hören. Ein aufmunterndes Wort von dir . . . Danke, Doktor. Danke . . .«

Mattiesen legt auf und massiert sich die Schläfen. Er war nahe daran, von anfänglicher Belustigung in Ärger – und vom Ärger in einen Wutanfall zu geraten. Was interessiert es ihn, wenn zwei Hornochsen nacheinander für eine debile Schlampe entflammen – und sich ein Drache namens Agathe wie ein Profos benimmt?

Er denkt an Glücksburg, an Susanne. An den Abend in der »Ostseeperle«. Daß er sich geschickt oder gar weltmännisch benommen hat, kann er nicht behaupten. Kein Mann, der in Gegenwart einer Frau über den Durst trinkt, darf sich gratulieren. Susanne nahm's mit Humor. Vielleicht hat sie sich ein bißchen lustig über ihn gemacht. Aber sie hat ihn geküßt. Nicht nur flüchtig, nicht nur aus ihrer Schwipslaune heraus, sondern so, wie ... wie ihn Annemarie lange nicht mehr geküßt hat.

»Doktor«, erinnert ihn Doris an die Gegenwart. »Ihre Patienten!«

»Ach, ja. Der nächste bitte ...«

Nach Abschluß der Sprechzeit legt sich Karsten bis zum Mittagessen aufs Ohr. Als er in die Küche kommt, deckt Olga eben den Tisch. Eike lehnt am Fenster und trinkt Mineralwasser. Er hält dem Vater die Flasche hin und der drückt ihm dabei verstohlen einen Zettel in die Hand. »Der klemmte hinterm Scheibenwischer«, raunt er.

»Danke«, sagt Karsten laut. »Nett, daß du den Wagen geholt hast.« Wobei er den Zettel entfaltet. Es ist nur eine hastige Skizze darauf: Eine Blume, nichts weiter. Kein Gruß, kein »S« für »Susanne«. Aber die Blume steht für Susannes Nachnamen. Und es ist eine Rose.

»Nun tut mal nicht so affig geheimnisvoll«, meldet sich Olga vom Herd her. »Ich weiß seit Stunden, daß Karsten in der ›Ostseeperle‹ war.«

»Von mir nicht, ich bin ja eben erst gekommen«, verteidigt sich Eike.

»Man spioniert mir nach?« fragt Karsten scharf.

»Nein. Du hattest die Wagentür nicht verschlossen. Ein Angestellter des Restaurants fand deine Visitenkarten im Handschuhfach. Aber keine Sorge. Annemarie weiß nichts. Der Anruf kam, als sie schon in der Schule war. Übrigens, sie läßt bestellen, daß wir ohne sie essen sollen. Frau Pomack wird heute mit ihrem Baby nach Kappeln ins Heim gebracht. Ina Eckholm übernimmt die kleine Kati, Asmussens Schwager den Jungen, und Detlefsens Mutter will Svenja bei sich wohnen lassen.«

»Und wer nimmt Annemarie auf?« fragt der Doktor, während er

sich seinem Rumpsteak widmet. »Ich meine, weil zur Zeit alles rotiert – und weil sie nicht nach Hause kommt!«

»Spiel nicht den Verschnupften«, mahnt Olga. »Hier, koste lieber den Zucchini-Salat, den Annemarie für dich bereitet hat. Du weißt genau, daß das Pomack-Problem keinen Aufschub duldet. Svenja ist Annemaries Schülerin, wo könnte sie besser untergebracht sein, als bei der Mutter ihres künftigen Schwiegersohns? Deine Frau, lieber Karsten, entwickelt einen vorbildlichen sozialen Sinn!«

»Dieser Sinn erstreckt sich nicht auf mich«, murrt Karsten.

»Ach, du Ärmster!« spottet Olga. »Dann kipp ihr doch auch einen Eimer Wasser über den Kopf, wie Hinnerksen seiner Bärbel!«

»Woher weißt du denn das schon wieder?« fragt der Doktor.

Eike grinst: »Von mir. Weil sie heute nacht wie 'n begossener Pudel vor unserer Tür stand. Ich hab' sie zu Hanusch gefahren.«

»Weiteres hat Frau Jürgens berichtet; sie traf Hinnerksen am Morgen«, fügt Olga hinzu. »Wenn das keinen Stunk im Busch gibt! Frau Jürgens meint, die Melsen-Grete hat's auf den Kräuterdoktor abgesehen. Die soll den Schweinestall in Ordnung bringen, den Bärbel ihm hinterlassen hat.«

Eike steht auf. »Tut mir leid, Oma, ich hab' keinen Bock auf solche Storys. Ich fahre zum BSC. Die brauchen einen Ersatzmann für ihre Riege. Tschüs, allerseits . . .«

Karsten schenkt sich Mineralwasser ein. »Diese Schweinestallgeschichten nerven nicht nur Eike. Mir hängen sie zum Hals heraus.«

»Aber deshalb trinkst du das Wasser nicht, mein Sohn. Du hast dir in der ›Ostseeperle‹ einen angetütert, stimmt's? Gedenkst du das jetzt öfter zu tun? Um die Lage zu entschärfen, habe ich Annemarie am Telefon gesagt, daß du in der Bibliothek geschlafen hast. Aber wenn das so weitergeht . . .«

»Wenn *was* so weitergeht, Mutter?« Karsten erhebt sich abrupt. »Wenn *was* so weitergeht? Daß Annemarie kaum einen Blick für

mich hat? Daß ich nicht weiß, wann ich meine Tochter mal wiedersehe?«
»Beruhige dich, Kerstin kommt heute abend.«
»Ja, aber zu wem? Zu ihrem Peter Detlefsen!«
»Nun sei nicht weinerlich, Junge.« Olga beginnt den Tisch abzuräumen. »Du hattest nie viel Familiensinn. Außerdem bist du in dauernder Verschwörung mit deinem Sohn. Die alte Macho-Masche der Männer. Du hast den Zug der Zeit nicht begriffen.«
Dr. Mattiesen schaut verdutzt. »Ich ...? Du sprichst, als hätte ich Moos angesetzt, Mutter! Für heutige Begriffe bin ich ein junger Mann. Einundvierzig Jahre alt.«
»Du wirst zweiundvierzig. Vergiß nicht, daß Annemarie nach deiner Zeitrechnung auch jung ist. Du warst einverstanden mit ihrem Job, ich wiederhole das so oft wie ein Papagei. Sie nimmt ihren Beruf ernst, setzt sich für einen gefährdeten Kollegen ein, sorgt sich um Pomacks Svenja, macht eine Streßphase durch ... und du bleibst einfach weg und schlägst dir halbe Nächte um die Ohren.«
»Es war eine geschäftliche Besprechung, wie du weißt«, erklärt der Doktor hitzig. »Ich stehe vor einer beruflichen, ganz persönlichen Entscheidung. So, wie Annemarie ihre Entscheidungen ganz persönlich trifft. Wenn ich in Glücksburg einsteige, werde ich mich auf rein Medizinisches konzentrieren können – und mehr Geld verdienen.«
»Karsten!« Olga wendet sich ihm zu und sieht ihn fast feindselig an. Aus ihren stahlgrauen Augen ist das spöttische Funkeln verschwunden. Was sie jetzt sagt, ist das klare Destillat ihres Charakters.
»Geld haben wir. Und du vergißt, daß du eine Hamburger Luxuspraxis aufgegeben hast, als Vater starb. Du bist in seine Fußstapfen getreten, weil es dich reizte, die Tradition fortzusetzen. Dein Ruf als Landarzt reicht mittlerweile weit über den Dreekelser Busch hinaus ...«
»Der alte Jubiläums-Song!« Der Doktor winkt verächtlich ab.

»Und was für eine Musik erwartet dich in Glücksburg? Ich will es dir sagen: Das Jammern von eingebildeten Kranken! Von reichen Leuten, die ihren Fimmel in einer teuren Praxis bestätigt wissen wollen. Da siehst du deine Zukunft?«

»Auf Bauernhöfen und in Siechenheimen hab' ich mich lange genug herumgedrückt«, erwidert Karsten. »Penner, Trottel, Besserwisser ... Der Kräuterdoktor und der Hanusch mit ihrem Bärbel-Problem – ist das etwa weniger närrisch? Für die bin ich so 'ne Art Zirkusfritze im weißen Kittel. Danke!«

»Das Siechenheim gehört wohl in eine andere Kategorie«, empört sich Olga. »Das weißt du genau! Wenn Hinnerksen und Hanusch Rat von dir wollen, ist das für *uns* komisch. Aber es beweist ihr Vertrauen zu dir, und das ist *nicht* komisch. Und all die anderen? Zum Beispiel die, die heute im überfüllten Wartezimmer gesessen haben? Du bist Landarzt. Landarzt von Borsberg-Deekelsen-Dreekels! Für die Leute bist du *der* Landarzt. Es wäre undankbar von dir –«

»Es reicht, Mutter«, unterbricht Karsten. »Schrei mich nicht so an.«

»Bin schon still«, schnauft Olga. »Übrigens läutet das Telefon.«

»Ja, ja.« Der Doktor geht in die Halle, zur Rezeption, wo der Vermittlungsapparat steht. »Hier Praxis Mattiesen.«

»Doktor!« gellt eine weibliche Stimme im Hörer. »Mein Mann ... ich weiß nicht, was das ist ... Grün und blau läuft er an, er zittert, er ist am Zusammenklappen. Ich glaube, er stirbt ...!«

»Ja, wer ist denn da?« ruft Mattiesen. »Wenn Sie mir Ihren Namen nicht sagen –«

»Hier ist Frau Jürgens! Ihre Zugehfrau!«

»Ach so. Ich habe Sie nicht erkannt. Nun mal ganz ruhig. Schildern Sie mir seinen Zustand genau!«

»Also, erst war es nur eine kleine Schwäche, die Fiete hatte. Dann fing er an zu zittern, und er bekam einen Schweißausbruch. Jetzt sieht es so aus, als ob er gleich ohnmächtig würde.

Ganz zu Anfang hat er einen Bootshaken doppelt gesehen. Er griff immer daneben!«
»Ich hatte ihm das Saufen verboten«, sagt der Doktor. »Und übermäßigen Fettgenuß. Hat er mal wieder 'ne Flasche gekippt?«
»Seit Monaten nicht mehr. Er wollte auch seit Tagen kaum was essen.«
Der Doktor überlegt. Das sind Symptome, wie sie Jürgens' Kollege Sellmann hatte: Symptome der Unterzuckerung bei Diabetes! Rasch sagt er: »Geben Sie ihm etwas Zucker. Am besten Traubenzucker, wenn Sie welchen haben. Ich beeile mich.«
Mattiesen tut zusätzliche Medikamente in seinen Arztkoffer, sagt Olga Bescheid und rennt zum Auto. Starker Wind weht von See her. Am Bollwerk tanzen die Schiffe, an den Stangen knattern die Flaggen. Vor dem Bootshaus steht mit wehender Schürze und aufgelöstem Haar Frau Jürgens. »Er stirbt ...«, schreit sie. »Er stirbt ...« Der Doktor stemmt sich den Böen entgegen. Die Tür des Bootshauses quietscht in den Angeln und kracht gegen die Holzwand. »Da drin ist er ... auf einer Bank!«
In der dumpfen Luft, im Halbdunkel, liegt auf einem Pfostenbett reglos der lange, hagere Schiffer Fiete. Seine Arme hängen wie dürre Äste herab. Er atmet nur noch schwach. Frau Jürgens zittert am ganzen Leibe – außer sich, daß sie nichts tun kann. Doch die Ruhe, die Mattiesen ausstrahlt, geht auf sie über.
»Und er hat wirklich keine Schnapsflasche geleert?«
»Wie? Nein, da paß ich schon auf. In den letzten Tagen nicht mal 'n Bier. Ich hab' mich schon gewundert. Gegessen hat er auch wenig. Dafür aber geschuftet. Das Boot geschrubbt, hier im Schuppen gearbeitet. Immer in Bewegung ...«
»Dann ist es das, was ich gleich dachte: Hypoglykämie. Unterzukkerung.« Der Doktor prüft den Puls, den Herzschlag, die Reaktionen. »Der Stoffwechsel ist völlig entgleist. Haben Sie denn nichts bemerkt? Sein Benehmen muß Ihnen doch schon früher seltsam vorgekommen sein?«
»Das ist es ja!« klagt Frau Jürgens. »Ich bin doch ... ich dachte, ich

bin schuld an seiner Appetitlosigkeit. Wir hatten Ärger, Funkstille, verstehen Sie? Sprachen nur das Nötigste. Er hat den Moralischen gespielt – wegen Vroni und Eike. Immer wieder fing er davon an. Ich hab' ihm seine Weibergeschichten vorgeworfen, die von früher, auch immer wieder. Da dachte ich, er ist sauer, er nagt an seinem schlechten Gewissen. Er kann ja so stur sein. Ich ließ ihn schmoren. O Gott, wenn er stirbt . . . Wenn mein Fiete nun stirbt! Ich bitte Sie, Herr Doktor . . .!«
»Es kommt schon alles in Ordnung«, beruhigt Mattiesen.
»Jaaa . . .?« Frau Jürgens atmet heftig.
»Er kriegt jetzt eine Injektion. Wenn Sie mir inzwischen ein Glas Wasser holen würden?«
»Wasser? Für Fiete?«
»Nein, für mich. Ich bin in der letzten Nacht . . . Aber das wissen Sie ja.«
»Wasser, jawohl. Wasser!« stammelt Frau Jürgens aufgeregt. Sie läuft ins Haus hinüber. Inzwischen bettet Mattiesen den Kranken auf eine zusammengefaltete Schiffsplane um und verabreicht ihm die Injektion. Dann trinkt er das Wasser, das die Frau ihm bringt. Nach einer Weile schreit Frau Jürgens: »Doktor! Doktor! Da! Er schlägt die Augen auf. Sehen Sie doch!« Sie kniet sich neben ihn.
»Fiete!! Mein Fiete, hörst du mich? Erkennst du mich?«
»Was ist denn los . . .?« haucht der Mann.
»Was los ist, fragt er. Was los ist!« schnieft Frau Jürgens gerührt. »Hat die Welt schon so einen dummen alten Kerl gesehen?«
Sie steht auf. »Der Fiete, Himmel, der Fiete . . . Er spricht wieder!«
»Und er wird Ihnen noch viel mehr erzählen, wenn er wieder richtig hochgekommen ist. Jetzt können Sie unbesorgt sein. Vorausgesetzt, er hält sich an eine strenge Diät.« Karsten schließt seinen Koffer.
Frau Jürgens weiß sich vor Freude nicht zu lassen. »O Junge!« Sie fällt dem Doktor um den Hals und küßt ihn auf die Stirn. »O Junge, du hast ihn gerettet. Du hast meinen Fiete gerettet!« Doch

dann glaubt sie, zu weit gegangen zu sein. Errötend stottert sie: »Verzeihung, Herr Doktor. Entschuldigen Sie, aber –«

»Schon gut, Frau Jürgens«, wehrt Mattiesen ab. »Ich habe das richtige Medikament mitgebracht, weil Sie mir am Telefon exakt die Symptome nannten.«

»Ach, Quatsch!« entfährt es der Frau. »Seien Sie nicht so bescheiden, Doktor!«

Karsten grinst. »Dafür hab' ich als erstes ein Glas Wasser gefordert. So. Abends komme ich wieder vorbei. Ich muß jetzt meine Patientenrunde machen. Sie wissen, da gibt es immer ein paar Außenposten im Busch.«

»Wenn ich das nicht weiß! Ich gehöre doch beinahe zur Familie.« Frau Jürgens begleitet den Doktor ans Auto. »Bis später dann ... und danke! Danke!«

Karsten sieht im Rückspiegel, wie sie eilig zurück ins Bootshaus läuft.

Am Marktplatz 3 besucht Dr. Mattiesen die bettlägrige Frau Kröger. Als er wieder aus der Haustür tritt, stößt er prompt auf die Klatschtante Thea Knohl.

»Herr Doktor, Herr Doktor ...«, japst sie atemlos. »Ich traue meinen Augen nicht!«

»Sehstörungen?« fragt Karsten ironisch. »Ich bin kein Augenarzt, Thea.«

»Was gibt's denn?« mischt sich der Bürgermeister ein, der eben sein Auto geparkt hat. »Hast du neuerdings Sprechstunde im Freien, Doktor?«

»Nee, aber die Thea scheint einem Gespenst begegnet zu sein!«

»Von wegen Gespenst«, protestiert Thea. »Da drüben vor dem Supermarkt, sind das etwa Geister? Da schleppt Hinnerksens Bärbel der Mutter von Hanusch das Kartoffelnetz!«

»Und zwei große grüne Gurken«, ergänzt Bürgermeister Schultes feixend. »Donnerwetter, ist die alte Agathe Magierin, daß sie die Schlange zu was Nützlichem anhält?«

»Wenn das der Hinnerksen erfährt!« sagt Thea dramatisch.
»Da du's gesehen hast, wird er's bald wissen«, grinst Schultes. »Glaubst du nicht auch, Doktor?«
»Vielleicht weiß er's schon«, weicht Karsten aus.
»Möglich. Der Hanusch soll ja mächtig scharf auf die Bärbel sein«, meint der Bürgermeister. »Ein Fall von Wildwechsel, haha. Hinnerksen kann sich glücklich preisen, wenn er sie nicht mehr am Hals hat. Der ist ja alles andere als 'ne Autorität. Könntest du ihm nicht den Haushalt führen, Thea?«
»Alter Schnee!« verwahrt sich Thea. »Die ganze Gegend weiß längst, daß ich das abgelehnt habe. Der Kräuterdoktor sucht doch nur eine andere Braut. Er hat sein Auge auf die Melsen-Grete geworfen – und deshalb schleppt die Bärbel jetzt Hanuschs Mutter die Kartoffeln!«
»Und die Gurken!« ergänzt Schultes wieder.
»Tschüs, ich muß weiter«, verabschiedet sich der Doktor. »Also, Sehstörungen hast du nicht, Thea. Im Gegenteil, du bist Hellseherin.« Er läßt die beiden stehen. Als er wieder auf dem Mattiesenhof anlangt, erwartet ihn Olga auf der Vortreppe.
»Nun?« ruft sie ihm besorgt entgegen. »Was ist?«
»Was soll sein?« fragt der Doktor zurück.
»Na, mit Fiete Jürgens! Hast du was tun können? Komm rein. Ich mach' uns einen starken Kaffee.«
Ein paar Minuten später sitzen Mutter und Sohn am Küchentisch, und Karsten berichtet Olga vom Zustand des alten Skippers.
»Tjaaa«, meint Olga gedehnt. »So 'n alter Mann ist ja auch ein Mensch. Was – sagst du – hat dir Frau Jürgens gegeben? Ein Glas Wasser und einen Kuß?«
»Das hab' ich zum Spaß angemerkt«, erklärt der Doktor mürrisch.
»Ist mir klar«, nickt Olga. »Golddukaten hat Fiete nicht. Und Frau Jürgens' Dekor ist ein Scheuerlappen. Aber Vertrauen haben die Leutchen. Vertrauen. Eine ganz Kiepe voll. Und das gilt nichts?«
»Wer sagt das?« fragt Karsten gereizt. »Worauf willst du hinaus?«
»Darauf, daß du *hier* gebraucht wirst, nicht in der Faxenpraxis in

Glücksburg. An einen neuen Arzt gewöhnen die Alten sich schwer. Nimm Gift darauf. Du willst doch nicht über Leichen gehen, um eine neue Karriere zu machen! Das ist nämlich auch ein Aspekt, Karsten!«

»Fängst du schon wieder an?« Der Doktor steht auf. »Ich dachte, das Thema sei erledigt.«

»Solange du dich nicht fürs Hierbleiben entschieden hast, ist das Thema offen. Offen wie ein Scheunentor.« Olgas Stimme klingt kriegerisch. »Deine Frau hast du mit dem Plan einfach hintergangen. Wie willst du ihr das erklären?«

»Wenn niemand zu Hause ist, kann ich keinem was erklären«, sagt Karsten wütend. »Und was heißt, ich gehe über Leichen? Manche Leichen im Dreekelser Busch sind sehr lebendig. Sie hetzen mich wegen ihrer Hühneraugen zwanzig Kilometer über Land, vergessen die Krankenscheine und stänkern herum ...«

»Das gehört dazu!« ruft Olga.

»Waaas?«

»Das gehört dazu«, beharrt die Mutter. »Oder bist du nicht mehr von hier? Kennst du plötzlich deine Leute nicht mehr?«

»Ich kenne sie nur zu gut«, erwidert Karsten. »Du gehst mir auf die Nerven, Olga. Wir sind alle übermüdet, und ich würde dir raten, heute nicht in die Breckheide zu fahren. Wenn ich die Abendsprechstunde hinter mir habe, lege ich mich hin. Dieses Haus muß auch mal ein paar Stunden zur Ruhe kommen ...«

Auf dem Mattiesenhof herrscht nicht nur für Stunden, sondern für Tage familiäre Ruhe. Aber es ist keine harmonische, sondern eine höchst gespannte Stille. Annemarie wartet auf ein Wort der Erklärung von Karsten, Karsten spielt den Vernachlässigten. Der Gedanke an Susanne Blume erleichtert ihm diese Rolle noch. Alle reden nur das Nötigste miteinander, und als Kerstin und Eike sich am Sonntag begegnen, sind sie sich in der Sorge um den mißlichen Schwebezustand einig.

Außer Karsten verbringen alle Mattiesens den Tag bei Detlefsens. Bei Kerstins künftiger Schwiegermutter wohnt jetzt Svenja Pomack. Svenja hat Geburtstag, und die Verantwortlichen kamen überein, das Fest mit allen Kindern bei Detlefsens zu feiern. Peters Mutter, Olga, Annemarie, Kerstin, Ina Eckholm ... genug Frauen, um den Ablauf zu organisieren. Das Wetter stellte das Kinderfest noch am Sonnabend in Frage. Der Sonntag zeigt sich wieder schön. (Zum Glück auch für Karsten, der sich mit seinem Angelzeug an den Dreekelssee zurückziehen kann.) Sein Mittagessen nimmt er auf der Terrasse der Strandhalle ein. Danach bestellt er sich einen Kaffee und blickt versonnen über den Fluß und die Seebucht. Er überlegt, ob er Susanne Blume anrufen soll, die Gelegenheit wäre günstig. Zu Hause spricht es sich natürlich besser als in der Telefonzelle. Also macht er sich auf und fährt zum verwaisten Mattiesenhof. Doch kaum betritt er die Halle, als der Apparat in der Empfangsbox läutet. Ob es Susanne ist? Susanne, die die gleiche Idee hatte wie er?

Karsten spricht erwartungsvoll in den Hörer. »Ja? Hier Doktor Mattiesen.« Es ist nicht Susanne, es ist Annemarie. Sie spricht ruhig, aber dringlich.

»Ich bin es. Hör zu ... Die kleine Kati ist von einer Wespe gestochen worden. An der Nase. Die Schwellung vergrößert sich zusehends. Sie hat einen fliegenden Puls, und sie muß sich erbrechen.«

»Die kleine Kati Pomack?« vergewissert sich der Doktor.

»Ja. Anscheinend ist sie allergisch gegen Insektenstiche. Soweit ich das beurteilen kann, ist sie einem Schockzustand sehr nahe.«

»Es ist gut, ich komme«, sagt Mattiesen. »Paß auf, Annemie. Legt sie flach und möglichst kühl ... und die Beine hoch!«

»Machen wir. Bitte, beeile dich, Karsten, ja? Es sieht irgendwie ganz übel aus.«

»Bin unterwegs!« Der Doktor nimmt seinen Arztkoffer und läuft zum Wagen. Es imponiert ihm, wie klar und präzise Annemarie ihm die Sachlage geschildert hat, aber die Rettungschancen sind gering, wenn man zu spät auf »Allergie« gekommen ist ... Als Karsten vor Detlefsens Grundstück bremst, sieht er die Anwesen-

den ratlos vor der überdachten Terrasse stehen. Kerstin, Eike, Martin Pomack laufen ihm entgegen: »Den Stachel hat Mami rausgezogen!« berichtet Kerstin. »Kati ist wachsbleich und schwitzt«, ruft Eike. »Sie kriegt keine Luft mehr!«
»Die dämliche Wespe!« heult Katis Bruder. Auch Robby Detlefsen weint. Steffi Eckholm fragt: »Muß sie sterben? Stirbt sie jetzt?« Dagegen scheint Svenja die Sprache verloren zu haben. Die kleine Kati liegt auf dem kühlen Terrassenboden unter dem schattenspendenden Dach. Ina Eckholm schiebt ihr ein zweites Lederkissen unter die Füße. »Die Schwellung geht in die Atemwege«, sagt Annemarie.
Der Doktor kniet sich neben die Kleine. Er untersucht sie nur kurz. Dann öffnet er seinen Koffer. »Ich gebe ihr eine Injektion von Kalzium, Antihistaminica und Adrenalin ... Das hilft meistens sehr schnell ...« Er horcht den Atem des Kindes ab. »Kann jemand einen Beutel voller Sand bringen?« fragt er Peter Detlefsen. »Das würde die Selbsttransfusion erleichtern!«
»Sand? Sand aus der Spielkiste!« ruft Frau Detlefsen. Olga schreit laut: »Eine Schürze! Gebt mir eine Schürze! Ich knüpfe ein Säckchen daraus!«
Kati liegt wie tot. Plötzlich findet Svenja Worte. »Sie bewegt sich!« sagt sie schluchzend. »Sie bewegt sich!«
»Die Spritze wirkt«, erklärt ihr Karsten. »Die Atmung kommt langsam in Gang.«
Olga bringt das »Bündel« mit dem Sand, und der Doktor packt es Kati auf den Leib. »So«, sagt er. »Nun dauert's nicht mehr lange, dann ist sie wieder klar. Das Sprechen wird ihr noch etwas schwer fallen. Aber das gibt sich auch ... Seht mal, sie lächelt schon.«
»Ich bin ganz durcheinander«, gesteht die Pfarrersfrau. »Wenn ich mir vorstelle, ich hätte Katis Mutter eine schlimme Nachricht überbringen müssen ... Nicht auszudenken.«
Mattiesen schließt den Koffer. »Wir haben Glück gehabt. Es ging tatsächlich um Sekunden. Das sagt sich so leicht, aber hier war's der Fall. So. Nun feiert getrost weiter, und wechselt euch mit der

Krankenwache ab.« Peter Detlefsen hebt Kati in einen Liegestuhl. »Ich komme abends wieder vorbei«, verabschiedet sich der Doktor, jede Einladung freundlich ausschlagend. »Vorher muß ich noch mal zu Fiete Jürgens.«

Auf der Fahrt über den Alten Damm sieht Karsten im Rückspiegel Annemaries Auto. Unmittelbar hinter ihm biegt sie in den Mattiesenhof ein. Als sie ausgestiegen sind, stehen sie einander gegenüber. Ihr Gesicht ist erhitzt, auf der Stirn zeichnet sich der Abdruck einer mit Schokoladeneis beschmierten Kinderhand ab. Karsten lacht. »Du siehst lustig aus, Annemie.«

Sie strahlt ihn an. »Vorhin hast du mich auch schon einmal Annemie genannt. Wohl aus Versehen, wie?«

Er wischt ihr mit dem Taschentuch den Fleck von der Stirn. »Nicht aus Versehen. Wohl, weil du so präzise warst. Ein unvorhergesehener Fall guter Zusammenarbeit – Annemie . . .«

Sie nimmt wie selbstverständlich seine Hand und schlendert mit ihm auf die Weide zu. Das Pony Zwunsch kommt freudig wiehernd herbei. Langsam, bei jedem Schritt vor sich hin nickend, folgt das alte Rassepferd Frieda. Zwunsch läßt sich von Annemarie streicheln, Frieda reibt ihre Nase an Karstens Schulter.

»Ja . . .«, beginnt Annemarie lächelnd. »Zwangsläufig müssen Zwunsch und Frieda unsere Aussprache jetzt mit anhören.«

»Besser sie, als wenn's die Thea oder die Melsen-Grete wären«, grinst der Doktor. »Was steht denn an? Eine fetzende Diskussion?«

»Du hättest mir von deinen Glücksburger Plänen erzählen sollen«, sagt Annemarie. »Wie doof ich mir vorgekommen bin, es erst von Olga erfahren zu müssen.«

»Wie hätte ich mit dir sprechen sollen? Du hattest deine Ohren ja an deinen Kollegen Schneider vermietet.«

»Und an die Pomacks. Vergiß das nicht, Karsten. Aber – grundsätzlich: Als wir zum zweiten Male heirateten, wußtest du genau, daß du dir kein Hausmütterchen einhandeln würdest.«

»Das ist ja jetzt alles gleichgültig«, sagt der Doktor spontan. Er schiebt Friedas Pferdenase beiseite und nimmt Annemarie in die Arme. »Du bist wie du bist. Und ich hab' mich wie ein Affe benommen. Olga hat mich schon zurechtgestoßen. Den Rest hat der Wespenstich bewirkt.«

»Vielleicht schaffen wir's das nächste Mal ohne Wespenstich«, meint Annemarie zärtlich.

Am nächsten Vormittag führt der Doktor ein Telefongespräch mit der Seeblick-Praxis in Glücksburg.

»Ja, hallo Moritz, hier Mattiesen. Also, mein Lieber, ich wollte dir nur sagen, daß ich mich endgültig entschieden habe: Ich bleibe hier. Ich fürchte, ich bin ein unverbesserlicher Landarzt, dem das sture Landvolk fehlen wird. Und den frischen Wind vom Meer – den hab' ich ja hier auch.«

Landarzt hier, Landarzt dort . . .

Eike hat es nun doch für richtiger gehalten, seine Studien in Hamburg bis zu den Semesterferien wiederaufzunehmen. Erstens will er Kerstin an Eifer nicht nachstehen, zweitens hat sich Vronis Rückkehr verschoben. Er plant, sie über ein kommendes Wochenende in Bayern zu besuchen. Mattiesens können vorläufig nicht an Urlaub denken. Annemarie ist an ihren Job gebunden, und die Schulferien liegen dieses Jahr in Schleswig-Holstein später als sonst.

An der Küste herrscht zum Teil schon Hochsaison. Unter die Patienten der Landarztpraxis mischen sich immer mehr Sommergäste. »Da ist man ja echt froh, bekannte Gesichter zu sehen«, grinst der Doktor, als ihm das Ehepaar Cornelsen gemeldet wird: die geborene Gräfin Bea, die im vergangenen Jahr den Pensionär Hugo heiratete und mit seiner Hilfe eine Dépendance ihres aufgegebenen Schlosses ausbauen ließ. Bea und Hugo sind Jugendfreunde von Olga. Beide kommen zur halbjährlichen Routine-Untersuchung. EKG, Blutsenkung, Blutdruckmessung, Gewichtskontrolle . . . und was sonst noch so dazu gehört. Während Britta sich um die Gräfin kümmert, untersucht der Doktor Hugo Cornelsen. Zum Allgemeingespräch sitzen dann beide wieder auf den Sesseln vor Karstens Schreibtisch.

»Die Laborergebnisse gebe ich Ihnen durch, sobald ich sie habe«, erklärt der Doktor. »Ihre EKGs sind okay. Der Blutdruck ist bei Ihnen beiden normal. Übergewicht haben Sie nicht . . .«

»Woher auch«, lächelt Bea. »Wir arbeiten mit Olgas Truppe in der Breckheide. Da setzt man kein Fett an. Stimmt's, Hugo?«

Auch Cornelsen lacht. Ihre Mutter ist ein Phänomen.«

»Ein Phänomen!« seufzt der Doktor. »Das unterschreibe ich blind. Olgas Energiereserven erschöpfen sich aber keineswegs in der Breckheide. Ich kann ein Lied davon singen.«

Bea wird plötzlich ernst. Sie wechselt einen Blick mit Hugo. Dann beginnt sie zögernd. »Da wir gerade von Energie sprechen ... Ich weiß zwar nicht, ob das eine unziemliche Einmischung ist ... Es handelt sich um Pfarrer Eckholm ...«

»Wir waren gestern nachmittag in der Kirche, weil wir einer Bekannten die örtlichen Sehenswürdigkeiten zeigen wollten«, erläutert Hugo. »Es schien sich gut zu treffen, denn Eckholm übte auf der Orgel.«

»Er spielte Bach«, sagt Bea, alle Rücksicht beiseite lassend. »Und Eckholm ist an sich ein hervorragender Interpret. Ich hatte im Schloß eine Orgel, mußte mich von Jugend auf mit Kirchenmusik beschäftigen und kann das beurteilen.«

»Zur Sache!« mahnt Hugo.

»Er spielte saumäßig!« platzt Bea heraus.

»Ich meinte, er improvisiere«, versucht Cornelsen zu mildern. »Es kann ja mal vorkommen, daß –«

»Quatsch!« unterbricht Bea. »Du sagtest: ›Zur Sache‹ – und da hast du recht, Hugo. Wir wollen Karsten nicht aufhalten. Ich will auch Bach nicht analysieren, als wären wir im Konservatorium. Also, Doktor, Eckholms Spiel verlor sich im Chaos. Es war ein glatter Blackout. Nach ein paar furchtbaren Mißtönen kam er von der Empore geschwankt.«

Hugo nickt. »Eckholm schien völlig wirr. Er ging an uns vorbei, ohne uns zu erkennen.«

»Er brabbelte Unsinn«, fügt Bea hinzu. »Irgendwas von Prüfung, vom Willen des Herrn – aber nicht in meditativem Sinn, sondern untermischt mit Phantastereien, also Unsinn.«

Der Doktor hört mit wachsender Verwunderung zu. »Ja, sollte seine Frau nichts bemerkt haben? Ich meine, Ina ist eine aufmerksame Person. Der entgeht doch nichts, was ihn betrifft.«

Wieder wechseln die beiden einen Blick.

»Ich sprach eben mit Olga«, sagt Frau Bea Cornelsen. »Sie meint, ich sollte nicht hinterm Berg halten, auch wenn's um Klatsch geht. Vorhin trafen wir Thea in der Bäckerei. Sie tat sehr geheimnisvoll.

Eckholms Haushälterin Marga stecke mit dem Kräuterdoktor unter einer Decke. Der laboriere mit Hexenmilch an ihm herum, schleiche sich ein, wenn Ina mit den Kindern unterwegs sei. Eckholm habe Ina heute früh ausdrücklich verboten, den Doktor zu rufen.«

Karsten überlegt. »Als ich Eckholm neulich traf, machte er einen abgespannten Eindruck. Er ist überfordert. Die Pomack-Geschichte hat ihn mitgenommen. Außerdem setzt er sich sehr für die Alten ein. Und er rückt den Taufscheinchristen auf die Bude. Nach der Devise: ›Wenn der Prophet nicht zum Berge kommt...‹ Es sieht so aus, als müßte ich auch danach handeln.«

Als Cornelsens gegangen sind, telefoniert Karsten mit dem Kräuterdoktor. Es wird kein freundliches Gespräch.

»Hier Mattiesen. Hör mal, du alter Scharlatan, soll ich dir deine Lizenz entziehen lassen? Ich habe dich gewarnt, mir in die Quere zu kommen. Bettlägerige, Fieberkranke, offensichtliche Problemfälle hast du an einen Doktor zu verweisen. Was ist mit Pfarrer Eckholm? Wer gibt dir das Recht, dich hinter dem Rücken seiner Frau mit ›Hexenmilch‹ bei ihm einzuschleichen? Ist Eckholm krank oder nicht?«

»Marga hat mich geholt, weil er keinen Arzt wollte. Auch dich nicht«, verteidigt sich Hinnerksen. »Was sollte ich tun? Und wer faselt was von ›Hexenmilch‹? Es war 'ne Mischung aus Huflattich, Süßholz, Anis, Spitzwegerich und Lungenkraut. Abgepackter Brusttee vom Großmarkt. Mein Sortiment ist ja sehr geschrumpft. Ich gebe zu, daß ich einen kleinen Preisaufschlag nehme, schließlich hab' ich Unkosten –«

»Brusttee?« Karsten horcht auf.

»Ich hab' ihm auch einen Quarkumschlag gemacht.«

»Aber Fieber hast du nicht gemessen?«

»Nein. Eckholm sagt, es ist nichts weiter«, beteuert Hinnerksen. »Einem Pfarrer muß man doch glauben!«

»Nicht in medizinischen Fragen«, erwidert der Doktor trocken. Er legt auf und wählt die Nummer des Pfarrhauses. Er hat Glück, denn Ina Eckholm meldet sich gleich selber. Sie spricht ruhig, aber äußerst besorgt: »Ach, Karsten«, sagt sie, »Sie kommen mir zuvor, ich wollte Sie eben anrufen. Mein Mann hat mir strikt verboten, Sie zu holen, aber –«

»Was ist mit ihm?« unterbricht Mattiesen. »Ich habe einen Wink gekriegt, daß Hinnerksen bei ihm war.«

»Ja. Als ich Steffi zur Schule und Kati in den Kindergarten gebracht habe. Marga kann nichts dafür, er benimmt sich so unheimlich.«

»Der Pastor? Wie äußert sich das?«

»Er hält jeden für besessen, der in ihm einen Kranken sieht. So geht das schon zwei Tage. Heute konnte er nicht aufstehen. Er duldet niemanden an seinem Bett.«

»Wenn er Hinnerksen geduldet hat, wird er mich auch dulden«, meint Karsten. »Ich komme nach der Sprechstunde.«

Sowie der letzte Patient gegangen ist, fährt Mattiesen zum Pfarrhaus. Ina Eckholm öffnet ihm die Tür. »Ich muß Sie auf etwas vorbereiten«, sagt sie bedrückt. »Er hadert. Offenbar ist er zusätzlich in einer Glaubenskrise.«

»Dafür bin ich nicht zuständig«, entgegnet der Doktor.

Im abgedunkelten Schlafzimmer findet er den Kranken apathisch nach oben starrend; seine Lippen bewegen sich, sein Atem geht rasselnd.

»Es ist in der Nacht so schlimm geworden«, flüstert Ina. »Gestern sprach er noch von einem Schnupfen.«

»Schnupfen ist gut«, murmelt Karsten. »Es hat ihn schlimmer erwischt. Kein Wunder! Als ich ihn neulich sah, war er schon down. Streß öffnet Krankheiten Tür und Tor. Vierzig Fieber, schätze ich.«

Ina stellt Mattiesen einen Hocker ans Bett und zieht sich leise zurück.

»Du machst ja schöne Sachen, Pfarrer«, beginnt Karsten.

Eckholm sieht ihn aus den Augenwinkeln an, stellt sich aber taub.

»Hast du was gegen mich?« fragt Karsten.

»Nichts, wenn du gehst«, brummt Eckholm.
»Du willst allein sein?«
»Ich habe mich deutlich genug ausgedrückt«, keucht der Kranke. »Du kannst nichts für mich tun. Keiner kann was tun. Laß mich sterben.«
»Das verlangst du von einem Arzt? Wo du noch nicht einmal weißt, was dir fehlt? Du machst es dir einfach, Pfarrer – und mir nicht leichter. Wenn du mich früher gerufen hättest, brauchten wir nicht so zu reden.«
»Ich wollte ... allein ... mit Gottes Hilfe ...«
»Und dem Quark des Kräuterdoktors? Eckholm, Eckholm, laß das deine Schäfchen nicht hören. Du phantasierst.«
»Ich bin ganz klar!« behauptet der Pastor.
»Scheint so, scheint so. Und nun laß dich untersuchen.«
Eckholm ist zu schwach, sich zu wehren. Das kränkt ihn so, daß Tränen in seine Augen treten. Er benimmt sich wie einer der dickschädeligen Bauern seiner Gemeinde.
»Tja, Eckholm«, sagt Karsten zum Schluß. »Eine Himmelfahrt wird es nicht. Aber du wirst dich fügen müssen. Doppelseitige Lungenentzündung. Das bedeutet Krankenhaus. Und keine Klagelieder, bitte. Du brauchst jetzt jedes Quentchen Kraft.«
»Wozu das alles? Ich bin alt. Ein Jüngerer kann mich ersetzen ...« Eckholm fängt wieder zu hadern an.
»Du wirst doch nicht etwa kokettieren?« fragt der Doktor grob. »Du weißt, daß du noch viel zu tun hast. Das Altenheim ist dein Lebenswerk – du wirst es nicht im Stich lassen. Und wer predigt so geradezu wie du? An Ina und Steffi will ich dich gar nicht erst erinnern. Und an Kati Pomack, die du eben erst ins Haus genommen hast. Also –«
Eckholm schweigt. Er schließt die Augen, als sprächen ihn Karstens Worte nicht an. Mattiesen nimmt seinen Arztkoffer und geht zur Tür. Da sagt der Pfarrer: »Es ist gut, Karsten. Schafft mich ins Krankenhaus. Keiner von euch Heiden soll hoffen, daß er mich so schnell los wird.«

Mit gemischten Gefühlen fährt der Doktor über den Alten Damm zurück. Es ist ein sonniger, windstiller Tag. Die hohen, weißen Wolken über den saftgrünen Weiden scheinen stillzustehen. Ein Kindheitssommer. Die würzige Luft, die zum offenen Fenster hereinweht, verkündet die Nähe der See. Doch Karsten wird die Dumpfheit der Krankenstube nicht los. Eckholm, in seiner Not ein Mensch wie jeder andere, hat ihn deprimiert. Dazu der banale, äußere Ablauf des Krankentransports, die Aufgeregtheit Margas, Inas vorgetäuschte Ruhe, die Ansammlung Neugieriger. Fragen der Umstehenden: »Stirbt er nu'?«
»Kriegen wir jetzt 'ne jungsche Pfarrerin?«
Zum Glück hat Ina veranlaßt, daß Frau Detlefsen Kati und Steffi zu sich holte. So brauchen sie Eckholms Auszug nicht mitanzusehen.
In trügerischer Verlassenheit, eine scheinbare Oase in der Welt der großen und der kleinen Sorgen, liegt der Mattiesenhof: die Hecke, die Brücke zwischen Holunder und Brennesselbusch, das »Schlößchen« unter hohen Bäumen, die malerischen Nebengebäude und die Koppel mit den grasenden Pferden, der Ziege Ilse an ihrem Pflock und dem weitläufigen Hühnerverschlag. Wegen des prächtigen Wetters deckt Olga den Mittagstisch auf der Terrasse, hoch über dem Rosenbeet.
»Nun?« ruft sie, als Karsten ausgestiegen ist. »Was hat der Pfarrer?«
»Nichts, was die Trauerglocke rühren könnte«, erwidert der Doktor. »Er wird durchkommen. Ich hab' ihn ins Krankenhaus eingewiesen.« Er stutzt, denn auf der Vortreppe zum Haus sitzen zwei kleine Jungen, der eine etwa sieben, der andere vier oder fünf Jahre alt. Beide fangen an zu heulen, als er auf sie zukommt.
»Wer sind denn *die*? He, Olga?«
»Frag sie selber«, lacht die Mutter. »Die fallen mir seit zehn Minuten auf den Wecker. Es sind die Enkel vom Karpfen-Freese, Lutz und Bodo. Lutz ist der größere. Er meint, nur der Doktor kann seinem Brüderchen helfen.«

»Ich hab' ihm Hundekuchen gegeben«, jammert der Größere. »Und nu' denkt er, er wird ein Hund!«
»Jaaa ...«, brüllt Bodo unter einem Vorhang von Rotz und Tränen. »Hunde ... ku ... chen. Und nu' muß ich ein Hu- Hu- Hund wer'n! Ein Hund!«
Der Doktor sieht den Größeren scharf an. »Du bist Lutz, ja? Du hast dem Bodo das eingeredet?«
»Ja«, schnieft Lutz. »Er hat 'n Stück Hundekeks gegessen. Ich hab' zum Spaß gesagt –«
»– daß Bodo sich in einen Hund verwandeln wird«, ergänzt Karsten. »Das glaubt der Kleine jetzt ganz fest?«
»Aber ein Doktor kann machen, daß er bleibt, wie er ist«, jammert Lutz. »Ich war schon mal hier mit 'ner Beule, ich kenne Sie, und da dachte ich ...«
»Sehr schlau, Freundchen«, grinst Karsten. »Ich soll ihm die Angst nehmen? Na, kommt mal rein.«
In der Praxis schreit der Kleine wieder los: »Hab' Hundekeks gegessen. Ich werd' ein Hund. Ich werd' ein Hund!«
»Nicht beim großen Oberdoktor Übermattiesen, dem Professor Hundekuchenschreck!« sagt Karsten mit feierlich-freundlicher Stimme im tiefsten Baß. »Jetzt werden wir sehen ...«
»Sie müssen den weißen Kittel anziehen!« schluckt Lutz. »Sonst wirkt's nicht.«
Mattiesen nimmt den Arztkittel vom Haken und schlüpft hinein. Er setzt die Jungen auf zwei Stühle und begibt sich hinter den Schreibtisch. Die große Lupe vorm Gesicht, blickt er auf Bodo. »Ein Hund wird bei mir niemand. Ein Mensch, so steht es in meinen klugen Büchern, kann kein Hund werden.«
Die beiden lauschen atemlos. Karsten steht auf und befühlt Bodos Ohren. »Kannst du sie spitzen wie ein Wauwau?«
»Nein!« Der Kleine lacht.
»Na, siehst du. Allerdings könntest du von Hundekeksen Bauchweh bekommen. Deshalb würde ich keine mehr essen. Aber das wär' auch das einzige. Iß lieber den Kuchen, den deine Oma backt.«

»Vielleicht geben Sie ihm 'ne Medizin, sonst glaubt er's nicht«, meint der Größere.
Der Doktor verabreicht Bodo ein Stück Traubenzucker. Dann sagt er zu Lutz. »Und du paßt auf! Red ihm nicht etwa ein, daß er ein Ochse wird, wenn's bei euch Rindfleisch gibt!«
Die Jungen hopsen erleichtert die Treppe hinunter.
»Für Blödsinn bist du immer zu haben«, lacht Olga, als sie bei Tisch sitzen.
Ausnahmsweise nimmt auch Annemarie wieder einmal am Mittagessen teil. »Bei seinen eigenen Kindern hatte er weniger Zeit für Scherzchen«, bemerkt sie.
»Wer fährt heute zu Frau Pomack nach Kappeln?« fragt Olga. »Ina wollte es tun, doch nun muß sie sich um ihren Mann im Krankenhaus kümmern.«
»Dann übernehme ich das«, sagt Annemarie. »Wir müssen für den Fall ja auch noch generell eine Lösung finden.«
»Und was macht das Problem Schneider?« fragt der Doktor ohne jede Anzüglichkeit.
»Er ist kein Problem mehr«, erwidert Annemarie.
Karsten widmet sich seinem Fischkotelett und dem frischen Salat. Als Olga die Erdbeeren in Milch aufgetragen hat, sagt er: »Dies ist das Jahr der Frauen. Ihr löst alle Probleme. Olga besorgt die Küche, macht Politik im Rathaus und ackert für die Umwelt in der Breckheide. Annemarie unterrichtet Schüler, richtet gebeugte Kollegen wieder auf und sorgt sich um Sozialfälle. Frau Detlefsen und Ina Eckholm hängen sich fremde Kinder an den Hals. Respekt, Respekt! Dagegen bin ich der reinste Blumenbinder. Wißt ihr was? Ich werde auch meine Praxis einer Frau übergeben, einer resoluten jungen Ärztin. Ich selber mach' dann für euch alle den Hausmann!«
Selten hat Karsten Olga und Annemarie so lachen sehen.
»Hausmann!« schreit Olga. »Karsten als Hausmann! Hast du das gehört, Annemarie? Er will uns das Essen kochen! Rosenkohl mit Himbeersoße! Das Geschirr tut er in die Waschmaschine!«

»Und in die Waschmaschine schüttet er Kakao«, spinnt Annemarie weiter. »Hat er deine Geranien nicht schon mal mit Spülwasser gegossen? Karsten als Hausmann! Ich lach' mich kaputt!«
Als sie in Karstens Gesicht sieht, lenkt sie ein. »Lassen wir's, wie es ist. Als Landarzt bist du uns lieber.«
»Und nützlicher«, fügt Olga hinzu. »In der Küche hast du nichts zu suchen.«
Daß er in fremden Küchen mehr zu suchen hat als daheim, erfährt der Doktor schon in aller Herrgottsfrühe des folgenden Tages. Er ist kaum aufgestanden, als ihn ein Notruf aus Asmussens Kneipe erreicht.
»Der Manfred hat sich die Hand abgehackt!« klirrt eine Frauenstimme an seinem Ohr. »Kommen Sie, Doktor! Kommen Sie schnell!«
»Welcher Manfred? Was denn – die Hand? Womit?« Die Anruferin, wahrscheinlich Asmussens Frau, hat bereits aufgelegt.
Karsten nimmt seinen Koffer, springt ins Auto und jagt den Alten Damm entlang. Noch zieht der Morgennebel in weißen Streifen über die Straße. Um diese Zeit herrscht kaum Verkehr. Als er um das Rondell biegt, sieht er Frau Asmussen vor der Tür des Gasthofs.
»Der Koch ist unser neuer Manfred«, empfängt sie ihn außer sich. »Ich meine, der Manfred ist –«
»Ja ja«, unterbricht Mattiesen. »Wo ist er?«
»In der Küche, wo sonst?« Die Frau führt ihn durch die Gasträume und den dunklen Flur.
»Schnell!« dröhnt Asmussens Stimme.
Das Bild, das sich dem Doktor bietet, ist nicht gerade ein erfreuliches Stilleben. Auf dem Zubereitungsbrett liegt ein wahres Gebirge rohen Fleisches. Am Boden sieht er die beschmierte Fleischerhacke. Und auf einem Stuhl, totenbleich in seiner rotgesprenkelten weißen Jacke, sitzt der Koch, dem Asmussen eben ein Kabel um den rechten Arm schlingt.
»Was wollen Sie denn damit?« fragt Karsten.

»Abbinden«, stammelt Asmussen hilflos. »Ich mußte doch was tun!«
Der Doktor reinigt die Verletzung, um erst einmal ihr Ausmaß festzustellen. »Es war von einer abgehackten Hand die Rede«, sagt er ärgerlich. »Hatte der Koch drei Hände? Seine Linke ist unverletzt, und die Rechte ist noch dran! Er hat mit der Fleischhacke drei Finger gestreift: Daumenkante, außen; Zeigefingerkante, rechts; Kante Mittelfinger. Der Ringfinger hat nur einen Kratzer. Keine Rede von ›Hand ab‹!« Er reinigt die Wunden sorgfältig.
Asmussen schnauft. »Gebrüllt hat er wie 'n Stier. Und es sah schlimm aus, Doktor. Schlimm. Kannst du mir glauben.«
»Ich dachte, es wär' die ganze Hand«, zittert die Frau. »Manfred hat ja auch geschrien: ›Meine Hand, meine Hand . . .‹!«
»Er braucht 'ne Brille«, murrt der Wirt. »Ich hab' schon gesagt, er soll zum Optiker, wenn er seine eigene Hand für ein Stück Schweinefleisch hält.«
»Werd' ich sie wieder bewegen können?« fragt Manfred.
»Ja. Aber jetzt kriegen Sie eine Tetanusspritze. Dann leg' ich Ihnen einen Verband an. Sie müssen den Fall der Berufsgenossenschaft melden, sicherheitshalber. Und Sie lassen sich zum Nachschauen bei mir sehen. Klar?«
Als der Wirt den Doktor durch die Gasträume führt, sitzt neben der Tür ein Mann, etwa in Karstens Alter. Er macht einen höflichen, aber etwas verschüchterten Eindruck.
»Ach, Willi Wenz«, sagt Asmussen lustlos. »Du bist's! Wir haben aber noch nicht geöffnet.«
Wenz steht auf, begrüßt den Wirt und lächelt Karsten verlegen an. »Ich war auch mal Ihr Patient.«
Karsten erinnert sich. »Stimmt. Ja. Sie waren im Werftbüro Stern. Und wo sind Sie jetzt?«
»Nirgends. Ich hatte einen guten Job in Flensburg, bei ›Törncharter‹. Sportyachten überführen. Von Finnland bis Madeira – und zurück.«

»Sag schon, daß du arbeitslos bist, Willi«, seufzt Asmussen. Er stellt Wenz einen Schnaps hin.
»Ja. Ich hänge hier seit Wochen bei meinen alten Eltern rum«, erklärt Wenz dem Doktor. »In Flensburg ist Sense. Pleite. Hier find' ich nichts, weil ich über vierzig bin. Auch alle Saisonjobs sind vergeben. Ich kam hier zufällig vorbei, wollt' mich im Hafen umsehen, man muß sich ranhalten ... Und da hör' ich, in der Küche ist einer ausgefallen ...«
»Was?« Asmussen sperrt den Mund auf. »Du willst Manfred ersetzen? Mensch, dann könnt' ich nur noch ›Aua‹ schreien! Weißt du, was ein gelernter Fleischer ist? Hast du schon mal eine Fleischhacke in der Hand gehabt?«
»Ja, aber draußen hängt doch ein Schild: ›Küchenhilfe gesucht!‹«, wendet Willi ein. »Das ist doch was anderes, oder?«
»Ja! Kartoffeln schälen, Gemüse zurechtmachen«, sagt Asmussen. »Das is' was für kleine Mädchen. Nee, Willi. Tut mir leid.«
»Tja. Ich muß gehen.« Dem Doktor ist das Gespräch unbehaglich. »Meine Patienten warten. Tschüs!«
Er hört den Wirt noch auf Willi Wenz einreden. »Aber vierzig ist kein Alter! Es muß sich doch was für dich finden lassen!« Doch für Willi findet sich nichts, und Karsten ahnt nicht, daß er das auf dramatische Weise erfahren soll.
Semester- und Schulferien haben begonnen. Nicht nur Kerstin ist für einige Wochen wieder in Dreekels, um sich ihrem Peter zu widmen. Auch Eike kommt mit seiner Vroni, der Annemarie aus ihrer »Erbschaftskasse« den Flug von München nach Hamburg bezahlt hat. Bei Mattiesens herrscht Ferienstimmung, obwohl der Doktor mangels Urlaubsvertretung die mit Annemarie geplante Reise auf den Herbst verschieben muß. Olga ist das nur recht. Sie meint, es könne ihrer Schwiegertochter nicht schaden, ab und zu in der Breckheide mitzuarbeiten. Pastor Eckholm ist wieder zu Hause, doch hat Ina streng darauf zu achten, daß er sich schont. Wer kümmert sich um Frau Pomack, die sich noch immer mit dem Säugling im Kurheim in Kappeln befindet? Ausgerechnet – und

keiner hätte das für möglich gehalten – die Klatschtante Thea Knohl.
»Kerstin hat das zuwege gebracht«, verkündet Olga voller Stolz. »Sie ist eben doch meine Enkeltochter, das beweist ihr reeller Sinn. Sie verfügt über Menschenkenntnis. Die Thea wäre nie so verbittert, hätte sie für jemanden sorgen können. Jetzt paßt sie auch noch auf die Kinder auf!«
Es grenzt wirklich an ein Wunder. Thea fährt nicht nur mit Martin, Svenja und Kati per Bus nach Kappeln, sie übernimmt zusätzlich Pfarrers Steffi und Detlefsens Robby, um mit der ganzen Schar das »Wunderland« zu besuchen, auf Fietes »Windsbraut« auszufahren oder am Strand Sandburgen zu bauen. Allerdings helfen ihr Svenja und Martin, auf die Kleinen aufzupassen. Aber es ist, wie Olga gesagt hat: Die Thea muß für jemanden sorgen dürfen. Dann kann man ihr vertrauen.
Eike und Vroni lassen kein Open-air-Festival aus. Kerstin Mattiesen und Peter Detlefsen haben ehrgeizigere Pläne: Sie wollen die berühmte dänische Segelregatta »Rund um Seeland« mitmachen. An einem Mittwoch sitzen sie in der Bibliothek bei Mattiesens und studieren die Seekarten, während Annemarie und Olga den Kaffee servieren. Der Doktor beugt sich interessiert über die ausgelegten Spezialblätter.
»Eigentlich würde ich gerne mitschippern«, meint er. »Es kommt nicht auf Sieg, sondern aufs Durchhalten an. Der Ulvsund ist 'ne kitzlige Passage, zum Beispiel. Und wenn man in Nyord Zwischenstation machen will, muß man Millimeterarbeit leisten. Sonst brummt man auf.«
»Du bist kein Krabben- oder Heringsdoktor, du bist Landarzt«, spottet Olga. »Dein Requisit ist nicht Neptuns Dreizack, sondern der Instrumentenkoffer.«
»Unterwasserpläne?« fragt Eike von der Tür her. »Daraus wird nichts. Nicht im Moment. Du wirst gebraucht, Paps. Am Steinbruch. Ein gewisser Willi Wenz hat sich da verschanzt. Er will sich und die Polizei in die Luft sprengen.«

Karsten fährt herum. »Was? In die Luft sprengen? Der ... der Wenz? Ach, das ist der ... Ich sah ihn neulich bei Asmussen ... Dreht der durch? Und was soll ich dabei?«
Eike hat den Alarmruf der Polizei in der Halle entgegengenommen.
Aber was genau ist geschehen?
Es fing so harmlos, ja sogar hoffnungsvoll an. Willi Wenz bekam auf dem Arbeitsamt eine Empfehlung für die Borsberger Firma NORDSPEDITION. Das ist ein solides Unternehmen. Es begann vor hundert Jahren mit dem Verschiffen von Leimfässern nach Skandinavien. Heute organisiert es Transporte zur See, zu Land und auf dem Luftweg. NORDSPEDITION unterhält auch eine eigene Bergungsflotte in mehreren europäischen Häfen; kleinere Einheiten liegen im hiesigen Industriehafen. Bei NORDSPEDITION eingestellt zu werden, wäre für Willi Wenz das große Los.
Den Bescheid des Arbeitsamts in der Tasche, radelt er zum nordöstlichen Stadtrand. Das Areal der Firma ist tipptopp gepflegt, wie herausgeschält aus dem ruppigen, unbebauten Ödland mit dem stillgelegten Steinbruch dahinter. Weithin sichtbar sind die Riesenbuchstaben NORDSPEDITION auf dem Flachdach des neuen Bürogebäudes. Die Einfahrt ist mit einer rot-weiß-roten Schranke versehen, die vom Pförtnerhaus bedient wird. Willi Wenz meint, daß der Mann im Glashaus seinetwegen die Schranke ganz sicher nicht öffnet, und so lehnt er sein Rad einfach an den Zaun. In seinem Eifer übersieht er das Schild: »Unberechtigt abgestellte Fahrzeuge werden entfernt.« Das gilt in erster Linie für Autos und Motorräder, die auf dem firmeneigenen Vorplatz parken. Ein Hilfspförtner kontrolliert gelangweilt, ob auch alles, was da abgestellt ist, das Berechtigungsticket trägt – angeklemmt an Windschutzscheiben oder Gepäckhaltern. Inzwischen betritt Willi Wenz erwartungsvoll das Bürohaus.
Der Empfangsraum ist feierlich abweisend gehalten: Glas und falscher Marmor sowie ein raffiniertes Möbel-Design verkünden dem Eintretenden, daß hier kein »Parteienverkehr« herrscht; die

Geschäfte der NORDSPEDITION werden per Fernvermittlung abgewickelt; der Gedanke an das ehrbar-gemütliche Kontor der Urgroßväter kommt nicht im entferntesten auf. Hinter dem flott gekurvten Tresen sitzen puppenhafte Damen an Bildschirmen. Sie nehmen Willi Wenz nicht zur Kenntnis. Aber auch die Dame unter dem diskreten Hinweis »Anmeldung« scheint ihn nicht zu sehen. Sie blickt durch ihn hindurch, während sie telefoniert. Dabei ist das Gespräch hörbar privater Natur. Offenbar berichtet sie einer Freundin, daß sie ein Typ in der Disco »angemacht« habe, vielmehr, daß er das versuchte, jedoch nicht bei ihr »gelandet« sei. »Der hat wohl gedacht, weil ich Betty heiße, könnte er gleich mit mir ins ... Wie? Ach, das Wort ›Brieftasche‹ ist für den 'ne Fremdvokabel. Der hat doch bloß Luft in den Taschen ...«
Willi Wenz nähert sich zögernd. Er entfaltet der Telefondame seinen Bescheid vom Arbeitsamt. Ohne ihr Plappern zu unterbrechen, zeigt sie auf eine rehbraune Kunstlederbank. Wenz soll warten. Er setzt sich gottergeben und starrt auf seine Schuhe, die zwar geputzt, aber nicht gerade neu sind. Die Telefondame erörtert Urlaubspläne: »Ich? Nach Korsika. Und du? Die Donau runter? Auch nicht übel, aber für 'ne saure Gurke ist die Tour nicht zu haben, was? Dachte ich mir. Hauptsache, raus aus der Knochenmühle.« Plötzlich hat sie's eilig, denn ein Herr mit Aktenordner erscheint aus dem geheimnisvollen Inneren des Hauses. Betty legt den Hörer auf und flötet: »Bitte schön, Herr Köss?«
»Tja, da wollte ich Ihnen die Buchungsliste erläutern«, beginnt Herr Köss. »Die Herren aus Kopenhagen melden sich um 17 Uhr. Sie sind bei Bohm avisiert, fragen Sie vorsichtshalber dort noch mal an ...«
»Jawohl, Herr Köss«, versichert Betty routiniert-mechanisch. »Jawohl, Herr Köss.« Sie greift nach der Liste, als sei sie aus Blattgold. »Kein Problem, Herr Köss. 17 Uhr. Jawohl.«
Willi Wenz hat sich erhoben. Dieser Köss ist ein leitender Mann, der wird ihm weiterhelfen. Am besten, er zeigt ihm den Schein

vom Arbeitsamt. Höflich beginnt Willi: »Entschuldigen Sie, Herr Köss ...« Der Angesprochene fährt herum. Welcher Fremde wagt es, ihn unaufgefordert mit seinem Namen anzureden? Das ist ja nahezu Persönlichkeitsdiebstahl! Der Mensch, den Willi für so wichtig hält – und der so wichtig tut –, gehört keineswegs zur Geschäftsleitung. Er ist nicht mal Abteilungschef, sondern lediglich Assistent. Aber er kleidet sich nach den Vorlagen der Zeitschrift »Der gepflegte Herr« und verwendet viel Zeit auf Haardressing. Er sieht aus, als stünde er dauernd vorm Spiegel (auch im Dienst, auch jetzt), aber das steigert Willis Ehrfurcht nur.

»Entschuldigen Sie«, wiederholt Willi Wenz. »Ich wollte nicht stören. Der Bearbeiter sagte mir –«

»Welcher Bearbeiter?« unterbricht Herr Köss.

»Auf dem Arbeitsamt. Er hat mit Ihnen gesprochen ... das heißt, telefonisch. Und ... und ...«

»Gesprochen? Mit *mir*?« Herr Köss bewegt den Kopf im Kragen, als säße ihm unvermutet ein Papagei auf der Schulter. »Wissen Sie eigentlich, wo Sie hier sind?«

Willi Wenz tanzt ein Schleier vor den Augen. Was will dieser Mensch damit sagen? Daß er, Willi, rein vom Äußeren her fehl am Platze ist? Nur, weil er das Arbeitsamt erwähnt hat – und weil seine Klamotten zu wünschen übriglassen? »Ich habe«, schluckt er, »einen amtlichen Bescheid, mich bei Ihrer Firma zu melden. Bitte, wenn Sie einen Blick –«

»Als was sollten Sie vorsprechen?« läßt sich Köss zur Nachfrage herbei.

»Für den Posten eines Verproviantierers.«

Herr Köss zieht die Brauen hoch. »Verproviantierer? Ach ja. Nicht mehr relevant, guter Mann.« Er wendet sich dem Flur zu.

»Was ist das bitte?« fragt Willi.

»Ist inzwischen gegenstandslos.«

Willi Wenz spürt Zorn in sich aufsteigen. »Vergeben Sie die Arbeitsplätze hier?« ruft er dem Abgehenden nach.

Köss bleibt kurz stehen. »Ich weiß, welche zu vergeben sind.«

»Ich möchte den Personalchef sprechen«, beharrt Willi. »Man hat mir gesagt, daß die Firma ganz dringend einen Verproviantierer für ihre Schiffe sucht. Ich habe bei ›Flensburg-Charter‹ Yachten geordert und überführt – von Finnland bis nach Madeira, von der Karibik bis nach sonstwohin. Ich kenne den Job aus praktischer Erfahrung. Ich kann mich hier einarbeiten.«

»Und ich kann Sie rausschmeißen lassen«, erwidert Köss. »Sie werden mich nicht dazu zwingen wollen. Okay?«

Er verschwindet in der Tiefe des Flurs.

Willi Wenz steht eine Weile wie angewurzelt. Dieser Büroflegel hat sicherlich noch nie einen Verproviantierungsaufwand kalkuliert, klimagerecht – unter Einschluß des Zeitfaktors und der Notspanne – nein, nicht mal für ein Ruderboot auf der Dreekels oder auf der Schlei. Gießt einen Kübel Arroganz über ihn aus und kehrt ihm den Rücken!

Sogar der Empfangsdame Betty scheint Willi Wenz leid zu tun. Sie sieht ihn gnädiger an und zuckt bedauernd die Schultern. Nichts zu machen, heißt das. Viel Glück ... anderswo. Armer Kerl ...

Willi Wenz verläßt den Vorraum der Firma NORDSPEDITION. Wie im Traum wandert er zwischen gepflegten Rasenflächen über Fliesen und Auffahrten dem Ausgang mit der Schranke zu. Sein Rad, erinnert er sich, hat er irgendwo angelehnt. Er tappt immer weiter, immer weiter, den Blick mechanisch auf den Zaun gerichtet. Plötzlich merkt er, daß er an der fraglichen Stelle längst vorüber ist. Er kehrt um und geht zurück. Seine festgefrorenen Gedanken tauen allmählich auf. Er begreift, was auf dem Parkplatz geschieht. Ein spezieller Abschleppwagen ist dabei, zwei widerrechtlich abgestellte Autos aufzuladen. Der Hilfspförtner, kenntlich an der Mütze mit dem »N« (für NORDSPEDITION) steht gelassen dabei.

»Hallo!« ruft ihn Willi an.

Der Hilfspförtner reagiert nicht. Mit gewöhnlichen Sterblichen scheint sich auch ein NORDSPEDITION-Aufpasser nicht abzuge-

ben. Willi Wenz läuft atemlos auf ihn zu. »Mein Fahrrad! Ich hatte es an den Zaun gelehnt. Haben Sie das auch weggeschleppt?«
»Fahrrad?« Der Hilfspförtner streift Willi mit einem abschätzigen Blick.
»Ja! Ich hab's nicht mit reingenommen, sondern draußen stehenlassen. Es muß Ihnen doch aufgefallen sein!« Willi weist mit ausgestrecktem Arm auf den Zaun neben der Einfahrt.
»So so.« Für den Hilfspförtner ist der Fall erledigt. »Wenn Sie nicht lesen können?« Er wendet Willi den Rücken und schlendert weiter. Der Fall ist für ihn abgetan, denn er pfeift die Melodie: »Neuer Sommer, neue Liebe . . .«
Willi fühlt ohnmächtigen Zorn in sich aufsteigen. »He, Sie!« schreit er fassungslos. »Man kann mir nicht einfach mein Rad wegnehmen. Das ist Diebstahl!«
Der Hilfspförtner bricht sein Pfeifsolo ab und bleibt stehen. »Diebstahl« ist immerhin ein Reizwort. »Vorsicht mit dem, was du sagst!« fährt er Willi an. »Diebstahl hab' ich nicht gehört. Kapiert?«
Willi läuft auf ihn zu, erklärt beschwörend: »Ich will nur wissen, wo das Rad geblieben ist!« Dabei faßt er im Eifer den Arm des anderen an. Der Wächter reißt sich los, als fühle er sich bedroht. »Bleib mir vom Leibe, sonst knallt's!« zischt er – und das ist eine kalkulierte Überreaktion. Der junge Bursche will dem jämmerlichen Willi seine Macht zeigen. Und jetzt geht alles schief. Willi Wenz hat seit Wochen ständig an Selbstwertgefühl eingebüßt. Der Besuch bei NORDSPEDITION war eine einzige Demütigung. Die Verachtung durch den Platzhüter gibt ihm den Rest.
»Sie fertigen mich ab wie einen Bettler!« stammelt er. »Was habe ich Ihnen getan? Ich frage nach meinem Rad. Schließlich darf ich doch wohl erfahren –«
»Du darfst abhauen!« schreit ihn der Wärter an. »Das Herumlungern vor dem Tor ist verboten.« Nun ist es der Hilfspförtner, der Willi an den Arm greift. Willi wehrt sich mit der Handkante. Daraufhin versetzt ihm der andere einen Tritt. Das ist zuviel. »Ich

bin doch kein Hund!« Willi schlägt dem Mann die Mütze vom Kopf. Danach rennen die beiden planlos um die parkenden Autos herum; wenn sie sich begegnen, versetzt der eine dem anderen einen Hieb. Wer wen verfolgt, weiß man bald nicht mehr. Die Szene entbehrt nicht der Komik. Doch der Hauptpförtner in seinem Glashaus sieht das anders. Er faßt das Ganze als einen Angriff auf einen Hüter der Firma NORDSPEDITION auf. Schon bei Willis anfänglicher Gegenwehr hat er die Polizei alarmiert.

Willi Wenz ahnt davon nichts. Keuchend steht er auf dem Gehsteig, den geduckt heranpirschenden Parkwächter im Blick.

»Mir das Rad wegnehmen und mich wegjagen! Mehr kannst du nicht, du Tagedieb! Ich will Arbeit haben, richtige Arbeit! Und ihr behandelt mich wie Dreck. Jawohl, wie ein Stück Dreck!«

»Tagedieb? Wer ist ein Tagedieb?« japst der andere. »Kann ich wissen, was du willst? Vielleicht 'n Auto klauen, was?« Er springt überraschend vor, und schon entsteht das nächste Handgemenge.

Hinter den Glasfronten der NORDSPEDITION-Gebäude sammeln sich Neugierige. Am Rande des Vorplatzes bleiben immer mehr Passanten stehen. Unerfindlich, wo die plötzlich alle herkommen. Sie verleihen der kläglichen Szene eine gefährliche Dramatik.

»Überfall!« kreischt eine Frau. »Opa, halte die Kinder zurück.«

»Hat der 'ne Geisel genommen?« fragt ein Mann.

»Sie hören's doch«, ruft ein anderer laut. »Ein Auto wollte er klauen!«

»Gott sei Dank, die Polizei«, bemerkt jemand im Hintergrund.

Gleich in zwei Wagen – mit Sirene und Blaulicht – jagen Beamte der Borsberger Station heran. Der Pförtner am Tor hat von einem »Gewalttäter« gesprochen. Ein »Gewalttäter« auf dem Firmengelände – das kann ein Terrorist sein. Solche Alarme prüft man nicht durch lange Rückfragen. Es kommt auch niemand auf die Idee, daß der Rummel auf dem Parkplatz eine ganz geringe Ursache gehabt haben könnte.

»Haltet ihn ...!« brüllt der Hilfspförtner. Er brüllt sich fast die

Stimme aus dem Hals. Willi Wenz flieht. Er weiß überhaupt nicht, was da geschieht. Er hat doch nur das Rad wiederhaben wollen. Und auf einmal – so erscheint es ihm in seiner Panik – ist die ganze Gegend hinter ihm her. Ach – was heißt die ganze Gegend? Die Welt hat sich gegen ihn verschworen. Jeder ist plötzlich sein Feind. Nur weg, nichts wie weg! Die Straße verliert sich im Ödland, links liegt ansteigendes, unbebautes Gelände. Willi hastet einen verkrauteten Hügel empor, kriecht durch eine Mulde, rafft sich auf, stolpert weiter, klettert über rostige Zaundrähte, vorbei an verwitterten Schildern. Vor sich sieht er den verlassenen Steinbruch. Er verharrt einen Moment mit fliegendem Atem. Die Sirenen nähern sich unten auf der Straße. Also folgt man ihm! Willi ist unschlüssig, wohin er sich wenden soll. Er jagt über das Geröll auf eine Bretterbude zu, stürzt, kriecht, rutscht auf den Knien, kommt endlich hoch, umkreist die Hütte. Hinter einem Steinhaufen taucht eine Polizeimütze auf. Willi Wenz steht wie erstarrt. Der Beamte wird voll sichtbar. Es ist Heitmann. Willi kennt ihn natürlich. Heitmann ist ein Skatbruder seines Vaters.

»Herr Wenz!« schreit der Polizeichef. »Was ist denn los?«

»Bleiben Sie, wo Sie sind!« schreit Willi zurück. Wer weiß, was die Firmenleute der Polizei gesagt haben. Wer weiß, was man ihm anhängen will. Die können ja alles behaupten, einfach alles ...

Willi Wenz wirft sich gegen die morsche Hüttentür und fliegt in einer Woge von Staub ins Innere. Er hat nur den blinden Instinkt, sich zu verbergen. Einen Plan hat er nicht. Keuchend sitzt er im Halbdunkel auf den schiefen Brettern. Nach einer Weile fällt ihm auf, daß die Polizei ihm nicht folgt. Er sieht sich um, erblickt haufenweise alten Krempel. Aber dann geht ihm ein Licht auf! Der alte Steinbruch, die Warnschilder, die Sperrdrähte überall! Er befindet sich in der Materialhütte des aufgelassenen Steinbruchs.

»Die kriegen mich nicht!« heizt er sich selber auf, als er unter dem Zeug einen Knäuel Zündschnüre und einen verstaubten Dynamitpacken hervorzerrt. »Die kriegen mich nicht ...«

Inzwischen halten Heitmann, Schließer und zwei andere Polizisten in einer Bodenwelle miteinander Rat. »Kein Zweifel«, meldet Schließer. »Wenz ist ausgeflippt. Laut Firmenauskunft hat er sich dort vorgestellt, danach drehte er durch. Wurde gewalttätig.«
»Der Willi?« Heitmann galt als »scharfer Greifer«, für den das Mißtrauen die Mutter der Erkenntnis ist. Aber ein Ausflippen, ein gewalttätiges Durchdrehen Willis geht ihm nicht in den Kopf. »Wenz ist der friedlichste Mensch, den ich kenne«, murmelt er.
»Wenn wir uns da nicht sehr irren!« meint Schließer. »Mir gefällt nicht, daß er da in der Hütte sitzt.«
»Wieso? Er hockt in der Falle! Die Steinhänge umgeben die Bude hufeisenförmig. Da müßte er senkrecht dran hochfliegen«, sagt Heitmann. »Er braucht bloß rauszukommen, und er läuft uns in die Arme.«
»Hochfliegen«, nimmt Schließer ein Wort des Vorgesetzten auf. »Das ist die Hütte des Sprengmeisters.« Er hat richtig getippt. Aus der Baracke tönt die verzweifelte Warnung des Gejagten: »Ich habe hier eine Dynamitladung. Die zünde ich, wenn einer von euch näher kommt! Ich warne euch! Ich mache keinen Spaß.«
»O Gott«, stöhnt Heitmann. »Der ist wahrhaftig vom wilden Affen gebissen...«
»Was machen wir jetzt?« fragt Schließer.
»Zunächst mal gar nichts«, entscheidet der sonst so draufgängerische Heitmann. Er begreift, daß sich Willi Wenz in einen Wahnzustand hineingesteigert hat. Der äußere Anlaß steht in keinem Verhältnis zu seiner Reaktion. Der Mann muß sich dessen bewußt werden, erst dann wird er ansprechbar sein. Sicherheitshalber schickt der Polizeichef zwei Beamte auf die Höhe des Steinbruchs. Er fordert durch Schließer Verstärkung an und läßt sich einen Lautsprecher bringen. Dann versucht er noch einmal, Wenz zur Aufgabe zu bewegen. Vergeblich.
Heitmann nimmt die Mütze ab und wischt sich den Schweiß von der Stirn.
»Da hilft alles nichts. Der braucht 'ne Beruhigungsspritze.« Er

hebt den Tonverstärker an den Mund: »Hallo, Herr Wenz! Hören Sie mich? Wir bleiben, wo wir sind. Aber wir holen einen Arzt. Verstehen Sie? Wir bauen Ihnen 'ne goldene Brücke. Sagen Sie Doktor Mattiesen, was Ihnen fehlt. Sie haben ja nichts getan!«

»Bluff!« brüllt Willi verzweifelt. »Ihr hängt mir was an! Alle wollen mir was anhängen! Verschwindet! Ich sprenge mich in die Luft. Hier ist Dynamit genug.«

»Wir tun Ihnen nichts!« versichert Heitmann. »Aber wir holen den Doktor. Okay?«

»Tun Sie, was Sie wollen!« tönt es aus der Hütte.

Der Polizeichef stolpert hinunter zu seinem Befehlswagen. Er ruft Mattiesens Praxis an und behauptet, Wenz bestehe auf einer Vermittlung durch den Landarzt. Heitmann, der oft genug mit Karsten aneinandergeraten ist, weiß jedenfalls, daß der Doktor nicht nur seinen Arztkoffer mitbringen wird, sondern auch Verständnis. Menschliches Verständnis – und eine realistische Einschätzung der brisanten Situation. Bis zum Eintreffen Mattiesens gibt sich Heitmann alle Mühe, dem Mann in der Hütte gut zuzureden. Er erreicht wenigstens Aufschub.

Endlich kommt der Doktor den verkrauteten Hügel herauf. In der Mulde findet er den Polizeichef und Schließer samt Funkgerät und Tonverstärker.

»Was ist denn das für ein Kesseltreiben?« begrüßt er die Beamten. »Auf der Straße stauen sich die Menschen wie zum Sommerschlußverkauf. Und ihr kriecht hier herum wie die Indianer! Wo steckt der Wenz?«

»Da, in der Hütte. Er droht, Dynamit zu zünden, wenn wir näherrücken.« Heitmann hat den Doktor zwar herbeigerufen, aber – wie meist – gibt es zwischen den beiden einen konträren Wortwechsel.

»Weshalb droht Wenz?« fragt Karsten ruhig. »Warum wollt ihr ihm auf die Bude rücken?«

»Warum?« Heitmann wird ärgerlich. »Im Rahmen einer Verfolgung.«

»Wozu dient die?«
»Ihn zu schnappen«, mischt sich Schließer ein. »Die Speditionsfirma hat uns alarmiert. Wenz hat einen Wachmann tätlich angegriffen. Bevor wir die Sache klären konnten, riß er aus. Wir hätten ja nur ein Protokoll aufgenommen, die Beteiligten befragt, wie es Routine ist. Aber da verschanzt sich der Bursche.«
»Todesdrohungen sind keine Flötentöne«, gibt Heitmann zu bedenken. »Das wird ein Nachspiel haben.«
»Mir scheint, wir sind erst beim Vorspiel«, meint Karsten. Er nimmt den Handlautsprecher und ruft: »Herr Wenz? Ich bin es. Mattiesen. Ich komme mal kurz hoch.« Und der Doktor stapft über das Geröll, als suche er ein Plätzchen, um den Blick auf den Fluß zu genießen.
»Halt!« schreit Wenz aus dem Hüttenfenster. »Ich jage uns in die Luft.«
»Ja, ja, sicher«, erwidert Karsten freundlich. »Aber vorher kann man doch reden. Oder?« Er geht weiter. Doch er hat den fiebrigen Unterton in Willis Stimme gehört und sein verzerrtes Gesicht gesehen. Der Mann ist von Sinnen. Der Sprengstoff liegt eher in seinem Zustand, als in seiner Hand. Der Doktor stapft um die Bude herum zur Tür.
»Wollen Sie mich nicht reinlassen, Herr Wenz?«
Drinnen bleibt es still. Was wird der Mensch in seiner seelischen Sackgasse tun? Er kann im wahrsten Sinne des Wortes einen Kurzschluß auslösen: den letzten Kurzschluß einer ganzen Kette von Kurzschlüssen. Er glaubt, es gebe kein Zurück. Dabei ist die objektive Unsinnigkeit, die relative Albernheit der Vorgänge völlig gleichgültig. Karsten öffnet die Tür, langsam, sehr langsam, nicht ruckhaft, und tappt in das Halbdunkel der Hütte hinein. Willi Wenz steht noch am Fenster. Starr, abwartend-abwesend. Der Doktor beobachtet ihn nicht. Er schaut sich im Raum um, sieht einen schiefen Tisch, geborstene Borde, den Haufen Krempel in der Ecke. Aber auch ein Hocker ist da, und auf den setzt er sich.
»Mann«, beginnt er mit leisem Lachen. »Da haben Sie sich aber

eine feudale Bleibe ausgewählt. Wie kommen Sie denn plötzlich in diese Bruchbude? Neulich waren Sie auf Arbeitssuche, wir trafen uns bei Asmussen, wo der Koch sich in die Hand gehackt hatte.«
Willi Wenz, den Packen Dynamit fest umkrallend, schweigt. Er steht verkrampft. Wie auf dem Sprung. Der Doktor hört nur sein stoßweises Atmen.
»Nun kommen Sie schon«, fordert er Willi auf. »Erzählen Sie mir doch mal, was eigentlich passiert ist.«
Erst nach einer ganzen Weile antwortet Wenz. Es scheint ihm schwerzufallen, sich auf die letzten Ereignisse zu besinnen. »Es war nichts«, erklärt er dumpf. »Gar nichts weiter ...«
»Wirklich gar nichts?« fragt Mattiesen.
»Keine Arbeit, das wissen Sie doch«, sagt Willi schluckend. »Wo ich hinkomme, bin ich zu alt. Die ewige Leier. Und nun schickt mich das Arbeitsamt zur Nordspedition ... da stehe ich rum wie 'n Bettler ... Ein Lackaffe fertigt mich ab, läßt mich nirgends vor, droht gleich mit Rausschmeißen ... Ja, und draußen haben sie mir inzwischen das Rad weggeschleppt. Der Wachmann redet mit mir wie mit 'nem Hund.«
»Und dann kam es zu den sogenannten Tätlichkeiten?«
»Ach, 'ne richtige Schlägerei war das ja nicht. Mehr so 'n Hin- und Hergerenne. Aber der Kerl hat mir 'n Tritt versetzt. Er hätte mir doch bloß zu sagen brauchen, wo mein Rad geblieben ist. Statt dessen holen sie die Polizei und jagen mich. Sind hinter mir her, als hätt' ich einen ermordet.«
»Eine Lappalie also, die eine Reihe von Fehlreaktionen ausgelöst hat«, sagt der Doktor. »Ein Mißverständnis ...«
»Das ganze Leben ist ein Mißverständnis«, höhnt Willi mit weinerlicher Stimme. »So viele Arbeitslose – und jeder von ihnen ist ein Mißverständnis, ja?«
Mattiesen steht auf. »Ich schlage vor, wir unterhalten uns woanders weiter, und ohne Dynamit in der Hand.«
»Das ist 'ne Falle«, argwöhnt Willi bebend. »Die Polizei wartet

mit Schießeisen. Das ist doch aussichtslos. Ich kann doch jetzt nicht mehr zurück.«
»Man kann immer zurück, solange nichts passiert ist«, beschwichtigt Karsten. »Ich spreche mit Heitmann. Sie sind mein Patient, der von mir behandelt werden muß. Später wird man Sie zur Sache vernehmen. In aller Ruhe – auf der Polizeistation.«
»Sie meinen, die stürmen die Hütte nicht?«
»Auf keinen Fall. Sofern Sie, Herr Wenz, vernünftig sind. So. Ich gehe. Sie legen das Dynamit weg und warten auf mich.«
Der Doktor verläßt die Bretterbude und stolpert über das Geröll auf die Mulde zu. Heitmann und Schließer kommen aus der Deckung und starren ihm gespannt entgegen.
»Was ist?« fragt der Polizeichef nervös. »Er gibt nicht auf, wie? Will unbedingt im Feuerzauber enden? Dachte ich mir!«
»Wieviel Dynamit hat er?« fährt Schließer dazwischen. »Meinen Sie, er kann es zünden?«
»Er gibt auf, sobald Sie sich zurückziehen«, entgegnet der Doktor. »Der Mann ist wie ein waidwundes Tier in den Schlamassel gelaufen. Da scheint sich ein Pförtner saublöd benommen zu haben. An Ihrer Stelle würde ich zweierlei klären. Erstens: Warum hat man Wenz nicht gesagt, wo sein Rad hingeschleppt wurde? Zweitens: Welcher Narr ließ das Dynamit zwischen dem Gerümpel liegen? Dieser tödliche Leichtsinn geht nicht auf Wenz' Konto.«
»Ja, gibt Wenz nun auf oder nicht?« drängt Heitmann.
»Das sagte ich schon«, antwortet Karsten. »Ziehen Sie ab. Ich bringe Ihnen den Mann auf die Polizeistation, wenn er sich beruhigt hat.«
Heitmann atmet hörbar auf. »Ich dachte mir, daß das ein Fall für einen Arzt ist, Doktor. Sonst hätte ich Sie nicht gerufen. Es wäre wohl das letzte, aus einem Nervenzusammenbruch ein Erdbeben zu machen. Auf der Straße lauert schon der Zeitungsreporter Dröge . . .«

Über Funk gibt Schließer den Befehl zum Abzug. Lediglich zwei Beamte sollen in Deckung bleiben, um später das Dynamit sicherzustellen. Der Doktor stapft über die Steine zurück in die Hütte, wo Wenz jetzt wie ein Häufchen Elend auf dem Hocker kauert.
»Was werden die mit mir machen?« jammert er.
»Sie befragen. Ihre Aussage zu Protokoll nehmen. Da wird natürlich von Widerstand gegen die Staatsgewalt die Rede sein. Und von der Drohung mit dem Dynamit. Sie sagen nur, was tatsächlich geschehen ist, angefangen mit Ihrem Erlebnis in der Firma. Sie schildern die Auseinandersetzung wegen des verschwundenen Rads. Und dann haben Sie nicht gewußt, weshalb man Sie jagte. Sie hatten einen Blackout.«
»Können Sie mir da helfen?« fragt Willi mit einer Spur von Hoffnung.
»Ich kann Ihre Einsicht bestätigen. Verwirrtheit infolge der Situation und Ihrer generellen Verhältnisse. Dann sehen wir weiter. Ich werde mich bemühen, Arbeit für Sie zu finden.«
»Sie können nicht extra meinetwegen 'ne Firma aus dem Hut zaubern«, meint Willi skeptisch. »Arbeit . . . Das sagen Sie so!«
»Durch meinen Beruf habe ich viele Kontakte, Herr Wenz. Verlassen Sie sich darauf. Und es ist nicht meine Art, Sie mit leeren Versprechungen in Heitmanns Arme zu locken. Kommen Sie jetzt. Mein Wagen steht unten.«
Im wesentlichen verläuft alles so, wie Karsten es erwartet hat. Mildernd für Willi Wenz schlägt das Benehmen des Wachmanns zu Buche, seine provokante Weigerung, Auskunft über den Verbleib des Rades zu geben. Ferner die Fehleinschätzung der Sachlage durch den Hauptpförtner, das Auslösen des »Terroristen-Alarms«. Keine geringe Rolle spielt die Fahrlässigkeit der Besitzer des aufgelassenen Steinbruchs hinsichtlich des Dynamits. Auch die Polizei war wegen der »Informationsirrtümer« zu einem überzogenen Einsatz gezwungen. Keine Lorbeeren also für die mittelbar oder unmittelbar Beteiligten. Verhängung von Bußgeldern schließt das peinliche Kapitel ab. Willi Wenz bekommt sein

abgeschlepptes Fahrrad wieder. Er wird auch einen Arbeitsplatz kriegen. Der Doktor bemüht sich in der Folgezeit darum.

Ferien, Sommer, Reisezeit. Hochsaison überall. Hochbetrieb auch in der Landarztpraxis. Nicht nur, daß Urlauber aus allen Teilen Europas die Strände bevölkern und zusätzliche Patientenschaft stellen. Mehr und mehr drängt es biedere Altenteiler aus dem Dreekelser Busch in abenteuerliche Fernen. Das schafft Probleme. Oma Schintz – ein Leben lang Kuhbäuerin – will ihr Erspartes dransetzen, um mit dem Frauenbund nach Kenia zu fliegen.
»Ja, Frau Schintz. Ihr Oberschenkelhals . . . Ihre Rückenwirbel . . . Ihre chronische Schlaflosigkeit, die Verdauungsstörungen, das Rheuma . . . nicht zuletzt die Venen . . .« Karsten nickt sie freundlich an. »Darf's nicht 'ne Nummer kleiner sein? Sehen Sie, Bayern ist so schön . . . Da wohnen Sie in einer hübschen Pension, kriegen zu essen, was Ihnen schmeckt, blicken auf die Berge . . .«
»Ich will Löwen sehen«, beharrt die alte Dame.
»Dann empfehle ich Ihnen den Hamburger Tierpark«, sagt der Doktor energisch. »Da brauchen Sie auch keine Impfung.«
Das Wort »Impfung« läßt Oma Schintz zurückschrecken. Sie ist nun doch für ein anderes Reiseziel.
Es gibt weniger extreme Fälle. Die meisten Leute sind ziemlich unwissend und ahnungslos. Sie meinen, Typhus und Gelbfieber seien in den Prospekten nicht vermerkt, auch Malaria nicht, also brauchten sie keine medizinische Vorbeugung. Nebenher hat der Doktor auch psychische Aspekte zu beachten. Täte er das nicht, wäre er ein schlechter Arzt. Der labile Studienrat Schneider will in Singapur sein seelisches Gleichgewicht wiederfinden. Eine Harzwanderung bekäme ihm sicher besser.
»Ich muß mich in einer fremden Umgebung von mir selber lösen«, behauptet er gestelzt. »Ich brauche Wirbel, Betriebsamkeit, starke Eindrücke.«
»Gut«, seufzt Karsten. »Ich bin weder Reiseberater noch Vormund. Tun Sie, was Sie für richtig halten.«

»Laß die Spinner auf den Mond fliegen, wenn sie's wollen«, meint Olga. »Was geht dich das an? Dein Vater hat schon dem Opa Schultes nicht abgewöhnen können, mit seinen fünfundachtzig Jahren Eisbäder in der Dreekels zu nehmen. Bei 5 Grad Kälte. Die Folge? Nierenversagen.«
»Du vergißt, daß ich meine Patienten behalten und nicht loswerden will«, sagt Karsten. Nach diesem Gespräch macht er seinen wöchentlichen Routinebesuch im Altenheim. Kaum sitzt er wieder im Auto, als er von Eike über Funk gerufen wird.
»Was gibt's?« fragt der Doktor ins Mikrophon.
»Ich weiß auch nicht«, hört er den Sohn ratlos sagen. »Im Pfarrhaus ist der Teufel los ...«
»Der Teufel? Im Pfarrhaus? Kann der sich nicht ein anderes Tummelfeld suchen? Um wen geht's nun wirklich?«
»Ach, da war so 'n aufgeregtes Geschnatter. Ich hab' nur die Hälfte verstanden. Jemand ist vom Steg in den See geworfen worden – oder so.«
»Oder so?« wiederholt Karsten ärgerlich. »Könnt ihr euch mal dazu entschließen, Meldungen präzise zu hinterfragen? Wohin soll ich fahren?«
»Na, ins Pfarrhaus!« sagt Eike.
Das ist vom Altenheim aus keine Entfernung. Der Doktor fährt um das Rondell und biegt in die Bethanienstraße neben der großen Kirche ein. Im Garten sieht er mehrere Personen, die um irgendwas oder irgendwen herumstehen: den Pfarrer, Frau Ina, Thea Knohl, die Haushälterin Marga sowie die Kinder Steffi Eckholm, Robby Detlefsen, Svenja Pomack und deren kleine Schwester Kati. Karsten steigt aus und greift nach seinem Arztkoffer.
Martin Pomack erwartet ihn schon an der Gartentür. »Schnell, schnell! Er stirbt!«
»Wer?« fragt der Doktor.
»Der Hund. Der kleine Hund!« ruft Martin.
»Welcher Hund?« Karsten läuft auf die Gruppe zu, die ihm bereitwillig Platz macht. Auf einem Gartenstuhlkissen liegt ein

kleines, schwarzes, zerzaustes Bündel. Sein zottiges Fell wirkt wie ein gerupftes Federkleid.
»Er muß auf den Grill, damit er warm wird«, heult Kati.
»Quatsch!« schreit Steffi. »Auf den Grill gehört der Mann.«
»Ungeheuerlich«, dröhnt Pfarrer Eckholm. »Ist so ein kleines Wesen nicht auch eine Kreatur Gottes? Gibt es kein Tierheim? Muß man ein Geschöpf in einem Sack ersäufen, um es loszuwerden?«
»Sie sind ja wieder gut bei Stimme, Herr Kirchenrat!« begrüßt ihn Karsten. »Ist das der Patient?« Er beugt sich über den reglosen Hund. Alle schwatzen erregt auf ihn ein.
»Ich war mit den Kindern am See«, berichtet Thea. »Wir haben ein Picknick gemacht. Plötzlich schmeißt so 'n Kerl einen Sack ins Wasser und rennt weg. Einfach weg. Ich hab' mit Martin ein Boot losgemacht und den Sack rausgefischt. Da war der Hund drin.«
»Ja, und der Martin hat den Hund aus dem Sack gezogen und ihm das Wasser aus dem Bauch gedrückt«, fügt Svenja aufgeregt hinzu.
»Wir haben ihn mit einem Frottiertuch bearbeitet«, sagt Ina.
»Wer unschuldige Tiere tötet«, beginnt Eckholm, »bringt auch anderes fertig. Den Mann möchte ich von Angesicht zu Angesicht –«
»Es ist gut, Pfarrer«, unterbricht Karsten. Er legt das feuchte Bündel auf den Gartentisch und betastet Bauch, Kehle und Schnauze. Dabei murmelt er – und das gilt Thea und den Kindern: »Ihr seid vorbildliche Ersthelfer. Der Hund lebt. Er ist nur zu Tode erschöpft. Nicht nur vom Wasserschlucken, sondern auch vom Strampeln und vor Angst.«
»Haben Hunde Angst?« fragt Kati.
»Na, laß dich mal in einen Sack stecken und ins Wasser werfen«, hält ihr Martin vor. »Da kriegst du Platzangst.«
»Raumnot«, belehrt ihn Thea. »Das genaue Gegenteil. Platzangst hat man nachts auf großen freien Plätzen.«
»Nun reicht's aber mit den Schauerlichkeiten«, mischt sich Ina

ein. »Stört Doktor Mattiesen nicht.« Sowieso herrscht bange Stille, denn Karsten hat eine Einwegspritze ausgepackt und verabreicht dem kleinen Hund eine Injektion.
»Wird er operiert?« fragt Robby flüsternd.
»Er kriegt eine Aufbauspritze«, erklärt Karsten. »Das ist ›flüssige Kraft‹, verstehst du?«
»Nein, weil's so wenig ist«, meint Robby.
»Für den Hund genügt's«, lächelt Mattiesen. »Seht! Er bewegt sich. Er will krabbeln.«
»Doktor, was gebe ich ihm zu essen?« ruft die Haushälterin Marga. »Wurst?«
»Nee. Nichts Gewürztes. Bißchen aufgeweichten Keks. Später etwas Reis.«
»Svenja soll ihm Spezialfutter holen«, meint Ina. »Doktor, wie alt mag das Tier sein? Und was für eine Rasse ist das?«
»Keine«, feixt Mattiesen. »Die ulkigste Mischung, die ich je gesehen habe. Aber es ist kein Hundekind, sondern ein Hundezwerg. Also kein Baby. Wenn er sich erholt hat, könnt ihr ihn völlig normal behandeln.«
»Es ist *mein* Hund«, ruft Kati. »Ich hab' den Mann mit dem Sack zuerst gesehen.«
»Stimmt«, bestätigt Martin. »Kati hat dem Hund auch schon einen Namen gegeben. ›Struppi‹.«
»So?« sagt der Doktor. »Dann halte ihn mal. Er kuschelt sich gern. Er braucht Wärme.«
Kati nimmt das schwarze Bündel, das unter den Haarfransen bereits recht munter aus den kugelrunden Augen schaut. »Den schenk' ich dir«, sagt sie zu Pfarrer Eckholm. »Damit du nicht mehr so garstig bist.«
»War ich garstig?« fragt der Pfarrer im Brustton des Erstaunens. »Ich . . .?«
Ina lacht. »Als ob du das nicht wüßtest. Die tatenlose Erholung bekommt dir nicht.«
Eckholm nimmt den Hund. »Wir werden beide geduldig sein,

Struppi, was? Sie sollen sich nicht über uns beklagen.« Er setzt sich auf eine Bank und streichelt das kleine Tier mit seinen Bauernhänden. Marga verschwindet im Haus, und Thea und die Kinder suchen im Schuppen nach einem geeigneten Körbchen für Struppi. Karsten hat seinen Arztkoffer geschlossen. Seitab spricht er mit Ina über Eckholms Zustand.
»Körperlich ist er voll wieder da«, erklärt der Doktor. »Seine Werte sind okay. Sein Blutdruck ist normal. Von Klapprigkeit oder Dienstunfähigkeit keine Rede. Er soll sich noch eine Weile schonen und nicht von früh bis spät seelsorgerischen Pflichten im Dreekelser Busch nachjagen.«
»Aber seine Ungeduld«, seufzt Ina. »Im Krankenhaus war er zuletzt ganz obenauf. Da hat er sogar seinen Bettnachbarn zum Wiedereintritt in die Kirche bewogen. Seit er hier ist, mäkelt er an allem herum, besonders an seinem Vertreter. Das gehört sich ja nicht für einen Kirchenrat.«
»Nein. Allerdings nicht.« Karsten überlegt. »Kann er nicht einen Vortrag über Orgelmusik entwerfen? Das ist seine Domäne. Und klassische Veranstaltungen sind Mangelware. Mit der Organisation darf er natürlich überhaupt nichts zu tun haben.«
»Das ist klar.« Ina nickt. »Der Gedanke gäbe ihm Auftrieb. Gut. Ich spreche mit ihm.« Sie fügt hinzu: »Er will Frau Pomack in Kappeln besuchen.«
»Warum nicht? Die kleine Frau wird sich freuen, wenn der Pfarrer nach ihr schaut. Fahren Sie die Pomack-Kinder zu ihr? Dann nehmen Sie ihn mit.«
Svenja und Robby müssen heim zu Frau Detlefsen. Martin macht sich auf den Weg zu seinen Pflegeeltern. Kati, die bei Eckholm wohnt, kümmert sich mit Inas Steffi um den vierbeinigen Familienzuwachs. Bevor der Doktor in sein Auto steigt, hält er ein Schwätzchen mit Thea. »Du bist wie eine geläuterte Schlange, falls es so was gibt.«
Thea kichert. »Ich kann immer noch beißen, wenn es not tut.« Mit blitzenden Augen fügt sie hinzu: »Den Mann, der den Hund ins

Wasser geworfen hat, werde ich finden! Darauf können Sie sich verlassen.«

»Bloß nicht!« ruft Karsten. »Am Ende verlangt er das Tierchen zurück. Stell dir die Aufregung vor.«

Er setzt sich in sein Auto und fährt um das Rondell herum auf den Alten Damm, zurück zum Mattiesenhof.

Als Mattiesen am Samstag nachmittag einen Abstecher zur Breckheide unternimmt, glaubt er ein Pionierlager des wilden Westens zu sehen, nur daß die Umgebung nicht bergig und steinig ist – und daß in der Ebene die Büffel fehlen.
Die Geräte entsprechen der Gegenwart. Da knattert ein Trecker mit schaukelndem Anhänger heran, über die Feldbahngleise wakkelt eine Diesellock mit Kipploren. In der Ferne parken Bulldozer. All das Zeug verrät die schwere Pranke des Baulöwen Hanusch, den Olga als Sponsor gewonnen hat. Was an ein Lager erinnert, sind die Zelte der Pfadfinder, die Gulaschkanone des Technischen Hilfswerks und die »Wagenburg« der Frachtfahrzeuge.
Olga macht keine halben Sachen. In der letzten Ratssitzung – so konnte man's auch in der Zeitung lesen – hat sie wieder etliche Lanzen für das Dreekelser »Schutzgebiet Breckheide« eingelegt. Die Anwesenheit von Bürgermeister Schultes und vor allem die Menge der Einsatzkräfte beweisen die Wirksamkeit ihrer Kampagne. Viel, sehr viel, ist bereits in den letzten Wochen geschehen. In der Senke hat sich durch Ableitung des östlichen Rinnsals ein Teich gebildet, der unter den kundigen Weisungen Hugo Cornelsens mit Randwuchs bepflanzt worden ist. Auf der Wasserfläche breiten sich Seerosen aus, Binsen, wilde Feuchtgräser und allerlei Kräuter bedecken die Ufer. Hinnerksen, Bea und Frau Detlefsen sind dabei, mit Hilfe der Pfadfinder Liguster, Holunder, Schlehe und Sanddorn westlich der Böschung anzusiedeln. Auch die »ökologischen Neubauern« (Aussteiger aus städtischen Berufen) helfen. Sie karren Kompost im Schweiße ihres Angesichts. Olgas Truppe gleicht allerdings eher einem Aufgebot von Schmutzfinken. Auch Annemarie, Eike und Vroni sind dabei, doch der Doktor erkennt sie nicht auf den ersten Blick.
»Kinder, ihr seht mehr nach ›Dreckheide‹ als nach ›Breckheide‹

aus!« ruft er. »Die Wühlmäuse dahinten – sind das die Pomack-Kinder mit Robby und Steffi?«
»Zieh dir deinen weißen Kittel über und arbeite gefälligst mit!« kontert Olga.
Bürgermeister Schultes nähert sich. »Tag, Doktor. Ich hab' schon mit deiner Mutter gesprochen. Wir brauchen Geld für das Projekt. Dazu könnten wir einen Flohmarkt aufziehen. Kannst du auf deiner Patiententour mal rumfragen, ob einer was spenden will?«
Karsten wirft einen Blick über das Arbeitsfeld. »Ein Flohmarkt dürfte nicht reichen, Schultes. Potentielle Spender müßten sich schon von besseren Sachen trennen, solchen, die Aufsehen erregen. Alten Truhen zum Beispiel. Oder Dampfradios und Oldtimern. Ich denke da an eine Versteigerung in der Stadthalle.«
»Das ist 'ne Idee, Doktor!« meint Schultes.
Eike, der das Gespräch mit angehört hat, ruft spontan: »Super! Im Schuppen steht noch Opas Motorrad! Das mach' ich fahrfertig. Bestimmt bringt das einen tollen Preis.«
Der Bürgermeister zieht sein Notizbuch. »Ich schreibe das auf – für Dröge. Wenn der einen Artikel in die Zeitung setzt, sparen wir 'ne Annonce!«
Vroni hat auch einen Vorschlag: »Wir pflanzen kleine Bäume an und benennen sie nach den Spendern.«
»Wenn einer ›Lindemann‹ heißt, können wir keine Weide so beschildern, und mit ›Weidemann‹ keine Linde. Da seh' ich Verwicklungen«, sagt Schultes. »Oder meinst du eine Tafel: ›Gestiftet von Herrn oder Frau Sowieso‹...?«
»Ja!« bestätigt Vroni eifrig. »Eine Tafel könnten Sie auch am Rathaus anbringen: ›Gespendet für die Breckheide haben...‹ Und so weiter! Es sind doch viele Fremde hier!«
»Die sich gerne öffentlich ›verewigen‹ würden«, nickt Schultes. »Mädchen, du hast die richtige Musik im Kopf. Großartig! Das ist erst recht was für die Zeitung. Ha, das erhöht sogar die Auflage, wenn sich die Spender gedruckt sehen! Ich hoffe, den

Dröge irgendwo zu erwischen. Tschüs!« Er schwingt sich auf sein Fahrrad.

»Und ich habe was mit Hanusch zu besprechen«, sagt Karsten zu Vroni und Eike. »Da kommt er gerade . . .«

»Na, Doktor?« brummt Hanusch. »Nur gut, daß du in deiner Praxis keine Kipplore brauchst. Sonst würdest du mich auch anschnorren, wie deine Mutter. Du bringst mich an den Rand des Ruins.«

»Anschnorren will ich dich nicht«, grinst der Doktor. »Ich bin auch kein solcher Pfuscher, daß ich meine Patienten in 'ner Kipplore aus der Praxis schieben muß.«

»Ha, das ist gut«, lacht Hanusch.

»Es handelt sich um Willi Wenz«, sagt der Doktor. »Du wirst wohl gehört haben –«

»Hab' ich«, unterbricht Hanusch. »Dieser Unglücksrabe war auch schon bei mir. Aber . . .« Hanusch stößt einen unterdrückten Fluch aus und fährt sich mit dem Handrücken über das geschlossene rechte Auge.

»Was hast du denn da?« fragt Karsten.

»Nichts. Ein Stäubchen. Das geht schon von selber weg. Also, der Willi Wenz. Sieh mal, Doktor, der hatte einen guten Posten. Ob er bei mir am richtigen Platz wäre, ich weiß nicht . . .«

»Und ich weiß nicht, was du da im Auge hast«, sagt der Doktor. »Wenn's nämlich ein winziger Eisensplitter ist, reibst du ihn immer tiefer rein. Setz dich mal hier auf die Böschung.«

Hanusch gehorcht und setzt sich ächzend hin.

»Der Fremdkörper ist unter dem Unterlid«, stellt der Doktor fest. Er nimmt ein sauberes Taschentuch und wischt die Lidtasche zur Nase hin ganz vorsichtig aus. »So. Das Stäubchen ärgert dich nicht mehr. Um aber auf Willi Wenz zurückzukommen . . . Dieser Mann ist arbeitswillig. Er ist geradezu versessen darauf, etwas zu leisten . . .«

Hanusch erhebt sich – stärker ächzend als zuvor. Er lacht breit. »Danke, Doktor. Wie sagt man? Kleine Ursache, große Wirkung.

Mit dem Eisensplitter hast du mir einen Schreck eingejagt! Aber davon abgesehen – ich werde den Wenz bei mir unterbringen. Deine Fürsprache genügt mir. Aber ein Honorar für die Augenoperation kriegst du nicht!«
Der Baulöwe schweigt, denn eben stapft Hinnerksen mit geschultertem Spaten grußlos an ihnen vorbei. »Was der mir wohl übelnimmt? Daß die Bärbel zu mir übergelaufen ist? Oder hat er Angst, sie könnte wieder zu ihm wollen?«
»Da enthalte ich mich lieber einer Meinung«, sagt Karsten schnell. »Das ist eure Privatsache.« Er geht auf sein Auto zu. Doch Hanusch bleibt neben ihm. »Privatsache, glaubst du? Meine Mutter sieht das enger. Sie glaubt, das ist ein öffentliches Ärgernis. Oder so was wie 'ne ansteckende Krankheit, mit der ich nicht auf die Straße darf. Die hält mich an der Leine.«
»Die Bärbel?«
»Nein. Meine Muter. Die ›strenge Agathe‹, wie die Leute sie nennen.« Mattiesen reagiert humorlos: »Bist du ein Kind, Hanusch? Ein Hosenmatz? In welcher Zeit lebst du? Die Jugend springt von der Wiege direkt in die Discos, düst rund um den Globus und schreibt den Eltern allenfalls mal eine Ansichtskarte aus Neuseeland. Aber du, ein Mann Mitte Fünfzig, hast Angst vor deiner Mama! Du stehst ja genauso unter dem Pantoffel wie der Hinnerksen seinerzeit bei seiner Mutter. Die hat ihn sogar mit dem Besen verhauen!«
»Den Besen schwingt Agathe nicht«, entgegnet Hanusch kleinlaut. »Aber sie hat so ihre Strategie. Die kanalisiert jede Beziehung, wenn du weißt, was ich meine.«
»Weiß ich nicht. Will ich auch nicht wissen.«
»Meine Mutter steht wie 'ne Wand zwischen mir und Bärbel«, seufzt Hanusch. »Sie tut beharrlich, als hätte ich die Bärbel nur als Dienstmädchen aufgenommen. Sie hat freie Kost und Logis, kriegt ein Taschengeld, muß dafür aber Haushaltsführung lernen, kochen, Tisch decken, saubermachen und einkaufen. Ich darf nicht an sie ran.«

»Deine Schuld!« Der Doktor steigt in sein Auto. »Ich habe noch einen Krankenbesuch vor mir . . .«
Hanusch sieht dem Wagen mit hängenden Armen nach.

In Hanuschs Villa herrscht Schwebezustand. Bärbel, das heimatlose, völlig verschlampte Wesen, hat auf der Wanderschaft von Mann zu Mann immer ein weiches Lager und willige Ernährer gefunden. Zuletzt den Kräuterdoktor. Doch als der sie rauswarf, sah sie als letzte Rettung nur noch Hanusch. Und bei dem tappte sie in die Falle. Statt in seinen starken Arme zu landen, geriet sie unter die Fuchtel der Mutter Agathe. Gegen deren Energie kommt selbst der allseits geachtete (oft auch gefürchtete) Baulöwe Bruno Hanusch nicht auf. Sofort erkennt Agathe, was die Stunde schlagen will – und hält den Zeiger an. Diese Person als »Liebste« ihres Brunos? Als Ehefrau etwa? Sie nützt die Mittellosigkeit des ungebetenen Gastes. Sie nimmt die Bärbel an die Kandare, legt ihr sozusagen ein Stachelhalsband um und beginnt mit der Dressur.
Ohne daß der Sohn es hindern kann, läuft von früh bis spät ein Exerzierplan im Hause ab. Körperwäsche, Kleidungskontrolle, Haarpflege, Stubendienst, Einkaufstrott, Küchenarbeit. Obwohl Agathe auch eine Putzfrau hat, ruht der größte Teil der Last auf Bärbels Schultern. Wenn Bärbel heult, öffnet Agathe die nächstbeste Tür und säuselt mit infam-freundlicher Stimme: »Du kannst jederzeit gehen!« Dabei ist ihr klar, daß Bärbel nicht weiß, wohin sie soll. Das wenige Taschengeld läßt keine Sprünge zu. Übrigens ist Agathe auch diplomatisch eine Naturbegabung. Dem Sohn teilt sie regelmäßig anerkennend mit: »Die Bärbel macht Fortschritte. Aus der wird bestimmt mal eine brauchbare Hilfe für mein gebrechliches Alter.« Worauf Hanusch immer wieder Hoffnung schöpft, das Verhältnis könnte familiärer werden. Vorläufig sitzt er abends nur mit der Mutter im Eßzimmer am Tisch, den Bärbel gedeckt hat. Bärbel trägt die Speisen auf, von Agathe sanft dirigiert. Mehr als verstohlene Zärtlichkeitsblicke kann Bärbel mit Bruno nicht austauschen.

Drei Tage nach Hanuschs und Mattiesens Gespräch aber geschieht etwas Ungeheuerliches. Wie gewohnt wollen Agathe und Bruno ihr Abendessen einnehmen, als die Mutter stirnrunzelnd bemerkt: »Ich frage mich, Bärbel, was das dritte Gedeck auf dem Tisch zu suchen hat?«
Zur Vervollständigung der abendlichen Tafel stellt Bärbel eine Platte mit Räucherlachs ab und setzt sich vor das beanstandete Gedeck auf den dritten Stuhl. »Guten Appetit«, sagt sie ruhig. Und: »Darf ich um das Brot bitten, wenn Sie sich bedient haben? Ach ja – ein Glas Bier würde mir auch guttun. Danke!« Sie greift nach Hanuschs Flasche und schenkt sich ihr Glas voll.
Hanusch hockt sprachlos da. Ist er doch der Ansicht, Agathe werde eines Tages ihr Wohlgefallen an Bärbel finden – so im allmählichen Verlauf –, falls das »Kuckucksei« sich zu einem häuslich zufriedenstellenden Vogel entwickelt hätte. Nun aber droht das ganze Nest zu wanken. Bärbel nimmt sich Rechte heraus, die Agathe ihr noch längst nicht zugestehen will! Sie wird frech! »Die Kräuterbutter ist köstlich«, bemerkt sie, ohne auf Agathes Erstarrung zu achten. »Reichen Sie mir bitte das Salz, Frau Hanusch?«
»Salz ...?« krächzt Agathe. Wirklich – ihr fällt nichts anderes ein. Es ist noch niemals vorgekommen, daß jemand von ihr eine Aufmerksamkeit erbat. »S-s-s-salz ...?«
»Mir schmeckt zum Kräuterbrot auch saure Gurke«, setzt Bärbel ihr Tischgeplauder fort. »Für Lachs wäre allerdings ein Schluck Weißwein angebracht.«
Agathe findet ihr Gleichgewicht und ihre Sprache wieder. »So!« sagt sie scharf. »Weißwein! Fällt dem gnädigen Fräulein noch was anderes ein? Sekt, zum Beispiel? Champagner?«
»Später«, erwidert Bärbel freundlich. »Bruno soll erst einen Happen essen, bevor er in den Keller geht.«
»Was ...«, beginnt der verstörte Hanusch rauh, »was ... was soll ich denn im Keller?«
»Den Champagner holen, den deine liebe Mutter mir zum Abschied angeboten hat«, lächelt Bärbel.

Wie aus einem Munde fragen Mutter und Sohn: »Zum Abschied?«
»Ja«, sagt Bärbel – und das Lächeln verschwindet aus ihrem Gesicht. »Ich fahre nämlich heute abend. Um 21.30 Uhr geht mein Zug. Mein Onkel aus Cuxhaven will mich aufnehmen. Er ist der einzige Verwandte, den ich noch habe. Es ist mir gelungen, ihn ausfindig zu machen.«
Agathe legt die Hand ans Ohr, als hätte sie nicht recht gehört. Wie vom Donner gerührt fragt sie: »Du ... du willst uns verlassen? Du läufst uns davon, nach allem, was wir für dich getan haben?« Ihr Ton wird schrill. »Ist das Dankbarkeit?«
Ruhig entgegnet Bärbel: »Nein, Frau Hanusch. Aber das einzig Richtige. Ich bin keine Sklavin.«
»Keine – was?« stammelt der Sohn. Ihm scheint Bärbels Verwandlung in die Knochen gefahren zu sein. So hat er sie nie erlebt. Er starrt sie an, als sei da etwas Unwahrscheinliches vor sich gegangen – wie im Märchen, im »Froschkönig« oder ähnlichen Zaubergeschichten. »Keine – was?« wiederholt er dumpf.
»Keine Sklavin!« betont Bärbel. »Ihr habt meine Notlage ausgenutzt. Eine goldene Galeere ist auch nur ein Gefangenenkahn. Keiner kann mir nachsagen, daß ich nicht von früh bis spät gerudert hätte. Aber nun ist Schluß.«
»Auf einmal?« Agathe zieht die Töne lang, als wolle sie singen, kein fröhliches Lied allerdings. »So plötzlich fällt dir das ein? Du bist hier auf einer Galeeere ...? Und ich, ich schwinge am Ende die Peitsche? Die Peeeiiitsche ...?«
Bärbel blickt erstaunlich gelassen. »Man kann's auch einfacher ausdrücken, Frau Hanusch. Das Abendessen war ein Test. Ich habe gedacht, wenn Sie mich wieder nicht am Tisch dulden und in die Küche schicken, geh' ich. Dann fahre ich zu meinem Onkel. Das ist alles.«
»Ein gebildeter Mensch fällt einem nicht in den Rücken«, singt Agathe ihr Klagelied weiter. »Ein gebildeter Mensch bringt seine Wünsche höflich vor. Ein gebildeter –«

»Ich bin kein gebildeter Mensch«, erklärt Bärbel trotzig. »Ich kenne gebildete Menschen überhaupt nur vom Fernsehen. Ich hatte gedacht, Bruno wäre gutherzig. Und seine Mutter hätte etwas Ähnliches wie ein Herz.«

Hanusch wirft die Serviette hin. »Diese Aufmüpfigkeit ... Ich muß schon sagen ... Mir scheint, die Kräuterbutter war giftig...«

»Es war das Kräutlein Wahrheit drin«, pariert Bärbel.

Hanusch fährt hoch. »Unbegreiflich, das alles. Ich ... ich bin ein vielbeschäftigter Unternehmer. Meine Gedanken ... äh ... Der langen Rede kurzer Sinn: Soll dein Verhalten bedeuten, daß du – sozusagen – kündigen willst?«

Bärbel verzehrt ein Stück Räucherlachs. Dann wird sie offiziell: »Herr Hanusch, was heißt kündigen? Ich habe keinen Anstellungsvertrag. Ich wohne in der Dachkammer, kriege drei Mahlzeiten, werde ständig in Trab gehalten ... Und das alles für ein Taschengeld. Es ist wahr, ich bin kein Engel. Aber hält man mich für blöd?«

»Ja, äh, nein!« ruft Hanusch nervös. Er rennt im Zimmer hin und her. »Ich hatte mir das nicht genau überlegt. Ich dachte, eine Eingewöhnungszeit unter hilfreicher Anleitung meiner Mutter –« Er unterbricht sich, denn Agathe verdreht die Augen und beginnt ruckhaft zu atmen. Sie preßt die Hände an die flache Brust. »Hilfe...«, röchelt sie. »Hilfe...«

»Da hast du's!« schnauft Hanusch der Bärbel zu. »Mama! Mama! Was ist?« Er bemüht sich um Agathe, hebt den leichten Körper der alten Dame mit starken Armen auf und trägt sie ins Verandazimmer hinüber. Dort bettet er sie auf die Couch. »Mama! Komm zu dir!«

»Ruf den Doktor an«, flüstert Agathe kaum hörbar. »Bitte, Bruno, den Doktor...«

»Ja, jawohl, ja...« Hanusch dreht sich im Kreise. »Bärbel! Ruf Doktor Mattiesen an... Schnell...« Er bemerkt, daß er direkt vor dem Telefontisch steht und raunzt verwirrt: »Ach was, das

mach' ich schon selber ... Schenk du ihr inzwischen einen Schnaps ein. Der hilft ihr fast immer, weiß der Teufel, warum!«
Während Bärbel mit Glas und Flasche zur Couch eilt, spricht Hanusch mit der Praxis. »Wer ist da? Frau Annemarie! Empfehlung, Empfehlung. Hanusch, hier. Privat. Meine Mama ist zusammengeklappt! Kann der Doktor bitte gleich ...?« Er legt den Hörer auf und teilt Agathe erleichtert mit: »Doktor Mattiesen wird per Autofunk gerufen. Er ist in der Nähe ...«
»Danke, mein Sohn«, schmatzt die Mama, das Schnapsglas an den Lippen. Als Bärbel ihr den Rest eingeflößt hat, verlangt sie mit schwacher Stimme: »Den Pastor, Bruno! Ruf Pfarrer Eckholm an.«
»Waaas?« heult Bruno gedämpft auf. »Ich hab' den Doktor bestellt. Du hast einen Schwächeanfall. Der geht vorüber. Wirst sehen, gleich bist du wieder munter. Putzmunter!«
»Pfarrer Eckholm«, fordert Agathe ersterbend. »Bitte, den Pfarrer ...« Dabei hebt sie wie mit letzter Kraft die Hand und deutet auf das Schnapsglas.
»Wozu brauchst du den Pfarrer, Mama?« schnauft Hanusch. »Du bist doch nicht am Ende!« Er zuckt die Schultern, er erträgt den Blick Agathes nicht. Bärbel reicht ihr das gefüllte Glas, und er geht ein zweites Mal zum Telefon. Dabei brabbelt er: »Erst soll's der Doktor sein, jetzt will sie auch den Pfarrer. Als nächstes diktiert sie den Text für die Kranzschleifen.« Er besinnt sich und erklärt der Mutter: »Soviel ich weiß, ist Eckholm nicht im Dienst. Sein Vertreter wohnt in Kappeln.«
»Dann stellt mir die Flasche her«, haucht Agathe. Sie spricht leise, aber staunenswert deutlich. »Laßt mich allein, bis der Doktor kommt.«
Hanusch und Bärbel verziehen sich ins Eßzimmer. »Und jetzt wieder zu dir«, wendet sich Bruno zornbebend an sie. »Was ist auf einmal in dich gefahren? Alles, buchstäblich alles, hat Mama dir beigebracht. Du konntest kein Ei in die Pfanne schlagen, als wir dich aufnahmen. Hast in der Küche gestanden wie der erste

Mensch. Jetzt, wo du weißt, wie man einen Tisch deckt, willst du zu deinem blöden Bruder –«
»Onkel«, berichtigt Bärbel.
»– oder Onkel. Jedenfalls nach Cuxhaven«, schnaubt Hanusch. »Ist das Dankbarkeit? Was grinst du so dämlich?«
»Ich grinse nicht, ich lache«, entgegnet Bärbel. »Dankbarkeit! Sicher hat mir Agathe viel beigebracht. Aber wie! Schikaniert hat sie mich. Keine Kartoffel konnte ich ohne ihr Gemecker schälen, kein Kotelett braten, ohne daß sie Gott zum Zeugen anrief. Die sauberste Gabel beguckte sie wie eine Mistforke, in jedem Messer wollte sie sich spiegeln. Es hat ihr Spaß gemacht, auf mir herumzutrampeln. Dankbarkeit! Ha!«
»Da hättest du mir ein Wort sagen sollen«, wirft ihr Hanusch vor. »Statt dessen machst du eine Szene. Hockst dich an den Tisch und kündigst aus heiterem Himmel. Das Resultat? Mama klappt zusammen!« Er unterbricht sich, denn die Flurglocke schrillt. »Das wird der Doktor sein!«
Beide laufen in die Vorhalle.
Mattiesen tritt eilig mit seinem Arztkoffer über die Schwelle. Die Bärbel hätte er beinahe nicht erkannt, einmal wegen ihrer ordentlichen Frisur, zum anderen wegen ihrer trotzigen Miene. Hanusch ist puterrot im Gesicht. Er atmet schwer.
»Was ist los?« fragt der Doktor – auf alles gefaßt. »Frau Agathe ist zusammengebrochen? Wie kam das? Was war der Anlaß?« Auf dem Weg durchs Eßzimmer sieht er den gedeckten Tisch.
»Wir haben Abendbrot gegessen«, berichtet Hanusch atemlos. »Plötzlich sagt die Bärbel, sie will abreisen. Da ist sie zusammengebrochen. Wegen Bärbels Undankbarkeit.«
»Quatsch, die Alte hat mich systematisch rausgeekelt«, protestiert Bärbel. »Ich wundere mich, daß sie nicht an die Decke gesprungen ist vor Freude.«
»Darüber einigt euch später«, sagt der Doktor. Hanusch führt ihn ins Wohnzimmer, wo die angeblich zu Tode geschwächte Agathe eben wieder ein Schnapsglas leert. »Nanu, Doktor Mattiesen«,

ruft sie erstaunt, »welche Überraschung am Abend! Ist was mit meinem Sohn? Hat er etwa wieder zu hohen Blutdruck?«
Der Doktor hat befürchtet, in den letzten Akt eines Trauerspiels zu geraten. Nun erkennt er, daß es eine Komödie ist. Mancher Arzt würde wütend reagieren. Aber wie sagte Olga neulich: »All das gehört dazu.« Immer steht der Landarzt mit auf der Bühne. Den Leutchen hier ist das selbstverständlich.
»Mama!« ruft Hanusch, noch immer höchst besorgt. »Der Doktor kommt deinetwegen! Er kommt zu dir!«
»Tatsächlich?« wundert sich Agathe. »Aber weshalb? Ich bin doch ganz gesund.«
»So, so.« Mattiesen setzt sich neben sie und fühlt ihr den Puls. »Schmeckt das Schnäpschen wieder? Sie hatten einen Schwächeanfall?«
»Nicht der Rede wert, Herr Doktor«, blinzelt Agathe. »Nicht der Rede wert.«
In der Eßzimmertür – im Mantel, mit einem Koffer in der Hand – erscheint Bärbel. Sie verkündet: »Ich muß jetzt gehen. Besser, zeitig am Bahnhof zu sein, als dem Zug hinterherzugucken. Schönen Abend noch!«
»Bist du verrückt?« faucht Hanusch. »Weg mit dem Koffer! Zieh den Mantel aus! Willst du Mama den Todesstoß versetzen?«
»Aaach, ich glaube, mir ist wirklich nicht gut«, stöhnt Agathe. Ihr Kopf sinkt zurück auf das Sofakissen. »Wirklich ...«
Mattiesen sieht sie lange an. Ernsthaft fragt er: »Meinen Sie nicht, Frau Hanusch, daß Sie ein wenig zu alt für solche Narrenspielchen sind? Was soll denn das Ganze?«
»Na ja«, erwidert Agathe verlegen. »Für 'n paar Sekunden dachte ich ehrlich, der Pastor muß her ... Wissen Sie, Doktor, der Bruno hat mir das Weib ins Haus geschmuggelt. Diese Bärbel. Mir! An die Leine genommen hab ich sie. Hab' ihr beigebracht, daß unser Haus kein Saustall und kein Hotel ist. Erst recht kein Bordell, Sie verstehen? Ich wollte aus ihr 'ne Frau machen, die mein Sohn vorzeigen kann.« Agathe richtet ihren Blick auf die beiden, die im

Eßzimmer streiten. Mit sehr gesund klingender Stimme ruft sie: »Bruno, laß dich nicht so gehen! Sag der Person, man steht nicht mit einem Koffer im Zimmer.«
»Wenn ich aber weg will?« Bärbel nähert sich mit trotzigem Blick.
Bruno folgt ihr ärgerlich. »Was heißt, ich soll mich nicht gehenlassen, Mama? Ich bin wohl der einzige, der noch normal ist. Entschuldigung, ich meine – außer dem Doktor.«
»Oh, bitte bitte«, grinst Mattiesen.
»Wie alt bist du?« fragt Agathe ihren Sohn.
»Willst du mich veralbern? Als ob du das nicht wüßtest«, erregt sich Hanusch. Doch er antwortet gehorsam: »Ich bin vierundfünfzig.«
»Hören Sie, Doktor?« klagt Agathe. »Vierundfünfzig ist er. Und er hat noch immer keine Frau!«
»Mama!« Hanusch hustet vor Wut. »Wer ekelt denn seit Jahren jede Frau aus dem Haus? Du oder ich?«
Agathe zeigt keine Spur von Schwäche mehr. Auf die Ellbogen gestützt, wirft sie dem Sohn einen verweisenden Blick zu.
»Bruno, benimm dich! Deine Leute kannst du anschreien, aber nicht deine Mutter. Etwas mehr Beherrschung, besonders in Gegenwart von Fräulein Bärbel –«
»Fräulein Bärbel?« brüllt Hanusch. »Dein Fräulein Bärbel war die längste Zeit hier! Sie geht! Sie . . . sie fährt zu ihrem Vetter nach Cuxhaven!«
»Zu meinem Onkel nach Cuxhaven«, mischt sich Bärbel ein.
»Auf jeden Fall nach Cuxhaven«, ächzt Hanusch.
Scharf fragt Agathe: »Und das verbietest du ihr nicht?«
»Ich?« Bruno lacht gellend auf. »Wer bestimmt denn hier, Mama? Wer ordnet an, was zu geschehen hat? Was zu sein – und nicht zu sein hat?«
Die alte Dame blickt pfiffig. Ihr schmaler Mund verzieht sich zu einem listigen Lächeln. »Hier bestimme ich«, erklärt sie mit Nachdruck. »Bärbel bleibt hier!«

»Dann darf ich wenigstens gehen?« fragt Mattiesen. Er steht auf und greift nach seinem Arztkoffer.
»Nein, Doktor«, erklärt Frau Hanusch. »Sie sollen ruhig hören, daß Bruno so bald wie möglich das Heiratsaufgebot bestellen will.«
»Danke, Mama«, ruft der Sohn. »Deine Einsicht kommt zu spät. Bärbel will mich nicht mehr.«
Seufzend sagt Agathe zu Mattiesen: »Da sehen Sie, wie recht ich habe, Doktor. Bruno kommt allein gar nicht klar. So, und da nun alles geregelt ist, möchte ich mich ausruhen.«
»Das wird allerdings das beste sein«, grinst Karsten. »Aber den Schnaps lassen wir beiseite. Ich empfehle mich, Frau Hanusch.« Er geht mit Bruno und Bärbel hinaus.
»Hast du gehört, Doktor?« ereifert sich Hanusch. »Sie will, daß Bärbel bleibt. Sie! Ich soll Bärbel heiraten. Das verfügt sie so einfach. Vorhin hat sie Bärbel noch behandelt wie . . . wie . . .«
». . . wie einen Putzlappen«, vollendet Bärbel kühl. »Und du – ich wollte sagen Sie, Sie, Herr Hanusch, haben es geduldet. Erst sind Sie mit mir ausgegangen – mein Fräulein hier, mein Fräulein da – Sekt und Hummer in der Strandhalle . . . Aber dann mußte ich in der Küche essen. Ihre Mama befiehlt eine Heirat, und Sie –«
»Ich?« ruft Hanusch hoffnungsvoll. »Wenn du es wollen würden möchtest . . . Äh, ich meine, wenn wir in geistiger und körperlicher Verbundenheit . . .«
»Du, Mama und ich?« fragt Bärbel schrill.
»Nein, zum Teufel!«
Mattiesen beendet den wirren Dialog. »Hanusch, du bist nicht nur ein guter Firmenchef, du bist auch ein Mann mit Herz für andere. Nun kümmere dich in Ruhe um deine familiären Dinge.«
»Hörst du, Bärbel?« Brunos Gesicht hellt sich auf. »Karsten muß es wissen. Auch Olga singt ein Lied davon! Ich setze mich ein. Ich bin ein Mensch mit Bürgersinn. Ich habe Willi Wenz als Lageristen angestellt, ich bemühe mich um die Breckheide –«
»Eben!« unterbricht Mattiesen. »Deshalb sollst du dich um Klä-

rung im eigenen Hause bemühen. So. Das war's. Einen schönen Abend noch.« Er eilt hinaus. Bevor die Tür hinter ihm ins Schloß fällt, hört er Bärbel lieblich flöten: »Du! Mein großes rundes Hanusch-Bärchen!«

Viel Zeit, sich über das Erlebnis zu amüsieren, hat der Doktor nicht. Als er zum Auto geht, wehen vom Hafen her die abgerissenen Töne der Sturmsirene an sein Ohr. Der Wind ist unstet. Dunkelheit hat früh eingesetzt, die Wolkenschichten ziehen nicht gleichmäßig, sie »quirlen«, wie die Anwohner sagen. Ein schlechtes Zeichen. Die Laubbäume in Hanuschs Garten schwanken, Staub und Papier wirbeln in Kopfhöhe durch die Straßen. In den Drahtleitungen beginnt es zu pfeifen. Vor dem Rondell zum Alten Damm muß Mattiesen halten. Die Scheibenwischer kommen gegen den plötzlichen Regenguß nicht an. Karsten ruft über Funk den Mattiesenhof. Es meldet sich Vroni.
»Sturmwarnung«, sagt der Doktor. »Macht euch auf Anrufe gefaßt. Ich schätze, auf den Campingplätzen wird bald die Hölle los sein.« Vroni erwidert, Olga und Eike seien dabei, die Tiere zu bergen.
»Okay. Ich komme.« Karsten fährt auf den Alten Damm hinaus, landein. Wechselnd packt ihn der Wind von hinten, von den Seiten und von vorn. Holunder und Brennesselbusch tanzen an der Brücke, unter der der Dreekelsbach schäumt. Die Äste der Baumkronen vor dem Haus winken und knarren beängstigend. Olga – im Wettercape wie ein fliegender Drache – kommt mühsam ans Auto: »Fahr den Wagen in die Garage! Eine Bö schmeißt ihn womöglich um!«
»Sieh zu, daß es dich nicht umschmeißt!« warnt der Doktor. Annemarie und Vroni haben die Gartenmöbel ins Waschhaus geschleppt. Eike jagt dem weggeflogenen Sonnenschirm nach. Ein Blitz hüllt den Hof in grelles Licht, der Donner folgt unmittelbar. Man hört die Pferde angstvoll wiehern.
»Können die sich losreißen?« schreit Karsten.

»Nicht, wenn Oma sie angebunden hat«, lacht Eike. »Die macht das wie 'n Cowboy!«
Die Hausbewohner versammeln sich in der Küche. Annemarie gießt Tee auf. Karsten macht sich über sein verspätetes Abendessen her. »Verlobungswetter«, grinst er.
»Das find' ich wenig nett!« ruft Vroni. »Ich wünsch' mir besseres.«
»Freundliche Bemerkung, Vater, das muß ich schon sagen«, erklärt Eike mit langem Gesicht.
»Ach, ihr fühlt euch getroffen? Sieh an, sieh an!« Karsten lacht. »Ich meinte Hanusch und Bärbel, Hinnerksens Ex-Braut.«
»Nun brat mir einer einen Storch in Aspik!« Olga schüttelt den Kopf. »Ehrlich? Ist die Alte deshalb aus den Latschen gekippt?«
»Olga«, mahnt Annemarie. »Gib dich nicht immer gröber, als du bist. Vroni versteht deine Art von Humor noch nicht.«
»Ich verstehe sehr gut«, widerspricht Vroni.
Eike beobachtet am Fenster den Wetterverlauf. Er sieht die Hecke schwanken, als fahre ein unsichtbarer Kamm über sie her. Ein Zweig fällt in den Hof und wird vom Wind gegen die Stalltür geschmettert. Wasserpfützen wehen wie verblasen und versprüht durch die Luft.
»Schätze, das ist Windstärke 9 – mit Orkanböen«, meint Eike.
»Haben wir alles schon gehabt«, sagt Olga ruhig. »Vor drei Jahren ist eine Buche entwurzelt worden und aufs Waschhaus gefallen. Damals flogen Dächer wie Papierdrachen davon. Ach, wir brauchen ja nur an die letzten Winterstürme zu denken. Da hat sogar der Kirchturm was abgekriegt. Pfarrer Eckholm sammelt heute noch für die Reparatur.«
»Aber Muren haben Sie hier nicht«, wirft Vroni ein. »Hangabhänge.«
»Mir genügt das – da draußen«, meint Annemarie.
Olga zuckt plötzlich zusammen und lauscht dem Brausen des Sturmes, als höre sie dämonische Stimmen heraus.
»Was hast du?« fragt Karsten, seine Tasse absetzend. »Du stehst wie 'n erstarrter Blitz.«

»Meine Breckheide!« haucht Olga. »All die Arbeit am Biotop! Die macht der Sturm jetzt zunichte. Ich muß sofort –«
»Du mußt dich setzen und eine Tasse Tee trinken«, sagt Annemarie resolut. »Glaubst du, du kannst den Orkan mit der Schürze abwehren? Was soll denn passieren? Ihr plant doch keinen Park, sondern eine Wildnis.«
»Telefon«, unterbricht Vroni.
Annemarie läuft in die Halle. Man hört sie immer hastiger, immer erregter sprechen. »Wann denn? Das kann er nicht behaupten, wenn er nichts Genaues weiß! Welche Position? Dann steht überhaupt noch nichts fest. Keine Aufregung. Karsten wird sich erkundigen. Wir rufen zurück. Tschüs!«
Eike, Vroni, Olga und Karsten kommen eilig aus der Küche. Jeder ahnt, daß der Anruf auch den Mattiesenhof betraf. Annemarie hat die Hand noch auf dem aufgelegten Hörer. In der eingeschalteten Deckenbeleuchtung sieht man ihr vor Schreck erstarrtes Gesicht.
»Wer war das?« fragt der Doktor. Annemarie berichtet, es sei Kerstins künftige Schwiegermutter gewesen. Frau Detlefsen. Peter und Kerstin nehmen ja zur Zeit an der internationalen Dänemark-Segelregatta »Rund um Seeland« teil.
Annemarie reißt sich sichtlich zusammen. »Ich glaube es nicht«, erklärt sie. »Ich glaube es einfach nicht.«
»Was glaubst du nicht?« ruft Eike alarmiert. »Ist was mit Kerstin?«
»Der Schwerpunkt des Unwetters liegt über Jütland und den Belten«, berichtet Annemarie – nun wieder gefaßt.
»Und?« drängt Olga.
»Janssen hat bei Frau Detlefsen angerufen. Sein Neffe ist in einer Crew auf der Yacht ›Dreekels III‹. Vor Korsör hatten sie noch Sichtkontakt mit Kerstins und Peters Boot.«
»Noch?« stammelt Eike. »Noch – Sichtkontakt?«
»Moment, Moment«, setzt sich Karsten in der entstandenen Aufregung durch. »Der Reihe nach. Apotheker Janssens Neffe konnte telefonieren. Also ist er in einem Hafen. Wo?«

»Korsör«, sagt Annemarie. »Der Neffe meint ... Kerstin und Peters Boot sei gekentert. Ich denke aber, das können sie nicht mit Sicherheit wissen –«

»Das denke ich auch«, bekräftigt der Doktor rasch. »Es sind Hunderte von Yachten aus vielen Ländern beteiligt. In dem Gewimmel verguckt man sich schon bei klarer Sicht. Bei Orkan sieht man die Hand vor Augen kaum.«

»Peters Boot, die ›Robin Hood‹, hat zwei typische grüne Streifen am Bug«, murmelt Olga.

»Egal«, sagt Karsten.

»Aber warum telefonierten sie nicht auch?« fragt Vroni beklommen.

Der Doktor ruft das Hafenamt von Borsberg an. Man bestätigt, daß die Hauptgewalt des orkanartigen Sturms über Jütland und Seeland tobt. Die Regatta sei verspätet abgebrochen worden. Sämtliche Seenotdienste, verstärkt durch Marine und Militärhubschrauber, ebenso Zivilfahrzeuge – sogar die Fähren – sind im Rettungseinsatz.

»Ist die Regattazentrale erreichbar?« fragt der Doktor.

»Sinnlos«, antwortet man ihm. »Alle Teilnehmer sind per Funk angewiesen, die nächstliegende Küste anzulaufen. Es gibt zur Zeit keinen Überblick. Wenn jemand telefonisch durchkommt, ist das ein Wunder.«

»Vielleicht bringt das Fernsehen was«, meint Vroni. Sie folgt den Mattiesens in die Bibliothek. Aber außer einer gesprochenen Meldung kommt keine TV-Nachricht. Wer sollte auch so schnell die Bildberichte melden? Eike sucht auf der Radioskala den Seefunk. Auch den empfängt man auf einem normalen Gerät nur bruchstückhaft. Alle hocken lauschend um den Couchtisch herum. Schließlich findet Eike einen dänischen Sender, und der Doktor übersetzt, was er heraushört.

»Nordnordwest, kurzfristig drehend, schwerer Sturm mit Orkanböen. 47 bis 63 Knoten, teils stärker ...«

»Wieviel ist das?« fragt Vroni entsetzt.

»In Autogeschwindigkeit? Extrem? Über hundert«, erwidert der Doktor. »Orkane oder Orkanböen ab einer bestimmten Stärke mißt man nicht. Das ist die nasse Hölle. Man darf ja den Seegang nicht vergessen.« Er übersetzt die dänischen Meldungen weiter: »Sehr grobe See im Kattegat. Hohe, gegeneinanderlaufende Wellen in Gebieten mit Untiefen. Wassernebel und Gischt behindern die Sicht. Alle verfügbaren Motorboote im Rettungseinsatz. Schätzungsweise siebzig Regattateilnehmer in verschiedenen Häfen. Noch immer zahlreiche Notsignale.«
»Einzelheiten geben sie noch nicht durch«, kommentiert Olga.
Eike springt auf. »Daß man nicht helfen kann! Da sitzt man hier im Zimmer wie ein Blödmann, dreht die Ohren und wackelt mit dem Daumen.«
Niemand lacht.
»Was für Rettungsgeräte haben Peter und Kerstin an Bord?« fragt Annemarie.
»Westen mit wasserdichten Leuchten an den Schultern«, erwidert der Doktor. »Außerdem führt jedes Boot eine automatisch aufblasbare Rettungsinsel mit, Pistolen Leuchtraketen sowie Farbbeutel und Flackerlichter zur Kennzeichnung der Unfallstelle.«
Karsten telefoniert mit dem Apotheker Janssen, dessen Neffe die »Robin Hood« angeblich kentern sah. Danach ruft er Peters Mutter an. Und zuletzt wieder das Hafenamt.
»Nichts«, meldet er. »Der Borsberger Einsatzleiter hält Verbindung mit der Regattazentrale. Die haben viele Anfragen. Sie erledigen sie der Reihe nach, heißt es. Wir müssen warten.« Er fügt hinzu: »Wir haben nur die seitlichen Ausläufer des Sturms mitgekriegt. Bei uns flaut es wieder ab.«
Um Mitternacht fährt Eike seine Vroni zu Fiete Jürgens und Frau, denn der Onkel hat darauf bestanden, daß sie bei ihnen wohnt. Kaum sind die beiden weg, als der Doktor alarmiert wird. Wie zu erwarten gewesen, hat es an der Küste Verletzte gegeben. Die zuständigen Dienste waren seit Beginn des Sturms damit beschäftigt, Surfer, Schlauchbootfahrer, Segler und Motorflitzer zu ber-

gen, unterkühlten Schwimmern Erste Hilfe zu leisten und Camper unter schlecht gesicherten Zelten hervorzuziehen. Für Mattiesen bleibt genug zu tun. Denn da sind Leute, die ihre Verletzungen in der allgemeinen Aufregung erst Stunden später bemerkt haben. Zum Beispiel ein junger Mann mit Rippenbruch. Er meinte erst, er hätte sich nur »weh getan«. Ein Mädchen hielt eine Fußfraktur für eine »Verstauchung«, ein kleiner Junge biß in ein Stück Trockenspiritus, weil er glaubte, es sei Traubenzucker. Auch Schlägereien gab es in dem Durcheinander, Streitigkeiten um davongewirbelte Sachen, deren Eigentum verschiedene Parteien für sich beanspruchten. Um 3 Uhr morgens ist der Doktor wieder auf dem Mattiesenhof. Die dichte Wolkendecke verhüllt das aufkommende Tageslicht, so daß Finsternis herrscht. Olga und Annemarie haben zu schlafen versucht, doch als Karsten in die Halle tritt, hört er Türen klappen. In ihren Nachtgewändern huschen sie herbei wie Gespenster.
»Nun?« fragt Olga.
»Was Neues?« drängt Annemarie angstvoll.
»Das wollte ich euch fragen«, erwidert Karsten.
In der Bibliothek, zwischen Telefon und Radio, hockt Eike, hohläugig. Die Verzweiflung spricht ihm aus dem Gesicht. »Wär' ich doch nur mitgesegelt«, stöhnt er. »Kerstin ist so leichtsinnig. Die hält 'ne Seefahrt immer nur für Spaß.«
»Vergiß nicht, daß Peter dabei ist«, erinnert ihn Olga. »Außerdem ist Kerstin nicht leichtsinniger als du. Leichtsinn liegt in der Familie. Das habt ihr vom Vater und vom Großvater.«
»Danke«, bemerkt Annemarie schwach. »Mich nimmst du wenigstens aus.«
»Solche Gespräche verschieben wir doch bitte auf später«, mahnt Karsten. »Ich brauche jetzt einen Tee.«
Keiner von ihnen denkt an Schlaf.
Um 5 Uhr morgens läutet das Telefon. Aufgeschreckt greifen alle vier zum Hörer. Der Doktor entwindet ihn Eike und meldet sich. Es ist Fiete Jürgens. Der alte Seebär in seiner Schläue hat mit

dänischen Kollegen telefoniert, die sich ihrerseits umgehört haben. Resultat: Die Yacht »Robin Hood« ist von einem Schlepper geborgen und in den Hafen von Nyborg verbracht worden. Kerstin und Peter sind wohlauf.
»Herr Jürgens!« brüllt der Doktor freudig. »Hut ab vor Ihnen! Mütze auf und Hand an den Schirm! Matrosen an Deck, Seite gepfiffen! Sie sind der Mann des Jahres!«
»Irre! Einfach irre!« schreit Eike, als Karsten die Nachricht verkündet. »Der Alte hat Feuer im Hintern. Das hätt' ich dem nicht zugetraut.«
»Komm auf den Teppich, Junge!« lacht Olga. »Na, nun können sie ja weitersegeln. Wenn ihre Sachen getrocknet sind –«
»Mutter!« fällt ihr Annemarie ins Wort. »Nicht mal zum Spaß sollte man so was sagen.«
Karsten telefoniert mit Frau Detlefsen. Danach kann die entnervte Familie ihre Schlafzimmer aufsuchen.
»Ich weiß nicht«, seufzt Annemarie, als sie neben Karsten im Bett liegt. »Ich weiß nicht, wie ich das alles überstanden habe, Liebster.«
»Sagtest du Liebster?« brummt Karsten. »Sagtest du Liebster – Liebste?«

Olga hat Schilder an die Einfahrt zum Hof und an die Außentür gehängt: HEUTE KEINE SPRECHSTUNDE. Da Karsten nachts im Katastropheneinsatz war, kann sie das verantworten. Der Doktor muß sich ausschlafen. Britta und Doris geben den bestellten Patienten neue Termine und verweisen akute Fälle an die Ärztin in Borsberg.
Frau Jürgens spielt den Hausdrachen; sie sorgt dafür, daß auch Annemarie und Olga noch ein Stündchen ruhen können. Der Bauer Schintz versorgt die Tiere. Vroni, in Jeans und Pulli, arbeitet vor der hinteren Scheunentür an einem Ponywagen. Der Vormittag zeigt sich sommerlich friedlich. Nur die zerzausten Hecken, das beschädigte Rosenbeet und die herumliegenden

Zweige und Äste erinnern an die stürmische Nacht. Eike, wieder munter, ist eifrig bemüht, seiner Vroni zu helfen.
Als der Doktor mit Frau und Mutter endlich ein reichliches Frühstück, zugleich Mittagsmahlzeit, in der Küche einnimmt, sitzt Frau Jürgens mit ihrer Kaffeetasse dabei und berichtet Näheres. Wie Käpt'n Fiete erfuhr, ist der Orkan über den dänischen Gewässern gestern abend – ohne jede Vorhersage – hereingebrochen. Bei eben noch guter Sicht und jahreszeitlich bedingter, trügerischer Helligkeit. Da die Zeitung noch nichts darüber gebracht hat, ist man auf persönliche Nachrichten angewiesen.
»Fiete sagt, in Nyborg hat der Hafenmeister seine Tickets noch ohne Taschenlampe ausgegeben, bevor die erste Bö kam. Es wird ja im Sommer nie richtig Nacht. Aber an den Seevögeln merkte er, daß was in der Luft lag. Die flogen zeitig landwärts.«
»Die Segelsportler sollten mindestens soviel Verstand haben wie die Möwen«, meint Olga. »Übrigens, in der Breckheide schwimmen seit heute morgen Enten. Hugo hat angerufen. Er will sogar einen Storch gesehen haben. Das wär' schon ein Riesenerfolg.«
»Kein Omen?« feixt Karsten.
»Himmel!« ruft Frau Jürgens. »Spielen Sie nicht auf Eike und Vroni an. Dann kippt mein Fiete wieder um. Der ist ja so verquer.«
»Ihr Fiete hat sich toll bewährt«, sagt Annemarie. »Ich möchte nicht, daß er immer als Klapskopf hingestellt wird.«
»Na, ein bißchen tütelig ist er manchmal schon«, beharrt Frau Jürgens. »Er denkt, Eike meint es nicht ernst.«
»Fiete ist kein Menschenkenner«, erklärt Olga. »Sonst würde er längst bemerkt haben, daß Vroni es ernst meint. Darauf kommt es an. Es sind immer die Frauen, die die Männer einfangen. Nicht umgekehrt. Umgekehrt ist es nur in Theaterstücken.«
»Deine zeitgemäße Denkungsweise, Mutter«, sagt Annemarie spitz.
Das Gespräch wird durch das Läuten des Telefons unterbrochen. Der Doktor läuft in die Halle und greift nach dem Hörer. Seine

Ahnung trügt ihn nicht. Kerstins Stimme dringt an sein Ohr: »Paps, bist du's? Habt ihr euch Sorgen gemacht?«
»Nicht um die Fische«, gibt Karsten zurück. »Wo schwimmt denn Peter zur Zeit herum?«
»Im Hafen. Das heißt, er läßt das Boot auspumpen. Es geht uns hier super. Wir sind in einer Privatpension. Bei einem Hundezüchter.«
»Bei einem . . . waaas? Für Seehunde . . .?«
»Quatsch«, gellt Kerstins Stimme. »Bei netten Leuten, die 'ne Hundezucht haben. Da kriegen wir echt gut zu essen.«
Der Doktor unterdrückt eine spöttische Antwort. »Es ist alles etwas verwirrend, findest du nicht? Hättet ihr nicht abends noch anrufen können? Wir waren hier etwas außer Jacke und Hose, wie du dir denken kannst.«
»Nehmt es locker«, meint Kerstin. »Könnt ihr Peters Mutter Bescheid sagen? Die ängstigt sich sonst.«
»Hat sie schon . . . Zum Glück kriegten wir einen Hinweis auf euren Verbleib. Eure weiteren Pläne?«
»Die Regatta ist abgeblasen«, berichtet Kerstin. »Zwei Boote werden noch vermißt. Sonst hat es tadellos gefunkt. Mann, haben die Dänen ein Rettungssystem.«
»Das hoffe ich besonders für die Vermißten«, gibt der Vater scharf zurück. »Ich fragte nach euren Plänen!«
»Wenn Peters Boot wieder klar ist, schippern wir noch ein paar Tage zwischen den Inseln herum. Es geht auch ohne Regatta.«
»Okay«, sagt der Doktor. »Peter wird wissen, was er tut. Bleibt einstweilen in eurer Pension und ruft mal wieder an.«
»Ja. Tschüschen.«
»Ein kaltblütiges Volk«, kommentiert Karsten, nachdem er Frau Detlefsen verständigt und in der Küche das Telefongespräch mit der Tochter wiedergegeben hat. »Eben noch bei den Fischen – und jetzt züchten sie Hunde, so hört es sich jedenfalls an. Na ja, sie sind in Sicherheit und bestens untergebracht.«
»Wenn ich das von euch immer hätte sagen können, als ihr in

Kerstins Alter wart«, erinnert sich Olga vorwurfsvoll. »In den Alpen verschollen, jawohl! Ohne richtig skilaufen zu können! Ich habe mir die Augen ausgeheult. Dein Vater mußte mir ein Beruhigungsmittel geben. Drei Tage verschollen! Mein Sohn und seine Annemarie schmusen in einer Berghütte, und ich heule mir die Augen aus. Stellen Sie sich das vor, Frau Jürgens! Ich brauchte ein Beruhigungsmittel . . .«
»Du kannst gleich noch eins kriegen«, grinst Karsten. »Stehe gern zu Diensten.«
»Ich würde mich erst mal darüber freuen, daß sich unsere Tochter gemeldet hat«, sagt Annemarie. »Wo ist Eike?« Er muß es auch erfahren!«
Eike ist zwar sehr erleichtert, die gute Nachricht bestätigt zu hören. Vronis Werk nimmt ihn aber gleich wieder in Anspruch.
»Was wird denn das?« fragt Annemarie mit großen Augen.
»Eine Kutsche, siehst du doch!«
»Ich dachte, ein Karren für die Mülltonne – oder so was«, meint Annemarie. »Aber da ist ja ein Verdeck dran!«
Eike erklärt: »Das ist unsere Überraschung. Das Verdeck hat der Schintz paßgerecht gemacht. Die Kutschbank haben wir aus Freeses Schuppen. Wir sind dabei, sie einzufügen.«
»Eine Kutschbank? Seid ihr nicht ein bißchen zu erwachsen für solche Kindereien?«
Vroni und Eike starren einander an. In den nächsten Sekunden sitzen sie vor Lachen atemlos im Gras. Sie begreifen, was Eikes Mutter bestürzt. Sie meint, die beiden wollten sich eine Illusion zimmern. Das Ding irgendwo hinstellen, um in nostalgischem Rahmen zu knutschen.
»Mami«, heult Eike, »die Kutsche ist echt! Sie ist fahrbereit! Wir wollten was für Robby Detlefsen, Steffi Eckholm und Kati Pomack tun! Wir haben auch schon das Pferdegeschirr. Nur das Pony muß noch angespannt werden.«
»Welches Pony?«
»Mami, du bist übermüdet«, seufzt Eike. »Welches Pony wohl?«

»Olgas Zwunsch? Das obstinate Biest? Da besorgt euch lieber ein Maultier. Oder ein Dromedar. Zwunsch ist gewohnt, für seine Frechheit Olgas Futterlohn zu kriegen.« Annemarie geht kopfschüttelnd ins Haus.

Vroni und Eike lassen sich nicht entmutigen. Als der Doktor nachmittags seine Patiententour antreten will, stehen Olga und Annemarie im Hof und blicken erwartungsvoll zur Koppel. Von dort nähert sich eine originelle Fuhre: Das Pony, brav im Geschirr, zieht den holpernden Zweiradwagen hinter sich her, geleitet von Eike, der seine Hand in Zwunschs Zaumzeug hat. Auf dem Kutschbock, zügelführend, sitzt Vroni.

»Ah! Euer Beitrag zur Umweltschonung!« feixt Mattiesen.

»Du sagst es!« triumphiert Olga. »Autos haben wir genug auf dem Hof. Ein Rückgriff auf natürliche Mittel! Nützlich für meine Ziele!«

Sie hat kaum ausgesprochen, als Zwunsch einen Satz macht. Der Wagen springt handbreit hoch, Vroni kippt nach hinten. Da sie den Zügel nicht losläßt, bäumt sich das Pony auf und bricht seitlich aus. Eike kann es nicht halten, schleift ein Stück mit und fällt längelang hin. Die wilde Jagd geht im Kreise.

»Eike!« schreit Annemarie. Der sitzt benommen da. »Steh auf!«

Eike humpelt ein paar Schritte; er reißt sich zusammen, rennt so gut er kann – und versucht, das Pony aufzuhalten.

»Nur von vorn!« ruft Olga. Sie laufen alle drei durcheinander, Olga, Annemarie und Eike, denn Zwunsch scheint einen von ihnen bei jeder Runde aufs Korn zu nehmen.

»Ich hab's ja gesagt«, japst Annemarie. »Ich hab's ja gesagt!«

»Achtung, da kommt ein zweiter Gaul in die Manege!« warnt der Doktor laut. In gemächlichem Schritt zockelt das Austragspferd Frieda herbei, den Hals gereckt, als wolle es sich an einem Turnier beteiligen. Olga ergreift es am Strickhalfter. Sie schimpft: »Ihr habt das Gatter aufgelassen!« Inzwischen saust Zwunsch mit der Kutsche haarscharf an der Treppe vorbei.

»Vroni ...!« brüllt Eike. »Spring ab ...!« Doch Vroni fliegt schon

durch die Luft – unfreiwillig. Eines der Räder ist gegen einen Prellstein geknallt und hat sich gelöst, die Kutsche schleift mit Schlagseite hinter dem Pony her.
»Bist du verletzt?« Eike hält Vroni im Arm.
»Nur schmutzig«, erwidert das Mädchen wütend. Sie ärgert sich, daß die ganze Mühe umsonst gewesen ist. »Deine Mutter hat recht. Wir hätten ein Maultier nehmen sollen.«
»Oder die Ziege Ilse!« ertönt die Stimme des Doktors. »Zum Teufel, spielt denn seit gestern alles verrückt?«
Die Ziege, Kette und Pflock hinter sich herschleifend, hopst in Bocksprüngen auf die Blumenbeete zu. Während Olga mit Ilse kämpft und Annemarie Friedas Halfter ergreift, rückt Karsten dem Pony zuleibe. Am Brückengeländer hat sich die Kutsche festgehakt, so daß er Zwunsch ausspannen kann. Mit vereinten Kräften werden die Tiere auf die Weide zurückgezerrt. Vroni und Eike bergen das beschädigte Wägelchen.
»Wir müssen Zwunsch das nächste Mal langsam ans Ziehen gewöhnen«, meint Eike. »Den Wagen kriegen wir wieder hin. Wäre ja schade drum.«
»Ja, und inzwischen bringt ihr an der Einfahrt und der Haustür neue Schilder an«, meint der Doktor. »Ich schlage vor: ZIRKUS MATTIESEN.«

Brücke zwischen Leid und Liebe – Es lebe der Mattiesenhof

Während der Hochsaison findet keine »Abendsprechstunde für Berufstätige« mehr statt. Ohnehin ist dieser Personenkreis großenteils in den Ferien. Dagegen wird der Doktor öfter denn je in die umliegenden Urlaubsschwerpunkte zu wirklichen oder vermeintlichen Notfällen gerufen. Nicht zuletzt brauchen die Arzthelferinnen Freizeit – ganz zu schweigen von Olga, die sich sowieso zuviel zumutet.

Daß auch Annemarie ihre Ansprüche anmeldet, versteht sich von selbst. Nach ihren eigenen Worten ist sie nicht die Ziege Ilse, die den ganzen Tag geduldig (und grasfressend) auf Streicheleinheiten wartet.

»Ich hab' ein Tennis-Abonnement in Bohms Sportcenter«, verkündet sie strahlend. »Für uns beide! Ab nächste Woche, nachmittags von 5 bis 6.«

»Werde mich darauf einrichten«, sagt Karsten voreilig . . .

Nach einem Routinebesuch im Altenheim trifft er den Pfarrer an der Pforte. Eckholm trägt den Kopf hoch und lacht über sein ganzes breites Bauerngesicht. »Fühle mich wie ein neuer Blasebalg!« behauptet er. Daß er Depressionen hatte, würde er nie zugeben wollen. Statt dessen dröhnt er mit gewohnter Stimmkraft: »Mein Ausfall macht sich bemerkbar, Doktor. Der Gemeinde fehlt eine starke Hand. Diese ehelosen Partnerschaften überall . . . Kaum trennt sich der Hinnerksen von der Bärbel, da versucht er auch schon bei der Grete zu landen . . . Und die jungen Leute . . .« Seine Miene verfinstert sich.

»Die jungen Leute werden auch einmal heiraten«, beschwichtigt Karsten. »Aber wie steht's denn um Hanusch?«

»Ach, der!« Eckholm wird wieder lebhaft. »Ja. Da hast du wohl ein wenig nachgeholfen?«

»Ich schwöre: nein. Die alte Agathe hat den Sohn von der Leine gelassen. Sie will jetzt, daß er 'ne Frau kriegt.«
Eckholm nickt. »Dann hat das seine Ordnung. Die zwei waren schon bei mir.«
»Wer?« feixt der Doktor. »Hanusch und seine Mutter?«
»Hanusch und ... diese Bärbel. Ich soll sie trauen. Aber sie muß erst die Papiere zusammenhaben. Ehrlich gesagt, mir ist schleierhaft, wo sie die herkriegen will.«
»Verlaß dich auf Hanuschs Mutter, die kümmert sich schon.«
»Zeichen und Wunder«, seufzt Eckholm. »Ich wage es kaum zu glauben. Die Thea Knohl behauptet ja, aus der Melsen-Grete und dem Hinnerksen könnte auch ein Paar werden. Aber nach all diesen Liederlichkeiten ...«
»Letzten Endes hast du schon so manche ... Liederlichkeiten durch Trauung aus der Welt geschafft«, erinnert ihn Karsten.
»Stimmt. Dich hab' ich ja auch getraut«, schmunzelt der Kirchenrat. »Zweimal sogar – und mit der gleichen Frau. Weißt du, dein Fall macht mich immer wieder hoffen. Tschüs, Doktor. Ich muß heim. Mein Hund wartet.«
»Ach ja, der Struppi! Der ist munter, ja?«
»Und wie!« erwidert Eckholm. »Aber ich verstehe nicht, warum der so verrückt nach mir ist. Der springt mir bis zum Kinn, wenn ich komme. Dabei hab' ich mir nie viel aus Tieren gemacht.«
»Aber dein Struppi macht sich was aus den Keksen, die du da vermutlich in der Tüte trägst. Tschüs, Pastor.«
»Raub mir nicht meine Illusionen!« ruft Eckholm dem Doktor nach.
Mattiesen fährt in die Breitestraße, weil Hanusch ihn telefonisch gebeten hat, mal nach seiner Mama zu sehen. Die Bärbel öffnet ihm. Er erkennt sie kaum in ihrem geschmackvollen neuen Sommerkleid – und so modisch frisiert. Sie lächelt ihm mit hausfraulichem Selbstbewußtsein entgegen. »Bruno und Muttchen arbeiten«, erklärt sie blinzelnd.
»Arbeiten?« fragt Karsten. »Ich denke, Agathe liegt?«

»Ach wo. Das war nur wieder der Schnaps. Jetzt zanken sie sich am Schreibtisch um Geld. Geh'n Sie schon immer rein. Linke Tür!«
Der Doktor tritt in Hanuschs Privatbüro. Dort sitzen Mutter und Sohn tatsächlich über Zetteln und Listen. Bruno in offensichtlicher Verzweiflung, seine Mutter kühl und herrisch. Ihre Worte unterstreicht sie mit dem Stock – der allerdings nicht auf Hanuschs Rücken landet, sondern nur auf den Teppich gestoßen wird.
»Mama!« ruft Bruno beschwörend. »Neue Kleider für Bärbel sind keine Verschwendung! Sie muß sich jetzt attraktiver anziehen. Was sagen denn sonst die Leute? Es würde heißen: Der Hanusch mißbraucht seine Frau als Dienstmädchen!«
»Ach, lieber Doktor Mattiesen«, unterbricht die alte Dame den Disput. »Nehmen Sie einen Moment Platz. Es ist mir peinlich, daß Bruno Sie bestellt hat. Ich bin ganz gesund.«
»Werden wir sehen, Frau Hanusch«, sagt Karsten.
»Das meine ich auch, Doktor«, ereifert sich der Sohn. »Wenn das nicht krankhaft ist, wie sie um jeden Pfennig kämpft!«
»Es geht nur um die Kostenrechnung für die Hochzeit«, erläutert Agathe. »Nun, Bruno? Die Endsumme!«
»Alles in allem etwa fünfzehntausend, minimal«, antwortet Hanusch.
Agathe stößt den Kopf vor – wie eine Viper. »Waaas?« ruft sie. »Fünfzehntausend Mark? Bruno, du muß verrückt geworden sein! Kommt überhaupt nicht in Frage! Wird das denn eine Fürstenhochzeit?«
»Mama!« Hanusch schluckt und schluckt. »Mama! Unter fünfzehntausend ist nix zu machen. Denk doch mal, wer wir sind! Mein Ruf als Geschäftsmann! Da darf ich nicht knausern. Drei Dutzend Gäste, die Musikkapelle, das Hochzeitskleid für Barbara, die Hochzeitskutsche, der Fotograf, das Personal . . .«
»Kommt nicht in die Tüte!« erklärt Agathe ebenso volkstümlich wie energisch.

Auf Brunos Stirn bildet sich Schweiß. »Mama!« beschwört er die strenge Frau. »Rechne doch mal ab, was wir an Geschenken kriegen.«

»Ja ja, das kenn' ich!« pariert Agathe. »Achtzehn Blumenvasen, die wir nicht brauchen, sechzehn Toaster, die wir nicht brauchen, neun Bügeleisen, die wir nicht brauchen, siebzehn Sofakissen, die wir nicht brauchen, und dazu jede Menge Bratpfannen, die wir auch nicht brauchen. Man merkt, daß du noch nie geheiratet hast. Du hast keine Ahnung! Reduziere die Zahl der Gäste!«

»Doktor«, wendet sich Bruno fast flehentlich an Mattiesen. »Nun sag du doch auch mal was!«

»Ich stehe euch und euren Gästen kostenlos auf eurer Feier zur Verfügung«, entgegnet Karsten diplomatisch. »Schließlich hast du ja so manches für andere getan. Für Olgas Projekt, für die Pomacks, für den arbeitslosen Willi Wenz ...«

»Siehst du, der Doktor zeigt Verständnis«, behauptet Agathe. »Es ist ein Segen, daß Sie hier sind, Herr Mattiesen. Schon wegen Brunos Blutdruck. Ich mache mir Sorgen.«

Bevor Hanusch protestieren kann, öffnet sich die Tür, und Bärbel kommt hereingeschlendert. »Nanu, mein Schmusebärchen«, flötet sie. »Hast du Kummer? Du machst so ein knittriges Gesicht!«

»Dein Schmusebärchen«, ergreift Agathe das Wort, »dein Schmusebärchen rechnet aus, was eure Hochzeit kosten wird. Er kommt dabei auf astronomische Summen.«

»Ich würde es auch billiger haben wollen«, meint Bärbel arglos. »Astronomie brauche ich nicht.«

»Na also!« Agathe triumphiert. »Einer wird genau deiner Meinung sein. Der Hinnerksen! Frag mal den Hinnerksen!«

»Den ...?« Bärbel reißt Mund und Augen auf. »Wieso den Hinnerksen?«

»Weil der auch heiraten wird, wie ich aus sicherer Quelle weiß. Die Melsen-Grete! Ja, da staunt ihr! Ich habe meine Zuträger!

Oder meint ihr, ich lebe auf dem Mond? Bietet dem Hinnerksen eine Doppelhochzeit an. Eine gemeinsame Feier! Kostenbeteiligung!«
»Ausgerechnet Hinnerksen«, stammelt Bärbel. »Das ... das ... geht nicht!«
»Das verstößt gegen die Menschenwürde, Mama!« brüllt Hanusch.
Agathe steht auf. »Eine Doppelhochzeit nicht«, erklärt sie listig. »Nur das, was vorher war. Aber wir wollen doch an die Zukunft denken? So, Doktor, nun kommen Sie. Ich glaube, für die Nacht brauche ich ein leichtes Mittelchen ...«
»Es ist nicht wahr, beruhige dich«, tröstet Hanusch seine Bärbel. »Eine Doppelhochzeit mit Hinnerksen mute ich dir nicht zu. Verstoß gegen die Menschenwürde! Außerdem heiratet er die Grete nicht. Alles nur dummes Gerede!«

Hanusch irrt. Es ist kein »dummes Gerede«. Weiß der Himmel, welcher Spatz das der Agathe gepfiffen hat. Jedenfalls stimmt es: Der Kräuterdoktor will die Melsen-Grete heiraten (oder sie ihn, was im Endeffekt auf dasselbe hinauskommt). Nun ist die Grete nicht gerade ein Vorbild an Sittsamkeit im Dreekelser Busch. Noch vor zwei Jahren hat so manche Eingesessene vor ihr ausgespuckt. Die Thea – die unweit von Asmussens Krug Haus an Haus mit ihr wohnt – lag im Krieg mit ihr, in Nahkämpfen, daß die Fetzen flogen. Meist waren Männer die Ursache, nicht immer Ehrenmänner, wie die Klatschchronik zu berichten weiß. Seit einigen Monaten herrscht nachbarschaftliches Einvernehmen zwischen Thea und Grete. Denn auch Feindschaft, wenn sie nur lange genug gewährt hat, kann verbinden. Vor allem sind beide zu der Einsicht gelangt, daß flüchtige Männerbekanntschaften nicht nur Enttäuschungen des Herzens nach sich ziehen, sondern auch Ebbe in der Kasse. Letzteres schädigt auf die Dauer empfindlicher. Die Grete hat das später gemerkt als die Thea, danach den Kurs aber energisch gewechselt. Sie suchte sich einen Job als Betreuerin

leerstehender Ferienhäuser. Über den Winter brachte ihr das immerhin ein eigenes Auto ein, wenn auch nur einen besseren Klapperkasten. Seit der Kräuterdoktor die Bärbel rausgeschmissen hat, kann sie bei ihm als »Hausdame« vorfahren, als »Gesellschafterin« und »Wirtschaftshilfe«. Sie hat – das muß der Neid ihr lassen – gründlich aufgeräumt bei Hinnerksen. Sie hat ihn motiviert, sein Geschäft wieder anzukurbeln. Seine Geliebte wurde sie nicht. Und als sein Herz für sie zur Stichflamme entbrannte, hat sie sich ins Feuer gestürzt –mit der energischen Forderung: »Alles oder nichts! Du kannst mich heiraten ... oder du kannst mich mal!« Worauf ihr Hinnerksen die Ehe versprach.
So steht es, und davon hat Agathe Hanusch Wind bekommen. Ihr Bruno könnte sich sehr wohl eine teure Hochzeit leisten. Doch Mutter Agathe ist nicht ohne materiellen Einfluß. Sie verfügt über ein beachtliches Privatvermögen, und gerade deshalb ist sie nicht gewillt, sich wegen einer mitgiftlosen Schwiegertochter in Unkosten zu stürzen. Der Sohn, obwohl kein armer Mann, fügt sich Agathes Willen, dem künftigen Hausfrieden zuliebe, auf den das junge Paar ja angewiesen sein wird. Er überwindet seine Bedenken hinsichtlich der »Menschenwürde« und telefoniert mit dem Kräuterdoktor, ob die Voraussetzungen für eine Doppelhochzeit überhaupt gegeben sind.
Sie sind es.
Hinnerksen bestätigt frohgemut, er beabsichtige die Grete zu heiraten. Daß er mit der Bärbel zusammen feiern soll, die er ja mit einem Wasserguß aus dem Hause gespült hat, gefällt ihm zwar weniger. Aber die Ersparnisgründe leuchten ihm ein. So verabredet er eine Besprechung. An einem sonnigen Nachmittag fährt Hanusch mit seiner Bärbel-Braut zum Hof des Kräuterdoktors in den Dreekelser Busch hinaus. Der Bärbel ist die Sache peinlich. »Geh allein rein, Bruno«, sagt sie. »Und nimm dir ruhig Zeit. Ich warte hier im Auto.«
»Wie du willst, mein Engelchen, wie du willst«, versichert Hanusch erbötig. Er verschwindet in Hinnerksens Haus. Nach einer

Weile biegt ein zweiter Wagen in den »Kräuterhof« ein und hält dicht neben Hanuschs Auto. Die Grete steigt aus. Sie stutzt, als sie Bärbel erblickt. Sie mißversteht die Situation. Zielstrebig nähert sie sich dem Wagen, in dem Hinnerksens Ex-Freundin sitzt und ruft mit schneidender Stimme: »Das haben Sie sich so gedacht, hier aufzukreuzen, wenn ich weg bin. Jeder Versuch ist zwecklos!«
»Wie bitte?« fragt Bärbel verdutzt durchs Autofenster.
»Hier wieder an Deck zu kommen. Da haben Sie keine Chancen.«
»Ich will ja weiter nichts«, erwidert Bärbel patzig. »Ich warte nur auf meinen Bräutigam!«
»Bräutigam?« Die Grete fegt ins Haus hinein. Drinnen, in der Wohnstube, sieht sie Hanusch und Hinnerksen beim Schnaps am Tisch sitzen.
»Ah, die zweite Braut!« strahlt Hanusch, sich erhebend.
»Ja, das ist sie – und sie wird eine Zierde der gemeinsamen Tafel sein«, ruft der Kräuterdoktor emphatisch. Auch er ist aufgesprungen.
»Wir besprechen die Kostenfrage«, erklärt Hanusch. »Sehen Sie, es ist doch so: Wenn da zwei große Feiern stattfinden, dann hauen sich die Gäste zweimal die Jacke voll.«
»Da kennen die nix«, bekräftigt Hinnerksen. »Ein gemeinsames Fest spart uns mächtig viel Geld. Vielleicht hast du recht, Hanusch, wenn wir bei mir feiern. Hier ist alles ein bißchen lockerer. Nicht so schnieke wie bei dir. Platz haben wir genug, wenn ich den Lagerraum freimache. Der wird dann prima dekoriert. Deine Mutter hat hier nicht zu kommandieren.« Er seufzt tief auf. »Was das betrifft, bin ich das gebrannteste Kind. Und der Bärbel . . .«, er lacht verlegen, ». . . der Bärbel wird das auch recht sein.«
Grete steht starr. Sie traut ihren Ohren nicht. Wer soll mit wem Hochzeit feiern? Sie hört immer »Bärbel« und: »der Bärbel wird es recht sein . . .« Was geht hier vor?
Draußen ertönt eine Autohupe.
»Das ist sie!« sagt Hanusch. »Ich soll wohl kommen. Sie traut sich

noch nicht rein, aber das gibt sich bis zur Hochzeit. Tschüs!« Er eilt hinaus.
Hinnerksen räuspert sich verlegen. »Entschuldige, Grete, daß ich hinter deinem Rücken verhandelt habe. Aber die Hanuschs sind Kunden von mir. Da mußte ich ihm den Gefallen schon tun! Du wirst verstehen –«
»Ich verstehe, daß es um eine Hochzeit geht«, unterbricht ihn Grete schrill. »Ich weiß auch, daß sie teuer ist und in diesem Hause stattfinden soll. Nur das Wichtigste habe ich nicht mitgekriegt.«
»Was denn?« fragt der Kräuterdoktor beunruhigt. »Was denn?«
»Ob ich dabei noch eine Rolle spiele – oder ob du es dir anders überlegt hast?«
»Aber meine liebste Grete ...« Hinnerksens Stirn glättet sich. »Es wird eine Doppelhochzeit. Aber die Hauptbraut ... äh ... *meine* Braut bist und bleibst du. Will sagen: Du wirst meine Frau. Nur du!«

Als Olga von der geplanten Doppelhochzeit hört, meint sie lachend: »Nur gut, daß Hinnerksens Mutter das nicht mehr erlebt. Die war ja noch geiziger als die alte Agathe. Ich glaube, die beiden Drachen hätten gemeinsam von einem Teller gegessen.«
»Und wenn Karsten heute nicht mit mir Tennis spielt«, sagt Annemarie, »dann überfällt mich das Verlassenheitssyndrom, was das erste Anzeichen für die doppelte Scheidung sein kann.«
»Du meinst offensichtlich eine zweite Scheidung – und keine doppelte«, gibt Olga ernsthaft zu bedenken. »Außerdem scherzt man damit nicht.«
Bereits um 16 Uhr wartet Annemarie im Tennisdreß auf der Terrasse. Karsten müßte nun bald von seiner Patientenrunde heimkehren, um sich umzuziehen. Zusammen wollten sie zu Bohms Sportcenter fahren. So ist es vereinbart. Doch wie Annemarie befürchtet hat: Karsten läßt auf sich warten.
»Bist du auch sicher, daß Paps heute mit dir spielen wollte?«

fragt Eike, der eben mit Vroni vom Surfen kommt. »Vielleicht irrst du dich im Termin?«
»Unsinn«, antwortet Annemarie gereizt. »Als Lehrerin bin ich gewohnt, Termine nicht durcheinanderzuwerfen.«
Um 16.30 Uhr machen Eike und Vroni sich auf den Weg zum Strandfest. Annemarie wartet noch immer.
»He, Mami«, meint Eike. »Bei Bohm kann man sich Tenniszeug leihen. Sicher ist Paps schon dort. An deiner Stelle würde ich mich beeilen, sonst ist der Platz besetzt!«
»Na schön.« Aber Annemarie leuchtet etwas anderes nicht ein: »Wozu hat Vater Funk im Auto? Er hätte mal kurz durchrufen können.« Sie setzt sich in den Wagen und fährt los, nachdem sie Olga – die mit Bea und Hugo in der Breckheide ist – einen Zettel hinterlassen hat.
Karsten aber ist zwar nicht auf dem Platz, doch er hat das vereinbarte Spiel nicht vergessen. Er wäre pünktlich zu Hause gewesen, hätte ihm am Dreekelser Kreuz die Frau des Imkers Jensen nicht aufgeregt zugewinkt.
»Krämpfe!« schreit sie. »Mein Herbert hat Krämpfe!«
Der Doktor hält am Gartenzaun und läuft mit seinem Koffer ins Haus. Der Imker liegt auf einem flachen Ledersofa und blickt ihm geisterbleich entgegen. »Tut mir leid, Doktor. Ausgerechnet heute diese Krämpfe. An so 'nem schönen Tag.«
»Wir haben Sie schon mal durchgecheckt, Herr Jensen«, sagt Mattiesen, während er ihn untersucht. »Das war die Galle, nicht?«
»Ja. Sonst bin ich auf Draht. Aber auf einmal, ganz plötzlich ... Gut, daß Sie gerade vorbeikamen ...«
»Zufall, Herr Jensen. Ich wollte nach Hause, meine Frau zum Tennisspiel abholen.«
»Au«, ächzt der Imker.
»Tut's noch woanders weh?«
»Nein, ich meine nur: Au, das gibt Ärger mit Ihrer Frau!«
»Ach, wissen Sie«, sagt Karsten arglos, »das nimmt meine Frau ganz gelassen. So 'ne kleine Verspätung gibt's öfter mal. Jetzt

lasse ich Ihnen noch ein paar Zäpfchen da, falls es nicht besser wird. Und so bald wie möglich kommen Sie zu mir in die Praxis. Okay?«

»Herr Doktor, bitte«, meldet sich Frau Jensen von der Tür her. »Meine Nachbarin hat Ihr Auto gesehen. Würden sie wohl eben mal nach dem Kind schauen?«

»Welchem Kind?« fragt Karsten, seinen Koffer aufnehmend.

»Der kleinen Gerster. Der Mareike. Sie können gleich durch den Zaun. Da ist ein großes Loch.«

Also kriecht der Doktor durch das große Loch im Zaun zu Gersters hinüber. Herr Gerster ist zur Zeit bei einer Straßenbaukolonne im Raume Flensburg. Frau Gerster sitzt gelegentlich an der Kasse des Strandkorbvermieters Masemann.

»Was ist denn mit der Mareike?« fragt Karsten.

»Sie hat Schluckbeschwerden«, berichtet Frau Gerster. »Sie klagt über Schmerzen.«

Der Doktor untersucht die Kleine, die in ihrer Kammer im Bett liegt. »Sag mal ›ahhh‹ ... So ist's schön. Wie lange tut's dir denn schon weh beim Schlucken?«

»Schon lange«, krächzt Mareike.

»Und da sagst du erst heute Bescheid?« Mattiesen schreibt ein Rezept aus. »Das besorgen Sie in der Apotheke, Frau Gerster. Zwei bis drei Tage wird Mareike noch liegen müssen.«

»Ein Segen, daß Sie gleich in der Nachbarschaft waren«, sagt Mareikes Mutter überschwenglich. »Und daß Sie Zeit hatten!«

»Schon gut. Beachten Sie: Das Gurgeln ist wichtig.«

Karsten stürmt zu seinem Auto und fährt nach Hause, um sich zu duschen und umzuziehen. Er findet Annemaries Zettel. Als er Bohms Sportcenter erreicht, kommt Willi Wenz über den Parkplatz gelaufen.

»Doktor!« ruft er freudig. »Schön, Sie zu treffen.«

»Na, du Feuerwerker?« grinst Karsten. »Willst du dich mal wieder in die Luft sprengen – oder ist dir das Dynamit ausgegangen?«

»Ach. Daran will ich nich' erinnert werden. Der Hanusch hat mir 'n guten Posten gegeben und zahlt einen Hunderter über meine letzten Bezüge.«
»Ja ja. Der Hanusch. Wo sein Muttchen das Sagen nicht hat, ist er großzügig«, lacht der Doktor. »Aber nun entschuldige, Willi. Meine Frau wartet auf dem Tennisplatz. Sie steht schon auf der Grundlinie, um das erste As zu schlagen. Tschüs!«
Doch Annemarie steht nicht auf der Grundlinie. Es ist 20 Minuten über die Zeit, ab 17 Uhr ist der Platz weitervermietet. Der schweißtriefende Tenniswart hat ihr klargemacht, daß er die Einteilung nicht verschieben kann. Verärgert sitzt Annemarie in Bohms Mühlencafé oberhalb der Sportfläche und löffelt ein Eis.
»Ach, hier bist du?« ruft Karsten, seinen Tennisschläger wie eine Signalkelle schwingend. »Was ist denn? Hast du keine Lust mehr?«
»Ich frage mich«, antwortet Annemarie unfreundlich, »mit wem du jetzt noch spielen willst. Es ist aus.«
»Hör mal...« Der Doktor setzt sich an den Tisch. »Ich dachte nicht, daß das so eng gehandhabt wird.«
»Eng ist nur deine Phantasie, sobald es um mich geht«, erklärt Annemarie. »Du bist Arzt. Das weiß ich. Aber du hättest mir sagen können, daß deine Patientenliste lang war.«
»Sie war nicht so lang. Ich hätte es noch rechtzeitig geschafft.«
»Du hättest es noch rechtzeitig...?« Annemarie setzt den Eislöffel ab.
»Ja. Aber da kam mir auf dem Rückweg die Galle von Jensen in die Quere – und anschließend haben sich Mareikes Mandeln dazwischengeschoben.«
»An meine Galle denkst du nicht?« fragt Annemarie anzüglich.
»Ich vergaß noch Willi Wenz. Weißt du, das ist der Mann mit dem Dynamit.«
»Dynamit. Das paßt.«
»Aber hör mal«, spricht Karsten begütigend auf sie ein. »Vielleicht hätte ich die Runde heute um ein Stündchen vorverlegen

sollen. Ich gebe zu, ich lasse mich auch mal über Gebühr aufhalten. Das ist kein Grund zum Schmollen.«
Annemarie sieht ihn an. »Schmollen? Das ist ein Wort aus der Mottenkiste. Karsten, du machst den Fehler, mich nicht ernst zu nehmen.«
»Soll ich den Zerknirschten spielen?« fragt der Doktor mißmutig.
»Nein. Du sollst mich nur nicht im unklaren lassen, ob du pünktlich sein kannst oder nicht. Und wenn etwas Ernstes dazwischenkam, sollst du nicht blödeln ... Mareikes Mandeln schoben sich davor – oder so ähnlich. Das ist der Fehler.«
»So. Von deinen Fehlern reden wir nicht.«
»Ich habe keine. Jedenfalls nicht solche«, behauptet Annemarie. »Ein Psychiater könnte meine Biographie bis zur Entnabelung zurückblättern und zu keinem anderen Ergebnis kommen als –«
»– zu einer fehlerhaften Steuerung im Konfliktabbau«, mischt sich eine sonore Stimme vom Nebentisch her ein. Der Herr, der dort die ganze Zeit saß, ist aufgestanden. Er lächelt selbstgefällig. »Sie wollten doch wissen, zu welchem Ergebnis ein Psychiater gelangen würde.«
»Hahaha ... Das ist gut!« lacht Karsten spontan. »Da hast du die Bescherung.«
Der Mann wendet sich an den Doktor: »Und bei Ihnen: nicht kompensierte Abhängigkeit von mütterlicher Dominanz.«
Nun ist es an Annemarie, schadenfroh zu lachen. Aber Karsten schlägt sofort zurück: »Was Sie betrifft, Herr Kollege, so leiden Sie offenbar an einer ungezügelten Tendenz zu nicht erbetener Diagnostik!«
»Äh, nun ja ... das ... das ... Ich meinte das eher –« Der Kollege, der sich so taktlos eingemischt hat, findet keine Worte mehr. Er entfernt sich schnell. Eins aber hat er bewirkt: Annemarie und Karsten vergessen ihren Streit. Sie amüsieren sich köstlich.
»Weißt du was?« sagt Karsten. »Heute abend steigt doch das Strandfest mit Modenschau, Open-air-Konzert und Feuerwerk. Da gehen wir hin!«

»Okay«, willigt Annemarie sofort ein. »Bis dahin bleiben wir aber zusammen. Sonst kommt dir wieder was dazwischen. Womöglich ein Hühnerauge oder ein Glatzkopf mit Haarausfall.«

Für Feste – nicht nur für Attraktionen am Strand – ist in diesem Jahr gesorgt. Am Zeisigweg bereitet sich die Grete auf die Hochzeit mit dem Kräuterdoktor vor. Sie ist dabei, die Requisiten ihrer bewegten Vergangenheit zu sichten, denn sie will ihren Haushalt auflösen. Zunächst geht es um eine Bestandsaufnahme. Grete, einst als »Hamburger Matrosenhure« verschrien, später als »die feine Dame« verspottet, weil sie geschminkt, gefärbt, gekünstelt auf dem Fischmarkt erschien, sieht ihre Zukunft nunmehr ganz nüchtern. Da staunt ihre Nachbarin Thea Knohl, die neue »Herzensfreundin«, mit der sie einst in tödlicher Fehde lag. »Ich habe Hinnerksen gesagt, wilde Ehe gibt's nicht«, philosophiert Grete, während sie den Inhalt ihrer Schränke sichtet. »Jeden Abend beim Fernsehen wollte er schmusen, wie so 'n verliebter Schuljunge. Aber wenn er mir zu nahe kam, war ich eisern. Schließlich bin ich ja nicht die Schlange Bärbel, der jetzt der Hanusch voll ins Messer gerannt ist. Ich habe ihm zu verstehen gegeben: Bettgeflüster nur auf Trauschein.«

»Früher hättest du nicht so gesprochen«, wagt Thea einzuwerfen.

»Man wird älter«, erwidert Grete ungekränkt. »Wenn die wilden Jahre vorbei sind, sehnt man sich nach Geborgenheit. Man will die Hochzeitsglocken läuten hören.«

»Ich nicht«, erklärt Thea. »Ich bewahre vergangenes Glück. Ich setze mich keiner Enttäuschung aus.« Das klingt jedoch sehr traurig. Thea hockt trübsinnig auf einem Stuhl und beobachtet Gretes Aktivität mit kummervollen Blicken.

»Himmel, was sich so im Lauf der Zeit alles ansammelt«, seufzt Grete.

Thea korrigiert sie nicht. Was Grete nämlich »den Lauf der Zeit« nennt, umfaßt nicht viel mehr als die Wintermonate. Gretes letzte Herrenbekanntschaft (mit einem alten Junggesellen, der im März

starb) brachte ihr noch einiges ein. Sie selbst hatte ja nie sehr viel.
»Was mach' ich mit der Küche?« überlegt Grete laut. »Kannst du den Kühlschrank gebrauchen? Oder die Wandborde? Den Bodenbelag vielleicht?«
Thea schüttelt den Kopf. »Auch den Toaster nicht. Ich hab' ja alles.«
»Die Möbel«, sinniert Grete weiter, »die holt der Trödler. Das gibt 'n paar Mark, die soll man nicht verachten. Aber der Teppich ist zu schade, willst du den? Na, du kannst es dir ja noch überlegen.«
Thea schnieft und führt ihr Taschentuch zur Nase. »Ach, Grete«, klagt sie. »Was soll ich überlegen? Ich bin ganz tüdelig im Kopf. Jetzt, wo du hier anfängst zu räumen, den Haushalt auflöst, da begreife ich erst, daß ich bald allein bin. Es gibt ja sonst keine Nachbarschaft im Zeisigweg.«
Grete blickt von ihrer Liste auf. »Wieso bist du allein? Ich zieh' doch nicht nach Alaska! Du bist und bleibst meine beste Freundin.«
»So?« Thea ist nicht überzeugt. »Das sagst du so. Wenn dich der Hinnerksen erst mal fest an der Leine hat ...«
»Wie? Du meinst wohl ich – ihn?!« verwahrt sich Grete. »Thea, was stellst du dir denn vor? Ich lasse mich nicht unterbuttern. Der Hinnerksen soll es gut haben bei mir. Aber gehorchen muß er schon. Ich meine, das richtet eine Frau natürlich so ein, daß der Mann gar nicht merkt, wie er gelenkt wird ...«
»Und du denkst, du kriegst das hin?« zweifelt Thea.
»Ja! Nur zu seinem Besten. Ich will ihm das Leben ja verschönern.« Sie deutet auf die Vitrine: »Das Teeservice, da, das bringe ich zum Beispiel in den Haushalt ein. Das gibt seinen geliebten Teestündchen erst den rechten Glanz.«
»Glanz! Und hier wird es immer trüber. Warum willst du alles weggeben, was du bei Hinnerksen nicht brauchst? Überhaupt, mit dem Hausverkauf würde ich warten.« Die Thea ereifert sich: »Nimm an, der Kräuterdoktor spurt nicht! Da kannst du immer damit drohen, daß du dich in dein altes Heim zurückziehst. Sollst

sehen, wie das wirkt! Wenn du nichts im Hintergrund hast, stehst du auf der Straße. Dann hast du kein Druckmittel mehr.«
Grete zögert. »Eigentlich hast du recht, Thea. Eine gewisse Unabhängigkeit sollte ich mir bewahren. Damit das Haus nicht leer steht, könnte ich Leute reinnehmen.«
»Die Pomacks!« ruft Thea enthusiastisch. »Gut, die Mutter bleibt bis zum Herbst in Kappeln. Die Kati lebt vorläufig bei Eckholms. Aber die Svenja, das ist ein nettes, selbständiges Mädchen! Und der Martin hilft, wo er kann, die halten dir den Garten in Ordnung, und ich bin den ganzen Tag da. Ich mache die Küche und den Haushalt.«
»Hm ...« Grete reizt der Gedanke, ihre alte Heimstatt belebt zu wissen. »Aber ich kann von denen keine Miete verlangen«, gibt sie zu bedenken.
»Fürs erste nicht«, bestätigt Thea. »Später wird das geregelt werden, da bin ich sicher. Aber daß ich hier aufpasse, schwöre ich dir!«
Theas Beteuerung schenkt Grete unbedingten Glauben. Thea ist nichts so verhaßt wie Einsamkeit und Langeweile. Und jeder in Borsberg und in Dreekels-Deekelsen-Umland weiß inzwischen, welchen Charakterwandel die Bemutterung der Pomack-Kinder bei ihr bewirkt hat.
»Gut«, sagt Grete. »Dann ist die blöde Liste überflüssig.«
»Na, mal sehen, was du bei Hinnerksen brauchst«, feuert Thea sie an. »Staubsauger hat er. Der bleibt hier.« Sie greift nach der Liste. »Die Möbel läßt du stehen. Die Vorhänge kommen in die Wäsche, die willst du doch nicht mitnehmen? Auf den Kühlschrank hattest du schon verzichtet. Was ist mit dem Kleiderstapel hier?«
»Aussortiertes Zeug«, erwidert Grete.
»Was? Also, Grete ... Ist das nicht zu verschwenderisch?« Thea hebt einen besonders »kessen Fummel« hoch. »Das wäre was für mich.«
»Für dich ...?« Grete verschlägt es die Sprache. Früher hat

Thea immer über die »schreienden Farben« gelästert, die »ordinären Fähnchen«, die »Zirkusfetzen«. »Das willst du tragen? Auf einmal?«
Thea lächelt verlegen. »Ja, ich brauche was Belebendes, weißt du? Die Kinder sagen, ich sehe aus wie 'ne graue Maus.«
Die Bestandsaufnahme endet in schönstem Einvernehmen.

Zwar ist die Doppelhochzeit nun von allen Seiten her gesichert, doch sie kann erst im September stattfinden, da die alte Frau Hanusch auch in diesem Jahr auf ihre Kneippkur in Bad Wörishofen nicht verzichten will. Dafür steht vorerst ein ganz anderes Fest zur Debatte, das vor allem die Eingesessenen im Dreekelser Busch viel mehr interessiert: Das Jubiläum 50 JAHRE PRAXIS MATTIESENHOF.
Allerdings ist ja längst vorher im einstigen »Herrenhaus« behandelt worden, denn schon Karstens Großvater war hier Arzt. Aber erst mit Olgas Mann, Karstens Vater, begann die Ära des Mattiesenhofes. »Hof« leuchtete den Bauern und Fischern eher ein als das bürokratisch-abschreckende Wort »Praxis«. »He, Thomsen, dein Furunkel strahlt wie der Abendstern«, hatte Karstens Vater einem Schäfer zugerufen. »Komm mal auf den Mattiesenhof.« – »Wenn ich da 'n Schnaps kriege«, war die Antwort gewesen.
Solche anspruchslosen Anekdoten erzählte man sich im Busch. Wurde zwischen der Dreekelsbucht und dem »Dreekelser Lück« ein Kind erwartet, hieß es – meist »wenn's schon kam«: »Anspannen, Willem, zum Mattiesenhof.« Oder: »Hol den Mattiesenhof«, womit man den Doktor meinte. Später, als Olga Hebamme war, hieß sie bei den Alten noch: »Die Mattiesenhof«, nicht: »Die vom Mattiesenhof, die Frau vom Doktor«, sondern einfach: »Die Mattiesenhof«. Ein Hof ist unter Hofbesitzern ein vertrauter und vertrauenerweckender Begriff.
Das ist heute nicht anders. Auch wenn die jungen Leute in der Welt herumreisen und das Elternhaus ihnen vielleicht nicht mehr so wichtig ist, wissen sie, wer ihr Geburtshelfer war: schlicht und

einfach »Der Mattiesenhof«. Auch wenn heute jeder »Doktor« sagt oder »Olga« – oder »Herr Doktor« und »Frau Mattiesen«.
Es war der Borsberger Lokalredakteur Dröge, der in einem Artikel an das Mattiesenhof-Jubiläum erinnerte, an die Übernahme der Praxis durch Karstens Vater (der die damals knapp 12jährige Olga ein paar Jahre später heiratete). Daraufhin hagelte es telefonische, schriftliche und persönliche Gratulationen. Olga entschied: »Also feiern wir. Letzte Augustwoche wäre günstig. Dann sind wir mit der Breckheide ein gutes Stück voran. Annemarie hat noch zwei Ferientage, und Vroni ist noch da. Kerstin und Detlefsen sind auch wieder im Lande.«
Karstens Geburtstagsfest fällt der Jubiläumsfeier zum Opfer, worüber er nicht traurig ist: »Es braucht ja nicht jeder zu wissen, daß ich zweiundvierzig werde«, meint er.
»Du glaubst, die Leute können nicht zählen?« lacht Olga. »Vielleicht vergessen sie den Krankenschein oder das Honorar. Aber das Lebensalter anderer haben sie immer im Kopf. Wir können uns nicht beklagen, wo wir als halbe Kinder geheiratet haben: Ich, du, Annemarie . . .«
»Kannst du mir erklären, was ein halbes Kind ist?« grinst der Doktor.
Eike gibt eine Zeitungsanzeige auf: Drei Tage wird sich der Vater – auch in Notfällen – von einer Borsberger Kollegin vertreten lassen. Das Jubiläum wird auf einen Sonnabend gelegt, damit die Gäste ausschlafen können. Die beiden vorangehenden Tage, den Donnerstag und den Freitag, braucht man für die Vorbereitungen. Der Hotelier Bohm empfiehlt das Aufstellen eines Festzeltes. Platz gibt's auf der Weide genug, und die Tiere gattert Schintz mit einem Behelfszaun ab. Bohms »Party-Service« liefert nicht nur die Delikatessen, sondern auch praktische, leichte und einfach zu handhabende Tische, Stühle und Bänke aus Plastik. Der Geschäftsführer der Strandhalle sorgt für das fachgerechte Aufstellen eines Tanz- und Musikpodiums.
»Das wird ja eine größere Aktion als meine ganze Breckheide«,

jammert Olga. »Ach – und die Abfälle! An die Abfälle kann ich gar nicht denken! Wenn jeder seine Pappteller und Papierservietten in die Gegend schmeißt! Es müssen Mülltonnen her! Mülltonnen!«
»Du schreist, als wollten wir eine Kippe einweihen«, sagt Annemarie. »Laß einen Container aufstellen – fertig! Eike, Kerstin, Vroni und Peter achten darauf, daß nichts rumfliegt!«
Vroni hängt aus dem Fenster über der Haustür, um eine bekränzte 50 anzubringen, davon ausgehend soll eine Girlande zu beiden Seiten die Hauswand zieren. Leichter gesagt als getan! Und Eike bemüht sich im Hof um das vorsintflutliche Motorrad des Großvaters. Ursprünglich wollte man es ja innerhalb einer Großauktion zugunsten der Breckheide öffentlich anbieten. Eike meinte aber, das Jubiläum sei ein sinnvollerer Zeitpunkt für die Versteigerung des alten Landarzt-Vehikels. Bloß – fahrbereit muß es sein! Dann findet es seinen Liebhaber und bringt einen schönen Batzen Geld.
Eike, von Kopf bis Fuß ölverschmiert, versucht die Maschine anzuwerfen! Der Motor macht jedesmal »fft, fft, fft« und erstirbt dann wieder.
»Na?« fragt Karsten. »Wird wohl nix?«
»Nee!« pustet Eike. »Ich glaube, es war eine bescheuerte Idee von mir, Opas Rennmobil zu beleben.«
Von oben ruft Vroni: »Ach was! Euch fehlen nur die Fachkenntnisse!«
»Ich hab's aber ganz auseinandergenommen und richtig wieder zusammengesetzt«, verteidigt sich Eike. »Es müßte anspringen. Und wenn's bei der Versteigerung nur ein paar Meter fährt! Ein paar Meter! Dann gäb' ein Freak was dafür!«
»Olga trennt sich nur wegen ihrer Breckheide von dem guten Stück«, sagt Karsten. »Es muß also schon ein hübsches Sümmchen bringen!«
»Karsten«, meldet sich Annemarie vom Hause her. »Wie wird das mit den Weinen? Sollen die draußen serviert werden?«

»Nur bei strömendem Regen!« feixt der Doktor.
»Mach keinen Quatsch. Also?«
»Die Guten mit den Guten in der Halle und der Bibliothek. Das heißt, die Spitzenweine werden mit den Kennern drinnen getrunken.«
»Ich habe Faßbier bei Asmussen bestellt«, berichtet Annemarie. »Außerdem Mineralwasser und verschiedene Limos – für die Kinder. Wir müssen mit vielen Kindern rechnen.«
»Okay.« Karsten wendet sich wieder Eike und dem Motorrad zu. »Mensch, laß die Ölkanne nicht im Sand stehen«, sagt er. »Wenn Olga das sieht!« Als er den Behälter in den Schuppen tragen will, biegt Cornelsens Staatslimousine in den Hof ein.
»Wir bringen Sekt und Wein für die Bowle!« ruft Hugo. Er ächzt beim Aussteigen, humpelt ein wenig und hält sich den Rücken. »Diese Breckheide liegt mir im Kreuz. Mann, Karsten, ich muß mir da was gezerrt haben. Tut scheußlich weh.«
»Tribut an die Natur«, grinst der Doktor. »Praxis geschlossen! Ich kann dir höchstens 'ne Ölspritze geben.«
Frau Bea Cornelsen, geborene Gräfin Curschheim, schlägt begeistert die Hände zusammen.
»Das Motorrad! Hugo, sieh doch! Eine 500er Adler neunundvierzig. Was für ein Schatz!«
»Ein Schatz? Entschuldige, da komm' ich nicht mit!« Hugo blickt mit schmerzverzerrter Miene von Karsten zu Eike. »Meint sie die Schrottrolle da?«
»Schrottrolle!« ruft Bea empört. »So ein Ding hab' ich als Studentin gefahren! Darf ich mich mal raufsetzen, Eike?« Da sie ihre Breckheide-Jeans trägt, ist das kein Problem. »Springt die Maschine an?« fragt sie eifrig. »Dann dreh' ich eine Runde auf dem Hof.«
»Halt«, schreit Olga von der Treppe her. »Das ist ein Schaustück, Bea, keine Dreckschleuder! Du wirst mir nicht die Luft verpesten.«
Doch Bea fährt schon. Auf dem mörderisch knatternden Vehikel

schwankt sie an der Hecke entlang, geht in die Kurve und zieht haarscharf an der Steintreppe vorbei.
»Es funktioniert!« jubelt Eike. Zum Glück funktionieren auch die Bremsen, so daß er die atemlose Bea unversehrt auffangen kann.
»Mit meinem Rücken seh' ich mir so was nicht noch mal an«, stöhnt Hugo.
»Dein Rücken sieht sowieso nichts«, feixt der Doktor. »Komm rein, ich geb' dir 'ne Spritze. Aber nicht mit der Ölkanne. Und vielleicht wasch' ich mir vorher noch die Pfoten.«
Am Morgen des Festtages bringt Fiete Jürgens seine Frau im Pritschenwagen zum Mattiesenhof. Auch er will helfen. Es müssen die Drähte für die Lampions gezogen und einige Pfähle in den Boden gerammt werden.
»Herr Jürgens, wie wird das Wetter?« ruft ihm Annemarie entgegen. Auch Olga kommt gelaufen. »Ja, Käpt'n! Ein Seemann muß es doch in den Knochen haben?«
Fiete blickt hoch. Er will den bedeckten Himmel analysieren. Aber sein Blick bleibt am obersten Hausfenster hängen. Da gucken nämlich Eike und Vroni in ihren Pyjamas heraus. Sie verschwinden rasch wieder. Olga, nicht faul, lügt schnell: »Es ist spät geworden, gestern abend, Fiete. Da habe ich Vroni die Gästekammer angeboten.« Auch Vroni hat rasch geschaltet. Sie winkt jetzt aus dem Flurfenster, so, als hätte sie Eike nur eben mal zum Aufstehen ermahnt. Während Olga ins Haus eilt, um weiterer Verwirrung vorzubeugen, nähert sich der Doktor. »Was schaut ihr so? Ist da oben was Besonderes?«
»Fiete wußte nicht, daß Vroni hier übernachtet hat«, erklärt Frau Jürgens schnell. »Weil's gestern so spät wurde.«
Der Käpt'n schielt jedoch immer wieder mißtrauisch zu den Fenstern hoch.
»Na komm, Fiete«, fordert ihn der Doktor auf. »Wo du schon mal hier bist, nehme ich dir auch gleich die Zuckerwerte ab.«
»Ach ja. Und ich sollte sagen, wie das Wetter wird«, erinnert sich

Fiete. »Erst gibt's 'ne Mütze voll Wind. Nachmittags dürft' es warm werden.«
»Festwetter?«
»Festwetter«, bestätigt Käpt'n Jürgens.
Der Briefträger Bittke bringt einen Haufen Post, die Annemarie entgegennimmt. Sie schleppt den Drahtkorb in die Halle.
»Karsten! Hier ist ein Telegramm von besonderem Interesse. Der Absender heißt Susanne. Susanne Blume.«
Der Doktor kommt eben mit Fiete aus dem Behandlungsraum.
»Susanne Blume«, wiederholt Annemarie.
»Den gereizten Unterton kannst du dir sparen«, sagt Karsten. »Eine kollegiale Höflichkeit, nichts weiter.«
»Sprich nicht, als wär' die beste Vase für diese Blume der Papierkorb«, meint Annemarie. »Du bist ein heimlicher Romantiker und sonnst dich in fernen Strahlen. Ich kenne dich doch. Und ich weiß immer mehr, als du denkst.«
»So? Dann hätte ich jetzt gern eine Tasse Kaffee. Du hast vergessen, daß ich ein Morgenmuffel bin. Und die Kinder dürfen sich noch im Bett wälzen.«
»Die wälzen sich längst in der Küche über Honig und Marmelade. Vroni hat Kaffee für dich.« Annemarie läuft zur Außentür und prallt auf der Schwelle mit ihrer Tochter Kerstin zusammen. Kerstin sieht frisch und erholt aus, was ihr Äußeres betrifft. Auch sportlich schick, wie immer. Aber Blick und Mundwinkel verraten schlechte Laune.
»Kind, was hast du?« ruft Annemarie.
»Mich mit Peter verkracht«, antwortet Kerstin mürrisch. »Also, Mami, ehrlich. Peter geht mir manchmal stark auf den Geist.«
»Ausgerechnet heute!« seufzt die Mutter.
»Kann mal jemand helfen und die Blumen abnehmen?« schreit Olga vom Hof her. »Der Gärtner ist mit 'ner ganzen Fuhre da!«
Eben treffen auch Doris und Britta als zusätzliche Unterstützung ein. Aber je mehr Personen zugreifen wollen, desto größer wird das Durcheinander.

»Karsten, Karsten ...«, hallt Olgas Schrei. »Kümmerst du dich noch mal um die Musikkapelle? Die fährt sonst bestimmt wieder auf die falsche Hochzeit.«
Der Doktor hat soeben das Festzelt und die Podeste inspiziert. Er blickt einem Auto entgegen, das zwischen Holunder und Brennesselbusch über die Brücke in den Hof gefahren kommt. Der Lenker ist Bürgermeister Schultes.
»Tag, Doktor.«
»Tag, Schultes. Das Fest beginnt aber erst nachmittags.«
Schultes steigt aus. Er trägt einen schicken Anzug und eine modische Krawatte. »Ich weiß, ich weiß. Ich möchte nur eine kleine Zeremonie besprechen. Ist Olga ... äh ... ist Frau Olga Mattiesen empfangsbereit?«
Karsten lacht. »Kann ich nicht sagen, ob sie im Moment empfängt, in der Arbeitsschürze. Warum denn so amtlich?«
Olga naht mit einem Blumenkübel von der Scheune her.
»Einen Augenblick, Frau Mattiesen«, ruft Schultes. »Ich bin dienstlich da. Im Auftrag des Herrn Ministerpräsidenten.«
»Quatschkopp«, erwidert Olga respektlos.
»Der Ministerpräsident?« stellt sich Schultes listig-dumm, als glaube er, Olga meine den »Landesvater« mit »Quatschkopp«.
»Nee, der Quatschkopp bist du. Und das weißt du auch.«
Der Bürgermeister bleibt in seiner feierlichen Rolle.
»Also, Frau Mattiesen: Der Herr Ministerpräsident verleiht auf Vorschlag des Landtagspräsidenten und dieser wiederum auf Vorschlag des Landrats, der durch mich einen Hinweis auf Ihre Verdienste erhalten hat –«
»Kommt's nun bald?« fragt Olga ungeduldig. »Ich bin nämlich beschäftigt, Bürgermeister.«
Inzwischen ist Annemarie herbeigeeilt. »Stimmt irgendwas nicht? Guten Tag, Herr Schultes.«
»Guten Tag.« Schultes räuspert sich. An Olga gewandt, beendet er seine Rede: »... verleiht Ihnen der Herr Ministerpräsident den Verdienstorden des Landes Schleswig-Holstein.«

»Nee«, sagt Olga überrascht.
»Ja«, sagt der Bürgermeister.
»Nee«, sagt Olga. Sie strahlt zwar einen Augenblick, doch dann verfinstert sich ihr Gesicht wieder. »Das darf nicht wahr sein.«
»Auf Ehre«, versichert Schultes, indem er sich reckt. »Ich wollte sondieren, wie wir die Ordensverleihung in das Programm des Jubiläums einbeziehen können.«
Olga reicht Karsten den Blumenkübel und stemmt die Fäuste in die Hüften. »Nun glaub' ich's bald«, ruft sie. »Wie wird die Auszeichnung begründet? Womit?«
»Na, in erster Linie mit Ihren Verdiensten um unsere Heimat. Mit Ihrer Initiative für das Naturschutzgebiet Breckheide.«
Olga lacht. »Der Landesplaner Alwin Herker bekam vor fünfundzwanzig Jahren den Orden für die Beseitigung der Wildnis! Soll ich jetzt für das Gegenteil ausgezeichnet werden?«
»Nun, ja ... äh ...« Bürgermeister Schultes sucht nach Worten. »Seinerzeit ... seinerzeit ...«
»Damals dachte man eben anders«, kommt ihm Annemarie zu Hilfe. »Man ging davon aus, die Natur zu bändigen, statt normale Entwicklungen zu fördern.«
»Wie Sie hören, Bürgermeister, spricht aus meiner Schwiegertochter die Lehrerin. Aber so tiefschürfend denke ich nicht über die Zeitläufte nach. Sie können mir den Orden heute abend geben, wenn die Gäste beim Essen sind.«
»Aber ...« Schultes läuft rot an. »Sie wollen doch nicht, daß ich Ihnen die Auszeichnung wie ein Butterbrot mit Ei auf den Teller lege?«
»Und wieso nicht? Wenn Sie im Rathaus einen Staatsakt daraus machen würden – mit dem üblichen Brimborium, was würde das kosten? Überlegen Sie sich das, und spenden Sie den eingesparten Aufwand für die Breckheide. Da fehlt's noch an Pflanzen und Büschen. So, nun habe ich zu tun. Bis später!« Olga nimmt Karsten den Blumenkübel wieder ab und steuert auf das Haus zu.
»Tja, Schultes«, lächelt der Doktor. »So ist sie nun mal, unsere

Olga. Daran kannst du nichts ändern. Du kommst doch nachher zur Feier?«
»Selbstredend.« Der Bürgermeister bemüht sich um Haltung. »Ich finde schon einen Weg, die Sache traditionsgemäß auszuführen. Leicht macht sie mir's nicht.« Seufzend steigt er in sein Auto.
»Es wäre gut, wenn Olga sich jetzt ausruhen und die Vorbereitungen uns überlassen würde«, sagte Annemarie zu Karsten. »Schließlich muß sie sich ja auch noch umziehen. Die Mattiesenhof-Feier ist vor allem ihr Jubiläum. Sie ist die Hauptperson!«
»Okay, okay«, entgegnet der Doktor. »Eine Löwin mit Familie ist auch immer Hauptperson. Aber bring die mal zur Ruhe!«
Aus dem Waschhaus ruft Frau Jürgens: »Die Vasen reichen nicht für die vielen Blumen. Soll ich Eimer hinzunehmen?«
»Ich komme.« Annemarie stößt im Waschhaus auf Kerstin, die mit Frau Jürgens die Sträuße sortiert. »Kind, du könntest doch von Detlefsens zwei oder drei Bodenvasen holen. Oder Peter soll sie mitbringen. Rufst du ihn an?«
»Hab' ich schon«, erwidert die Tochter. »Aber nur, um ihm zu sagen, daß ich mich nicht um ihn kümmern werde. Sein Anblick verdirbt mir die Laune.«
»O nein – bloß bitte so was nicht! Nicht solche Töne!« Annemarie verdreht die Augen. »Familienkrach am Jubiläumstag!«
»Es ist nicht mein Jubiläum«, sagt Kerstin.
»Ich dachte, ihr habt 'ne kleine Verstimmung. Was Weltbewegendes wird's doch nicht sein?«
»Hat ein Krach zwischen dir und Paps je weltbewegende Gründe?« fragt die Tochter leicht aggressiv.
»Nein, nein. Eigentlich nicht.«
»Gründe für Ärger zwischen Mann und Frau sind selten bedeutend«, mischt sich Frau Jürgens ein. »Da kommt nur immer eins zum anderen! Und auf einmal entlädt das Gewitter sich.«
»Wir stehen hier in einem Blumenmeer und sprechen von Ärger«, bemerkt Annemarie. »Ist das der rechte Moment?«

Von der Küchentür her blickt der Doktor in das Waschhaus herein. »Ich höre eure Weisheiten. Aber ich versichere dir, Kerstin, deine Mutter und ich hatten seit Monaten keinen Krach miteinander.«
»Ha!« lacht Annemarie. »Wer das glaubt!«
Olga, die der Doktor nun doch noch nicht zum Ausruhen bewegen konnte, erscheint neben ihm. »Eine Auseinandersetzung? Könnt ihr die nicht auf morgen verschieben?«
»Ich will wissen, warum Annemarie so höhnisch gelacht hat«, beharrt der Doktor.
»Wir haben uns heute früh gezankt, weil ich seinen Anzug nicht zur Reinigung gebracht habe«, erklärt Annemarie.
»Reinigung? Chemische Reinigung?« horcht Olga auf. »Weißt du nicht, was für Umweltgifte durch chemische Reinigungen freigesetzt werden?«
»Ja, ja«, sagt Karsten. »Nächstens steck' ich meine Sachen in die Geschirrspülmaschine.«
»Ganz schön hektisch hier«, findet Kerstin.
»Mutter, du ziehst dich nun aber endgültig zurück«, befiehlt der Doktor. »Nachher mußt du auf Draht sein. Du kannst die Gäste nicht in einem Aufzug empfangen, als seist du die Roggenmuhme.«
»Seit wann interessiert dich mein Aussehen?« will Olga wissen.
»Meinetwegen erst seit heute. Aber nun geh!«
Olga lacht. »Das klingt ehrlich. Also, bis nachher.«
Der Doktor verschwindet ebenfalls, denn aus der Halle schreit Eike: »Vater! Vater! Ein Patient!«
»Ist heute nicht Festtag?« fragt Kerstin patzig.
»Ja, auch für dich und Peter«, nimmt Annemarie das Thema wieder auf. »Was hattet ihr für Ärger miteinander?«
»Ach, das fing schon auf dem Segeltörn an«, mault die Tochter. »Er sehnte sich nach Mutterns Küche, wie so'n Schoßkind. Dabei hat er immer behauptet, ich koche genauso gut.«
»Na, aber auf dem Segelboot . . .«, wundert sich Annemarie.

»Kochkünste!« Frau Jürgens schüttelt den Kopf. »Ich denke, bei den jungen Paaren kochen die Männer?«
»So jung ist Peter nicht mehr«, belehrt Kerstin sie. »Und Peter kann manchmal ziemlich kleinpieprig sein.«
»Kleinpieprig?« Annemarie hält im Sortieren der Blumen inne. »Meine liebe Kerstin. Kleinpieprig war dein Peter immer. Als seine Kollegin darf ich dich daran erinnern. Und gerade das hat dich so angezogen. Du wolltest ihn – wie sagtest du mal? – ja, seelisch erweitern wolltest du ihn.«
»Das hab' ich mit meinem Fiete heute noch vor«, seufzt Frau Jürgens.
»Hmm«, macht Kerstin, ihr Gesicht in einen Strauß versteckend. Aber sie sagt nun nichts weiter ...
Gegen 16 Uhr erscheinen die ersten Gäste. Eike übernimmt die Funktion eines Parkplatzwächters und weist die Autos ein. In sommerlich-festlicher Kleidung stehen der Doktor und seine beiden Mattiesenfrauen an der Treppe zur Begrüßung bereit. Die Mutter hat sich in die »feine Olga« verwandelt, so daß sie sich neben ihrer eleganten Schwiegertochter sehen lassen kann. Das gibt für Lokalredakteur Dröge das erste Pressefoto. Die Arzthelferinnen Britta und Doris, mit Schwesternhäubchen und aufgestickter 50 geziert, dirigieren die Ankömmlinge zur »Festwiese«. Die Fünfmannkapelle hat ihren Platz auf dem Musikpodest eingenommen, mehrere Tische sind zu einer Honoratiorentafel zusammengestellt worden, die anderen hat man zwanglos um die Tanzfläche gruppiert. Käpt'n Fiete, Fachmann für Wetterfestigkeit, prüft immer wieder die Verankerung des Festzeltes, in dem sich das Küchenbüfett befindet und wo zum Abend die Delikatessen aus Bohms Hotel »aufgefahren« werden sollen. Bohm hat dafür eine Büfettchefin und einen Getränkemeister zur Verfügung gestellt. Vorerst dient der Party-Service mit einer fahrbaren Kaffee-Küche, die jetzt neben dem Zelt parkt. Die Bierfässer stammen von Asmussen, ebenso die Gläser. Den Ausschank besorgt der Nachbar Schintz. Aber auch Bea und Hugo helfen. Die geborene

Gräfin, die als Dreekelser »Rotznase« aufgewachsen ist, kann mit den Einheimischen genauso gut umgehen wie mit den angereisten offiziellen Gratulanten. Zu diesen gehören die Ministerialrätin Dr. Hoffmann-Breese, der Regierungsrat Hintze vom Gesundheitsministerium in Kiel, die Vertreter der Landesärzteschaft und andere »Hochkarätige«, denen sich auch Hugo, ehemals MdB, mit routinierter Liebenswürdigkeit widmet. Doktor, »Doktormutter« und »Doktorfrau« müssen sich vor allem um die Einheimischen kümmern, die – nicht selten schon in der dritten Generation – zur Patientenschaft zählen. Gefeiert wird die Übernahme der Praxis durch Karstens Vater, doch gegründet hat sie schon der Großvater, der sich nach jahrelangem Dienst als Schiffsarzt gewissermaßen hier zur Ruhe setzte. Der 88jährige einstige Oberförster Jens Hansen, der mit einer Gruppe aus dem Altenheim hier ist, hat noch mit ihm Karten gespielt. Sein Sohn, Förster Karl Hansen, wurde bereits mit Hilfe von Karstens Vater zur Welt gebracht. Und dessen Sohn, der Hauptschullehrer Benno Hansen, erblickte unter Assistenz der Hebamme Olga das Licht einer elektrischen Lampe in einer Winternacht. Die eigentlichen »Mattiesenhof-Patienten« sind in der Überzahl. Und nicht zuletzt ihnen gilt die Feier, als Zeichen des Dankes für ihre Treue.

Da sind die Neubauern vom Ökohof mit Karstens Patenkind, da ist die Frau des Karpfenzüchters Freese, die Familie des Fischereimeisters Kronbart; viele wollen nur gratulieren, nicht alle lieben den Trubel, es sind zähe Eigenbrötler dabei.

Der Polizeichef Heitmann, in Zivil, erscheint mit seiner hübschen Frau. Auch Schließer ist da. Ehrensache, denn die Ordnungshüter sind oft genug auf den Landarzt angewiesen (mag es auch mitunter Reibereien geben).

Der Baumaterialienhändler Hanusch kreuzt stolz mit seiner feingemachten Bärbel auf. Hinnerksen folgt mit Grete. Thea, in einem von Gretes »knallfarbigen« Fetzen, bringt die Pomack-Kinder per Taxi zur Gratulation. Frau Pomack, samt Baby noch

in Kappeln, hat telefoniert. Ein anderer »Problemfall« ist ...send: Willi Wenz, der »Dynamitmensch«, wie ihn viele ...nen.
Kerstins Verlobter, Oberstudienrat Detlefsen, kommt natürlich mit Mutter und Söhnchen Robby. (Und Kerstin meidet Peter nicht.) Unter den Letzten naht, begleitet von Frau Ina und Tochter Steffi, der Kirchenrat Eckholm.
»Du mußt wohl immer erst die Glocken läuten hören, was?« lacht Olga.
Selbstverständlich befindet sich Bürgermeister Schultes unter den Gästen. Und auch der Chefarzt der Borsberger Klinik, der dem Landarzt im vergangenen Jahr den Blinddarm herausgenommen hat, fehlt nicht.
Als sich die Gäste auf der »Festwiese« versammelt haben, läßt der Doktor die Kapelle einen Tusch spielen. Er steigt auf das Podest und spricht ins Mikrophon.
»Eben hat mir einer zum 50. Geburtstag gratuliert. Es wäre Hochstapelei, dem nicht zu widersprechen. Ich bin gerade erst 42.«
»Und sehr eitel!« wirft Olga respektlos ein.
»50 ist der Mattiesenhof. Der Ruf dieses Namens ist meinem Vater zu verdanken«, fährt der Doktor fort, »sowie meiner Mutter, die er ein paar Jahre nach der Übernahme geheiratet hat. Olga ist die Seele des Mattiesenhofs geworden.«
»Das kann man sagen!« dröhnt die Stimme des Pfarrers dazwischen. Seinen Worten folgt lärmender Applaus.
Erst nach einer Weile kann Karsten weitersprechen. »Vor kurzem hatte ich das verlockende Angebot, dieses Landarztleben gegen eine Kurarztposition zu vertauschen. Einen schwachen Augenblick lang habe ich darüber nachgedacht – das gebe ich zu. Aber dann hat mich der Mattiesenhof nicht losgelassen. Eure Gesichter würden mir fehlen, ich würde eure Sorgen und Nöte nicht mehr teilen und die falschen Alarme vermissen, besonders die, die mich in den bitterkalten Winternächten aus dem Bett reißen. Also

bleibe ich euch erhalten. Auch meine Frau wird ihren Job an der Schule weiter ausüben, und der Sitz der Familie ist auch in Zukunft der Mattiesenhof.«
»Wenn ihn Olga nicht unter Naturschutz stellt!« lacht Hanusch.
Danach fällt es den übrigen Festrednern schwer, sich durchzusetzen. Endlich beginnt die Musikband zu spielen, und noch während des Kaffeetrinkens tanzen die ersten Paare. Allen voran dreht Eckholm mit der »First Lady« Olga die Ehrenrunde.
»Ich gratuliere dir«, schnauft er. »Du hast die Festung hier gehalten, ganz gleich, was immer war. Wir haben uns gegenseitig beieinander ausgeheult. Und ich habe manchen Rat von dir angenommen.«
»Du meinst, in den Wind geschlagen?« fragt Olga pfiffig.
»Ja. Übrigens«, lenkt der Pfarrer ab. »Wann heiraten eigentlich Peter und Kerstin?«
»Wenn du die Doppeltrauung Hinnerksen-Grete und Hanusch-Bärbel vollzogen hast. Paß nur auf, daß die dir nicht wieder auseinanderlaufen.«
»Keine Sorge«, sagt Eckholm überzeugt. »Die haben sich beim Juwelier schon ihre Ringe anpassen lassen. Hanusch jedenfalls investiert nichts umsonst. Dafür sorgt Agathe. Und die Grete drängt's mächtig unter die Haube.«
Inzwischen unterhalten sich Ina Eckholm und Mutter Detlefsen über das gleiche Thema – Peter und Kerstin betreffend. »Das hat nichts zu bedeuten, wenn die beiden sich streiten«, lächelt Anna Detlefsen. »Peter braucht das. Er hat eine Neigung, seine Füße in Hausschuhe zu stecken. Aber dafür ist er noch zu jung.«
Tatsächlich sind Peter und Kerstin eben dabei, sich wieder zu vertragen. Sie wandern Hand in Hand durch das Tiergehege und streiten darüber, welche Ursachen ihr Streit überhaupt hatte. »Ich geb's auf«, meint Peter. »Du bist, wie du bist. Und vielleicht liebe ich dich deshalb so sehr.«
»Es ist mir klar, daß ich manchmal schwer zu verknusen bin«, erwidert Kerstin kleinlaut.

ı hast du deine unwiderstehlichen Momente«, behaup-

ıich nicht küssen, wenn das Pony gerade so albern ..ıert«, seufzt Kerstin. »Das verdirbt mir die Stimmung.« Doch sie küßt ihn wieder, mag Zwunsch auch noch so laut wiehern.

Nicht allzu weit von den beiden schleichen Eike und Vroni an der Hecke entlang. »Schau, der charmante Oberstudienrat«, flüstert Vroni. »Hat er deine Schwester doch wieder rumgekriegt!«

»Oder sie ihn«, raunt Eike.

»Liegen die sich nicht ziemlich oft in den Haaren?«

»Na ja«, grinst Eike. »Aber die wunderschönen Versöhnungen immer!«

»Was?« fragt Vroni ernsthaft. »Heißt das, daß du öfter mit mir streiten möchtest?«

»Na ja. Zum Beispiel über den Hochzeitstermin. Du möchtest noch dieses Jahr – und ich erst nächstes.«

»Ich?« Vroni schnappt nach Luft. »Ich will dich in diesem Jahr heiraten? Du spinnst wohl?«

Das hat sie nun ziemlich laut gesagt. Peter und Kerstin fahren auseinander. »Jetzt streiten die sich auch schon«, stöhnt Kerstin. »Ist das zu fassen? Komm, wir gehen zur Tanzfläche . . .«

Mitten im Trubel des Festes, an einem der Kaffeetische, fragt Käpt'n Fiete nervös seine Frau: »Weißt du, wo Vroni ist?«

»Wieso?« gibt Frau Jürgens zurück. »Du wolltest doch allein ›La Paloma‹ zum besten geben. Brauchst du Vroni zum Duett?«

»Du weißt, was ich meine. Eike bringt's fertig, sich mit Vroni in die Büsche zu schlagen. Das geht zu weit, hier vor allen Leuten . . .«

»Wenn sie sich in die Büsche schlagen, dann so, daß es niemand sieht«, erwidert Frau Jürgens robust. »Sie sind doch nicht von gestern.«

»Eben«, sagt Fiete aufmüpfig. »Eben. Sonst wären sie wenigstens verlobt.«

»Fiete! Waren wir verlobt, als du mich zum erstenmal geküßt hast?«
»Das war was anderes«, meint der Käpt'n starrsinnig.
Zur Freude der versammelten Kinder überreicht der Bäckermeister dem Doktor eine Nachbildung des Mattiesenhofs aus Zuckerwerk, Marzipan und Schokolade.
»Die Bäume sind grün!« jauchzt Kati. »Wie backt man grüne Bäume?«
»Farbstoff«, glaubt Martin zu wissen.
»Und wie hält die Schokoladenbrücke?« erkundigt sich Svenja.
»Da sind Streichhölzer drin«, behauptet Steffi.
Robby möchte von der Marzipantreppe kosten. »Dann kann der Doktor aber nicht aus dem Haus«, erklärt Thea – im Ton einer gelernten Kindergärtnerin.
»Du bist ja ganz und gar in deinem neuen Element«, wird sie von Grete gefrotzelt.
»Und du auch«, kontert Thea, als Hinnerksen mit seiner Zukünftigen tanzen will.
Stirnrunzelnd fragt Hanusch die schweigsame Bärbel an seiner Seite: »Was starrst du denn dauernd zu dem Kräuterdoktor hin?«
»Ich will sehen, ob er merkt, wie glücklich ich bin, mein Honigbärchen«, erwidert Bärbel.
Während einer Tanzpause besteigt Bürgermeister Schultes das Musikpodest und bittet um einen Tusch.
»Bitte Ruhe! Ruhe, Herrschaften!« fordert Heitmann mit bewährter Polizistenstimme. »Der Herr Bürgermeister spricht!« Es wird still auf der »Festwiese«.
»Verehrte Jubiläumsgäste!« hallen Schultes Worte markig durch die Lautsprecher. »Ich benutze die günstige Gelegenheit zu einer freudigen und ehrenvollen Einlage. Ich habe den Auftrag, Frau Olga Mattiesen für ihre Bemühung um die Wiederherstellung urwüchsiger Gebiete in unserer schönen Heimat den Verdienstorden des Landes . . .«
Applaus brandet auf, verebbt jedoch wieder, weil Heitmann neu-

erlich »Ruhe!« fordert. Doch nun erheben sich Stimmen, die nach Olga fragen. »Wo ist sie denn ...? Wo ist Frau Mattiesen ...? Olga, wo bist du ...?«
Olga ist nicht da.
Schultes steht – Verdienstorden und Verleihungsurkunde in Händen – mit hängenden Schultern vorm Mikrophon. »Tja«, lacht er verlegen, »so ist das. Sie hat sich aus dem Staub gemacht.«
Einige Gäste amüsieren sich und applaudieren. Als der Bürgermeister unverrichteter Dinge vom Podest steigt, setzt die Musik rasch wieder ein.
»Was soll denn das?« wendet sich Annemarie an Karsten. »Hat sich Olga im Zelt versteckt? Das kann sie doch nicht machen.«
»Du kennst eben Olga immer noch nicht«, grinst der Doktor.
»Wo soll sie schon sein?« sagt Bea. »In der Breckheide, natürlich. Sie will ein bißchen zu sich kommen, zwischendurch. Zur Eröffnung des kalten Büfetts ist sie zurück.«
»Wo? Wo steckt sie?« fragt Schultes hastig. »In der Breckheide?«
»Ja. Mit dem Fahrrad«, weiß Hugo zu berichten.
Kurz entschlossen leiht sich der Bürgermeister Dr. Mattiesens Rad und strampelt Olga nach. Nur dem Doktor sagt er, wohin er fährt. Seine Abwesenheit fällt der Jubiläumsgesellschaft gar nicht weiter auf. Er biegt vom Alten Damm in die Allee ein, die zum Schloß führt, und wendet sich hinter der stillgelegten Sägemühle scharf nach rechts. Über einen verkrauteten Feldweg hoppelt er der Breckheide zu. In der Abendsonne sieht er etwas blinken: Olgas Fahrrad, das an der Böschung liegt. Olga selbst, eine Jacke um die Schultern, sitzt auf einer schiefen Bank und genießt – sichtlich hingegeben – die Stille der Natur.
»Du bist mir ein schönes Ratsmitglied!« keucht der Bürgermeister, vom Rad steigend. »Mich so zu blamieren! Hast du denn überhaupt keinen Sinn fürs Feierliche?«
»Doch«, erwidert Olga ungerührt. »Für das hier. Das ist feierlich. Wenn du Augen hättest, würdest du's auch bemerken.«
»Ich bin nicht blind, Olga. Trotzdem: Alles zu seiner Zeit. Du

machst mich zum Gespött der Leute. Wenn Dröge das in die Zeitung bringt –«

»– nehme ich ihn an den Ohren und schleife ihn hierher«, unterbricht Olga. »Setz dich neben mich, Schultes.«

Der Bürgermeister hockt sich zu Olga auf die schiefe Bank. Das Abendlicht liegt in roten und gelben Streifen über dem Horizont. Man sieht den neu entstandenen Breckteich schimmern. Zwar stehen überall noch Geräte herum, aber es ist unschwer zu erkennen, was an Veränderung alles schon geschehen ist – und was einmal daraus werden soll.

»Hörst du die Grillen zirpen?« fragt Olga. »Im nächsten Jahr haben wir einen Schilf- und Binsengürtel mit allem, was dazugehört. Dann siehst du auch wieder Wasservögel, Libellen, Schmetterlinge . . .«

»Hm . . .«, Schultes nickt. »Das ist dann wie in unserer Kindheit.«

»Genau vier Quadratkilometer Kindheit sollen's im Ganzen werden«, sagt Olga. »Hast du da einen Scheck in der Hand?«

»Du weißt genau, daß es die zusammengerollte Verleihungsurkunde für den Orden ist«, sagt Schultes ärgerlich. »Was ist nun? Soll ich die hier symbolisch vergraben?«

»Also gib schon her«, fordert Olga ihn auf. »Dann hast du's hinter dir.«

Widerwillig zieht der Bürgermeister das Etui mit dem Orden aus der Jackentasche. »Das ist eigentlich gegen jede Tradition, gegen das Protokoll und meine amtliche Verantwortung.«

»Wieso? Weißt du einen schöneren Platz?« fragt Olga.

»Ich kann dir doch nicht ohne Publikum die Urkunde verlesen«, windet sich Schultes.

»Lesen kann ich selber«, meint Olga.

»Also dann . . .« Seufzend – und so verlegen wie ungeschickt – heftet der Bürgermeister der verdienten Bürgerin Olga Mattiesen den Orden an ihre Kostümjacke. »So«, sagt er aufatmend. »Das war bestimmt mit Abstand die einsamste und unauffälligste Ordensverleihung des Jahres.«

»Was mir durchaus recht ist«, lacht Olga. »Nun können wir uns ja wieder unter die Festgäste mischen.«
Auf dem Mattiesenhof leuchten mittlerweile die Lampions an den Drähten über den Tischen. Bohms Kühlwagen steht neben der Scheune, und im Zelt ist das kalte Büfett eröffnet worden. Es gibt die begehrten Krabben, einst so billig, heute teuer wie Gold, Matjesfilets und Matjessalat nach »Hausfrauenart« mit Äpfeln und Zwiebeln, Räucherfisch – Flunder und Aal –, köstliche Salate mit Mais, Nudeln, Paprika und Tomaten.
Fiete schiebt mit einem Teller Waldorfsalat mit Sellerie, Ananas, Äpfeln und viel Mayonnaise ab, und der Doktor mahnt: »Immer nur Häppchen, Käpt'n! Und keinen Alkohol dazu!«
»Ich hab' ihm gesagt, er soll Nizzasalat nehmen, der ist kalorienarm!« zetert Frau Jürgens. Vroni, Kerstin und Eike versorgen die Kapelle mit Roastbeef, Schweinebraten, holsteinischem Katenschinken, knusprigen Brötchen und allen möglichen Brotsorten. Die Kinder halten sich an den eisgekühlten Obstsalat mit Sahne.
»Gib dem Hund nicht soviel Fleisch«, mahnt Ina den Pfarrer. »Struppi verdirbt sich den Magen, und der Doktor darf wieder Tierarzt spielen.«
Karsten aber verabschiedet indessen seine auswärtigen Gäste, danach richtet er den Bürgermeister, der ja zur Gemeindefamilie zählt, mit einem Glas Spitzenwein in der Bibliothek wieder auf. Auch Eckholm gesellt sich später dazu, ebenso der Chefarzt der Borsberger Klinik und der Hotelier Bohm (der die Tochter der frühverstorbenen ersten Pfarrersfrau geheiratet hat). Endlich kommt auch der heute sehr zivile Polizeichef Heitmann zum Anstoßen.
»Das ist ja 'ne richtige Verschwörung hier drinnen«, meint er augenzwinkernd. »Na dann, Doktor – auf die nächsten 50 Jahre Zusammenarbeit. Ich hoffe nur, es gibt auf der Heimfahrt keine Alkoholprobleme mit deinen Gästen!«
»Den Gefallen tu' ich dir nicht, Heitmann«, sagt der Doktor. Annemarie hat nämlich den Einfall gehabt, einen privaten Taxi-

dienst zu organisieren. Ab 22 Uhr fährt Eike in Bohms VW-Bus jeweils eine »Runde« mit Gästen heim. Eckholms Wagen – mit Steffi, Kati und Struppi – lenkt Ina. Svenja wird von Detlefsens mitgenommen, am Steuer sitzt Kerstin, fröhlich – weil versöhnt – und nüchtern, was bei ihr kein Widerspruch ist. Fiete, ebenfalls »alkoholfrei«, fährt Martin Pomack zu seiner Patenschaftsfamilie, denn erst nach der Doppelhochzeit werden die Pomack-Kinder in Gretes Haus wohnen. Die Wagen der »Alkoholisierten« bleiben auf dem Mattiesenhof zurück, was Annemarie zu dem Stoßseufzer veranlaßt: »Hoffentlich glauben die Leute morgen nicht, daß Karsten Sonntagssprechstunde hat, wenn sie die Autos sehen.«
Olga inspiziert im Scheine der Windlichter das »Schlachtfeld«. »Da haben doch wieder einige ihre Papierservietten und Pappteller in die Gegend geschmissen«, schimpft sie. »Nur gut, daß wir so viele Toiletten im Arzthaus haben müssen, dazu noch eine im Waschhaus.«
»Sei nicht so prosaisch, Mutter«, mahnt Annemarie. »Stell dich lieber mit deinem Orden vor den Spiegel. Den hast du verdient!«
»Verdient habe ich meinen Schlaf«, erwidert Olga. »Auch Vroni scheint müde zu sein, denn in Eikes Zimmer geht das Licht an. Eike ist noch unterwegs.«
»Laß das Fiete nicht hören«, ruft ihr der Doktor nach.
Karsten und Annemarie sind allein auf der verwaisten »Festwiese«. Neben dem Musikpodest lehnt das Motorrad des alten Doktors, der dem Mattiesenhof seinen Namen gab. Eike hat es zugunsten der Breckheide versteigert, während Olga vom Bürgermeister »dekoriert« wurde. Hugo Cornelsen bot viertausend Mark dafür, um seiner Bea eine Freude zu machen. Als Schaustück soll es in Cornelsens Gewächshaus seinen endgültigen Platz finden.
»Sieh mal, Annemie«, sinniert Karsten. »Mit dem Ding ist mein Vater bei jedem Wetter über Land gerumpelt. Der Alte Damm war damals noch ein Sandweg. Im Winter mußte er einen Schlit-

ten anspannen, so wie vor ihm mein Großvater. Da haben wir's leichter.«

»Du meinst, du hast's leichter«, sagt Annemarie. »Na ja, das empfindet man immer nur angesichts solcher Requisiten. Für die Kinder ist das Zeitverschwendung.« Sie seufzt zufrieden. »Schön – so allein nach all dem Durcheinander. Glaubst du, in dem Zelt steht noch eine vergessene Flasche Sekt?«

Sie finden eine. Auch Gläser dazu.

»Übermorgen beginnt für uns alle wieder der Alltag«, meint der Doktor. »Für mich, für dich – und für Eikes Vroni. Dann geht's weiter in der Tretmühle. Und nächsten Monat fängt der Herbst an. Nicht jeden Tag ist Sommerfest.«

»Aber wir sind das zweite Jahr nach unserer Wiederheirat durch alle Klippen gesteuert«, lächelt Annemarie. »Das ist das wichtigste. Ich bin glücklich. Prost, Liebster!«

»Glücklich bist du?« Auch Karsten lächelt. »Das ist mehr wert als jeder Verdienstorden. Darin wird uns sogar Olga beipflichten. Prost, Liebste!«